内蒙古民族文化通鉴·调查系列丛书

敖鲁古雅使鹿鄂温克民族经济社会变迁

石双柱 ◎ 著

中国社会科学出版社

图书在版编目(CIP)数据

敖鲁古雅使鹿鄂温克民族经济社会变迁 / 石双柱著. —北京：中国社会科学出版社，2023.3

(内蒙古民族文化通鉴. 调查系列丛书)

ISBN 978-7-5227-1273-4

Ⅰ.①敖… Ⅱ.①石… Ⅲ.①鄂温克族—少数民族经济—研究—内蒙古 ②鄂温克族—社会变迁—研究—内蒙古 Ⅳ.①F127.26②K282.3

中国国家版本馆 CIP 数据核字(2023)第 021179 号

出 版 人	赵剑英
责任编辑	宫京蕾
特约编辑	芮 信
责任校对	王 龙
责任印制	郝美娜

出　　版	中国社会科学出版社
社　　址	北京鼓楼西大街甲 158 号
邮　　编	100720
网　　址	http://www.csspw.cn
发 行 部	010-84083685
门 市 部	010-84029450
经　　销	新华书店及其他书店

印刷装订	北京君升印刷有限公司
版　　次	2023 年 3 月第 1 版
印　　次	2023 年 3 月第 1 次印刷

开　　本	710×1000　1/16
印　　张	19.5
插　　页	2
字　　数	300 千字
定　　价	118.00 元

凡购买中国社会科学出版社图书，如有质量问题请与本社营销中心联系调换
电话：010-84083683
版权所有　侵权必究

《内蒙古民族文化通鉴》编委会

主　任　吴团英

副主任　刘少坤　李春林

成　员　(以姓氏笔画为序)

　　　　　马永真　王来喜　包银山　包斯钦　冯建忠
　　　　　周纯杰　金　海　徐春阳　额尔很巴雅尔
　　　　　蔚治国　毅　松

主　编　吴团英

副主编　刘少坤　李春林　金　海　马永真
　　　　　毅　松　包斯钦

《内蒙古民族文化通鉴》总序

乌 兰

"内蒙古民族文化研究建设工程"成果集成——《内蒙古民族文化通鉴》（简称《通鉴》）六大系列数百个子项目的出版物将陆续与学界同仁和广大读者见面了。这是内蒙古民族文化传承保护建设中的一大盛事，也是对中华文化勃兴具有重要意义的一大幸事。借此《通鉴》出版之际，谨以此文献给所有热爱民族文化，坚守民族文化的根脉，为民族文化薪火相传而殚智竭力、辛勤耕耘的人们。

一

内蒙古自治区位于祖国北部边疆，土地总面积118.3万平方公里，占中国陆地国土总面积的八分之一，现设9市3盟2个计划单列市，全区共有102个旗县（市、区），自治区首府为呼和浩特。2014年，内蒙古总人口2504.81万，其中蒙古族人口458.45万，汉族人口1957.69万，包括达斡尔族、鄂温克族、鄂伦春族"三少"自治民族在内的其他少数民族人口88.67万；少数民族人口约占总人口的21.45%，汉族人口占78.15%，是蒙古族实行区域自治、多民族和睦相处的少数民族自治区。内蒙古由东北向西南斜伸，东西直线距离2400公里，南北跨度1700公里，横跨东北、华北、西北三大区，东含大兴安岭，西包阿拉善高原，南有河套、阴山，东南西与8省区毗邻，北与蒙古国、俄罗斯接壤，国境线长达4200公里。内蒙古地处中温带大陆气候区，气温自大兴安岭向东南、西南递增，降水自东南向西北递减，总体上干旱少雨，四季分明，寒暑温差很大。全区地理上大致属蒙古高原南部，从东到西地貌多样，有茂密的森林，广袤的草原，丰富的矿藏，是中国为数不多的资源富集大区。

内蒙古民族文化的主体是自治区主体民族蒙古族的文化，同时也包括达斡尔族、鄂温克族、鄂伦春族等人口较少世居民族多姿多彩的文化和汉族及其他各民族的文化。

"内蒙古"一词源于清代"内札萨克蒙古"，相对于"外扎萨克蒙古"即"外蒙古"。自远古以来，这里就是人类繁衍生息的一片热土。1973年在呼和浩特东北发现的大窑文化，与周口店第一地点的"北京人"属同一时期，距今50—70万年。1922年在内蒙古伊克昭盟乌审旗萨拉乌苏河发现的河套人及萨拉乌苏文化、1933年在呼伦贝尔扎赉诺尔发现的扎赉诺尔人，分别距今3.5—5万年和1—5万年。到了新石器时代，人类不再完全依赖天然食物，而已经能够通过自己的劳动生产食物。随着最后一次冰河期的迅速消退，气候逐渐转暖，原始农业在中国北方地区发展起来。到了公元前6000—前5000年，内蒙古东部和西部两个亚文化区先后都有了原始农业。

"红山诸文化"（苏秉琦语）和海生不浪文化的陆续兴起，使原始定居农业逐渐成为主导的经济类型。红山文化庙、坛、冢的建立，把远古时期的祭祀礼仪制度及其规模推进到一个全新的阶段，使其内容空前丰富，形式更加规范。"中华老祖母雕像""中华第一龙""中华第一凤"——这些在中华文明史上具有里程碑意义的象征物就是诞生在内蒙古西辽河流域的红山文化群。红山文化时期的宗教礼仪反映了红山文化时期社会的多层次结构，表明"'产生了植根于公社，又凌驾于公社之上的高一级的社会组织形式'（苏秉琦语——引者注），这已不是一般意义上的新石器时代文化概念所能包容的，文明的曙光已照耀在东亚大地上"[①]。

然而，由于纪元前5000年和纪元前2500年前后，这里的气候出现过几次大的干旱及降温，原始农业在这里已经不再适宜，从而迫使这一地区的原住居民去调整和改变生存方式。夏家店文化下层到上层、朱开沟文化一至五段的变迁遗迹，充分证明了这一点。气候和自然环境的变化、生产力的进一步发展，必然促使这里的人类去寻找更适合当地生态条件、创造具有更高劳动生产率的生产方式。于是游牧经济、游牧文化诞生了。

[①] 田广金、郭素新：《北方文化与匈奴文明》，江苏教育出版社2005年版，第131页。

历史上的游牧文化区，基本处于北纬40度以北，主要地貌单元包括山脉、高原草原、沙漠，其间又有一些大小河流、淡水咸水湖泊等。处于这一文化带上的蒙古高原现今冬季的平均气温在-10℃—20℃之间，年降雨量在400毫米以下，干燥指数在1.5—2之间。主要植被是各类耐寒的草本植物和灌木。自更新世以来，以有蹄类为主的哺乳动物在这一地区广泛分布。这种生态条件，在当时的生产力水平下，对畜牧业以外的经济类型而言，其制约因素无疑大于有利因素，而选择畜牧、游牧业，不仅是这种生态环境条件下的最佳选择，而且应该说是伟大的发明。比起从前在原始混合型经济中饲养少量家畜的阶段，逐水草而居，"依天地自然之利，养天地自然之物"的游牧生产、生活方式有了质的飞跃。按照人类学家L. 怀特、M. D. 萨赫林斯关于一定文化级差与一定能量控驭能力相对应的理论，一头大型牲畜的生物能是人体生物能的1—5倍，一人足以驾驭数十头牲畜从事工作，可见真正意义上的畜牧、游牧业的生产能力已经与原始农业经济不可同日而语。它表明草原地带的人类对自身生存和环境之间的关系有了全新的认识，智慧和技术使生产力有了大幅提高。

马的驯化不但使人类远距离迁徙游牧成为可能，而且让游牧民族获得了在航海时代和热兵器时代到来之前绝对所向披靡的军事能力。游牧民族是个天然的生产军事合一的聚合体，具有任何其他民族无法比拟的灵活机动性和长距离迁徙的需求与能力。游牧集团的形成和大规模运动，改变了人类历史。欧亚大陆小城邦、小农业公社之间封闭隔绝的状况就此终结，人类社会各个群体之间的大规模交往由此开始，从氏族部落语言向民族语言过渡乃至大语系的形成，都曾有赖于这种大规模运动；不同部落、不同族群开始通婚杂居，民族融合进程明显加速，氏族部族文化融合发展成为一个个特色鲜明的民族文化，这是人类史上的一次历史性进步，这种进步也大大加快了人类文化的整体发展进程。人类历史上的一次划时代的转折——从母权制向父权制的转折也是由"放牧部落"带到农耕部落中去的。[1]

对现今中国北方地区而言，到了公元前一千年左右，游牧人的时期业

---

[1] [苏] Д. Е. 叶列梅耶夫：《游牧民族在民族史上的作用》，《民族译丛》1987年第5、6期。

已开始，秦汉之际匈奴完成统一草原的大业，此后的游牧民族虽然经历了许多次的起起伏伏，但总体十分强势，一种前所未有的扩张从亚洲北部，由东向西展开来。于是，被称为"世界历史两极"的定居文明与草原畜牧者和游牧人开始在从长城南北到中亚乃至欧洲东部的广阔地域内进行充分的相互交流。到了"蒙古时代"，一幅中世纪的"加泰罗尼亚世界地图"，如实反映了时代的转换，"世界体系"以"蒙古时代"为开端确立起来，"形成了人类史上版图最大的帝国，亚非欧世界的大部分在海陆两个方向上联系到了一起，出现了可谓'世界的世界化'的非凡景象，从而在政治、经济、文化、商业等各个方面出现了东西交流的空前盛况"。① 直到航海时代和热兵器时代到来之后，这种由东向西扩张的总趋势才被西方世界扭转和颠倒。而在长达约两千年的游牧社会历史上，现今的内蒙古地区始终是游牧文化圈的核心区域之一，也是游牧世界与华夏民族、游牧文明与农耕文明碰撞激荡的最前沿地带。

在漫长的历史过程中，广袤的北方大草原曾经是众多民族繁衍生息的家园，他们在与大自然的抗争和自身的生存发展过程中创造了各民族自己的文化，形成了以文化维系起来的人群——民族。草原各民族有些是并存于一个历史时期，毗邻而居或交错居住，有些则分属于不同历史时期，前者被后者更替，后者取代前者，薪尽而火传。但不论属何种情形，各民族文化之间都有一个彼此吸纳、继承、逐渐完成民族文化自身的进化，然后在较长历史时期内稳定发展的过程。比如，秦汉时期的匈奴文化就是当时众多民族部落文化和此前各"戎""狄"文化的集大成。魏晋南北朝时期的鲜卑文化，隋唐时期的突厥文化，宋、辽、金时期的契丹、女真、党项族文化，元代以来的蒙古族文化都是如此。

二

蒙古民族是草原文化的集大成者，蒙古文化是草原文化最具代表性的文化形态，蒙古民族的历史集中反映了历史上草原民族发展变迁的基本

---

① 《杉山正明谈蒙古帝国："元并非中国王朝"一说对错各半》，《东方早报·上海书评》2014年7月27日。

规律。

　　有人曾用"蝴蝶效应"比喻13世纪世界历史上的"蒙古风暴"——斡难河畔那一次蝴蝶翅膀的扇动引起周围空气的扰动，能量在连锁传递中不断增强，最终形成席卷亚欧大陆的铁骑风暴。这场风暴是由一位名叫铁木真的蒙古人掀起，他把蒙古从一个部落变成一个民族，于1206年建立了大蒙古汗国。铁木真统一蒙古各部之后，首先废除了氏族和部落世袭贵族的权利，使所有官职归于国家，为蒙古民族的历史进步扫清了重要障碍，并制定了世界上第一部具有宪法意义、包含宪政内容的成文法典，而这部法典要比英国在世界范围内最早制定的宪法性文件早了九年。成吉思汗确立了统治者与普通牧民负同等法律责任、享有同等宗教信仰自由等法律原则，建立了定期人口普查制度，创建了最早的国际邮政体系。

　　13、14世纪的世界可被称为蒙古时代，成吉思汗缔造的大蒙古国囊括了多半个亚欧版图，发达的邮驿系统将东方的中国文明与西方的地中海文明相连接，两大历史文化首度全面接触，对世界史的影响不可谓不深远。亚欧大陆后来的政治边界划分分明是蒙古帝国的遗产。成吉思汗的扩张和西征，打破了亚欧地区无数个城邦小国、定居部落之间的壁垒阻隔，把亚欧大陆诸文明整合到一个全新的世界秩序之中，因此他被称为"缔造全球化世界的第一人"[①]。1375年出现在西班牙东北部马略卡岛的一幅世界地图——"卡塔拉地图"（又称"加泰罗尼亚地图"，现藏于法国国家图书馆），之所以被称为"划时代的地图"，并非因为它是标明马可·波罗行旅路线的最早地图，而是因为它反映了一个时代的转换。从此，东西方之间的联系和交往变得空前便捷、密切和广泛。造纸、火药、印刷术、指南针——古代中国的这些伟大发明通过蒙古人，最终真正得以在欧洲推广开来；意大利作家但丁、薄伽丘和英国作家乔叟所用的"鞑靼绸""鞑靼布""鞑靼缎"等纺织品名称，英格兰国王指明要的"鞑靼蓝"，还有西语中的许多词汇，都清楚地表明东方文化以蒙古人为中介传播到西方的那段历史；与此同时，蒙古人从中亚细亚、波斯引进许多数学家、工匠和管理人员，以及诸如高粱、棉花等农作物，并将其传播到中国和其他

[①] ［美］杰克·威泽弗德：《成吉思汗与今日世界之形成》，温海清、姚建根译，重庆出版社2014年版，第8页封面。

地区，从而培育或杂交出一系列新品种。由此引发的工具、设备、生产工艺的技术革新，其意义当然不可小觑；特别是数学、历法、医学、文学艺术方面的交流与互动，知识和观念的传播、流动，打破了不同文明之间的隔阂，以及对某一文明的偏爱与成见，其结果就是全球文化和世界体系若干核心区的形成。1492年，克里斯托弗·哥伦布说服两位君主，怀揣一部《马可·波罗游记》，信心满满地扬帆远航，为的就是找到元朝的"辽阳省"，重建与蒙古大汗朝廷的海上联系，恢复与之中断的商贸往来。由于蒙古交通体系的瓦解和世界性的瘟疫，他浑然不知此时元朝已经灭亡一百多年，一路漂荡到加勒比海的古巴，无意间发现了"新大陆"。正如美国人类学家、蒙古史学者杰克·威泽弗德所言，在蒙古帝国终结后的很长一段时间内，新的全球文化继续发展，历经几个世纪，变成现代世界体系的基础。这个体系包含早先蒙古人强调的自由商业、开放交通、知识共享、长期政治策略、宗教共存、国际法则和外交豁免。[①]

即使我们以中华文明为本位回望这段历史，同样可以发现蒙古帝国和元朝对我国历史文化久远而深刻的影响。从成吉思汗到忽必烈，历时近百年，元朝缔造了人类历史上版图最大的帝国，结束了唐末以来国家分裂的状况，基本划定了后世中国的疆界；元代实行开放的民族政策，大力促进各民族间的经济文化交流和边疆地区的开发，开创了中华民族多元一体的新格局，确定了中国统一的多民族国家的根本性质；元代推行农商并重政策，"以农桑为急务安业力农"，城市经济贸易繁荣发展，经贸文化与对外交流全面推进，实行多元一体的文化教育政策，科学技术居于世界前列，文学艺术别开生面，开创了一个新纪元；作为发动有史以来最大规模征服战争的军事领袖，成吉思汗和他的继任者把冷兵器时代的战略战术思想、军事艺术推上了当之无愧的巅峰，创造了人类军事史的一系列"第一"、一系列奇迹，为后人留下了极其丰富的精神财富；等等。

统一的蒙古民族的形成是蒙古民族历史上具有划时代意义的时间节点。从此，蒙古民族成为具有世界影响的民族，蒙古文化成为中华文化不可或缺的组成部分。漫长的历史岁月见证了蒙古族人民的智慧，他们在文

[①] ［美］杰克·威泽弗德：《成吉思汗与今日世界之形成》（修订版），温海清、姚建根译，重庆出版社2014年版，第6、260页。

学、史学、天文、地理、医学等诸多领域成就卓然，为中华文明和人类文明的发展做出了不可否认的伟大贡献。

20世纪30年代被郑振铎先生称为"最可注意的伟大的白话文作品"的《蒙古秘史》，不单是蒙古族最古老的历史、文学巨著，也是被联合国教科文组织列为世界名著目录（1989年）的经典，至今依然吸引着世界各国无数的学者、读者；在中国著名的"三大英雄史诗"中，蒙古族的《江格尔》、《格斯尔》（《格萨尔》）就占了两部，它们也是目前世界上已知史诗当中规模最大、篇幅最长、艺术表现力最强的作品之一；蒙古民族一向被称为能歌善舞的民族，马头琴、长调、呼麦被列入世界非物质文化遗产，蒙古族音乐舞蹈成为内蒙古的亮丽名片，风靡全国，感动世界，诠释了音乐不分民族、艺术无国界的真谛；还有传统悠久、特色独具的蒙古族礼仪习俗、信仰禁忌、衣食住行，那些科学简洁而行之有效的生产生活技能、民间知识，那些让人叹为观止的绝艺绝技以及智慧超然且极其宝贵的非物质文化遗产，都是在数千年的游牧生产生活实践中形成和积累起来的，也是与独特的生存环境高度适应的，因而极富生命力。迄今，内蒙古已拥有列入联合国非物质文化遗产名录的项目2项（另有马头琴由蒙古国申报列入名录）、列入国家级名录的81项、自治区及盟市旗县级名录的3844项，各级非遗传承人6442名。其中蒙古族、达斡尔族、鄂温克族、鄂伦春族等内蒙古世居少数民族的非遗项目占了绝大多数。人们或许不熟悉内蒙古三个人口较少民族的文化传统，然而那巧夺天工的达斡尔造型艺术、想象奇特的鄂温克神话传说、栩栩如生的鄂伦春兽皮艺术、闻名遐迩的"三少民族"桦皮文化……这些都是一朝失传则必将遗恨千古的文化瑰宝，我们当倍加珍惜。

内蒙古民族文化当中最具普世意义和现代价值的精神财富，当属其崇尚自然、天人相谐的生态理念、生态文化。游牧，是生态环保型的生产生活方式，是现代以前人类历史上惟一以人与自然和谐共存、友好相处的理念为根本价值取向的生产生活方式。游牧和狩猎，尽管也有与外在自然界相对立的一面，但这是以敬畏、崇尚和尊重大自然为最高原则、以和谐友好为前提的非对抗性对立。因为，牧民、猎人要维持生计，必须有良好的草场、清洁的水源和丰富的猎物，而这一切必须以适度索取、生态环保为条件。因此，有序利用、保护自然，便成为游牧生产方式的最高原则和内在要求。对亚洲北部草原地区而言，人类在无力改造和控制自然环境的条件下，游牧生产方式是维持草畜平衡，使草场及时得到休整、涵养、恢复的自由而能动的最佳选择。我国北方的广大地区尽管数千年来自然生态环境相当脆弱，如今却能够成为我国北部边疆的生态屏障，与草原游牧民族始终如一的精心呵护是分不开的。不独蒙古族，达斡尔族、鄂温克族、鄂伦春族等草原世居少数民族在文化传统上与蒙古族共属一个更大的范畴，不论他们的思维方式、信仰文化、价值取向还是生态伦理，都与蒙古族大同小异，有着多源同流、殊途同归的特点。

随着人类历史进程的加速，近代以来，世界各地区、各民族文化变迁、融合的节奏明显加快，草原地区迎来了本土文化和外来文化空前大激荡、大融合的时代。草原民族与汉民族的关系日趋加深，世界各种文化对草原文化的作用和影响进一步增强，农业文明、工业文明、商业文明、城市文明的因素大量涌现，草原各民族的生产生活方式，乃至思想观念、审美情趣、价值取向都发生了巨大变化。虽然，这是一个凤凰涅槃、浴火重生的过程，但以蒙古族文化为代表的草原各民族文化，在空前的文化大碰撞中激流勇进，积极吸纳异质文化养分，或在借鉴吸纳的基础上进行自主的文化创新，使民族文化昂然无惧地走上转型之路。古老的蒙古族文化，依然保持着她所固有的本质特征和基本要素，而且，由于吸纳了更多的活性元素，文化生命力更加强盛，文化内涵更加丰富，以更加开放包容的姿态迎来了现代文明的曙光。

三

古韵新颜相得益彰，历久弥新异彩纷呈。自治区成立以来的近70年间，草原民族的文化事业有了突飞猛进的发展。我国社会主义制度和民族区域自治、各民族一律平等的宪法准则，党和国家一贯坚持和实施的尊重、关怀少数民族，大力扶持少数民族经济文化事业的一系列方针政策，从根本上保障了我国各民族人民传承和发展民族文化的权利，也为民族文化的发展提供了广阔空间。一些少数民族，如鄂伦春族仅仅用半个世纪就从原始社会过渡到社会主义社会，走过了过去多少个世纪都不曾走完的历程。

一个民族的文化发展水平必然集中体现在科学、文化、教育事业上。在历史上的任何一个时期，蒙古民族从来不曾拥有像现在这么多的科学家、文学家等各类专家教授，从来没有像现在这样以丰富的文化产品供给普通群众的消费，蒙古族大众的整体文化素质从来没有达到现在这样的高度。哪怕最偏远的牧村，电灯电视不再稀奇，网络、手机、微信微博业已成为生活的必需。自治区现有7家出版社出版蒙古文图书，全区每年都有数百上千种蒙古文新书出版，各地报刊每天都有数以千百计的文学新作发表。近年来，蒙古族牧民作家、诗人的大量涌现，已经成为内蒙古文学的一大景观，其中有不少作者出版有多部中长篇小说或诗歌散文集。我们再以国民受教育程度为例，它向来是一个民族整体文化水准的重要指标之一。中华人民共和国成立前，绝大多数蒙古人根本没有接受正规教育的机会，能够读书看报的文化人寥若晨星。如今，九年义务教育已经普及，即便是上大学、读研考博的高等教育，对普通农牧民子女也不再是奢望。据《内蒙古2014年国民经济和社会发展统计公报》显示，全自治区2013年少数民族在校大学生10.8万人，其中蒙古族学生9.4万人；全区招收研究生5987人，其中，少数民族在校研究生5130人，蒙古族研究生4602人，蒙古族受高等教育程度可见一斑。

每个时代、每个民族都有一些杰出人物曾经对人类的发展进步产生深远影响。正如爱迪生发明的电灯"点亮了世界"一样，当代蒙古族也有为数不少的文化巨人为世界增添了光彩。提出"构造体系"概念、创立地质力学学说和学派、提出"新华夏构造体系三个沉降带"理论、开创油气资源勘探和地震预报新纪元的李四光；认定"世界未来的文化就是中国文化复兴"、素有"中国最后一位大儒家"之称的国学大师梁漱溟；在国际上首次探索出山羊、绵羊和牛精子体外诱导获能途径，成功实现试管内杂交育种技术的"世界试管山羊之父"旭日干；还有著名新闻媒体人、文学家、翻译家萧乾；马克思主义哲学家艾思奇；当代著名作家李准……这些如雷贯耳的大名，可谓家喻户晓、举世闻名，但人们未必都知道他们来自蒙古族。是的，他们来自蒙古民族，为中华民族的伟大复兴，为全人类的文明进步做出了应有的贡献。

历史的进步、社会的发展、蒙古族人民群众整体文化素质的大幅提升，使蒙古族文化的内涵得以空前丰富，文化适应能力、创新能力、竞争能力都有了显著提升。从有形的文化特质，如日常衣食住行，到无形的观念形态，如思想情趣、价值取向，我们可以举出无数个鲜活的例子，说明蒙古文化紧随时代的步伐传承、创新、发展的事实。特别是自2003年自治区实施建设民族文化大区、强区战略以来，全区文化建设呈现出突飞猛进的态势，民族文化建设迎来了一个新的高潮。内蒙古文化长廊计划、文化资源普查、重大历史题材美术创作工程、民族民间文化遗产数据库建设工程、蒙古语语料库建设工程、非物质文化遗产保护、一年一届的草原文化节、草原文化研究工程、北部边疆历史与现状研究项目等，都是这方面的有力举措，收到了很好的成效。

但是，我们也必须清醒地看到，与经济社会的跨越式发展相比，文化建设仍然显得相对滞后，特别是优秀传统文化的传承保护依然任重道远。优秀民族文化资源的发掘整理、研究转化、传承保护以及对外传播能力尚不能适应形势发展，某些方面甚至落后于国内其他少数民族省区的现实也尚未改变。全球化、工业化、信息化和城市化的时代大潮，对少数民族弱势文化的剧烈冲击是显而易见的。全球化浪潮和全方位的对外开放，意味着我们必将面对外来文化，特别是强势文化的冲击。在不同文化之间的交往中，少数民族文化所受到的冲击会更大，所经受的痛苦也会更多。因为，它们对外来文化的输入往往处于被动接受的状态，而对文化传统的保护常常又力不从心，况且这种结果绝非由文化本身的价值所决定。换言之，在此过程中，并非所有得到的都是你所希望得到的，并非所有失去的都是你应该丢掉的，不同文化之间的输入输出也许根本就不可能"对等"。这正是民族文化的传承保护任务显得分外紧迫、分外繁重的原因。

文化是民族的血脉，内蒙古民族文化是中华文化不可或缺的组成部分，中华文化的全面振兴离不开国内各民族文化的繁荣发展。为了更好地贯彻落实党的十八大关于文化建设的方针部署，切实把自治区党委提出的实现民族文化大区向民族文化强区跨越的要求落到实处，自治区政府于2013年实时启动了"内蒙古民族文化建设研究工程"。"工程"包括文献档案整理出版，内蒙古社会历史调查、研究系列，蒙古学文献翻译出版，内蒙古历史文化推广普及和"走出去"，"内蒙古民族文化建设研究数据库"建设等广泛内容，计划六年左右的时间完成。经过两年的紧张努力，从2016年开始，"工程"的相关成果已经陆续与读者见面。

建设民族文化强区是一项十分艰巨复杂的任务，必须加强全区各界研究力量的整合，必须有一整套强有力的措施跟进，必须实施一系列特色文化建设工程来推动。"内蒙古民族文化建设研究工程"就是推动我区民族文化强区建设的一个重要抓手，是推进文化创新、深化人文社会科学可持续发展的一个重要部署。目前，"工程"对全区文化建设的推动效应正在逐步显现。

"内蒙古民族文化建设研究工程"将在近年来蒙古学研究、"草原文化研究工程""北部边疆历史与现状研究"、文化资源普查等科研项目所取得的成就基础上，突出重点，兼顾门类，有计划、有步骤地开展抢救、保护濒临消失的民族文化遗产，搜集记录地方文化和口述历史，使民族文化传承保护工作迈上一个新台阶；将充分利用新理论、新方法、新材料，有力推进学术创新、学科发展和人才造就，使内蒙古自治区传统优势学科进一步焕发生机，使新兴薄弱学科尽快发展壮大；"工程"将会在科研资料建设，学术研究，特色文化品牌打造、出版、传播、转化等方面取得突破性的成就，推出一批具有创新性、系统性、完整性的标志性成果，助推自治区人文社会科学研究和社会主义文化建设事业蓬勃发展。"内蒙古民族文化建设研究工程"的实施，势必大大增强全区各民族人民群众的文化自觉和文化自信，必将成为社会主义文化大发展大繁荣，实现中华民族伟大复兴中国梦的一个切实而有力的举措，其"功在当代、利在千秋"的重要意义必将被历史证明。

（作者为时任内蒙古自治区党委常委、宣传部部长，"内蒙古民族文化建设研究工程"领导小组组长）

目　　录

第一章　绪论 …………………………………………………………（1）

　第一节　使鹿鄂温克族的概况 ……………………………………（1）

　　一　民族人口及地理分布 ………………………………………（1）

　　二　语言、族称 …………………………………………………（6）

　第二节　使鹿鄂温克族的研究 ……………………………………（15）

　　一　国内鄂温克族历史研究综述 ………………………………（16）

　　二　国外鄂温克族历史研究综述 ………………………………（21）

　第三节　使鹿鄂温克族研究的方法 ………………………………（22）

　　一　研究对象的特点 ……………………………………………（22）

　　二　研究的基本方法 ……………………………………………（25）

　　三　研究的主要观点 ……………………………………………（26）

　第四节　使鹿鄂温克游猎区的历史情况 …………………………（29）

　　一　自然环境 ……………………………………………………（29）

　　二　经济环境 ……………………………………………………（30）

　　三　生存状态 ……………………………………………………（31）

　　四　猎民与猎人 …………………………………………………（34）

第二章　使鹿鄂温克制度习俗文化变迁 ……………………………（37）

　第一节　"廾"——鄂温克人的家 ………………………………（37）

　　一　使鹿鄂温克人的家庭 ………………………………………（38）

　　二　财产与继承 …………………………………………………（39）

　　三　婚姻 …………………………………………………………（42）

　　四　亲属关系 ……………………………………………………（45）

　第二节　姓氏 ………………………………………………………（47）

　　一　使鹿鄂温克人的姓氏来源 …………………………………（48）

二　使鹿鄂温克人的姓氏功能……………………………(52)
　　三　使鹿鄂温克人各姓氏历史分布变化………………(55)
第三节　氏族组织——"粤毛克"……………………………(61)
　　一　氏族组织的残余形态………………………………(61)
　　二　氏族组织形态的转换………………………………(64)
　　三　氏族组织最后的消亡………………………………(81)
第四节　伦理习俗………………………………………………(86)
　　一　使鹿鄂温克人的社会伦理…………………………(86)
　　二　使鹿鄂温克人的社会伦理标识……………………(94)
　　三　使鹿鄂温克人社会伦理礼俗………………………(98)

第三章　使鹿鄂温克物质文化变迁…………………………(106)
第一节　物质资料生产方式变迁……………………………(106)
　　一　生产内容（产业分化）……………………………(106)
　　二　生产工具（技术进步）……………………………(127)
　　三　生产形式（职业分化）……………………………(133)
第二节　物质资料消费方式变迁……………………………(141)
　　一　最基本的消费观念…………………………………(141)
　　二　获取消费资料的方式………………………………(145)
　　三　消费内容的变迁……………………………………(154)
第三节　物质生活手段变迁…………………………………(164)
　　一　传统日常生活器具…………………………………(164)
　　二　交通和运输工具……………………………………(170)
　　三　现代生活器具………………………………………(172)

第四章　使鹿鄂温克精神文化变迁…………………………(176)
第一节　观念和范畴变迁……………………………………(176)
　　一　人与自然的观念……………………………………(176)
　　二　关于人的观念………………………………………(183)
第二节　宗教信仰变迁………………………………………(190)
　　一　萨满…………………………………………………(191)
　　二　萨满祭祀的神偶……………………………………(193)
　　三　萨满礼神的仪轨……………………………………(198)

第三节　游艺与艺术变迁……………………………………（211）
　　一　娱乐…………………………………………………（211）
　　二　岁时节庆……………………………………………（214）
　　三　文学艺术……………………………………………（217）
第五章　使鹿鄂温克现代化进程……………………………（221）
　第一节　使鹿鄂温克社会现代化的历史必然………………（221）
　　一　种群生存和繁衍危机………………………………（221）
　　二　生存条件的丧失……………………………………（226）
　　三　社会制度危机………………………………………（231）
　第二节　使鹿鄂温克人现代化的进程………………………（235）
　　一　使鹿鄂温克人现代化的路径………………………（235）
　　二　现代化进程中的文化冲突与困惑…………………（254）
　　三　现代化进程中的文化调适…………………………（268）
　第三节　使鹿鄂温克森林文化的现代价值…………………（275）
　　一　传统文化的价值判断标准…………………………（275）
　　二　使鹿鄂温克族群文化的当代价值…………………（278）
　　三　使鹿鄂温克森林文化发展的可能性………………（281）

参考文献……………………………………………………（285）

第一章 绪论

敖鲁古雅族群社会发展的历史进程,同大多数中国乡村社会一样。这个族群的乡村社会正经历着一个巨大的变迁过程,决定这个过程的,是这一族群社会体系与特定地理环境的关系,以及与这个社区的社会结构的关系。因此,本书将说明这个正在变化着的少数民族乡村社会的动力和条件。

第一节 使鹿鄂温克族的概况

使鹿鄂温克族群是中国北方通古斯—满语族民族——鄂温克民族的一支,由于他们始终保留着在山林中游牧驯鹿的物质生产方式,因而,在文化上显得与其他鄂温克族群有所不同。根据20世纪50年代社会调查了解到的情况推断,使鹿鄂温克人大约于17世纪20年代,离开了他们的祖居地勒拿河、维季姆河流域,在黑龙江、石勒喀河北部的阿马扎尔河流域生活了一段时期,又在大约于18世纪10年代(1717年前后),在一个"部落酋长"率领下,渡过黑龙江进入额尔古纳河右岸。自迁入之后,他们的生存范围变化不大,始终游猎于额尔古纳河、黑龙江右岸的大兴安岭北部森林地区,大体分布于黑龙江省的漠河地区和内蒙古的额尔古纳地区(现额尔古纳市和根河市)。对于他们的研究,需要从鄂温克民族的民族人口、地理分布、民族语言、族称等一般性特征入手,从而把对他们特殊性的研究置于其民族的整体背景下。

一 民族人口及地理分布

鄂温克(Эвенки-ewenki[①])民族,是东北亚跨界民族,为中国少数

[①] 前为西里尔文标音,后为拉丁文标音。为了表达方便,两种标音间用连字符"-"连接。后同。

民族之一。现主要居住于中国内蒙古和黑龙江两省区以及俄罗斯西伯利亚地区，蒙古国东部也有少量分布。

（一）民族人口

2010年第六次全国人口普查，在中国目前有鄂温克族30875人，其中，男性14668人，占总人口比重47.51%，女性16207人，占总人口比重52.49%。鄂温克族自治旗是鄂温克族聚居的县级自治地方，截至2013年有鄂温克族11422人，占鄂温克族总人口的37%，占全旗总人口的8%。根河市敖鲁古雅鄂温克民族乡是使鹿鄂温克族群聚居的地方，2013年有鄂温克族人口240多人，在鄂温克族总人口中比重不到1%，仅有0.79%，成为中国鄂温克民族中人口最少的族群。

使鹿鄂温克族群，18世纪初迁入时有75户、700多人[1]。在随后至20世纪50年代，几经周折，仅剩下32户、133人。其间，返迁俄罗斯（苏联）和疾病造成人口数量的机械变动（减少）。1913年、1944年前后有两批共49户180多人；1908年，因为俄罗斯人卖给鄂温克人死人的衣服、鞋帽，发生瘟疫，死绝了9户，共计死亡90多人；1916年，又发生了一次瘟疫，死亡38人，死绝了5户。1937年开始，肺结核在鄂温克人中蔓延，到1947年的10年间，因肺病死亡人数达64名，其中女子46名、男子18名，同一期间，因其他疾病死亡的还有47名，其中女子18名、男子29名，因病死亡人数达111人。这种情况对使鹿鄂温克人口的发展进程，是一个严重的阻碍。

截至2012年，敖鲁古雅全乡共有464户、1548人，其中鄂温克族人口243人，占全乡总人口的15.7%。敖鲁古雅全乡共有鄂温克族猎民62户，承包驯鹿的猎户24户，从事饲养的人员35人；其中男劳动力20人、女劳动力15人，青壮年27人，50岁以上的老年人8人。其中常年在山上放养驯鹿的猎民24人左右，男青年10人左右。

---

[1] 内蒙古自治区编辑组：《鄂温克族社会历史调查》，内蒙古人民出版社1986年版，第144—147、153页。

表 1-1　　　　　　　　使鹿鄂温克猎民人口统计

时间	户数	人口数	备注
260 年前	75	700 多	内蒙古自治区编辑组：《鄂温克族社会历史调查》，内蒙古人民出版社 1986 年版，第 144—147、153、154 页。
1899 年	87	435	
1909 年	26	100 多	
1917 年	63	315	
1939 年	46	253	
1945 年	34	170	
1952 年	33	145	
1955 年		141	
1957 年	32	136	
1960 年	31	146	
1962 年	38	167	
1965 年	38	166	孔繁志：《敖鲁古雅的鄂温克人》，第 184、187、190 页。
1982 年		163	
1989 年	34	199	

（二）地理分布

鄂温克族主要聚居地在内蒙古鄂温克族自治旗，此外在内蒙古自治区阿荣旗、莫力达瓦达斡尔族自治旗、陈巴尔虎旗、扎兰屯市、根河市、鄂伦春自治旗以及黑龙江省黑河市、讷河市等地均有分布。根据中国民族区域自治法，成立了内蒙古自治区鄂温克族自治旗，同时，还有9个民族乡镇，即：

内蒙古自治区阿荣旗查巴奇鄂温克族乡；内蒙古自治区阿荣旗得力其尔鄂温克族乡；内蒙古自治区阿荣旗音河达斡尔鄂温克族乡；内蒙古自治区莫力达瓦达斡尔族自治旗杜拉尔鄂温克民族乡；内蒙古自治区莫力达瓦达斡尔族自治旗巴彦鄂温克民族乡；内蒙古自治区陈巴尔虎旗鄂温克民族苏木；内蒙古自治区扎兰屯市萨马街鄂温克民族乡；内蒙古自治区根河市敖鲁古雅鄂温克民族乡；黑龙江省讷河市兴旺鄂温克族乡。

使鹿鄂温克族，因其乡政府旧址所在地有较多的白杨树，鄂温克语称为"敖鲁古雅"，因而以地得名，被称为敖鲁古雅鄂温克族、敖鲁古雅鄂温克、敖鲁古雅鄂温克人。敖鲁古雅地处大兴安岭北麓，现在行政区属内蒙古自治区根河市，南距根河市满归镇16千米。激流河（又称乞彦河、贝尔茨河）从南而来转向西入额尔古纳河，敖鲁古雅河自西北而来入激流河。四周崇山环绕，绿树葱郁，群兽出没于崇山峻岭，是一个环境十分优美的地方。然而，由于敖鲁古雅地势平缓又处于两河交汇处，因此，每年春夏季节水害频发，于2003年搬迁到根河市西4千米处。新迁后仍按原乡名称敖鲁古雅鄂温克民族乡，位于根河市区西好里堡镇、得耳布尔镇、金河镇交汇点，行政区划面积1767.2平方千米。

敖鲁古雅鄂温克民族乡由于他们始终保留着在山林中狩猎游牧驯鹿的物质生产方式，因而被称为"驯鹿之乡"，族群则被称为"使鹿部落"；同时，人们又根据他们过去长期在山林中游猎的生产方式，又把他们称为猎民。目前，由于国家政策法律禁枪禁猎，虽然他们已经停止了狩猎生产，但仍然被习惯性地称为猎民。2003年以来，敖鲁古雅乡政府大力实施"特色产业富民、旅游产业兴乡"战略，把发展驯鹿产业和旅游业作为主导产业，改善猎民居住条件和放牧生产设施，养殖规模和整体效益比较稳定，现有8个猎民点，据统计数据，驯鹿存栏1282头。同时，市、乡两级政府以"打造敖鲁古雅风情使鹿文化特色"为目标，不断加强旅游景区功能建设，提高旅游接待能力，吸引更多的鄂温克猎民参与开发民族特色旅游资源，推出多项鄂温克族民俗旅游项目。目前，敖鲁古雅鄂温克民族乡已经成为一个集行政、景区和生活服务功能为一体的具有鲜明特色的旅游性社区。全乡大力扶持家庭游，做好鄂温克族特色旅游项目工作，共投入70万元，为62户鄂温克猎民提升家庭游硬件设施，配备了液晶电视、沙发、床、被褥等物品，为每户猎民定做了2套民族服装，接待能力大幅度提高。通过与海拉尔多家旅行社达成合作意向，实现了旅游收入的稳定增长，"家庭游"接待收入可达到每年人均6000元，已成为敖鲁古雅乡一项富民产业。猎民旅游纪念品商店由2003年的2家增加到20余家，销售额可达100万元。2011年敖鲁古雅乡获得了呼伦贝尔市发展乡村旅游先进单位称号和"百村千户"家庭旅游信息化推进奖。在敖鲁古雅驯鹿养殖区、驯鹿文化博物馆、手工艺作坊等旅游景区工作的多数为鄂温克族猎民，旅游产业带动相关服务岗位为敖乡直接解决就业人员百余人。

敖鲁古雅鄂温克民族乡的驯鹿业，是世界上纬度最南的驯鹿业，使鹿鄂温克人也是中国唯一的牧放驯鹿的族群，因此，也有人称敖鲁古雅乡是"中国唯一的驯鹿之乡"。

表 1-2　　　　中国鄂温克人口分布（2000 年人口普查）[①]

地区	总人口	鄂温克族	占鄂温克族人口比例（%）	占地区少数民族人口比例（%）	占地区人口比例（%）
合计	1245110826	30545	100	0.0290	0.00245
31 省份合计	1242612226	30505	99.87	0.0290	0.00245
华北地区	145896933	26600	87.08	0.3052	0.01823
东北地区	104864179	3002	9.83	0.0274	0.00286
中南地区	350658477	426	1.39	0.0014	0.00012
华东地区	358849244	260	0.85	0.0104	0.00007
西北地区	89258221	115	0.38	0.0007	0.00013
西南地区	193085172	102	0.33	0.0003	0.00005
内蒙古	23323347	26201	85.78	0.5394	0.11234
黑龙江	36237576	2706	8.86	0.1527	0.00747
广东	85225007	249	0.82	0.0196	0.00029
辽宁	41824412	221	0.72	0.0033	0.00053
北京	13569194	164	0.54	0.0280	0.00121
河北	66684419	127	0.42	0.0044	0.00019
山东	89971789	107	0.35	0.0169	0.00012
天津	9848731	84	0.28	0.0315	0.00085
吉林	26802191	75	0.25	0.0031	0.00028
新疆	18459511	72	0.24	0.0007	0.00039
海南	7559035	67	0.22	0.0051	0.00089
江苏	73043577	57	0.19	0.0219	0.00008
贵州	35247695	46	0.15	0.0003	0.00013
上海	16407734	41	0.13	0.0395	0.00025
广西	43854538	35	0.11	0.0002	0.00008
湖南	63274173	34	0.11	0.0005	0.00005
山西	32471242	24	0.08	0.0233	0.00007
湖北	59508870	24	0.08	0.0009	0.00004

---

① 表格资料来源于"维基百科"。

续表

地区	总人口	鄂温克族	占鄂温克族人口比例（%）	占地区少数民族人口比例（%）	占地区人口比例（%）
重庆	30512763	22	0.07	0.0011	0.00007
浙江	45930651	21	0.07	0.0053	0.00005
四川	82348296	18	0.06	0.0004	0.00002
安徽	58999948	17	0.06	0.0043	0.00003
河南	91236854	17	0.06	0.0015	0.00002
云南	42360089	16	0.05	0.0001	0.00004
甘肃	25124282	16	0.05	0.0007	0.00006
福建	34097947	12	0.04	0.0021	0.00004
青海	4822963	12	0.04	0.0005	0.00025
陕西	35365072	11	0.04	0.0062	0.00003
江西	40397598	5	0.02	0.0040	0.00001
宁夏	5486393	4	0.01	0.0002	0.00007
西藏	2616	329			
现役军人	2498600	40	0.13	0.0358	0.00160

在俄罗斯，鄂温克族被记为Эвенки，汉译为埃文基，亦为俄罗斯的少数民族之一，现有37843人（2012年人口普查），其中有一半以上生活在克拉斯诺亚尔斯克边疆区的埃文基自治区，其余分布在萨哈共和国（勒拿河雅库特地区）、哈巴罗夫斯克边疆区、阿穆州以及鄂毕河至鄂霍次克海，北冰洋至库页岛等地区，他们曾经活动于西伯利亚70%的地区。西伯利亚地区的克拉斯诺亚尔斯克边疆区埃文基民族自治区于1930年12月10日成立，自治区面积为36.76万平方千米，人口为2.03万，由40个民族组成，其中埃文基人占14%。

二 语言、族称

按照现代语言学的分类，使鹿鄂温克人的语言及整个鄂温克民族的语言，被划定在阿尔泰语系通古斯语族范围内，因此，关于该族群语言特征的表述主要依据的是现代语言学研究的结果。关于使鹿鄂温克的民族族称，主要指的是他们与其他鄂温克族群的统一的族称，因此，在此仅限于一般性综述。

(一) 民族语言

鄂温克语，又被称为通古斯语、埃文基语或索伦语，属于阿尔泰语系通古斯—满语族北语支（满洲[①]语、赫哲语属于通古斯—满语族南语支）。1930年代前与鄂温—埃文语合称通古斯语，是鄂温克族的传统民族语言，为通古斯语族中使用人数最多的语言。中俄两国境内的鄂伦春人语言与鄂温克语—埃文基语东部方言相似。

现代聚居在中国、蒙古境内的鄂温克语掺有许多汉语、蒙古语、满语借词，然而，鄂温克族在语言方面的汉化程度与周边的几个少数民族（如蒙古族、赫哲族、满族、东北的锡伯族等）相比要低，鄂温克族自治旗辉苏木的鄂温克族群中许多人甚至不会说汉语。俄罗斯境内的鄂温克—埃文基族在语言方面俄化程度很深，1992年联邦普查时29901位埃文基族中只有约30%的人使用埃文基语，而多数人只懂俄语，或兼用俄语、雅库特语、布里亚特蒙古语，而不会使用本民族母语。俄罗斯的鄂温克—埃文基语借词成分主要有俄语、雅库特语、布里亚特蒙古语、鄂温克—埃文语，和少数尤卡吉尔语、科里亚克语、楚科奇语的借词。现在的使鹿鄂温克人主要使用鄂温克语和汉语。

中国与蒙古的鄂温克语分为海拉尔、陈巴尔虎、敖鲁古雅3个方言群。敖鲁古雅方言因使鹿鄂温克人曾经长期居住于俄罗斯雅库特地区，受俄罗斯语影响较多。俄罗斯的埃文基语分南部方言、东部方言、北部方言三大方言群，约50多种土语。其中南北方言相似，而东部方言与南北两方言差别较大。俄罗斯的埃文基语标准语音及正字法均采用使用人数较多的南部方言。1930—1952年采用南部方言聂普斯基（涅普斯基）土语，为标准语音，但在1940年代聂普斯基的埃文基人数急剧下降，从而失去了在埃文基民族文化与语言中的主导地位。1952年后改用相似的南部方言伯利古索卡斯基土语，此标准使用至今日。1990年代，随着萨哈林州及俄罗斯远东太平洋滨海各州区的经济腾飞和东部埃文基人与其他埃文基人相对隔绝的状况，东部方言开始远离南北二方言，形成了以萨哈林州西北土语为标准的东部埃文基语，并在地方中小

---

① 满族—满洲族，又被俄罗斯学者称为南通古斯族。

学展开教授。

鄂温克语的基本语序为主词—受词—动词（SOV），是一种中心词后置（head-final）的语言，此外其间接受词置于直接受词前。

鄂温克语是一种高度的黏着语，具有相当数量的词缀。其人称代词有单复数之分，同时其第一人称代词有排除形（不包括以第二人称指称者）和包含形（包括以第二人称指称者）之别；鄂温克语是一种主宾格语言，它有十三个格，但其因方言不同而异；鄂温克语分可分（alienable）领属与不可分（inalienable）领属，其中可分领属的持有者以主格等标明，其所属物以被从属格（possessed case）标明；而不可分领属则以人称领属标记来表明。

以下为鄂温克语的格与其后缀。

表 1-3　　　　鄂温克语的人称领属（格位）标记

	单数	众数
第一人称	-v	-vun（排除形）-t（包含形）
第二人称	-s, -si, -ni	-sun
第三人称	-n, -in	-tyn

以下为鄂温克语的格与其后缀。

表 1-4　　　　鄂温克语的格变化后缀（格位标记）

格		该格之后缀	范例	含义
主格		-	Asatkan	女孩子
宾格	非限定形	-ja	e-ja	什么？
	限定形	-va, -ma	bi kete-ve himmikte-ve tevle-che-v 我 许多-ACD 越橘-ACD 采集-PST-1SG	我采集了很多越橘
	返身领属限定形	-vi（单数），-ver（众数）	hute-kle-vi 小孩-LOCDIR-REF	给（她）自己的小孩
「古属格」此形式不活跃		-ngi	e: kun-ngi 谁-GEN	谁的？
夺格		-duk	e: kun-duk 谁-ABL	从谁/从哪？

续表

格		该格之后缀	范例	含义
方位格	方位格—指示格	-kle，ikle	hute-kle 小孩-LOCDIR	给予那小孩
	与格—方位格	-du，-tu	tatkit-tu 学校-DAT	在学校
	向格—方位格	-tki，-tyki	agi-tki 森林-ALLLOC	到森林（里）
	向格	-la	d'u-la 房子-ALL	（进）房子里
	出格	-ditk	oron-ditk 驯鹿-ELA	自那驯鹿
经由格		-li，-duli	nadalla-li 周-PRO singilgen-duli 雪-PRO	在一周的时间里 在雪中
工具格		-t，-di	pektyre: vun-di 枪-INS	用枪
被从属格		-gali，-chi， -lan，-tai	muri-chi beje 马-POS 人	有马的人；骑马者
似格		-ngachin，-gechin	lang-ngachin 陷阱-SEM	像个陷阱

-il、-l 和 -r 为众数标记，当有格位标记时，众数标记置于格位标记前，例如 tyge-l-ve（杯子-pl-acd，意即 [那杯子（众数宾格限定形）]）和 Ivul-ngi oro-r-in（ivul-gen 驯鹿-pl-3sg-pos，意即 [Ivul 的驯鹿们]）等即为众数之例。

在中国，鄂温克族没有自己的文字，在牧区使用蒙古语字母书写，而农区和林区没有书写形式，通用汉文。语言学研究资料与教学课本均采用国际音标或自制的拉丁字母转写系统。而在俄罗斯，从 1930 年至 1931 年开始使用拉丁字母书写鄂温克语，1936 年至 1937 年，改以西里尔字母书写，直到今天。

以下为中国（大陆）境内书写鄂温克语所使用的传统蒙古文字母。

表 1-5

以及拉丁文字：

Aa/a/	Bb/b/	Cc/ts/	Dd/d/	Ee/ə/	Ēē/e/	FF/f/	Gg/g/	G̃g̃/ɣ/
Hh/x/, /h/	Il/i/	Jj/dʒ/	Kk/k/	Ll/l/	Mm/m/	Nn/n/	Ngng/ŋ/, /ɣ/	
Θθ/ɔ/	Oo/ʊ/	Pp/p/	Qq/tʃ/	Rr/r/	Ss/s/	Tt/t/		
Uu/u/	Vv/θ/	Ww/w/	Xx/ʃ/	Yy/j/	Zz/dz/			

以下为在俄罗斯联邦境内书写鄂温克语所使用的西里尔文字母。

表 1-6

А а	Б б	В в	Г г	Д д	Е е	Ё ё	Ж ж
З з	И и	Й й	К к	Л л	М м	Н н	Ҥ ҥ
О о	П п	Р р	С с	Т т	У у	Ф ф	Х х
Ц ц	Ч ч	Ш ш	Щ щ	Ъ ъ	Ы ы	Ь ь	Э э
Ю ю	Я я						

（二）民族族称

"鄂温克族"是近代以来形成的民族称谓，鄂温克族与鄂伦春族的族称有着历史发生学的关联。如前所述，他们原来被统称为通古斯[族]，据旅华的俄罗斯学者史禄国（S. 希罗科戈洛夫）说，这是起源于突厥语族的雅库特人对居住在叶尼塞河流域自称 ewenki（鄂温克—埃文基）族群的称谓。当 17 世纪初俄罗斯借助哥萨克地方武装力量扩张到贝加尔湖、额尔古纳河、石勒喀河、黑龙江流域向当地民族收缴实物税时，他们从雅库特人那里接受了"通古斯"这一族群名称，进而用来表示所有居住于亚洲东北部，南起北纬 40 度，北至北冰洋，西至叶尼塞河，东迄太平洋的古老的民族共同体的称谓。

后来人类学家发现，这些被称为通古斯族的民族共同体中不同族群所操语言大同小异，基本属于同一种语言，因而，根据通古斯一词将这类语言确定为阿尔泰语系通古斯—满语族，并进一步分为南支北支两个语支。现在属于这个语族的包括满洲族、锡伯族、赫哲族、鄂伦春族、鄂温克族及生活在俄罗斯境内的奥罗奇人、那乃人（属于赫哲）、乌底盖人（乌德赫人）、乌尔奇人、[部分] 雅库特人等。因此，通古斯一词成为涵盖众多东北亚民族的语言学、民族学、人类学概念，因而成为标识所有西伯利亚地区和中国东北地区各个族群的统一族称，甚至包括了古代的东胡，在学术性研究中取代了中国历史典籍对东北民族的统称——肃慎、息慎、稷慎、女真等称谓。

17—19世纪，人们发现被称为通古斯民族的各族群的自称各不相同。居住在叶尼塞河以东区域和贝加尔湖以北区域的通古斯人自称 Эвэнки，被翻译为"埃文基"或鄂温克；居住在贝加尔湖以西高地的通古斯人自称 Орочэи-Орочон，被翻译为"奥罗奇"—"鄂伦春"；居住在布里亚特共和国一带的游牧通古斯人自称 Морчэн，被翻译为"牧尔琴"；而居住在大毕拉河流域的通古斯人自称 Бирарчэн，被翻译为"比（毕）拉尔琴（沁）"—"比拉尔"。对于这些称谓，现代民族学者试图进行语义学的解释，然而，有些则是望文生义的推断，如把"奥罗奇"—"鄂伦春"（Орочэи-Орочон）解释为"奥罗河的人们"或"从事驯鹿业的人们"，直译"鹿人"；把"牧尔琴"（Морчэн，Мор 亦译为木里、木力、末力、摩力，笔者注）解释为"马背上的人们"，直译"马人"；把"毕拉尔"—"毕拉尔琴"（Бирарчэн）解释为"河上的人"，直译"河人"；把"鄂温克"（Эвэнки）解释为"住在大山林里的人们"。

人类学者通过深入的社会田野调查发现，通古斯语族各族群，在表明自己族群归属时所用的自称，有时往往并不是真正的自称，他们或者是借用外部民族对他们的称谓表明族群归属，或者是用现时居住地域以及所居地区山河的名称自称，因而，就形成了一些虽然在人类学起源上本是同一族群的人们，由于分居在不同地域而形成不同的地域性"自称"。史禄国发现，在通古斯语族各族群的众多自称中，Нааны（拉丁字母拼为 naani 读那尼、那乃①）和 Эвэнки（拉丁文 ewenki）两个自称较为普遍，这是他们"历来使用的"自己民族语言的"在该族成员彼此之间内部交往中

---

① 斯特忍堡认为 Нааны（naani）分别由两个词汇组成，即 Наа 和 ны，Наа 具有土地的含义，ны 具有土著（人）的含义，因此，两个语词合起来的意思为"当地人"的意思。这个群体中包含了许多具有各自不同自称和他称的小族群：果尔特人、奥尔查人、奥罗克人和奥罗奇人。他们分布于黑龙江、松花江流域广阔地域，大概有四支：（1）库页那尼人，亦称奥罗克人；（2）黑龙江下游那尼人，亦被称为奥尔奇人；（3）黑龙江各条支流那尼人，亦称为果尔特人，同时，由于他们各自居住在不同的水域，分别被称为松花江那尼人、乌苏里江那尼人、伊曼河（伊姆河）那尼人等；（4）[东北] 东南部那尼人，亦称奥罗奇人，他们又分为博奇屯迤上的北部那尼人（纯奥罗奇人）和南部那尼人，即恰喀喇、恰喀尔人。

经常使用"①的自称。通过研究指出，在不同的民族学者和族群语言方言中 Эвэнки 被标记为不同的形式，但是其基本形式是相同或相近的，如：övöngki、avünki、evenki、avanki。同时，他也指出，这是一个合成词语，词根是 Эвэ（eve），构词结构是 нки（拉丁文 ngki 或 nki），由 нки-nki 结尾的词，一般表达的是"某种行为的行为者"的意思，是一个标志某个动作主体的词语。这是北方通古斯族群在内部某一群体与其他群体相区别时的自称，一般只认为自己是这一族群，不作为对其他族群的他称，但是，在他们认为其他群体具有与他们同样的祖源关系时，他们也用这个自称（Эвэнки）作为互称。因此说，Эвэнки（拉丁文 evenki）—鄂温克—埃文基是一个具有历史识别意义的族称。

有学者认为②，由于历史上的变迁鄂温克人曾被其他民族分别称为"安居骨部""乌素固部""粟末部""粟末乌素固部""室韦乌素固部""乌古部"等众多称呼。在呼伦贝尔地区的鄂温克族，自辽代始，长期以来被称为 onhor（拉丁文，译音：温纳何剌，辽代）、honkir（拉丁文，译音：光吉剌，辽末）、hokir（拉丁文，译音：弘吉剌，元代）、onkirt（拉丁文，译音：翁吉剌惕，《蒙古秘史》）、onkur（拉丁文，译音：温阔尔，达斡尔族）、honkur（拉丁文，译音：洪阔尔、红苦鲁，达斡尔族）等相近发音的称呼，接近于他们自称的 onki（拉丁文，为 evenki 的变读，译音：鄂温克）。

史禄国（[俄] S. 希罗科戈洛夫）还发现，在自称 Эвэнки（ewenki）的通古斯人（即埃文基—鄂温克族）本身采用的和有时使用的自称名称中以 oro 或 oron（西里尔文 opo 或 орон）为词根的词语被经常使用，有时由于不同的方言或民族语言被记为不同形态，如 orocon（鄂罗羌）、orocen（鄂罗沁）、oronco（鄂伦绰）、oroncun（鄂伦春）、oroci（鄂罗奇）、oroki（鄂罗基）。显然，这些词形相似，发音相近，是与 Эвэнки（拉丁文 ewenki）的对称。然而，研究发现这些形音相近的词来自不同的民族语言或方言，比如，orocen（鄂罗沁）是通古斯语涅尔琴斯克—巴尔古津方言，意思是"有驯鹿的[民族]"；oronco（鄂伦绰）则

---

① [俄] Л. Я. 斯特忍堡：《黑龙江沿岸地区基本居民分类》，郭燕顺、孙运来等编译《民族译文集》第一辑，第 1 页。

② 参见乌云达赉《鄂温克民族的起源》，《内蒙古社会科学》（文史哲版）1992 年第 4 期。

是蒙古语巴尔虎方言，oron（亦为 ojon）具有山顶的"顶"的含义，co 为构词词素，具有人的复数的含义，因此，oronco（鄂伦绰）意思为"[住在]山顶的人们（民族）"；oroncun（鄂伦春）则被认为是满洲语汇，而且多少具有贬义，即不是纯正的人，而是源于与动物有别的劣等人，因当满族称呼其他民族时，在族名后往往加上"涅儿麻"（n'aLma，"人"的意思）的后缀表示，如尼堪涅儿麻——汉族人、满洲涅儿麻——满族人，而对这部分驯鹿通古斯则不称"鄂伦春涅儿麻"只称为鄂伦春[①]；oroci（鄂罗奇）或 oroki（鄂罗基）则是阿尔泰语各民族的通用语词，oro 具有座位、场所、领域的含义，oroci-oroki 在语言中是"有座位的""有住所的""土地的、本地的"等含义，特别是通古斯人（实即鄂温克人，笔者注）相对外来人（旅行者）时，把自己同新到的人对立起来，回答"你是谁"的问题时会说：我是 oroci-oroki，即是表示"我"是当地人，其实他并没有像询问者所期待的那样，回答他的族群归属或族群分类名称，而只是相对于外来人表明自己是本地人，至于是本地什么民族或氏族他们并没有回答。与 oroci（oroki）一词相通的词是 orocen 或 orocin（orokin），往往与 ewenkicen 或 ewenkincin 相对。史禄国列举了呼伦贝尔地方的通古斯与他们的邻居索伦通古斯互称的实例，他说："住在呼伦贝尔地方的通古斯自称鄂罗沁，这是由于他们的邻族，即在政治上较他们处于优越地位的索伦人曾自称埃文基，而他们自己则用满语派生语叫做了鄂罗沁。因此，呼伦贝尔的通古斯今天虽然被满洲的其他北方通古斯（当然驯鹿通古斯除外）叫做埃文基，但仍然不得不用鄂罗沁这个名称。"

　　史禄国的发现是正确的，即埃文基—鄂温克与鄂罗沁（orocen 或 orocin）是对称的，更确切地说是同一个民族内部不同族群的对称，相当于汉族的山东人与山西人的对称，这并不表示两个相对的族群是不同的民族，而只是表明两个具有同一内部民族自称的族群相互区别的意义，而这个区别不是民族志的区别，可能只是生产、生活方式或居住地域的区别。值得注意的是，虽然 oroncun（鄂伦春）的 oron（座位或驯鹿）一词被认为是满洲语汇，但是，史禄国随后则推测，这个语词实际上是从赶着动物

---

① [俄] S. 希罗科戈洛夫：《通古斯诸群团的名称》，郭燕顺、孙运来等编译《民族译文集》第一辑，第 322—332 页。

（驯鹿）由北方迁来的北通古斯人那里借用来的。然而，北方通古斯人并非全都知道这些名称，雅库次克州和叶尼塞州的通古斯就不知道这些名称，联系 murcen 一词可能来源于布里亚特蒙古族，oroncen 也是蒙古语，是与 murcen 相比较而形成的词语，前者为"养鹿者（民）"，后者为"养马者（民）"，但是，这种区分并不是绝对的，因为有时养马的通古斯也被称为"鄂罗沁"（oroncen）。实际上"鄂罗沁"或"鄂伦千"只是与"鄂温克"相对的词语。"鄂温克"和"鄂伦春"作为对称，在两种意义上是相对的，一是相对于原驻地（故乡、故地），二是相对于他们曾经共同居住过的山岭。相对于原驻地，"鄂温克"是离开原驻地，即离开故乡、故土的人们，而"鄂伦春"则是留在故乡、故土的人们；相对于曾经共同居住过的山岭，"鄂温克"是走下山岭［居住］的人们，"鄂伦春"是留在山岭［居住］的人们。

鄂温克族男子

学者们在调查中发现，在通常情况下，通古斯人认为所有操北方通古斯方言的族群的历史起源相同，为了相互之间的区别，多数族群虽然自知是埃文基—鄂温克，可是他们一般情况下不用这个名称，而是使用氏族的名称或居住地江河山峰的名称，尤其是以居住地江河的名称作为自己族群的名称似乎是他们的社会文化习惯，他们习惯于用自己所属的氏族或所居住地区河流的名称作为经常性的自称。如萨马吉尔氏族自称萨马吉尔人，钦迪吉尔氏族自称钦迪人，图鲁雅吉尔自称图鲁亚人，居住在乌苏里江流域的自称乌苏固［沁］，居住在甘河流域的自称甘沁，等等。

"索伦""通古斯""喀（哈）木尼干""雅库特"是后期对中国境内不同地域生活的鄂温克族群的称呼。居住在鄂温克族自治旗辉苏木、阿荣旗、扎兰屯市、莫力达瓦达斡尔族自治旗、讷河市等地的鄂温克人，被称为"索伦"；居住在陈巴尔虎旗莫日根河流域的人，被称为"通古斯"；居住在鄂温克族自治旗锡尼河流域的鄂温克人，被称为"喀（哈）木尼干"；居住在根河市敖鲁古雅的鄂温克人，被称为"雅库特"，这些基本上都是他称。但是，这些在不同地区具有不同称谓的族群内部，都自称为"鄂温克"人，他们是以起源、习俗和语言的统一而连接起来的集团。"索伦"这一称呼，是明清时期政府对其所统辖的鄂温克诸部的代称，这个称呼的直接来源应该是公元17世纪在黑龙江中下游建立的以鄂温克族为核心的索伦汗国，也有民俗资料称为"黑水国"，黑水即黑龙江，通古斯语称为"阿穆尔"即右侧的河，是相对于结雅（"左侧的"）河而言，它的最后一代汗是博木博果尔·萨吉尔迪汗（saajgaahaan）。索伦有"东侧的、左边的"意思。按照古代北方民族的认知习惯，将河流的流动方向作为前，河源作为后，两岸则分属左右，因此，"索伦部"还具有"居住于黑龙江（阿穆尔河）左岸的族群"的含义。

1957年之前，由于他们历史上居住地域的不同，因而，曾有不同的称谓，尚未形成统一的民族称谓。1958年3月，中国政府根据各地鄂温克族人的意愿，于是决定把原有的"索伦""通古斯""雅库特"称谓，统一改为鄂温克族。

第二节 使鹿鄂温克族的研究

史禄国的代表作《北方通古斯的社会组织》，吕光天执笔的《鄂温克族简史》（及吴守贵的《鄂温克族社会历史》）、乌云达赉的《鄂温克族的起源》和《呼伦贝尔历史地名》（及乌热尔图所著的《呼伦贝尔笔记》《鄂温克族历史词语》《鄂温克史稿》《蒙古祖地》），包路芳的《社会变迁与文化调适——游牧鄂温克社会调查研究》等一些著作成果，对鄂温克民族的历史起源和迁徙以及民族文化的变迁和调适能力，进行了有价值的探讨，为鄂温克民族整个历史的研究提供了学术基础。

一 国内鄂温克族历史研究综述

国内对鄂温克的历史记载，肇端于清朝的《满洲实录》。真正的民族志调查始自清代官员英和，他是清乾隆时的户部尚书，1828 年（道光八年）被发配黑龙江充苦役，遣戍期间著有《卜魁纪略》（《齐齐哈尔市志资料》第一辑，1982 年）一书，记录了鄂温克、鄂伦春等少数民族的渔猎游牧生产、生活，并涉及该地古今居民的民族源流等情况。道光二十五年（1845）进士何秋涛（1824—1862）也是较早开始研究鄂温克族问题的学者。何秋涛，字愿船，福建光泽人。清朝官员、学者。少负异禀，过目成诵。被授予刑部主事的职位，力主"知夷制夷"从而努力从各种史料中探求俄罗斯情况及中俄历史关系，潜心研究北方边疆史。咸丰九年（1859）他撰写了《朔方备乘》80 卷，是近代最早研究中俄关系史的著作。其中最早地记录了鄂温克族的另一个自称——通古斯。1885 年，曹廷杰对黑龙江流域的民族、地理、古迹、社会等问题进行了调查研究，所著的《西伯利东偏纪要》（《辽海丛书》，1934 年）记载了鄂温克、鄂伦春等少数民族的分布、语言、生计、习俗等，以及清朝政府对该地的管理，是了解黑龙江下游鄂温克人的珍贵资料。民国时期，万福麟监修、张伯英等纂修的《黑龙江志稿》（铅印本，1933 年）也记述了黑龙江地区鄂温克、鄂伦春等少数民族的风俗、语言等情况。

1956—1964 年，新中国开展第一次中国少数民族社会历史调查，有组织有计划地对全国少数民族社会历史状况进行科学民族志学研究。据不完全统计，这一调查基本结束后，写出调查资料 340 多种，计 2900 多万字；整理档案资料和文献摘录 100 多种，计 1500 多万字；拍摄少数民族科学纪录片十几部。此外还搜集了一批少数民族的历史文物。在调查研究的基础上，编写出各少数民族的《简史》《简志》《简史简志合编》初稿 57 本。这一批材料比较详细地、忠实地记录下各民族历史和现状，是非常可贵的第一手材料，为我国少数民族确认提供了科学依据。这次调查中，国内从事东北少数民族研究的民族学、历史学、语言学的学者专家对鄂温克族进行了广泛深入的调查，辑录了史书中有关鄂温克人的内容，出版了许多调查报告和学术专著。如全国人大

鄂温克族女子

民族委员会办公室编辑了《内蒙古自治区额尔古纳旗使用驯鹿的鄂温克人的社会情况》（1958年），内蒙古自治区少数民族社会历史调查组和中国科学院内蒙古分院历史研究所共同编著的《额尔古纳旗鄂温克人的情况鄂温克族调查材料之五》（1960年），详细记录了鄂温克人的历史和经济、社会、宗教现状等，内蒙古少数民族社会历史调查组、中国科学院内蒙古分院历史研究所编辑出版了《达斡尔·鄂温克·鄂伦春·赫哲史料摘抄（清实录）》（1961年）。中国社会科学院民族研究所研究员秋浦著《鄂温克人的原始社会形态》（中华书局，1962年）一书，论述了鄂温克人的生产、社会、宗教以及由原始公社直接向社会主义过渡等方面的内容，是一本杰出的学术著作。这些前人所做的田野考察以及研究工作，为进一步系统研究鄂温克人奠定了良好的基础。改革开放以后，随着科研工作逐步走上正轨，学者专家对鄂温克人的研究也取得了很多成果，论文有满都尔图的《鄂温克人的"乌力楞"氏族社会》（《社会科学战线》1981年第1期）、田学夫的《鄂温克人的衣食住行》（《实践》1981年第1期）、王晓明和王永曦的《鄂温克人的婚丧习俗》（《黑龙江民族丛刊》1988年第3期）、赵复兴的《使鹿鄂温克族经济发展初探》（《内蒙古社会科学》1991年第4期）、孔繁志的《使鹿鄂温克人二元现象浅析》（《黑龙江民族丛刊》1995年第3期）等。这些论文就鄂温克人的物质、精神生活的某一方面进行了探讨，提出了各自的见解。论著主要有吕光天的《北方民族原始社会形态研究》（宁夏人民出版社，1981年）、杜梅的《鄂温克族民间故事》（内蒙古人民出版社，1989年）、郑东日的《东北通古斯诸民族起源及社会状况》（延边大学出版社，1991年）、朝克的《鄂温克语研究》（民族出版社，1995年）、乌热尔图的《述说鄂温克》（远山出版社，1995年）、乌云达赉的《鄂温克族的起源》（内蒙古大学出版社，1998年）、满都尔图的《鄂温克族萨满教卷》（中国社会科学出版社，1999年）、孟慧英的《中国北方民族萨满教研究》（社会科学文献出版社，2000年）等，系统论述了鄂温克人的起源、语言、社会组织、民间文化、宗教等。孔繁志所著的《敖鲁古雅的鄂温克人》（天津古籍出版社，1994年）是一部专门反映使鹿鄂温克人历史和现状的论著。他自1980年开始利用工作上的便利，深入林区，通过详细考察鄂温克族的生产生活，搜集到了大量资料，同时翻阅相关历史文献，论述了鄂温克人的历史沿革、现状、社会经济、文化艺术、宗教信仰等。黄定天、白杉、杨治经所著的《鄂温克族文学》，探讨了鄂温克人的神话、传说、故事、民歌等。杨荆楚所著的《东北渔猎民族现代化道路探索》（民族出版社，1994年），探索了人口少、经济相对落后的鄂温克人如何实现现代化的问题。

近些年来，鄂温克族的研究继续深化，形成了多文化视角的研究格局，产生了许多新的成果。

从经济生活等物质文化角度形成的成果有：杨晓光的《使鹿鄂温克民族经济研究》（中央民族大学，2009年），杨兴猛的《维古奇猎民村鄂温克族发展研究》（中央民族大学，2008年）、《鄂温克族传统图形在文化创意产业设计中的应用研究》（哈尔滨工业大学，2011年），闫雪的《鄂温克族文化风情园景观设计研究》（哈尔滨工业大学，2011年），张新杰的《使鹿鄂温克生计方式变迁研究》（中央民族大学，2012年），金鑫的《论清代前期达斡尔、鄂温克族的商品经济》（《满语研究》2012年第1期），于学斌的《草原鄂温克族毡帐文化》（《满语研究》2010年第1期），吴琼的《鄂温克族桦树皮器具之驯鹿纹来源》（《呼伦贝尔学院学报》2010年第1期），闫沙庆的《鄂温克族的桦树皮文化》（《满语研究》2005年第1期），王俊敏的《狩猎经济文化类型的当代变迁——鄂伦春族、鄂温克族猎民生计调查》（《中央民族大学学报》2005年第6期），王楠的《少数民族小区域原生态旅游研究——敖鲁古雅乡旅游资源评价与规划初探》(《干旱区资源与环境》,2005年)、涂格敦·林娜、金海、涂格敦·建军的《关于鄂温克族人口城市化问题——呼和浩特市鄂温克族基本状况调查及分析》(《满语研究》2002年第1期)、张敏杰的《赫哲、鄂伦春、鄂温克族桦皮制品异同初探》(《黑龙江民族丛刊》1999年第1期)、卡丽娜的《论使鹿鄂温克族鹿业经济的历史变迁》(《满语研究》2001年第1期)、郝时远的《取代与改造：民族发展的方式选择——以鄂温克族猎民的发展为例》(《民族研究》1996年第4期)、麻秀荣、那晓波的《清代鄂温克族农业经济初探》(《民族研究》1996年第6期)、麻秀荣、那晓波的《清代鄂温克族农业的兴起与发展》(《内蒙古社会科学》1998年第1期)、谢元媛的《使鹿鄂温克猎民生态移民后的状况调查——边缘少数族群的发展道路探索》(《民俗研究》2005年第2期)等文章。

从精神文化视角研究的成果有：汪立珍的《鄂温克族神话研究》(中央民族大学,2003年)、《鄂温克族创世神话类型探析》(《呼伦贝尔学院学报》2007年第2期)、《人口较少民族人类起源神话的类型与内涵探析——以鄂温克族神话为例》[《中央民族大学学报》(哲学社会科学版)2008年第2期]，呼格吉乐玛的《"通古斯"鄂温克萨满仪式及其象征意义探析》(内蒙古师范大学,2011年)、王伟的《索伦鄂温克宗教信仰：仪式、象征与解释》(首都师范大学,2011年)、侯儒的《俄罗斯埃文基人萨满教研究》(中央民族大学,2012年)、沈炯哲的《中国阿尔泰语系诸民族禁忌文化研究》(中央民族大学,2004年)、张璞的《鄂温克民族习惯法研究》(内蒙古大学,2009年)、应文达的《鄂温克族民间禁忌研究》(吉林大学,2011年)、刘荣臻、包羽、伊乐泰的《鄂温克族养生保健禁忌的文化内涵》(《中国民族医药杂志》2012年第12期)、赛音塔娜的《鄂温克传萨满教始祖女神 malu 神探微》(《民族文学研究》2000年第2期)、汪立珍的《论鄂温克族熊图腾神话》(《民族文学研究》2001年第1期)等文章。

从语言学文学角度研究的成果有：陈珏的《鄂温克文学的话语转型和建构》(浙江大学,2013年)、陈曲的《中国满通古斯语族诸民族动物报恩故事研究》(中央民族大学,2013年)、邱冬梅的《〈尼山萨满〉满文本与鄂温克族口承本比较研究》(长春师范学院,2012年)、王莉的

《鄂温克民族文学的神话原型探究》（内蒙古大学，2012年），斯仁巴图的《鄂温克语和蒙古语语音及名词语法范畴比较研究》（内蒙古大学，2007年），宫海荣的《鄂伦春语亲属称谓研究》（中央民族大学，2013年），朝格查的《论鄂温克民间故事中的颜色词"红"与"黄"》（《民族文学研究》2006年第2期），魏巧燕、冯璐、周丽娜、李建民的《清代鄂温克族户口档案述略》（《满语研究》2006年第2期），邱冬梅的《〈尼山萨满〉满文本与鄂温克族口承本比较研究》（长春师范学院，2012年），斯仁巴图的《中国鄂温克语言研究概述》（《呼伦贝尔学院学报》2011年第4期），杜坚栋的《鄂温克语言的保护与传承》（《大连民族学院学报》2012年第2期），娜敏的《鄂温克语变迁探析——以查巴奇鄂温克民族村为个案》（《大连民族学院学报》2009年第6期），高荷红的《鄂温克、鄂伦春、达斡尔族萨满神歌程序之比较研究》（《内蒙古大学艺术学院学报》2005年第4期），汪立珍的《鄂温克族英雄神话中的人物形象分析》（《民族文学研究》2009年第3期）、《论鄂温克族民间故事中的人名》（《满语研究》2002年第2期）等文章。

从艺术的角度形成的成果有：张艾嘉的《鄂温克族民间舞蹈传承现状研究》（中央民族大学，2013年），刘丹阳的《新时期内蒙古少数民族宗教信仰问题探析》（东北师范大学，2013年），王莉的《鄂温克民族文学的神话原型探究》（内蒙古大学，2012年），汪立珍的《鄂温克族创世神话类型探析》（《呼伦贝尔学院学报》2007年第2期），汪立珍的《人口较少民族人类起源神话的类型与内涵探析——以鄂温克族神话为例》[《中央民族大学学报》（哲学社会科学版）2008年第2期]，王丙珍的《鄂温克族当代文学的生态审美意蕴——维佳诗歌〈我记得〉和〈无题〉的文化解读》（《名作欣赏》2013年第3期），张艾嘉的《鄂温克族民间舞蹈传承现状研究》（中央民族大学，2013年）。

从文化传承和文化特质的角度形成的成果有：张凤喜的《论人口较少民族的文化现代化选择》（中央民族大学，2013年），娜日苏的《鄂温克族传统文化传承的教育策略研究》（内蒙古师范大学，2006年），李立立的《鄂温克族服装在现代服饰设计中的传承与应用研究》（齐齐哈尔大学，2012年），李娜的《鄂温克民族生活的再现》（中央民族大学，2013年），敖玉玲的《中国鄂温克族传统体育教育研究》（中央民族大学，

2004年),包路芳的《变迁与调适》(中央民族大学,2005年),万俐的《〈中国少数民族简史丛书〉史学价值研究》(兰州大学,2013年),魏巧燕、冯璐、周丽娜、李建民的《清代鄂温克族户口档案述略》(《满语研究》2006年第2期);李涵雯的《鄂温克族鲁克该勒舞蹈传承初探》(中央民族大学,2011年),韩雪莲的《论"赞达拉嘎"的多样化风格与演唱方法》(中央民族大学,2007年),李铁的《赫哲、鄂伦春、鄂温克、达斡尔族濒危建筑文化的数字化保护研究》和《赫哲、鄂伦春、鄂温克、达斡尔族濒危建筑文化的数字化保护研究》(齐齐哈尔大学,2013年)等文章。从民族关系史的角度形成的研究成果有:黄彦震的《清代中期索伦部与满族关系研究》(中央民族大学,2013年),南达汗的《论鄂温克族的族际婚姻》(内蒙古大学,2013年),王学勤的《晚清民初布特哈八旗研究》(中央民族大学,2013年),黄彦震的《清代中期索伦部与满族关系研究》(中央民族大学,2013年),周喜峰的《清朝前期黑龙江民族研究》(南开大学,2003年)等文章。

二 国外鄂温克族历史研究综述

国外研究我国鄂温克族的主要是俄罗斯和日本学者。俄国学者米登多尔的《西伯利亚北部与东部踏察记》(1845年)提到了鄂温克人的分布、生活情况。俄国著名通古斯学者史禄国,根据他在西伯利亚和我国东北地区所搜集的材料,于1929年编成《北方通古斯的社会组织》(汉译本,内蒙古人民出版社,1985年)一书,阐述了鄂温克人居住的地理环境、社会经济、氏族组织、分布、婚姻、家庭、宗教信仰以及风俗习惯等,成为研究鄂温克族社会历史的重要参考文献。列文和波塔波夫主编的《西伯利亚各民族志》(莫斯科,1956年)也介绍了鄂温克人的生产、生活情况。1808年,日本人间宫林藏考察黑龙江流域,所著的《东鞑纪行》(中译本,商务印书馆,1974年)记载了清朝对鄂温克人的统治情况。日本人永田珍馨撰写的《使鹿鄂伦春族》(中译本,内蒙古文化出版社,1999年),是他1939年在伪满洲国治安部参谋司调查科工作时所写的调研资料之一,对当时的使鹿鄂温克人现状作了比较真实的记录,如鄂温克人的分布、人口、体质、语言、教育、风俗、信仰、生产、交易等。尤其是书中附有鄂温克人当时生活的大量照片，非常珍贵，至今仍有一定的参考价值。日本北海道大学津曲敏郎教授和东北大学丸山宏教授也曾经实地考察鄂温克人的居住地，着重考察宗教信仰和语言方面，但没有涉及文化的其他方面。

第三节　使鹿鄂温克族研究的方法

科学研究对象的特殊性决定了研究方法的特殊性。因此，在使鹿鄂温克族群的研究上，就必须注意这个族群历史和现实文化的特殊性，才能真正把握所研究的课题的实质，完成研究任务。

一　研究对象的特点

使鹿鄂温克族群的特殊性既体现于他们的历史活动的进程中，又体现在他们当下的生存状态中。从历时性的角度分析，鄂温克民族体现为不同时代各种不同生存方式的族群共同体，他们经历了从原始狩猎—采集族群——古代狩猎—游牧—采集族群——古代农耕—畜牧—狩猎族群——现代游牧—农耕—狩猎族群演变的历史进程。然而，由于他们所经历的历史事实的特殊性，这种历史演变的进程不是从总体上发生在这个民族整体上的，而是以内部族群分化的形式发生的，即在历史进程中，各种生存方式不是成为一种生存方式的内部分工，而是成为同一族群文化分化的基础。

迟至17世纪初，按生存方式划分，鄂温克民族就分化为三种文化类型，一类是生活在勒拿河雅库特山地和苔原（占2/3）地区（今俄罗斯萨哈共和国）的狩猎—游牧—采集族群；一类是生活在通古斯卡河（上、下通古斯卡河）流域和贝加尔湖东部，额尔古纳河西部的游牧—狩猎族群；还有一类是生活在石勒喀河—额尔古纳河口以东迄黑龙江结雅河、布列亚河流域的农耕—畜牧—狩猎族群。根据他们分居于不同地区的特点，按地理名称他们又分别被称为［雅库特］鄂温克、通古斯［鄂温克］和索伦［鄂温克］。［雅库特］鄂温克由于所居地区是高纬度的永久冻土带①，不适应农耕生产的发展，所以他们没有农业。同时，因为所处地区过于寒冷，适合于牛马羊等生活的牧草生长较少，因而，他们也没有典型畜牧业。他们是以在山林苔原上游牧喜食苔藓的驯鹿和猎取野生动物、采集野生植物为生存方式，因此，人们又把他们称为"使鹿部落"，又因为他们与索伦鄂温克族群的共同性，称其为"索伦别部"。把在草原上用马放牧的鄂温克称为"使马部落"。敖鲁古雅使鹿鄂温克族群来源于雅库特地区②的"使鹿部落"，因而又被称为［雅库特］鄂温克人，也称为"使鹿鄂温克"或"驯鹿通古斯"。大约17世纪20年代，勒拿河雅库特地区鄂温克族群有十二个分支氏族或部落，其中索罗贡、布利托天、卡尔他昆和给力克等四个氏族迁徙到黑龙江流域，成为一个分离族群。这四个氏族也被称为姓氏。四个姓氏有些是鄂温克族古老氏族，有些是从古老的氏族中分离出来的，其中，索罗贡氏族是古老氏族，布利托天和卡尔他昆两个氏族来自老卡勒塔基尔氏族。随后，又从布利托天姓氏中分化出一个新的固德林姓氏，从索罗贡姓氏中分化出玛嘎罗夫、特吉孟、恩快衣、索木孙等四个分支。索罗贡姓氏成为这支分离族群最大的姓氏。

［勒拿河—雅库特］鄂温克迁徙的原因，在他们的记忆中是由于狩猎资源的日益减少，然而，更可能的是缘于他们与当时侵占西伯利亚的俄罗斯哥萨克人的冲突。英国人类学家林德格尔在《无冲突文化接触的例子：驯鹿通古斯和满洲西北哥萨克》③一文中提到，在哥萨克东进侵占鄂温克民族家园过程中，分别在1603年和1615年，鄂温克人与俄罗斯人之间发生过两次战斗，但鄂温克人最终失败了。或许正是这次战争的失败，导致［雅库特］鄂温克人从勒拿河迁徙到了黑龙江流域。他们最初迁到黑龙江左侧支流阿玛扎尔河④流域，但是，很快俄罗斯人就侵占了鄂温克民族生

---

① 萨哈共和国的陆地几乎全是永久冻土带，只有在最西南部才逐渐转为不连贯的冻土。冻土的平均厚度为300—400米。维柳伊河河床的冻土厚度达1500米（是地球上冻土层最厚的地方）。东雅库特山区有485座冰山，总面积达413平方千米，淡水储量近2000亿立方米。

② 现在雅库特地区（萨哈共和国）仍有通古斯族群36151人，其中，鄂温克族21080人，埃文族15071人，占当地人口的3.8%。

③ 埃塞尔·约翰·林格伦：《无冲突文化接触的例子：驯鹿通古斯和满洲西北哥萨克》，美国人类学家，第40卷，第4册，第一部分，10—12月，1938年。

④ 阿玛扎尔河（Amazar）是俄罗斯的河流，属于黑龙江的左支流，由外贝加尔边疆区负责管辖，河道全长290千米，流域面积11100平方千米，每年10月至翌年5月结冰。

活的所有地区，并以收取皮毛税的形式确立国家主权。从俄罗斯人的历史记载看，至迟到1623年，［雅库特］鄂温克人开始向哥萨克交纳皮毛税，以此成为接受俄罗斯人的统治的标志。鄂温克人迁到阿玛扎尔河流域后，俄罗斯东西伯利亚总督穆拉维约夫①颁发给各氏族长以铁制圆形印章，开始其统治。

迁到中国境内的［勒拿河-雅库特］鄂温克人，仍然籍属俄罗斯国，在漠河至额尔古纳一带游牧游猎。他们最初是一个统一的部落，有一个统一的酋长。酋长鄂温克语（实为俄语）称"基那斯"。1761年，原统一的酋长去世，从此这部分鄂温克人再也没有产生统一的酋长，而改由俄罗斯伊格纳希诺村（对面为中国黑龙江漠河县的漠河村—北极村）的地方官"阿塔曼"（意为"长老"）领导。统一的基那斯酋长去世后，［雅库特］鄂温克人分化为三部分，每一部分都有一个基那斯酋长，统一的部落演变为松散的氏族"联盟"。这一时期，虽然基那斯仍由鄂温克人选举产生，但需要得到俄国政府的任命。基那斯在一定程度上成了俄国政府统治［雅库特］鄂温克人的地方官，一方面为俄国政府收税，另一方面向鄂温克人传达俄国政府的命令。

［雅库特］鄂温克人由伊格纳希诺村的地方官——阿塔曼领导了56年，之后又由波克罗夫卡村（对面为中国黑龙江漠河的洛古河村）的地方官——阿塔曼领导了150年，最后由乌启罗夫村②的地方官领导到1918年。

［雅库特］鄂温克人被俄罗斯人统治的主要表现是向俄国政府纳税或向教堂缴纳会费，即每个成年男子，从20岁到50岁，每年向俄国政府缴纳3卢布的人头税或向教堂缴纳等额会费，有时用毛皮兽皮毛支付，有时用现金支付。因此，有人将这一税款称作毛皮税或教会会费。但不管怎么说，俄国政府通过这种方式使鄂温克人成为虽然生活在中国领土却仍然拥有沙皇俄国国籍的人。

---

① 尼古拉·尼古拉耶维奇·穆拉维约夫（евич Муравьёв，1809—1881），阿穆尔斯基伯爵，俄罗斯军人、探险家。贵族士官生学校毕业。1841年任少将。1847年任东西伯利亚总督。曾多次率军入侵中国黑龙江，非法占领黑龙江中上游北岸及下游两岸部分地区。

② 乌启罗夫村，拉丁文：ostrov-cheremu-khovyy；西里尔文：остров-черму-ховый，对面为中国内蒙古额尔古纳的珠尔干村，1921年以后改为奇乾村至今。

1807年前后，大部分［雅库特］鄂温克人从漠河境内迁到了额尔古纳河右岸支流激流河一带，中国奇乾村和额尔古纳河对岸的俄罗斯乌启罗夫村是他们经贸活动的中心地区。大概在1892年的时候，有一场瘟疫在［雅库特］鄂温克人的驯鹿群中蔓延，只有很少的驯鹿存活下来。驯鹿是生活在森林中的鄂温克人的主要交通和运输工具。由于没有了驯鹿，大部分［雅库特］鄂温克人都搬离了森林，住进了俄罗斯的乌启罗夫村。他们被俄罗斯人雇佣，男人在田里耕作，女人从事家务劳动，直到他们挣到足够的钱能从俄罗斯境内阿玛（马）扎尔河流域同族人中买来足够数量的驯鹿。

　　1917年俄国十月革命，推翻了以克伦斯基为领导的俄国临时政府，建立布尔什维克领导的政府，终结了沙皇和克伦斯基政府的统治，也终结了俄罗斯对［雅库特］鄂温克人的统治。在1918年以后，由于中俄东段边界被封锁，［雅库特］鄂温克人真正成为中国公民。1929年，中东路事件爆发后，一部分使鹿鄂温克人移民到得尔布耳河上游地区。

　　1949年，中华人民共和国成立后不久，中国政府即为使鹿鄂温克人在奇乾（今额尔古纳市奇乾乡）建立了供销社。1957年中国政府为使鹿鄂温克人在奇乾建立了民族乡。同年有8户使鹿鄂温克人在奇乾"定居"。1960年秋又有18户"定居"。至此，尚未定居的使鹿鄂温克人只剩下5户。1965年，使鹿鄂温克人赶着驯鹿在大兴安岭的原始密林中走了两个月，到达位于额尔古纳左旗（今根河市）北部的敖鲁古雅河畔，建立了敖鲁古雅鄂温克民族乡，其中有5位嫁给使鹿鄂温克男子的中俄混血妇女随使鹿鄂温克人一同迁到了敖鲁古雅。从此以后，这个鄂温克族群获得了新的称号——敖鲁古雅使鹿鄂温克。2003年8月，政府对使鹿鄂温克人实施"生态移民"，使鹿鄂温克民族乡政府迁到根河市所在地西4千米现址，同时把使鹿鄂温克族（人）的名称延续了下来。

二　研究的基本方法

　　从使鹿鄂温克人经历的历史进程看，他们的文化积淀一是来源于东北亚古老历史族群的文化发展；二是受到中俄两国政治历史关系以及族群历史关系发展的影响；三是受到中国民族政策的影响。因而，他们在文化上，并不是像有些人认为的那样是一种原生态的原始社会文化，而是一种蕴含了历史和现代两种要素的复合型文化。因而，在研究的方法上就必须坚持历史与自然统一的方法、历时性与共时性并重的方法、文献资料分析与现实生活实际分析相结合的方法。

坚持历史与自然统一的方法，要求在研究中应该坚持文化主位的立场，客观归纳分析使鹿鄂温克人历史进程，进而达到科学梳理他们历史文化发展和变迁的客观性、必然性的目的。

坚持历时性与共时性并重的方法，要求在研究中不仅要关注使鹿鄂温克人文化传承的历史脉络，更要着重研究当下文化的总体结构，更加重要的是研究清楚在他们的文化复合体中哪些属于原文本，哪些属于复制文本，以及原文本与复制文本的相互影响。

坚持文献资料分析与现实生活分析相结合的方法，要求在研究中无论是历史的叙事还是学理性分析都必须同时占有更加翔实全面生动的材料，不仅要进行历史资料的归纳分析，还要进行深入的田野工作。

三 研究的主要观点

在《使鹿鄂温克民族经济社会变迁调查》的课题研究上，文化变迁理论是本课题应用的主要理论，因为研究的焦点在于使鹿鄂温克族的历史与现代文化变迁。因而，关于文化的概念，以及关于文化变迁和社会现代化相关理论的理解至关重要。

关于文化的概念，客观地说还没有形成一个举世公认的定义。我们把文化理解为体现人类的本质能力特征的生存方式——人们在现实生活中自觉延续的物质生活方式、精神生活方式和社会交往方式的复合体，因此，文化是人类本质能力的表征。因此，对使鹿鄂温克族文化变迁的研究，就必须从他们的生存方式，即物质文化、精神文化、制度习俗文化（社会交往关系）等三个基本方面展开。

关于文化变迁，在人类学界形成了不同的理论观点和学派，其中，进化论派、传播学派、历史学派、结构—功能学派都从不同的学术视角进行过深入的研究，为我们提供了理论上的方便。然而，仅仅囿于一种学派或理论观点是片面的，因而是不科学的。

孙秋云主编的《文化人类学教程》（民族出版社，2004年）和威廉·A.哈维兰著，瞿铁鹏、张钰翻译的《文化人类学》第十版（上海社会科学院出版社，2006年）中对于文化变迁理论作了比较充分的阐述：文化变迁，"多数人类学家指的是任何足以影响文化内容或文化结构的变化。也有学者认为是指或由于族群（或民族）社会内部的发展，或由于不同族群之间的接触而引起的一个族群文化的改变"（孙秋云）。对于变迁的表现或者机制，认为"变迁的机制是创新、传播、文化遗失和涵化"。如果社会的某个人发现了某些新事物，后来这种新事物又被其他社会成员接受了，这就是发生了创新。传播是从另一个群体借用某些东西，而文化遗失则是对现存的习俗或特征的遗弃，不论有无替换。涵化是在殖民条件下因与外来文化密集和直接接触而发生的大范围变迁（威廉·A.哈维兰）。促使文化发生变迁的原因可分为内部原因和外部原因：内部原因是由社会内部的变化而引起的；外部原因是由自然环境的变化或社会环境的变化如人口迁徙、与其他民族的接触、政治制度的改变等而引起的（孙秋云）。

对于这些概念和理论观点的把握和演绎，就是在研究使鹿鄂温克族的历史与现代文化变迁的课题上所应坚持的基本理论立场，同时，对使鹿鄂温克人现实生活的田野调查，将成为分析他们在现代化进程中通过文化创新、文化传播、文化遗失与文化涵化等机制实现现代化变迁的现实基础。

在文化发展问题上，始终存在不同文化类型的、先进与落后的比较的观念。一般进化论者认为，进化是从简单到复杂，从单一到分化，从低级到高级的进程，从无阶级到有阶级，从而赋予进化即"进步"的社会价值判断。进而，在对社会历史的叙事中，把人类社会看成是从原始社会—奴隶社会—封建社会—资本主义社会—社会主义—共产主义社会五种社会形态递进进化的历史进程，每一种后来的社会形态，相对于前一种都是历史的进步。这种社会历史观应用到族群文化的判断上，就形成了相应文化价值观：越是处于早期的历史文化越是落后的，越是后起的文化越是先进的。进而判断使鹿鄂温克族群的狩猎—［驯鹿］游牧经济是一种原始形态的生产方式，所以是落后的社会形态中的生产方式，是一种落后的文化形态。

事实上这是一种错误的思想方法形成的错误判断，或者说这是一种错误的文化进步观。文化的先进与否，并不完全表现在某种具体的物质生产方式或社会形态上，特定的生产方式是人与自然适应的结果，或者说在一个特定的自然环境中，自然的生态条件决定了具体的物质生产方式。

地球的生态系统可分为森林、草原、田地等几大生态系统，与此相关的形成狩猎、畜牧、农业几大经济类型，各种经济（生产方式）类型不可能超越自然的局限而得到发展，因而，通常所说的文化就有了自然的规定性，森林环境只能形成森林文化、草原环境只能形成草原文化、田地环境只能形成农耕文化，而各种文化间不存在先进与落后的区别。判断文化先进与否的标准或许可以界定为是否满足人类本质的自由发展，即人的创造能力的自由发展。

森林生态环境并不存在限制人的创造力本质自由发展的必然性，而使鹿鄂温克族的森林狩猎文化与森林游牧文化恰恰表现了这个族群独特的创造力，因此，即使在现代化进程中，使鹿鄂温克族森林狩猎和游牧文化所具有的精神价值也并非是毫无传承的意义。况且，造成使鹿鄂温克族森林狩猎和游牧文化危机的根本原因并非是由于他们的生产方式根深蒂固的必然性，而更多的是来源于外来畜牧、农耕、森工、采矿等经济类型的嵌入所引发的生态危机。因此，使鹿鄂温克族群走向现代化的路径或许就不只是一个放弃原有文化，全盘接纳其他文化范式，而是限制或剔除嵌入文化，并通过现代科学技术更大程度上促进森林植物生态和动物生态系统的平衡甚至繁荣，进而在现代技术基础上构建更能体现使鹿鄂温克族创造力的新文化。

在研究范畴的使用上，我们认为"使鹿鄂温克人（族群）"这一概念，能够较为准确地反映使鹿鄂温克人的历史和现在，因为，他们与其他鄂温克族群的区别不在于狩猎与否，也不在于其他文化特征，而主要区别于他们始终是山林游牧驯鹿的族群，他们对于山林的情感，更多的是寄托在驯鹿身上，驯鹿使他们离不开山林，因此，在后续的研究中，"使鹿鄂温克人"或"使鹿鄂温克族群"的概念将成为对这一族群的特定称谓。

第四节　使鹿鄂温克游猎区的历史情况

使鹿鄂温克人，原来主要是生息在俄罗斯东部西伯利亚大山林中，即勒拿河、维季姆河、阿马扎尔河等流域。那里也是使鹿鄂温克人进入额尔古纳河东岸、黑龙江南岸的起点。进入中国境内，使鹿鄂温克人生息区域为大兴安岭北部林区。大兴安岭，是一条东北西南走向的山脉，全长1200多千米，宽200—300千米，海拔1100—1400米，主峰索岳尔济山。东南连燕山山脉，西南连阴山山脉。大兴安岭北部的许多支脉，由东向西、向西北，伸展到额尔古纳河右畔，形成了绵亘起伏的山岭地带，山岭覆盖着针阔混交森林，被称为泰加森林，林下有各种动植物，还有苔藓。

一　自然环境

20世纪50年代以前，这里交通不便，是原始密林地区，其中也布满了高原沼泽，植被繁茂，野兽、野禽种类繁多，是一块巨大的天然猎场，自古以来就是中国北方狩猎族群生息繁衍的家园。正是从这里走出去的鲜卑、蒙兀室韦等族群创造了光辉灿烂的历史篇章。

使鹿鄂温克人自17世纪初进入这个地区以后，从20世纪50年代初，至2003年，经历了三次较大规模的居住地迁移，从奇乾（现额尔古纳市境内）—敖鲁古雅河流域（现根河市满归镇境内）—三车间（现根河市郊）。在敖鲁古雅河流域他们获得了"敖鲁古雅使鹿鄂温克"的称谓。尽管这几次迁移给他们的社会生活带来了巨大的影响，但是，他们生产、生活的地理环境条件始终没有大的改变，其范围仍然在中国东北边疆的大兴安岭地区北部。他们以北纬52度为中心，游猎在北纬51度以北，53度以南，东经122度以西，120度以东地区，现主要为根河市、额尔古纳市境内。地理位置，西邻额尔古纳河与俄罗斯相望，东据大兴安岭与黑龙江省呼玛县漠河乡（现为漠河县）毗连，东南依大兴安岭与鄂伦春自治旗接壤。

二 经济环境

20世纪50年代使鹿鄂温克人游猎的猎场以贝尔茨河（激流河）为中心，以北包括贝尔茨河（激流河）、阿巴河、乌玛河、茂河、阿尔巴吉河、洛乔普河、古浪河、克坡河以及杜林河等河流。大山有呼鲁鲁冬山、吉拉吉山、新嘎山、贝嘎勒山、阿拉巴吉山、高勒烧别山、萨拉羊山、古龙得勒山及克布得龙等山，南北约410千米，东西约800千米。贝尔茨河（激流河）以南，主要的河流有金河、上乌利吉其河、特吉木坎河、色勒木坎河、功河、达乌鲁河、阿牙斯卡河、额鲁根河、他拉河、特勒布尔河、根河、甘河以及西卡铃河。大山有色勒木坎德龙山、阿牙斯科扬等山，南北约190千米，东西约860千米。

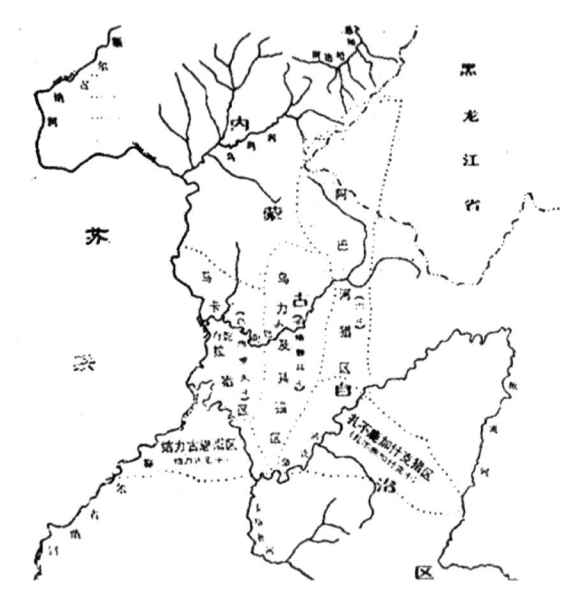

使用驯鹿鄂温克人分布略图

这个地区，野生动植物及鱼类很多，马鹿、驼鹿、狍子、灰鼠尤其多；树木主要有黑桦、白桦、各种松树、杨、柳、柞、奥克登、布鲁登、拉黑衣、布鲁都维格、黑鲁坡等多种。特别是苔藓类植物，生在石上和土上的叫"恩靠"，生在倒木和树枝上的叫"来维特"，是这个地区独有的原生类植物，是驯鹿的主要饲料。另有数种草木和菌生物，也是驯鹿的饲料。所以，这个地区成为使用驯鹿的鄂温克人生息的最佳选择，他们从17世纪初开始就在这里过着山林游狩猎生活。

从地理位置上，这块地方属于大兴安岭西、北坡，习惯上被称为岭上地区。这里的气候，冬季一般是零下45℃—50℃，全年平均温度零下4℃，一年之中无霜期约80天，7月间还有积雪和冰块，有的地方常年存冰积雪。由于气候和地理地貌的特殊性，这里始终没有成为农耕文化和游牧（牛马羊驼）文化眷顾的地方，而是成为山林游猎族群的乐园。然而，这里原始森林茂密，成为中国重要的林业基地之一。

因而，20世纪50年代以后，森林采伐工业大行其道。1952年成立内蒙古大兴安岭林管局，下设阿尔山、绰尔、伊图里河、乌尔旗汉、库都尔、图里河、根河、绰源、得耳布尔、莫尔道嘎、金河、阿龙山、阿里河、克一河、满归、吉文、毕拉河、大杨树、甘河等十九个林业局（森工公司），以及一个汗玛自然保护区，其所辖生态功能区东连黑龙江，西接呼伦贝尔大草原，南至吉林洮儿河，北部和西部与俄罗斯、蒙古国毗邻，地跨呼伦贝尔市、兴安盟中的9个旗市，成为中国最大的集中连片的国有森林工业开发区。自开发建设以来，至2015年累计采伐1.7亿立方米木材和大量林产品，直接向国家上缴利税费160多亿元。

大量的森林采伐和社会人员进入林区，不仅减少了大兴安岭林木蓄积量，更重要的是改变了千百年来森林生态的自我平衡进程，同时，也给野生动植物带来生态压力。

三 生存状态

森林工业生产方式的嵌入，打破了使鹿鄂温克人单纯的山林游猎生活，他们成为森林生产方式的外围成员，国家规定鄂温克人在护林防火期间，以护林防火为主、打猎为辅，非防火期，以打猎为主、防火为辅。1957年以后，他们以"乌力楞"为生产单位，分布在贝尔茨河（激流河）以东、以北、以西的阿巴河、扎不鹿加什克、乌力吉其、马卡拉、结力古恩五个猎区进行狩猎。在阿巴河狩猎的被称为巴千、扎不鹿加什克的为扎不鹿加什克千、乌力吉其的为亚格鲁其千、马卡拉的为乌启罗夫千、结力古恩的为结力古恩千。

"千"或"浅"为通古斯—鄂温克语-cen/-cin译音，一般作为名词后缀，意为"-人们"，是鄂温克人内部对居住于某河流域或地区的族群的统称，如"巴千"即表示为"居住于阿巴河的人"，"金千"即表示为"居住于金河的人"。因而，"千"是具有地域族群识别意义的社会范畴。这是他称，自称则用"博叶-Бойе"。

"乌力楞"（Bylileng）是一种地缘性社会结构形式，虽然与他们的氏族有着一定的联系，但这其实是使鹿鄂温克人部落氏族之外的社会组织形式，又是一种社会发展形态。"乌力楞"一词，即 ur-len 的译音，来源于阿尔泰语同源词 ur，意思为同一父系血缘子孙。ur-len 是 ur 的复数形式，因为汉语中没有 r 发音的词汇，因此 ur-len 又被读为 ulilən，即用 li 代替 r。从而也可以看出，乌力楞曾经是一个血缘关系实体，即同一父系血缘子孙。正因为乌力楞曾经是具有一定的血缘关系的社会组织形式，因而，一些研究者认为这是"氏族的一个组成部分"[①]。每一"乌力楞"均有自己的名称，习惯上是在"乌力楞"之上冠以氏族名、人名或河名。实际上，使鹿鄂温克族群20世纪50年代的乌力楞，是正在从同一氏族群体的营地，向村庄演化的进程中的聚落形态。氏族，是以相同的血缘关系结合的人类社会群体，其成员出自一个共同的祖先。而20世纪50年代乌力楞中的成员与氏族[②]不同，并非完全出自一个共同的血缘祖先，成员之间有些虽然有着一定的血缘关系，但是，还有些成员有自己的血缘传承。1957年在鄂温克族社会历史调查时记录的情况说明了这个问题。

该调查证实，当时的乌力吉其猎区主要是以固德林氏族为基础加上他们的亲戚们组成的"乌力楞"。他们游猎于阿巴河中、下游。在这个"乌力楞"中，居住的是伊那肯奇老人固德林氏族的子孙，以及他的外甥。这个"乌力楞"共有六个撮罗子，其中，伊那肯奇一个撮罗子，他大女儿一个撮罗子，他大女儿的孩子一个撮罗子，他的二儿子一个撮罗子，他的侄子一个撮罗子，他的亲家母（儿媳之母）一个撮罗子。很显然，这

---

① 内蒙古自治区编辑组：《鄂温克族社会历史调查》，内蒙古人民出版社1986年版，第186页。

② 在人类学中，氏族一般是指以相同的血缘关系结合的人类社会群体，其成员出自一个共同的祖先。这个祖先如果是以女性祖先为主，那么就是母系氏族，如果是以男性祖先为主，也就是父系氏族。

六个撮罗子成员之间不止是一种血缘关系，而是有两种或三种血缘系统，一个是固德林氏族伊那肯奇老人的直系血亲，即他的儿子，也可以包括他的女儿和侄子，但是，由于他们的血统是按父系计算的，因此，女儿虽然在血缘上与他相同，然而在人群分别上，女儿属于女婿的群体。从而，这个乌力楞所包括的他的女婿和孩子们，则是另外的血缘系统，与伊那肯奇没有直系的血缘关系。他的亲家母即儿媳之母与他也没有血缘关系。

在扎不鹿加什克猎区的乌力楞也是如此，其中包括了卡尔他昆、索罗共、布利拖天三个氏族的成员。他们是在激流河的中游游猎，这个猎区住着以卡尔他昆氏族为基础的乌力楞，一共七个撮罗子，五个撮罗子是卡尔他昆氏族的人，另外两户是"卡尔他昆"氏族的女婿和亲戚。具体如下：

（1）伊那（卡尔他昆）。

（2）米海-西苗（卡尔他昆）。

（3）给力克丁伊万（卡尔他昆）。

（4）拉吉米（卡尔他昆）。

（5）伊万（卡尔他昆）。

（6）小八月（索罗共）是这个乌力楞的女婿。

（7）伊那结气（布利拖天）是"卡尔他昆"的亲戚。

其他三个猎区，即阿巴河猎区（巴千）、马卡拉猎区（乌启罗夫千）、结力古恩猎区（结力古恩千）的乌力楞的情况也都是如此。因此，不能简单地说"乌力楞"是氏族的一部分，它是一种与氏族组织不同的社会存在，这不是完全按照血缘原则组织起来的，而首先是按照地区性生产关系原则组织起来的，这应该就是使鹿鄂温克人在20世纪50年代的村庄形态。这种地缘性，特别突出地体现在一个氏族所分出的多个乌力楞上。例如在20世纪50年代前，布利拖天氏族曾有两个乌力楞；索罗共氏族曾有四个乌力楞；固德林氏族曾有两个乌力楞；结力克氏族曾有一个乌力楞；卡尔他昆氏族曾有两个乌力楞。作为一个氏族是在一条大河流域游猎，而氏族的这些乌力楞就在大河的各个支流之间，每个乌力楞都占有一条小河，每个乌力楞都是一个独立的生产、生活单位，它占有一定的猎场或游动路线。而且，对于每个乌力楞来说，这种游猎的空间一般是相对固定的。由于一个乌力楞族群是在一个相对固定的地域生息，因而，他们按照习惯又把居住于不同地域的同胞以他们居住地区的主要河流名称作为族群称谓，如，长期居住在金河流域打猎的给力克夫氏族的一个乌力楞（五户）就被称为"金千"；长期居住在贝尔茨河（激流河）支流猛辉河流域打猎的卡尔他昆氏族的一个乌力楞（六户），被叫作"猛辉千"。固德林有两个"乌力楞"：一个是六户，另一个是五户，都在贝尔茨河（激流河）的"好高牙"河的上游和下游打猎，被称作"好高牙千"。同时各乌力楞之间相隔二三百里，距离很远，相互接触的机会很少，每年定期到城镇进行交易时才得以见面。通常是一年仅三四次，每次相聚日期仅十天。因而，各个乌力楞成为氏族制度下相对独立的聚落而具有村庄形态特征。它与氏族营地的联系和区别就在于，它的成员（男性）之间有一定的血缘关系，但是，血缘关系不能覆盖所有的成员，而氏族营地的成员（男性）之间的血缘关系是全覆盖的。

乌力楞的基本职能就是组织共同生产，共同生活。平均分配与集体生产是乌力楞的根本原则，谁若是破坏这一原则，在乌力楞中就会被孤立。由于他们的私有财产占有观念尚不发达，还没有形成对原公共资源据为己有的意识，因而，从所有制角度看，乌力楞的猎场、森林、河流仅仅是他们共同所有的生存空间，而不具有生产资料价值，他们在这个空间中共同猎取动物，实行的是集体狩猎生产，平均分配狩猎产品。如猎民说："我们划分猎区干啥？猎场是大家的，猎场上的野兽也是大家的。我们在这样大的猎场上打猎，互相也妨碍不着。"他们对公共的猎场、森林、河流等资源没有财产占有观念，但是，并不能因此说他们还没有形成私有财产占有观念，他们的猎枪、猎刀、砍树刀、地箭、哨、鹿哨、滑雪板、猎犬等归个人占有，驯鹿、桦树皮船、渔网等生产资料归小家庭所有，但可共同使用。因此，在乌力楞中，如果自然环境资源属于公有，那么，其他生产资料则部分属于个人占有，部分属于家庭占有。这种情况，从而使乌力楞所呈现的更像是一种以家庭为单位，聚合在一起的地缘社会形态，处于原始的氏族公社营地向古代私有制家庭村庄聚落的过渡时期。

四 猎民与猎人

组成乌力楞的核心群体是猎民。猎民与猎人（猎手）不同，首先一个是集合式概念，另一个是单体概念，更重要的是划分的前提不同。猎民是从生活方式的角度所作的区分，而猎人是从劳动方式的角度所作的区分。猎民是以游猎生活方式生存的族群。游猎生活方式，一是在山林中游牧驯鹿，二是在山林中流动狩猎，他们的物质文化（物质生产生活）、精神文化（精神活动）和制度习俗文化（社会群体生活）无不打上游猎生活方式的烙印。

因此，猎民，就是以游猎生活方式生活的族群（之民）。而猎人是生存于猎民中的一分子，他们是以狩猎为职守的社会（乌力楞）成员。所以，猎人是社会（乌力楞）中的职业分工，在一个乌力楞中，除了猎人，还要有加工狩猎产品的人、照看营地服务狩猎生产的人和放牧驯鹿、采集山野产品的人。然而，在实际生活中，乌力楞中的职业分工，并不是泾渭分明的，往往存在多重兼职，如猎人经常兼做放牧驯鹿、采集山野果的工作。

使鹿鄂温克猎人一般主要是 15 岁以上的男性，多数女性一般不承担狩猎大型野兽的任务，女性的主要任务是照看驯鹿。猎人都是在乌力楞的生活中培育起来的。鄂温克人从生下来到懂事，都是经历游猎生活的熏陶而成长起来的。夏天打猎，大人把孩子放在他们特有的摇篮里，挂在树上，回头再来喂，有的孩子从摇篮里摔下来，身体就残疾了。再长大一些，即到五六岁以后，"乌力楞"的孩子们，都做一些传统性有狩猎教育意义的游戏。老年人用桦木给孩子们做小弓箭，让孩子们互相练习射击比赛、练习打靶，使他们从小就知道射击目标。到了小飞龙鸟出生的时候，三五成群的孩子们出去捉这种东西，另外帮助大人做些辅助性的劳动，如：看管驯鹿，夏天给驯鹿生烟熏蚊子。这一时期他们主要是从老一代传下来的游戏中，初步学习做一个猎人的知识。例如：6—12 岁的孩子们进行的几种游戏就相当于幼儿园的狩猎功课。

猎人的最高年龄没有限制，只要他本人愿意，就可以出猎。但是，在乌力楞中猎人是分等级或不同分工的，最有权威、年龄较大、优秀的猎人是乌力楞最高领导人"新玛玛楞[①]"的人选，关键他必须是一个优秀的猎手，具有丰富的生产经验，勇敢能干，善于论断事理，青年和妇女绝对不能担任这

[①] 在满语中 ma ma 是"老奶奶、老妪妪"的意思，泛指上辈的老太太。在韩语中 mama 意为"娘娘"。

一职务。鄂温克人的解释,"新玛玛楞"是"公道人、正确者"① 的意思。狩猎技术水平高的猎手,一般被分派去打整个乌力楞所需的食物及所穿的皮子,主要包括犴达罕和马鹿两种。例如固德林氏伊那肯奇老人和其妻子的父亲曾被分配打了三年肉。狩猎技术低的及儿童、妇女一般被派去打小型动物,如灰鼠。灰鼠是他们经常大量猎取的、主要的皮肉兼用型小动物。

乌力楞的狩猎生产,主要是在"新玛玛楞"领导下根据猎手本领的强弱不同程度进行,分配任务出去打猎的几部分人,中、老年有经验的猎人,并且是神枪手,地形熟的,就可以作为一部分共同任务猎人的"行猎长",指挥和主持一起出猎的一组猎手行猎。"行猎长",鄂温克称为"给靠列都阿楞",一起出猎的猎人称为"安格纳加"。一般情况下,一次任务是四五个人在一起出猎。"给靠列都阿楞"(行猎长)有权力和义务监督"安格纳加"(同猎人)遵守打猎的规矩,维护纪律。在行猎中他考虑好,决定行猎的进程,掌握行猎的时间,决定什么时候打。是太阳出时打,或是太阳未出以前打,必须由"行猎长"决定,如不打,绝对禁止大家惊动野兽。与其说"行猎长"是有权威的狩猎活动管理者,毋宁说他是模范狩猎义务的践行者。在利益分配上,他没有优先权和多得权,反而他应该是要比别人起早贪黑,先到猎区观察情况熟悉地区情况,掌握风向,布置力量,安排谁去哪个山上。他根据野兽出来的时间,布置好人们的包围圈。在河边发现野兽一定要包围好再打。一般情况下,围猎犴三个人就行,围猎犴的小组被称为"尤那格他"。

优秀的猎手,是在狩猎实践中产生的。在乌力楞营地近处狩猎,优秀猎手出门一般不多带子弹,带五个子弹至少打回五个野兽。他不但能百发百中,还能准确掌握风向、判定风向(白天风向山上吹,晚间风向山下压),并能辨别野兽脚印的新旧,能判断是惊跑的或自由走的(如惊走的,就不追了)。优秀猎手,在社会上有一定的荣誉地位,受人尊敬和信赖,如经常听猎民们说,"只要优秀猎手的枪一响,你就预备锅煮肉吧"。

---

① 显然,这种解释不是原意。"新玛玛楞"是通古斯—鄂温克语 çinmamaləŋ 的音译,新-çin 即新旧的新,玛玛-mama 应是玛姆 mamu 的转换,语义为"大水",楞-ləŋ 为众数、动名词构词词素。在现俄罗斯境内维季姆河中游有一条支流称为 мама-马马,有一村、一城分别称为 мама 与 мамакан。新玛玛楞,或为"马马河营地(城)新首领"之意。泛化为狩猎营地首领之意。

第二章　使鹿鄂温克制度习俗文化变迁

制度习俗是一个族群最为外显的民族志特征，在历史典籍中常常被用来作为族群差异的描述，成为体现一个族群社会内容的表征，因而，也常常成为人类学家研究的起点。使鹿鄂温克人的制度习俗文化是体现在他们的家庭生活中和社会组织以及社会交往过程中的，是适应游猎生活方式而形成的一系列生活规范。因此，对于家庭、家族、氏族和社区的历史变迁的考察就成为对于制度习俗文化变迁调查研究的基本内容。

第一节　"柱"——鄂温克人的家

家是社会的基本细胞，人类从原始状态脱离出来，最早建立的社会实体就是家。在漫长的历史长河中，家的形态并非始终如一的，摩尔根根据对印第安人的民族志考察，归纳了印第安族群家的变化的几种形态：认为家庭经历了血缘家庭、普那路亚家庭、对偶家庭、一夫一妻制家庭四种形态。恩格斯指出："生产本身……有两种。一方面是生活资料即食物、衣服、住房以及为此所必需的工具的生产；另一方面是人类自身的生产，即种的繁衍。"[1] 因此，家首先是人类种的繁衍单位，为了人类自身的延续，然后才有为了生存而必须进行的生产组织功能。

家庭这个名词，人类学家普遍使用时，是指一个包括父母及未成年子女的生育单位。因此，家，首先强调了父母和子女之间的相互依存。与此同时，它给那些丧失劳动能力的老年人以生活的保障。它也有利于保证社会的延续和家庭成员之间的合作。[2]

---

[1] 恩格斯：《家庭、私有制和国家的起源》第一版序言，《马克思恩格斯选集》第4卷，人民出版社1972年版，第4页。

[2] 参见费孝通《江村经济》，第三章家。

家庭是由血缘关系而产生的社会关系实体。主要是因婚姻或生育形成父母与子女的关系，兄弟姐妹关系，以及由此而派生的其他亲属关系。因而，家庭血缘关系具有先天性，在人类社会产生之初就已存在，是最早形成的一种社会关系。马克思说"家庭起初是唯一的社会关系"。由于不同历史时期，家庭血缘的延续计算方式并不完全相同，因此，又分为母系家庭和父系家庭两种形态。母系家庭形态要早于父系家庭形态。

一 使鹿鄂温克人的家庭

文献记载的关于使鹿鄂温克人的家的概念有"撮罗子""仙人柱""斜仁柱""楚伦安嘎"等语汇。"撮罗子"是通古斯—鄂温克语čoro-ǰu 的译音，《蒙古秘史》记为"绰儿罕·格儿"，亦即鄂温克语"楚伦安嘎"-čoro-haan［gəl］①的译音。"撮罗""绰儿"是"聚集"的意思，"撮罗子-čoro-ǰu""绰儿罕·格儿-čoro-haan［gəl］"是指称用聚集木杆搭建的房屋——"柱-ǰu"或"格儿-gəl"，因为鄂温克语称搭建房屋所用木杆为亦称"ceron"，因此，聚集木杆所搭建的房屋因为不同的翻译，又被记为"仙人柱-ceron-ǰu"或"斜仁柱-ceron-ǰu"，因此，"撮罗子"首先是指用木杆聚集起来搭建的特有的房屋，其延伸意义即是"家"，即不仅具有房屋、住所的含义，也有"一个包括父母及未成年子女的生育单位"，即家庭的含义。

据使鹿鄂温克人的历史记忆，20 世纪 50 年代以前，鄂温克人祖先都是居住在他们特有的房屋——"撮罗子"里的，因此，在他们古老的萨满经文中，认为鄂温克人的根在"撮罗子"里。20 世纪 50 年代人们在阿荣旗鄂温克人社会调查时了解到，鄂温克人的萨满，每逢跳神之前，先要说些关于民族根源的事。其中搜集到的一个经文说道：

我们是从西路基鲁河的发源地出发，顺着"西沃哈特"山后的影子，

---

① 《新译简注·蒙古秘史》载："帖木真、脱斡邻勒罕、扎木合三人同力推倒篾儿乞惕之会事房，房获其固姑妇人，退自斡儿罕、薛凉格二河间之塔勒浑岛也。"其注（18）会事房：原文为"绰儿罕·格儿"。伯希和先生以为是［dʒʊrgan］的古形态。Gan、han、len 是通古斯—鄂温克语的众数词素，可以作为动词、名词的后缀，表示人，具有"族、众人、们"的意思，表示物则具有"聚集起来的某物"的意思。

撮罗子内生火架子

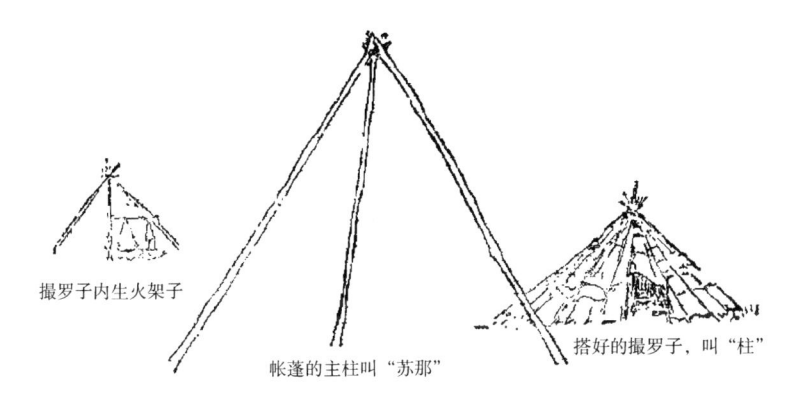

帐篷的主柱叫"苏那"

搭好的撮罗子，叫"柱"

撮罗子

经过黑龙江，我们祖先的根子是在"撮罗子"里。①

使鹿鄂温克人的家庭中主要包括父母、子女。完整的家庭形态是以父亲为主体，一般来说，父亲是家长，他死后，长子继为家长。父亲对儿子的责任是：到 12 岁时教给孩子打猎（灰鼠），给他买一支旧枪，儿子学会打猎后，由儿子自己买一支好枪，就成为能独立打猎的猎手了。一般的家庭，当孩子少而且还小时，子女是和父亲住在一个撮罗子里，如只是一个儿子，男孩子结婚之后，仍然和妻子留在父亲的撮罗子里。如果几个儿子，而且都结婚了，在父亲撮罗子旁边再搭上几个撮罗子，最小的儿子仍然留在父亲的撮罗子里，另外父母愿意跟谁在一起都行。一个撮罗子，就是一个消费单位，即日常生活单位，也是一个小家庭。

二 财产与继承

使鹿鄂温克人的财产所有权，不涉及他们共同狩猎的山林、河流、野兽，他们并没有严格的领地意识，即对自然资源的占有意识。这体现在他们的猎区的划分不是绝对的，必要时，各乌力楞之间可以商量调解，一个

---

① 西路基鲁［河］，即 Šilkir 是古鄂温克语，Šilki 直接意思为"洗"，-r 是复数词素，Šilkir 引申之意为"浊水"，亦翻译为石勒喀河，但是，这不是在额尔古纳河附近黑龙江上源，而是指乌苏里江，因江水呈混浊状，所以俗称为 Šilkir。西沃哈特，即 Šiwoo-hat 也是古鄂温克语，Šiwoo 意思为森林，hat 意思为山峰，Šiwoo-hat 为现在的锡沃哈特山脉，也翻译为锡霍特山脉。

乌力楞个别的一两户到另外一个乌力楞的猎区去狩猎，是可以的。但是，因为他们居住是以乌力楞划分的，因此，打完猎一定要回到自己乌力楞所在的猎区。

他们的家庭财产一般实行大公有制、小私有制。驯鹿是他们的主要财产，一般是不分的。如果一家有五个儿子，有三十只驯鹿，大儿子娶妻另立撮罗子，二儿子也娶妻另立撮罗子，每个撮罗子都借用父亲的七只或八只或十只驯鹿，但是，父亲并未把驯鹿分给他们，这是大公有制；但是，儿子结婚时父亲给女方氏族十只驯鹿作为彩礼，再由儿媳以嫁妆的形式带回来。这十只驯鹿，和儿子自己买的枪，是儿子撮罗子的财产，这是小私有制。

一个父系分居之后，兄弟们互相之间互给、互让。这些人的子孙再扩大，居住在一起就是"乌力楞"。在功能上，乌力楞是鄂温克人扩大的家庭，即家族，有些人类学家称其为家族公社。早期的乌力楞成员之间的关系，是以共同的血缘关系为基础的共同生产、平均分配的关系，但是，从他们的叙述中，可以看出，迟至20世纪50年代，在所有制方面，他们很难说还处于原始的共产主义社会。因为他们主要的生产资料驯鹿、桦树皮船、渔网、猎枪、猎刀、砍树刀、地箭、哨、鹿哨、滑雪板、猎犬等，或是归小家庭所有，或是归个人占有，而没有了公共共同占有的情况，他们处于生产资料的氏族公社公有制向生产资料的家庭私有和个人私有过渡时期。

使鹿鄂温克人财产的传递，包括对家庭大公有财产的分割转让和继承。父亲在世的情况下，也发生财产的分割转让，主要是对驯鹿的再分配。鄂温克人刚由勒拿河迁来时，每家至少有45只驯鹿，最多的有150只，没有一家没有驯鹿的。就是说，作为财产驯鹿早已从氏族公有、乌力楞公有转变为单个的小家庭所有。在20世纪50年代，家庭中，驯鹿的分配权在家长——父亲手里，父亲一般是通过儿子结婚时，将驯鹿以彩礼的形式馈赠给女方家庭，再由女方结婚时带回来，从而使儿子分得并拥有自己的驯鹿。同时，女方也从自己家庭中以嫁妆的方式带来与男方彩礼相同数量的驯鹿，这也是不同姓氏家庭间财产的传递，同样成为小家庭财产的基础。

驯鹿之所以必须成为小家庭所有，关键在于驯鹿是生产工具、运输工具，由于他们的游猎生活方式，每个家庭——撮罗子都需要具备一定数量搬家驮运东西用的驯鹿，如果驯鹿只能是大家的，这本身就是一个矛盾。通过把驯鹿以彩礼或陪嫁的形式分给儿子的家庭，这个矛盾也就得到解决。但是，这种把驯鹿分割给单个小家庭所有的结果也不是绝对的，同一个乌力楞人搬家而没有驯鹿时，或在宗教仪式上需要祭杀驯鹿时，所有者还应该拿出来。而且，不一定计算报酬。

使鹿鄂温克人财产传递的另一种形式是财产继承。财产的继承，按照他们的习惯法原则进行。一个家庭父亲死后，驯鹿和猎枪留给幼子，女儿没有分得遗产的权利。没有遗嘱继承的方式，从来没听说过有人死了为财产留下遗嘱的事。一个人死了，没有儿子，他的财产，以下人有权继承：亲戚、侄子、弟弟、哥哥、外甥等有权分得财产，由氏族长帮助分配，原则是有困难者（打猎技术不好者）多给，没有困难者（打猎好者）少给或不给。如果这个人没有儿子，而有外甥和侄子，死后他的驯鹿和其他财产由外甥和侄子平均分配。

使鹿鄂温克人家庭，也有领养其他家庭孩子的习惯。领养的对象，有的是亲戚，有的非亲戚，有的同一姓氏，有的非同一姓氏，养子原姓不变。领养过程只要双方父母同意，即可不办任何手续，这与内地领养过继不同，亲生父母并不完全丧失对被领养孩子的监护权。如果一个家庭的主妇三十多岁，先养了别人的孩子，后又生了小孩，但歧视养子，亲生父母尽可以要回去。一般情况下，养子与亲生子的权利、义务相同，养父的财产，即枪支、驯鹿都可由养子继承。养子要履行孝敬养父母的义务，否则要受到社会舆论的谴责。过去，杜博维有个小孩被领养，养父母对他很好，但是他长大了之后接近自己的亲生父母，对养父冷淡，社会上对他不满意，认为这种人不好。

如果领养不同氏族的孩子，需要给一头驯鹿为谢礼。但是，姐妹、亲戚之间没有谢礼。例如杜博维有一寡妇养了弟弟四个孩子（两男两女），就没有谢礼。

新的继承法①改变了单系继承的原则，因为这被认为是违反男女平等

---

① 《中华人民共和国继承法》，1985年4月10日第六届全国人民代表大会第三次会议通过。1985年4月10日中华人民共和国主席令第二十四号公布，自1985年10月1日起施行。

原则的。新的继承法规定了继承的两种形式：法定继承和遗嘱继承，主张"继承权男女平等"。按照法律规定，配偶、子女、父母、兄弟姐妹、祖父母、外祖父母都有继承权。同时还规定，子女包括婚生子女、非婚生子女、养子女和有抚养关系的继子女，父母包括生父母、养父母和有抚养关系的继父母，兄弟姐妹包括同父母的兄弟姐妹、同父异母或者同母异父的兄弟姐妹、养兄弟姐妹、有抚养关系的继兄弟姐妹。但新的继承法对于使鹿鄂温克人财产继承只传后嗣的原则，究竟做了多少改变，不是很清楚。新的继承法承认即使女儿出嫁后，仍像她兄弟一样是她父母的后嗣，拥有法定继承权。

三 婚姻

使鹿鄂温克人实行的是一夫一妻血缘族群外婚姻，家庭是建立在这种婚姻关系基础上的血缘实体，并由此衍生出姓氏，进而成为外姓婚制。婚姻家庭中的夫妻，来自不同的姓氏，夫妻不能是一个血缘实体（姓氏）的成员。这种一夫一妻制婚姻起源于何时，他们自己也不能完全弄清楚，可以肯定的一点，这是来自氏族外婚制，对于他们来说是具有悠久的历史了。而一夫一妻制家庭，一般是伴随着私有制的出现而日益发展和巩固起来的。

使鹿鄂温克人的青年男女15岁时即可结婚。结成婚姻，一般有两种形式，一种是自由恋爱结婚，即自由式；另一种是媒人介绍，父母包办，即包办式。

自由式婚姻，往往是在不同氏族或不同姓氏家庭交往中产生的，一般是由男女青年双方自愿结成婚姻。如20世纪50年代调查时，布利托天固德林氏的伊肯那齐（当年75岁）说，300年前，使鹿鄂温克人迁来漠河一带，其中有一个人领着自己的女儿回到勒拿河故乡去探亲。他们的亲戚姓的是索罗拖斯基，家有四个男孩。当他们探亲时，这家的大儿子就爱上他的女儿了，他俩也很好，有意思结成夫妇。但是，两个人自己不敢说，也不敢做主。结果探亲的人领着女儿从勒拿河回去了，这小伙子很痛苦，他决定来找这个姑娘。他出发时，什么也没带，他只知道路很远很远，带了三根针和筋线，准备修补鞋子。他不知走了多少天，修补鞋的三根针都用断了，才走到额尔古纳河西岸的一个村子。他换了衣服，就渡过河到漠河一带，果然找到了他所爱的那个姑娘，就和姑娘结婚了，后来生了四个孩子，以后就变成了四个姓索罗拖斯基姓氏的家庭。

伊那肯齐介绍了自由式婚姻的另一种途径。老人回忆起他 17 岁结婚时，他们从贝尔茨河（激流河）出发，两个乌力楞的人，一个是布利拖天固德林氏族的，另一个是布利拖天氏族的，共 12 户。到漠河境内的杜林河流域，与索罗共氏族的一个乌力楞聚会在一起，双方准备了很多好东西，双方的人，互相换衣服穿，互相送驯鹿。两部分人在一起联欢了二十多天，一对青年结婚，有一对青年订了婚。

使鹿鄂温克人说：我们不这样来往是不行的，因为，氏族内部不能结婚，一定得和别的氏族友好，卡尔他苦鲁的人一定得到布利拖天、索罗共、给力克夫等氏族中去找对象，氏族之间都是互相找对象的。一年欢聚时能达到三次，两个氏族的乌力楞往一个河边一凑，便于订婚、结婚。20 世纪 50 年代，这种聚集改在珠尔干村的阿巴河旁，各乌力楞的人，到每年的 6 月 10 日前后都来，也有订婚的。

包办式婚姻，主要是经过媒人介绍订婚与结婚。一般是经媒人谈妥条件，由男方所找的媒人到女方家求婚，去女方家时要带一瓶酒，到女方家说明目的，如"我是受何姓委托做媒来的，何姓的儿子名字叫××，今年××岁，为人如何"，如"长得漂亮，劳动好"，等等，接着拿出酒来向女方的父母敬酒。

女方父亲同意时喝酒，不同意时不喝。同意后喝酒，并且同时提出所要的彩礼，如驯鹿、酒、灰鼠皮各若干，也有送钱和布匹等东西的情况。举行结婚的日期由女方父亲决定。订婚后，双方父亲商定男方送彩礼的日期、地点。这些准备完了后，在双方部落中间，选一个地点，作为汇聚的地方。双方乌力楞的人们都会去参加宴会，在这宴会上除了大家来吃喝玩乐外，还要商定结婚时所购置的东西。

到结婚日期，男方的乌力楞不管距离女方家多远，一定要搬到女方家乌力楞的近处。男方乌力楞的人，在距离女方家约一里左右的地方将由男方乌力楞通向女方乌力楞森林的两旁树皮用刀切刮，这意味着给新郎开道（鄂语叫"奥克特牙，那给楞"）。

结婚当日，陪同新郎到女方家的除两位老人（一男一女）外，还有新郎乌力楞所有的人，最前头有一老人拿着耶稣像，其后就是新郎，再后就是父母和亲戚，队伍的最后是牵着驯鹿的人。女方，也以同样的队形出来迎接男方。这时，持像的人将耶稣像由胸旁改在胸前拿着，新郎、新娘先和耶稣像接吻，然后互相拥抱接吻，然后，新郎新娘从男方送来的十头驯鹿中选出两头好的各牵一头，按顺时针方向，绕撮罗子三周。然后大家进入撮罗子里，都坐好后开始宴会，宴会结束后，再到外面唱歌跳舞游戏。当晚男方的人们都回去，只有新郎留下，在女方家度初夜。新郎在第二天早晨要先回自己家，随后由女方家父母和乌力楞的人牵着十头驯鹿，送亲去。这时男方的人们出来迎接，新郎新娘再相握手接吻，并到耶稣像前和神像接吻。接着又开始宴会，宴会后送亲的人们都回去，新娘这时才算正式嫁给男方了。

结婚宴会上所用的东西由双方准备，参加婚礼的亲戚们也有送礼的习惯，如送驯鹿、礼服、手套、面粉、面包、好肉、酒等。

结婚时，男方搬到女方家附近去，也请"乌力楞"的人们参加婚礼，大家吃喝玩乐，但不像新婚那样隆重，与新婚不同的是不送彩礼，男女双方不拥抱，不接吻，不拿耶稣像。不刮切树皮给新郎开路，新郎不去女方家过初夜。

使鹿鄂温克人的寡妇再嫁受到社会舆论的支持和同情，人们认为给寡妇找一个对象，是一件好事，婚事也是通过媒人解决。

在鄂温克人的婚姻习惯上，无论新娘出嫁或寡妇再嫁，要在婚前日休息一天，不能做任何工作。

使鹿鄂温克人中间离婚的不多。匹欧特尔（布利拖天氏，当时71岁）老人说：他在一生只遇见过一次离婚的情况。即有一男鳏女寡自愿结合后，不到一年就离了婚，原因不详，此外，从未见过，也没听说过离婚的情况。同时，也没有听说过鄂温克人娶过两个老婆的，他认为，一个人娶两个老婆，子女多养不过来，是不妥当的。

在他们的婚姻中，从夫居是一般性的情况，也有入赘婚。入赘婚的目的与内地不同，内地入赘婚的目的是香火的延续，即保证能有后人祭祀祖先，是以一种精神性伦理要求为主。而使鹿鄂温克人的入赘婚更多的是为了女方家庭老人的赡养，是一种经济性伦理要求。入赘婚有两种情况：一种是永久入赘；另一种是暂时入赘。永久入赘，主要是因为女方家庭只有一个女儿，没有儿子，并且父母已年老，无劳动力；其次是不愿离开唯一的女儿，所以岳父、岳母对女婿如同自己亲生儿子，不会有任何歧视，只希望和睦地生活在一起。暂时入赘，是因为女方家庭虽然有儿子，但尚未成年，不能担负生产劳动，同时，也是因为女方父母已经年老体弱，无劳动能力。女婿入赘后，等到女方家庭的儿子能够承担家庭生产劳动了，就可以领着老婆孩子离开岳父母家，另立家业。在这种情况下，暂时入赘的期限就是入赘到岳父母家后，女婿和姑娘可以离开岳父母家的时候。在两种婚姻情况下，女婿的权利不同，永久入赘的权利义务与儿子相同，可继承岳父财产（驯鹿），暂时入赘的与儿子的权利义务不同，不能继承岳父的财产。不论是哪种入赘，婚生的小孩姓氏从其父姓，不从其母姓。

在使鹿鄂温克人的婚俗中，妻死后可娶妻之妹为妻，但不能娶妻之姐为妻。哥死后弟可娶嫂子，但是哥哥不能娶弟媳为妻。另外一家的姊妹二人可以嫁给一家的弟兄二人，但妹嫁给哥、姊嫁给弟，则受社会舆论的反对，他们认为妹妹变成姐姐的嫂子是不合理的。

四 亲属关系

使鹿鄂温克人的亲属关系，比较简单，除直系血亲外，辈分关系并不十分明确。一般来说，他们的亲属称谓不发达，名称较少，亦较简单。保留了原始社会人与人之间简单的称呼关系，这种简单的称谓使他们的社会发展显示出停留在较落后的发展阶段，似乎是群婚制的凝固形式。

在一个以父亲为核心的家庭，父亲被称为 amin-阿敏，母亲被称为 ənie-额尼；丈夫称为 at'ərkan-阿他尔坎，妻子称为 kir'ki-给勒基（吉尔基）；儿子称为 ut'ə-乌特，儿媳称为 k'ukin-库克音（库金），也有材料说的相反，儿子称为 k'ukin-库克音（库金），儿媳称为 ut'ə-乌特。女儿称为 xonatçı-豁娜亦（乌娜吉），女婿称为 k'utie 故待。孙子、孙女称为 ut'utən-乌特乌腾。这是核心家庭内部亲属称谓，是其他亲属关系形成的基础。

围绕着核心家庭关系形成的其他亲属称谓，可以归纳为三个主要的原则。

第一，父系的称谓与母系的称谓没有明显的差异；第二，年龄和性别的区别明显；第三，辈分划分不明显。具体情况如下。

（1）比父亲年龄大的伯父，他是和祖父一个称谓，都叫"xək'ə"（赫克），属于这个称谓范围的人：父系的有曾祖、伯祖、祖父、祖姑父、伯父。母系的有外曾祖，外伯祖，外祖、大舅，这些人他们都称为"xək'ə"，而这些人的妻子：曾祖母、伯祖母、祖母、外曾祖母、外伯祖母、外祖母、大舅母，都被称为"əuə"（额我）。

（2）比父亲年龄小的叔父，他与父亲一辈的称谓不同，而是与哥哥一样，都被称为"ak'i"（阿基）。同时，属于这个范围的人还有：叔祖、叔父、兄、堂兄、姑表兄、姨表兄、舅表兄，统称为"ak'i"（阿基），而这些 ak'i-阿基的妻子：叔祖母、婶子、嫂子、堂嫂、姑表嫂、舅表嫂，都被统称为"ək'i"（额基）。同时，称谓属于 ək'i-额基的，不止于这些人，还有大祖姑、小祖姑、大姑、小姑、堂兄媳、姑表姐、堂姐、姑表弟媳、外姨祖母、小舅母、小姨等，这些人统一被称为 ək'i-额基。

（3）弟弟、妹妹、侄女、侄子的称呼相同，都是 nok'oŋ-闹昆。

（4）姑夫、姐夫被统称为 aɔsʃ-奥斯。

（5）小舅、小姨父、姨表姐夫被统称为 kuxie-姑黑。

（6）妹夫、堂妹夫、女婿被统称为 kut'ə-姑特。夫妹夫被称为 kut'ie-姑帖。

（7）妻之兄与弟都叫 surəŋ（苏楞）。

（8）外甥、姨表妹、舅表兄之子、舅表姐妹，都称为 juna（尤那）。

（9）儿媳、妻嫂、妻弟媳、夫妹、妻弟媳都被统称为 kuk'in-库金。

（10）夫嫂、岳父被统称为 k'inuie-金内。岳母被称为 anik'inuie-阿尼金内。

（11）夫兄、公公、夫姐夫被统称 ətək'i-额特基。

（12）小祖姑和妻子统称为 at'ərkan-阿他尔坎。

根据这些亲属称谓来看，使鹿鄂温克人亲属关系的等级区分还处于初级阶段，还没有形成完整的辈分意识，除了核心家庭外，还没有形成在内地族群中表现出的那种严格地按照血缘或姻亲划分清晰的辈分界限。如，只要是比父亲年龄大的，不管是伯父也好，祖父也好，曾祖父也好，在"我"看来都是没有辈分的区别，都是一样，所以给他们一个总的称谓"xək'ə"（赫克/合克）；而这些人的妻子，也同样没有辈分区别，一律称为"əuə"（额我）。这种区分的原则，仅仅是以自己父亲的年龄为依据。另外，就是以自己的年龄为依据，凡是比"我"年龄大、比父年龄小的人，叔祖、叔、哥哥，"我"都叫"ak'i"，他们的妻子，"我"都叫"ək'i"（额基）。

因此，可以看出，被总称为xək'ə-赫克/合克和əuə-额我的两部分人群是一个婚姻集团，被总称为ak'i-阿基和ək'i-额基的另外两个人群是另一个婚姻集团，这两个婚姻集团中的人之间，不排斥或不绝对排斥婚姻关系。

属于ak'i-阿基这一范围的人，包括叔祖、叔父、兄、堂兄、姑表兄、舅表兄、姨表兄等。属于ək'i-额基的人很多，包括叔祖母、叔母、嫂、堂嫂、姑表嫂、舅表嫂、大祖姑、小姐姑、小姑、堂弟媳、姑表姐、姐、堂姐、姑表弟媳、外姨祖母、小舅母、小姨等人。ak'i-阿基与ək'i-额基这一婚姻集团，包括同胞兄姐妹之间，兄和祖姑之间。这部分亲属称谓的材料说明，历史上的使鹿鄂温克人是经过了群婚的阶段。

他们的民俗材料也对这种历史状况有所反映。如他们认为血统远可不考虑辈分，可以结婚。姐姐的外孙女，可与"我"的儿子结婚，即姐姐的侄子与外孙女年龄合适时可以错辈结婚。姐姐的外孙女，相对于姐姐和侄子要小一辈。在其他亲属关系上也是如此，如20世纪50年代，调查小组了解到安娜、达吉亚娜是亲姐妹，而姐姐嫁给了她们的舅舅，妹妹嫁给她们的外甥，这在习惯上不受任何限制。

家庭亲属关系，构成了使鹿鄂温克人的村庄——乌力楞的社会关系基础，从而成为形成社会成员之间交往规范的基础。值得一提的是，在所有的亲属关系中，舅父在社会关系中，具有特殊的地位和权威，是受尊敬的。如果外甥犯错误，父、叔等其他父辈向"头人"（酋长）保证都无效，只有舅父担保才行，因此，外甥尊敬舅父有过于生父及叔父。这可以说是母系婚姻制度的遗俗。

第二节 姓氏

从一般人类学意义上说，姓氏是标示一个人的家族血缘关系的标志和符号。但是，在秦汉以前，姓与氏是有区别的，宋代史学家刘恕在《通鉴·外纪》中说："姓者，统其祖考之所自出；氏者，别其子孙之所自分。"即一个祖父（祖考）的后代为一个姓别，而各个后代自成一支的则各为一氏族。南宋郑樵在《通志·氏族略》① 中称：三代（夏商周）以前，姓氏分而为二，男子称氏，妊人（女子）称姓。氏所以别贵贱，贵者有氏，贱者有名无氏。姓所以别婚姻，故有同姓、异姓、庶姓之别。氏同姓不同者，婚姻可通；姓同氏不同者，婚姻不可通（天下同姓是一家，故而同姓不婚）。三代之后，秦汉以来，姓氏合为一体，皆所以别婚姻，而以地望明贵贱。

因此，姓和氏，是人类进步的两个阶段、是制度文明发展的产物。总之，姓氏的一般作用，一是别婚姻；二是别贵贱。

更确切地说，姓来自母系氏族制度社会，是按母系计算的，氏来自父系氏族制度社会，是按父系计算的。

使鹿鄂温克人的姓氏，基本的社会功能是别婚姻，即同姓氏者不可以通婚，不同姓氏者可以通婚。同时，还具有别地望的作用。

一 使鹿鄂温克人的姓氏来源

按照使鹿鄂温克人的记忆，他们的姓氏来源有三种情况。一是来源于古老鄂温克（或鄂伦春）族群氏族的名称；二是来源于一个氏族的分化；三是来源于某一件特殊的历史事件。

关于源于古老鄂温克（或鄂伦春）族群氏族的名称，这在最初从额尔古纳河以西、黑龙江以北迁徙而来的索罗共（sologu‐ni）、给力克（kielik'ə）、卡尔他昆（k'alt'ak'on）、布利托天（plit'ot'in）四个最初的［氏族］姓氏上都有所反映。根据他们的历史叙述，大约于17世纪20年代，使鹿鄂温克族群离开了他们生息的家园——勒拿河②右侧支流维季姆

---

① 《通志》，南宋郑樵撰。是自《史记》之后，现存的又一部纪传体通史性著作。自三皇五帝到隋。《通志》全书200卷，有帝纪18卷、世家3卷、后妃传2卷、年谱4卷、略52卷、列传106卷、载记8卷、四夷传7卷，500多万字。在典章制度方面突出。

② 亦译为勒拿河，俄语：Ле на；雅库特语：Өлүөнэ。勒拿河长4400千米，是世界第十长河流，流域面积249万平方千米（世界第九）。是流入北冰洋的三大西伯利亚河流（其他两个是鄂毕河和叶尼塞河）之一。17世纪，俄罗斯帝国扩张到勒拿河流域，清代文献将其称为列拿河。1689年尼布楚清俄谈判划定东段边界时，清朝曾提出以勒拿河为国界，以西归俄国，以东归清朝。现为俄罗斯主要河流和世界最长河流。勒拿河，有人认为，弗拉基米尔·伊里奇·乌里扬诺夫最著名的化名——列宁——指的是勒拿河，以纪念1912年4月沙俄军队镇压当地采金工人的事件（史称勒拿河大屠杀），但早在1904年列宁这个名字已经出现在致党中央委员会书记的信函中。

河流域，赶着驯鹿，从原属雅库特人马马坎（Мамакан）、奥龙湖（орон）地方出发，最初到达黑龙江左（北）岸的阿玛扎尔-Амазар 河流域。阿玛扎尔河在石勒喀河的北面，是现俄罗斯境内 vtoroy-klyuch（维特洛伊泉）河的支流，从西北向东南流，在石勒喀 шилка 河口东面的黑龙江乌尔卡河口岛西侧注入黑龙江。乌尔卡河口对岸就是现在黑龙江省漠河县的北极乡。

他们在阿马（玛）扎尔河流域生息了一段时间（大约近百年时间），按照老人们的记忆，因为野兽少了，就渡过了黑龙江进入激流河（亦称贝尔茨河、贝斯特拉亚河、乞彦河）流域。1689 年《中俄尼布楚条约》签订前，贝加尔湖以东至额尔古纳河、石勒喀河流域，外兴安岭以南至黑龙江流域广阔的地域都是原中国北元政权的领土，《中俄尼布楚条约》签订后，根据其第二条："以流入黑龙江额尔古纳河为界，河之南岸属于中国，河之北岸属俄罗斯国"，从此以后，额尔古纳河以西，黑龙江以北成为俄罗斯领土。

他们大约于 18 世纪初（约 1717 年），在一个"部落酋长"（基那斯 кирнач：敏锐者）率领下，乘着他们特有的桦皮船渡过黑龙江进入安加尔（恩格尔）河、激流河、阿尔巴吉河流域。一同迁徙的有四个［氏族］姓氏来到了现今黑龙江省的漠河境内，他们来时，首先在阿尔巴吉河、洛乔普阿、杜林河、克坡河等流域之间进行游猎生活。还有一部分人，留在了黑龙江省漠河的对岸俄罗斯（原苏联）的阿（玛）扎尔河流域一带，大约有 37 户，四个［氏族］姓氏，即索罗拖斯金苦鲁（solotosk'ink'ul）、东该因苦鲁（tonkaiiənk'ul）、哈布金苦鲁（xəpk'ink'ul）、哈布都坎苦鲁（k'əpt'ukənk'ul）。他们也有驯鹿。进入中国的四个［氏族］姓氏，即索罗共［氏族］姓氏（sologu-ni）、给力克［氏族］姓氏（kielik'ə）、卡尔他昆［氏族］姓氏（k'alt'ak'on）、布利托天［氏族］姓氏（plit'ot'in），共 75 户约 700 多人。据说各氏族都有氏族长，而在四个氏族长之上还有一个总的"部落酋长"（基那斯）名叫瓦西里·牙克列维奇。从这些迁徙而来的"氏族"名称看，他们并不是鄂温克族群古老氏族的组成部分，而是从那些古老氏族中分化出来的新的族群，他们不是以氏族为单位组织生产生活，而是以姓氏家庭为单位组织生产生活的。他们的所谓氏族名称体现更多的是姓氏的范围。特别是后期，从这些［氏族］姓氏中分离出来的"氏族",更主要体现的是姓氏族群。索罗共"氏族"与给力克"氏族"是从原鄂温克族群的一个大的氏族中派生出来的两个新氏族,至于是哪个氏族,他们也说不清楚,应该是古老的奇勒尔-kir(亦称奇楞、乞里迷)氏族①。"kir"意为"棱子",指称地形则为"岭子","kir"变读为"girin",即译为"吉林",指吉林哈达岭。在《旧唐书·渤海靺鞨传》中"kir"译音为"桂娄"。鄂温克族群的一个古老部落曾经在吉林哈达岭上段及伸向东北的余脉地区,即伊通河上中游居住,因此,在辽朝被称为"于厥-羽厥-iikir",《蒙古秘史》称为"亦乞列思"。"给力克"是通古斯语"kirnki"的音译。被称为布利拖天的"氏族"与鄂伦春族群的巴鲁加基鲁(pɔltçiakir)是同一个氏族,巴鲁加基鲁是一个古老的氏族,而布利拖天只是从中分离出来的新族群。卡尔他昆"氏族"与鄂伦春的卡尔他苦鲁(k'altak'ul)是一个氏族,是从这个古老氏族中分离出来的新族群。当然,这种分离与原母体氏族还有一定的关系,但是,它的社会性质已经不同了。

表 2-1　　20 世纪初期使鹿鄂温克人姓氏乌力楞构成情况

原姓氏名称	乌力楞数	姓氏乌力楞名称	居住地区
布利托天姓氏	1	古纳千乌力楞	古纳河流域
固德林姓氏	1	亚格鲁其千乌力楞	额尔古纳河流域
索罗共姓氏	4	马嘎罗夫索罗共乌力楞	阿尔巴吉河、洛乔普河流域
		恩快衣索罗共乌力楞	
		索木逊索罗共乌力楞	
		特孟吉索罗共乌力楞	
卡尔他昆姓氏	1	马立芬卡尔他昆	激流河—孟辉河流域
		特孟吉卡尔他昆孟辉千乌力楞	
给力克姓氏	1	金千乌力楞	激流河—金河流域
索罗托斯姓氏	1		漠—洛古河流域

---

① 《东三省政略》载:"又魏源云,有不编佐领之使鹿部名奇勒儿,则齐凌、麒麟,均为奇勒之转音(附件卷一,二六页)。"又《吉林通志》载:"谨案奇勒尔,亦曰奇楞。《职贡图》所谓鄂伦绰者是也,有使马、使鹿二部,使鹿在使马之外,虽编佐领供调遣,而丁不逮额。又有不编佐领之使鹿部,亦曰奇勒尔,曰费雅哈。"(卷二十,第二六页)又载:"乞列迷有四种,一种北山野人,乘鹿出入。"(卷二七,第四八页)为黑水靺鞨郡利部后裔。分布在黑龙江下游,与吾者野人杂居同一地区。均属设在阿纽依河口的同一个军民万户府管辖。

源于一个氏族的分化的［氏族］姓氏，主要表现在以乌力楞为单位的分离居住。索罗共原为一个［氏族］姓氏族群，因为以乌力楞的形式游猎于阿尔巴吉河至洛乔普河之间，遂分为四个乌力楞，即玛嘎罗夫索罗共、恩克（快）衣索罗共、索木宋（孙）索罗共、特孟吉索罗共。这四个"索罗共"的名称各有其来历和含义。诸如，玛嘎罗夫原来是阿尔巴吉河一带索罗共族群的"酋长"，因为他曾经以弓箭和扎枪立过大功，所以，他的后代就以玛嘎罗夫为姓，成为"玛嘎罗夫索罗共"；"恩克（快）衣索罗共"，源于他们的乌力楞居住于离河远或山中，因此，恩克（快）衣索罗共就是居住区"离河远的或山中的索罗共"，与此相对的是居住区离河近索罗共，称为"索木宋（孙）索罗共"；剩下的一部分索罗共人认为自己是最纯正的索罗共族群，因此，称为"特孟吉索罗共"。这四个索罗共，后来发展成为四个可以互通婚嫁的独立的姓氏。

卡尔他昆［氏族］姓氏族群也有类似情况，他们刚来中国境内时，游猎于激流（贝尔茨）河东北部漠河一带的杜林河（大林河）与克坡河之间，他们人数较少，曾经有过两个乌力楞，后来也逐渐被分化成两个姓氏：特孟吉卡尔他昆（t'ɔçimǝŋ - k'alt'ak'on）和马立芬卡尔他昆（marifin-k'alt'ak'on）。"特孟吉"是纯粹的意思，特孟吉卡尔他昆即"纯真的卡尔他昆"的意思，这个姓氏的形成，或许与马立芬卡尔他昆的形成具有相对性。关于"马立芬卡尔他昆"的来历，在使鹿鄂温克人中有这样的传说：过去有个老太太，她生了很多儿子，丈夫死后，就由她抚养儿子们，后来儿子们为了纪念母亲，就改成马立芬卡尔他昆，这样传下来，子孙就以此为姓了。显然，马立芬是一个汉族名字，而她的丈夫是一个鄂温克族，因为她的后人掺杂了其他民族的血统，因此，那些没有混杂血统的卡尔他昆人便自称是纯粹的卡尔他昆，即"特孟吉卡尔他昆"。

关于偶然性事件形成的姓氏，有两例。其一是布利拖天［氏族］姓氏族群的分离；其二是索罗拖斯基分支的形成。布利拖天，原本是一个［氏族］姓氏族群，早期与卡尔他昆部一起在贝尔茨河（激流河）流域游猎，每年6月去一千多里以外的漠河对岸过节。从勒拿河而来的第一代祖先是马克辛、第二代尼格来、第三代牙可夫、第四代瓦西利、第五代伊万、第六代伊肯那齐、第七代尼格来、第八代坡列斯。在他们的第四代祖先瓦西利时期（大约18世纪末至19世纪初），瓦西利当族长（基那斯），他的满、俄文都好,就是不务正业,被族人罢免了他的"基那斯"职务。有一次,在贝尔茨河(激流河)的上游,即呼玛的秋季交易市场上,其中有鄂温克人、鄂伦春人,很多人在会上批评他,他在会上承认了错误。瓦西利是一个头发卷毛的人,"卷毛"通古斯—鄂温克语称为"固(古)德林"。由于上述原因,所以他在会上宣布:"我从今以后不再姓布利拖天,我和我的子孙都改姓'固德林'!"从此以后,他的子孙都是布利拖天固德林氏,布利拖天[氏族]姓氏中,又分离出来一个新姓氏——布利拖天固德林。

索罗拖斯基分支的形成,如前所述,是由于索罗拖斯基族群中的一个男青年,为了追逐爱情,从勒拿河到漠河后与心爱的布利拖天族群的姑娘结婚,生下的四个儿子,繁衍成为索罗拖斯基姓氏族群。也有传说新的索罗拖斯基姓氏来源于布利拖天[氏族]姓氏,说过去有一个布利拖天姓氏的人,因为布利拖天用俄文不好写,索罗拖斯基好写,所以就由布利拖天改为索罗拖斯基了。

二 使鹿鄂温克人的姓氏功能

使鹿鄂温克人氏族的分化,体现了社会关系的变迁,即氏族公社的瓦解和家族公社的形成。姓氏,成为取代氏族的功能性社会团体,传承了氏族区别婚姻,实行族外婚的基本社会功能,实现了族外婚的制度转型,即由同氏族者不得通婚,不同氏族者可以通婚,向同姓氏者不可以通婚,不同姓氏者可以通婚的制度范式转换。因此,与其说20世纪50年代他们功能性婚姻团体仍然是氏族,毋宁说是氏族中产生出来并取代了氏族的姓氏,只不过它仍然带有所脱离的母体的痕迹。姓氏成为取代氏族区别族外婚的社会基础,从而,用"氏族姓氏"来表达这个时期的血缘群体,可能更符合他们的社会历史现实。同时,姓氏还具有别地望的作用。

氏族姓氏的这种过渡性,体现在各个"氏族"间婚姻关系的变化上。如索罗共和给力克两个氏族姓氏,原来从属于一个氏族,因此,在他们的记忆中,很早的时候,这两个族群之间是不可以通婚的,他们只能与布利拖天、卡尔他昆以及居留在阿马扎尔河流域的几个氏族姓氏集团通婚。但是,这种禁忌早已成为历史的过去时,到了20世纪50年代,索罗共与给力克两个族群的通婚禁忌,已经荡然无存。而在各自姓氏内部,禁止通婚的禁忌被继承下来,同一姓氏不得通婚。即使是原出一源的四个索罗共,20世纪50年代也已经解除了四个索罗共之间不得通婚的禁忌,例如,那加是玛嘎罗夫索罗共氏族的女人(当年60岁),她的父亲是玛嘎罗夫索罗共,其母则是恩快衣索罗共的人,她本人是玛嘎罗夫索罗共,其夫为特吉孟索罗共的人。其二女儿是特吉孟索罗共的人,女婿则是恩快衣索罗共的人。

布利拖天、卡尔他昆等氏族姓氏的情况与此大同小异。布利拖天氏族姓氏族群来自北方通古斯古老的巴鲁加基鲁(布里加基尔)氏族,布利拖天族群名称表达的应该是"巴鲁加基鲁人/布里加基尔人"的意思,即plit'ot'-in实际上是一个合成词plit'ot',是"巴鲁加基"的变读,-in在北方通古斯语言中与-kir(族)部分含义相通,有众数的人的含义。事实上是,留在鄂伦春族群的被称为巴鲁加基鲁,留在使鹿鄂温克族群中的被称为布利拖天①。如前所述,由于族群内部矛盾,布利拖天中又分离出来一个固(古)德林[全称"布利拖天固(古)德林"],按照氏族外婚制原则,巴鲁加基鲁、布利拖天、布利拖天固德林三个族群之间是不能通婚的,因为他们是一个血缘系统的氏族族群。同样,到了20世纪50年代,这三个氏族姓氏之间的婚姻禁忌已经湮灭了,不仅布利拖天姓氏可以与巴鲁加基鲁姓氏通婚,布利拖天与布利拖天固德林之间,也不再存在婚姻禁忌。在当年的调查中了解到,匹欧特布利拖天(当年62岁)的家谱,其中记载了他的下一代,即他的大女儿嫁给了固德林布利拖天姓氏的男人,属于氏族内婚姻。马立芬·卡尔他昆的马立芬,当年93岁,他的大女儿是玛立芬·卡尔他昆,嫁给了特吉孟·卡尔他昆的男子,从氏族角度看,属于氏族内婚姻。

这种看似不符合氏族外婚制的现象,不能认为是对原始血亲婚姻的回归,而应该看作是新的血缘亲族外婚制的形成,只不过是这个血缘亲族不再是氏族,而是从氏族内部分离出来并取代了氏族的姓氏血缘家族。这种以姓氏血缘家族为界限的族外婚制,在20世纪50年代前就已经被建立起来了。探讨其根源,其一是家庭私有制的基本确立,单个的家庭/家族取

---

① 布利拖天,是plit'ot'-in的音译,准确的翻译应为布利拖惕·因。

代了氏族，并承袭了氏族的所有文化遗产；其二是他们族群总人数规模过小的限制，过小的族群规模，如果在较大的范围内实行族外婚制，将会导致适龄男女婚姻的障碍，从而引发种群延续的困境，缩小婚姻限制范围，多少可以缓解婚姻障碍。

使鹿鄂温克族群有一个习惯，平时相互之间的自称和他称，往往既不是民族族群名称，也不是家庭族群名称，而是居住地域性名称。如果说家庭族群的名称为姓氏，那么，以他们居住地命名的族群名称可以看作是使鹿鄂温克人的姓氏联合体，既具有族群区别的意义，又具有地域区别的意义。按照传统习惯，使鹿鄂温克人将这种姓氏联合体称为"部落"。如居住在阿尔巴吉河上游与洛乔普河流域游猎的索罗共与给力克姓氏族群共同体，被称为"巴千"；居住在贝尔茨河（激流河）中游的布利拖天固德林和卡尔他昆姓氏结成一个共同体，被称为"贝斯特拉千"或"奇乾部落"；居住在黑龙江漠河地区的索罗共姓氏和给力克姓氏、索罗拖斯基姓氏，被称为"阿穆尔千"或"漠河部落"；另一支居住在贝尔茨河（激流河）南金河流域的给力克姓氏和索罗共姓氏共同体被称为"金千"；居住在贝尔茨河（激流河）南岸靠近额尔古纳河的布拖天两个乌力楞被称为"古纳千"或"古纳部落"；居住在贝尔茨河（激流河）与乌玛尔河之间的布利拖天固德林与卡尔他昆一起被称为"亚格鲁其千"；1933年返回额尔古纳河对岸居住的一支共40户布利拖天姓氏的族群，去后改称为"宝牙金苦鲁"；一直居住在贝尔茨河（激流河）以北的卡尔他昆姓氏与布利拖天姓氏一起被称为"扎不鹿加什克千"。

20世纪20年代末期，使鹿鄂温克人在东起黑龙江中游的漠河，西迄额尔古纳河，北抵黑龙江，南逾激流河（贝尔茨河、乞彦河）的广大地区，形成了三个聚居集团，被称为"部落"，即漠河部落、奇乾部落、古纳部落。这几个"部落"大都是由一至数个"千"（或译为"浅""沁""金""斤"）组成，他们之间不仅有姓氏成分和居住地域的区别，还有了外观文化上的区别。主要表现在他们所戴的帽子上，漠河部落的人是用犴头皮做帽子，上面还有两个犴耳，很美观；贝尔茨河（激流河）以南的古纳部落的人，以各种颜色的布做帽子，上面放一个灰鼠子头，类似土耳其帽，歪着戴；贝尔茨河（激流河）以北的奇乾部落的人，帽子全是用灰鼠皮做成的。相互之间从帽子上，一看就知道是哪个部落的人。

三 使鹿鄂温克人各姓氏历史分布变化

对于17世纪前使鹿鄂温克人各个姓氏的早期历史分布，他们自己的记忆也比较模糊，他们的历史记忆是从勒拿河开始的，更确切地说是从阿玛扎尔河开始的。因此，20世纪50年代吕光天、乌云达赉、郭布库等鄂温克社会历史调查者们，并没有了解到使鹿鄂温克人关于早期历史的可靠情况。调查者把使鹿鄂温克人最早的历史分布追溯到公元8世纪，并把历史记载的那个时期生活于唐朝的历史族群拔野古东北五百里的鞠国（部），推定为他们的先民。

事实上这是一个错误的历史判断。鞠［国］（部）在13世纪成书的《蒙古秘史》中记载为"客亦别［城］"①。"鞠"是kuibi的译音。也儿的石河（Irtysh，亦译"额尔齐斯"）支流鄂木河中游新西伯利亚与鄂木斯克之间的古比雪夫（куйбышев-kuibisev）中的"古比"也是kuibi的译音，-s是复数词尾，-ev是按俄语习惯加的。由此可知，鞠、客亦别、古比是一名三译。Kuibi是突厥语，为一种箭的名称，客亦别·速木。②因此，鞠部为突厥—蒙古语族部落，不是通古斯—鄂温克语族部落。鞠部族群大部分早在11世纪初，由于受到契丹—辽朝大将耶律化哥的打击，就已移居今古比雪夫一带地区，留在原地的族群，与迁入的其他族群融合成为雅库特族群形成的基础。因此，将他们看作是鄂温克族的族源是错误的。

使鹿鄂温克族群，应该是在鞠部于11世纪西迁之后进入雅库特地区的通古斯语族群。在此之前，隋唐时期一部分来自乌苏里江流域的通古斯语族群进入呼伦湖西南地区，被称为"乌素固部落"。13世纪贝加尔湖周围泰加森林地带的使鹿鄂温克族群被蒙古族群称为"森林兀良哈"（兀良合、斡郎改）。这个族群由于13—17世纪始终在蒙元帝国和北元政权的治理下，多数成员随军南征北战，逐渐被蒙古化，成为蒙古族群的另一个兀良哈部落，蒙元帝国著名开国名将，者勒蔑就是他们的代表人物。其余不

---

① 《新译简注·蒙古秘史》续集卷二，第363页。
② 《新译简注·蒙古秘史》续集卷七，第199页。能够远射程的箭矢。

愿意走出山林的遗族，则继续生活在贝加尔湖东北原始密林苔原地区，过着相对独立的森林游猎生活。14世纪初，波斯史家拉施德《史集》中描述了森林兀良哈的境况，说他们与蒙古的兀良哈①不是同一种，他们"衣兽皮，食野牛羊肉"，"兀良哈人迁徙时用野牛（按即驯鹿）载其物，从不出其所居森林之外，其居屋以树皮编结之，用桦皮为顶"。"兀良哈人所居之地，山岳屹立，森林遍布，天时酷寒，冬日常猎于雪中，以名曰察纳之板系于足下。持杖探雪而行。如同舟之撑篙于水以行舟，其行地抑升降山岭，甚为迅速"。15世纪，明朝史料《辽东志》记载："北山野人，乞列迷别种。养鹿，乘以出入。水产海驴、海豹、海猪、海牛、海狗皮。［夋角］鲂②须以为异物。昔入贡，今不通焉。"③ 从对水生动物的记叙内容看，"乞列迷别种——北山野人"似乎分布在贝加尔湖周边抑或黑龙江口东海边。这里的"乞列迷"应该就是奇楞、"于厥-羽厥-kir"或"亦乞列思"的别译，他们与兀良哈族群具有渊源关系。如前所述，使鹿鄂温克族群索罗共"氏族"与给力克"氏族"源于奇楞氏族。

17世纪30年代开始，清朝借助蒙古军队力量，逐渐收服了维季姆河流域的使鹿鄂温克族群。清史料称其为"使鹿喀木尼堪（干）"，又称其为"索伦别部"。明确记载了他们生活在勒拿河中游的支流维季姆河（витимский京河、温多河、维堤姆河）流域（《清实录·太宗》）。

《清实录》记载：清太宗爱新觉罗·皇太极崇德元年，1636年阿赖达汗率蒙古部军追击茂明安部下逃人，致使鹿部喀木尼堪地方，获男子十八人，妇女十一口来献。后来劫掠人口达80多人。这支使鹿部族群是归叶雷、舍尔特库、巴古奈、土古奈等为族长管辖的，就是说至少有四个姓氏的使鹿鄂温克族群。清朝政府将他们安置在多博库地方（今鄂伦春自治旗古里乡东南多布库尔河流域）。结果，或许是多布库尔（亦为多博库、

---

① 从拉施关于蒙古族群也有"兀良哈部"的叙述看，"兀良哈"并不是一个特定族群的专属称谓，而仅仅是生活于森林地带的人群而言，因此，这不是一个民族学概念，而是民俗概念。因而，被称为"兀良哈"的人群一定还有自己的族群称谓概念。

② ［夋角］或为"毂"之误，毂鲂：海象，"［夋角］鲂须"海象胡子。

③ 《辽东志》明正统八年（1443）毕恭撰，明任洛等所重修。大正元年（1912）十二月高木亥三郎翻刻。全书共九卷，记述辽东地理、建置、兵食、典礼、官师、人物、艺文、杂志、外志。"北山野人"载于卷九外志。后（明）李辅编纂成《全辽志》，传抄本。铅印本6册（1函），辽海书社出版，民国（1912—1949）。

多博科地方）不适合游牧驯鹿，叶雷率众于安置后半年即叛逃。《太宗实录》载崇德二年（1637）五月，"往追喀木尼堪部落逃人……至温多地方"。

随后，清朝军队对于勒拿河中游地区进行了多次征剿，征服使鹿族群，从而与使鹿部陆续建立了朝贡关系，各使鹿部头人便不断向清朝政府纳贡貂皮，以表臣服于清朝。历史记载，从崇德七年（1642）三月至康熙三年（1664）八月，使鹿部头人墨腾格等三人、喇巴奇、峨罗克屯贡使尼雅喇乌尔、布勒等多次向清朝进贡，贡品主要是貂皮。但是，始终未见叶雷等四个姓氏的使鹿鄂温克人向清朝政府进贡的记载。何秋涛[1]也说使鹿部"今未通朝贡，无由具其国人，但闻其驾车使鹿若使马而已"。因为叶雷于1637年7月被清军杀害于温多地方（维季姆河流域的山林中），并且清军清剿使鹿部族人，"杀九十四人，获其家口八十七人，马五十六匹"。或许，这个历史事件是叶雷、舍尔特库、巴古奈、土古奈四个姓氏的使鹿鄂温克人离开维季姆河流域迁徙到阿马扎尔河流域的历史原因。

俄罗斯历史资料[2]记载，俄罗斯国从1581年[3]开始了对成吉思汗孙子拔都后裔建立的失必儿（西伯利亚）汗国的征服，并开启了对西伯利亚的殖民化进程。随后，哥萨克在（1581—1598）征服失必儿之后的20年，来到叶尼塞河开始了对通古斯—鄂温克族群的征服。1618年，哥萨克彼得·阿尔比切夫溯克特河上航到达该河的上游，在通古斯—鄂温克人生活的地区中间建立了一个城堡，即马科夫斯克城堡，作为立脚点。哥萨克的入侵活动遭遇到抵抗，1619年，[4]通古斯—鄂温克人进攻马科夫斯克城堡，目的是不让俄国人到达叶尼塞河。但是，哥萨克用火药武器打退了通古斯—鄂温克人，在今叶尼塞斯克城建立了叶尼塞斯克城堡，正好扼守

---

[1] 何秋涛，字愿船。清代地理学家，福建光泽人。道光二十四年（1844）进士，官刑部主事。咸丰间，擢升员外郎、懋勤殿行走。同治初卒，年仅三十八岁。他长期研究北疆形势，始著《北徼汇编》六卷。后复详订图说，鸠集蒙古、新疆、东北及早期中俄关系史料，起汉晋，迄道光，增为八十卷，咸丰帝阅后赐名《朔方备乘》，学术价值甚高。

[2] 《外贝加尔的哥萨克（史纲）》第一卷，商务印书馆1977年版。

[3] 土默特部阿拉坦汗于归化城建城。

[4] 1619年，正当中国明万历四十七年，后金天命四年，后金与明的第一场关键战役——萨尔浒之战爆发。天命三年努尔哈赤以明朝偏袒叶赫部，颁布"七大恨"发动叛乱。天命四年三月后金发动萨尔浒之战并取胜，同年，努尔哈赤正式称后金皇帝。

住三条通古斯卡河，即下通古斯卡河、中通古斯卡河和上通古斯卡河（安加拉河），就像一把楔子钉在"捕貂打猎部落当中"。部分地区通古斯—鄂温克人酋长雅利尔、伊尔基涅伊和塔西"宣了誓"（臣服于俄国）。纳实物税地区很快扩大到叶尼塞河的上游和下游及其诸支流，即扩大到三条通古斯卡河，这是通往勒拿河和贝加尔湖的三条平行的水路。在叶尼塞斯克城堡附近，不久就迁来了俄罗斯族农民。从耶尔马克到西伯利亚时算起，在57年内，哥萨克像无法遏制的浪潮一样涌到太平洋岸边。原属蒙元帝国的辽阔的西伯利亚领土以惊人的速度被占领了。在1648年哥萨克发现了阿纳德尔河。这样，便几乎完成了对东北部西伯利亚的征服（除堪察加外）。在勒拿河的上游，出现了俄国居民点。通古斯卡河流域和勒拿河哥萨克是领导者和建设者，和他们几乎同时迁来的是"种田的人"。

很快俄罗斯人就侵占了通古斯—鄂温克和勒拿河—鄂温克族群生活的所有地区，并以收取皮毛税的形式确立国家主权。从俄罗斯人的历史记载看，至迟到1623年，使鹿鄂温克人就开始向哥萨克缴纳皮毛税，以此成为接受俄罗斯人统治的标志。俄罗斯人入侵后的统治、压迫和剥削，可能是逼迫使鹿鄂温克族群离开勒拿河上中游雅库特维季姆地区的另一个重要的历史原因。

然而，使鹿鄂温克人离开勒拿河迁到阿玛扎尔河流域后，并没有摆脱俄罗斯人对他们的统治，俄罗斯东西伯利亚总督穆拉维约夫颁发给各氏族长以铁制圆形印章，确立其统治。1938年日本人永田珍馨[①]访问使鹿鄂温克人（永田珍馨记为"使鹿部鄂伦春"）时，从一个布利拖天姓氏女萨满列娜巴月尔处看到了这样的印章，这是一枚高5厘米、直径3厘米的印章，其上刻有"通古斯布利拖天头领"的俄文。列娜巴月尔说，"唯有这件东西是传家宝，不能赠送"。使鹿鄂温克族群，大约于17世纪二三十年代被迫离

---

① 永田珍馨，毕业于台北高等商业学校。1934年任伪满兴安军官学校陆军教授。1938—1945年为伪满政府职员，少数民族调查科科长。1946年回日本任鹿儿岛县厅勤务，退休后搞民族研究。1938年12月18—27日，受日本关东军命令，经海拉尔、三河、杜博维（今上护林）到霍尔尼其那亚参加为期四天的猎民冬季交易会，并作了实地调查。同行者有矶江摄影师、鬼头、繁雄、中山公太郎翻译、宫本宗十等5人。交易会结束后他会见了布利拖天姓氏的代理头领、女萨满列娜巴月尔。她没有儿子，只有三个女儿，大的叫阿嘎利雅菲娜，已结婚，还有18岁和16岁的两个女儿没有结婚。女萨满和大女婿都打猎，家里有六十多头驯鹿，是比较富裕的猎户。

开勒拿河中游的维季姆河、马马河流域,在石勒喀河以北的阿马扎尔河流域游猎生活了近百年。从 17 世纪 20 年代至 1689 年中俄签订《中俄尼布楚条约》的半个多世纪,从勒拿河雅库特地区迁徙到黑龙江流域的使鹿鄂温克,虽然迁到了中国境内,但他们名义上依然受俄罗斯人的统治。当中、俄两国签订《尼布楚条约》(1689 年)、《瑷珲条约》(1858)将额尔古纳河和外兴安岭、黑龙江划为两国的边界后,虽然"雅库特鄂温克"生活的地区已经正式成为中国的领土,但是,从这两个条约的签订直到 1918 年对鄂温克人与俄罗斯人的政治历史关系并没有产生多大的影响。

他们记得已经属于俄罗斯的阿马扎尔河流域有四个大［氏族］姓氏:索罗拖斯金苦鲁 (soltosk'ink'ul)、东该因苦鲁 (tonkaiiənk'ul)、哈布金苦鲁 (xəpk'ink'ul)、哈布都坎苦鲁 (k'əpt'ukək'ul)。这几个氏族姓氏应该是索罗共 (solokon)、给力克 (kielik'ə)、卡尔他昆 (k'alt'ak'on)、布利托天 (plit'ot'in) 这四个氏族离开阿马扎尔河上游流域以后留下来的,因此,他们始终与迁入额尔古纳河、激流河、阿尔巴吉流域使鹿鄂温克族群保持着婚姻关系和社会交往关系,在 1918 年之前,中国境内的使鹿鄂温克人每年的 6 月 10 日,都要前往河对岸的普克罗夫克村过节。

索罗共 (sologon) 姓氏,从发生学角度说,应该来源于通古斯语 solo-gu,本意为左侧的河流、东河。或河流的左侧、河流的上方、东方。这应该是一个由空间位置词 solo——左侧,演化成的空间方位词 so-lon——东方,加上表示河流的词 -gu 和表示人的词 -ni (众数,个数为 in),就变成了一个族群概念,solo-gu-ni,意为"左河［岸］人""河东［岸］人""河上［游］人""东河人""东方人"或"东夷"。Solon-gu-ni 的俗语形式是 solun——索伦,简化式是 solongu——索罗固 (索伦固、素罗贡)。而索勒固 (或索罗贡),这是通古斯—鄂温克人一个古老的氏族的名称,即原来在唐朝以前生活在辽河以东地区东辽河流域的鄂温克族群,经过几番历史迁徙定居到勒拿河、黑龙江与结雅河流域和贝加尔湖周边地区的山林、草原。

使鹿鄂温克人离开已经成为俄罗斯国境的阿马扎尔河上游地区,顺着阿马扎尔河一直走到当时被称为阿穆尔河 (意为"右侧的河") 的黑龙江中游,今从属雅库特州的伊格纳希诺 (Игнашино) 村、乌尔卡 (урка) 河口岛中间地段涉过黑龙江,先是进入今漠河地方的额木尔河

（原阿尔巴吉河）流域，索罗共与给力克两个氏族留下在额木尔河（阿尔巴吉河）、大（杜）林河、克坡（波）河流域游猎，布利拖天与卡尔他昆两个氏族则继续从额木尔（阿尔巴吉河）河与大（杜）林河汇合地方，溯大（杜）林河而上，再经大（杜）林河与克坡（波）河汇合处，溯克波河而上，最后停留在阿巴河、敖鲁古雅河、根河、激流河流域奇乾地区（珠尔干卡伦地方）继续过起了山林游牧驯鹿和游猎野兽的生活。

20世纪初，他们各个氏族的分布范围，变动不大。据当时珠尔干总卡官赵春芳于1909年调查，主要分布在贝尔茨河（激流河）流域有22户、阿穆尔河地区有4户、根河上游地区有11户。大约于1913年以布利拖天姓氏为主的40户猎民，又迁回已属俄罗斯国境的阿马扎尔河地区。

1915年史禄国调查鄂温克猎民游猎区的四界是：他们占用了整个激流河（贝尔茨河、乞彦河）、阿尔巴吉河上游直到杜林河（大林河）以及呼玛河河源。他们有时去甘河，还曾去莫尔道嘎河上游。因此，他们的西界是额尔古纳河右岸。南界沿莫尔道嘎河与激流河两流域的分水岭而行。东界沿大兴安岭包括呼玛河部分河流而行。他们的北界是不确定的。因为他们和他们的邻人，呼玛河地区的通古斯人共同使用这一地区。他们偶尔还延伸到黑龙江以北的地区。因此，沿西部边境和沿莫尔道嘎河，他们的邻居是俄罗斯人，而在根河的上源附近则与兴安通古斯人接触。他们同墨尔根通古斯人在共同的地域，即甘河地区相遇，在呼玛河上游流域与阿尔巴吉河流域他们同呼玛地区的通古斯人为邻。

20世纪30年代，则有一部分布利拖天氏族群进入金河、得尔布尔河流域。他们自己选出"阿塔曼"自我管理。"阿塔曼"为俄语，屯长、长老的意思。永田珍馨调查了解到这些进入得尔布尔使鹿鄂温克猎民的年限是在伪满洲国时期：

1. 大同元年（1932）三户；
2. 康德元年（1934）十三户；
3. 康德二年（1935）五户。

根据永田珍馨1938年12月到1939年的调查，分布于上述各个地区使鹿鄂温克人共有46户、253个猎民（儿童117人），其中分布在贝尔茨河（激流河）上游布利托天、给力克氏族18户，有驯鹿405头，得尔布尔河上游、阿巴河、根河上游布利托天、卡尔他昆和新产生的固德林布利托天等氏族19户，有驯鹿295头，阿穆尔河上游索罗拖斯基、索罗共氏族9户，有驯鹿153头。他们的驯鹿共有853头。

1944年阿穆尔河的猎民，因为与日本人冲突，打死了日本人，9户鄂温克猎民举部逃回阿马扎尔河流域。因而，按"部落"其余的各个氏族就只分布在两个部落中：奇乾部落，又称贝斯特拉千、奇乾千，包括："巴千"——索罗共氏族，游猎在恩和哈达河、乌玛河支流和阿巴河上游及激流河上游以北一带；"加不鹿什克千"——卡尔他昆和索罗共氏族，游猎于激流河上游南北两岸；"亚格鲁其千"——固德林氏族，游猎于阿巴河中游南北两岸，南不过激流河。古纳部落、又称杜博维千，其中包括好高牙千，含：布利拖天、古德林氏族，游猎于贝尔茨河（激流河）的支流好高牙河的上游和下游，猛辉千、卡尔他昆氏族游猎于贝尔茨河（激流河）猛辉河流域，金千、给力克氏族，游猎于贝尔茨河（激流河）金河流域。后来又从阿马扎尔地区迁来一支索罗拖斯基姓氏。这种分布格局，一直持续到20世纪50年代末。

第三节　氏族组织——"粤毛克"

20世纪50年代，使鹿鄂温克人的氏族组织处于瓦解的时期，如果说他们的社会生活中还存在氏族组织，并且还在发挥着作用，那也就是在社会管理职能上，有些氏族组织的残余形式还在发挥作用，而整个氏族制度作为一种社会现实，已经与传统氏族制度相去甚远。

一　氏族组织的残余形态

20世纪50年代的社会调查，所记载的使鹿鄂温克人的氏族生活都是历史的记忆而不是现实，事实上，氏族组织只是作为一种残余的形态发挥着社会组织功能。这体现在他们的婚姻关系上，氏族内部已经突破了血亲婚姻禁忌，同一氏族而不同姓氏的人是可以通婚的，如前所述。进入人们视线的、活跃在他们的社会生活中的事实上的体制，更多的是各个氏族姓氏、乌力楞和它的领导者"基那斯"①。正如 20 世纪 50 年代的鄂温克社会历史调查者所了解的那样:"鄂温克人的社会组织,过去和现在,表现得明显的要算是氏族下面的(*uliləŋ*)'乌力楞'组织(即有家庭公社性质的组织),它是一个以血缘为联系的生产组织。"②

实际上,乌力楞组织的产生,恰恰标志着氏族组织的瓦解。氏族组织是以同一祖先血缘关系为基础的,包括所有辈分的血亲,而乌力楞是以同一姓氏的父系家庭为基础的,不包括所有同一祖先所有辈分的血亲。稍远一些的同一氏族血缘成员,不论辈分,并不在血缘族外婚禁忌范围之内。诸如,布利拖天与固德林布利拖天本来是一个氏族的不同分支,是不可以通婚的,但是,因为他们认为血缘关系已经较远,相互之间的通婚又是不受禁止的,然而,各个姓氏内部是禁止通婚的。因此,不应该把乌力楞看作是氏族制的重复,而应看作是对氏族制的突破和替代。而氏族组织即使存在,也已经不是那种完整的形态,只能是一种残余形态的存在。正因为氏族组织还在以残余的形态存在,所以它在社会生活中的影响还是会发生的,而乌力楞是承担这一任务的现实实体。

20 世纪 50 年代末,使鹿鄂温克人共有六个氏族姓氏③。

(1) 布利拖拖夫-pli'tɔtəf;(2) 卡尔他靠了夫-k'altakɔliəf;(3) 索罗共诺夫-solokonof;(4) 给力克夫-kielik'of;(5) 索罗拖斯基-solt'ɔski;(6) 固德林-kutəlin。这些俄罗斯化的姓氏,体现了他们所受到的历史影响,这种俄罗斯式的表达方式,来源于他们从 17 世纪 20 年代开始从俄罗斯族群那里所遭受的近百年的殖民生活和经济社会联系。

调查者了解到他们对氏族组织的称谓为"粤毛克",不知所云。但是,"毛克"显然是"谋克"的异写,"粤"或许为"奥"之误,"奥毛克"或许即通古斯—鄂温克语对"谋克"的发音。谋克是金朝军政合一

---

① "基那斯"是俄语词汇,意为敏锐者,引申为族长、村长、屯长、领导者,也是俄罗斯人常用姓氏名称,如 Кирнач Авраам 基那斯·亚伯拉罕、Кирнач Адам 基那斯·亚当、Кирнач Адриан 基那斯·阿德里安、Кирнач Александр 基那斯·亚历山大,等。

② 内蒙古自治区编辑组:《鄂温克族社会历史调查》,内蒙古人民出版社 1986 年版,第 186 页。

③ 这六个姓氏,没有包括从索罗共等姓氏中分离出来的姓氏,如果包括那些,就是九个姓氏:1. 玛嘎罗夫索罗共;2. 恩克(快)依索罗共;3. 索木宋(逊)索罗共;4. 特吉孟索罗共;5. 特吉孟卡尔他昆;6. 马立芬卡尔他昆;7. 布利拖天;8. 固德林布里拖天;9. 索罗拖斯基。

第二章　使鹿鄂温克制度习俗文化变迁

的社会基层组织编制单位及其主官名称。大体上每谋克辖 300 户，七至十谋克为一猛安。作为统领官名称，相当于元、明的百户一职。如果这个概念不是借自与他们有着共时性的其他族群的，而是具有自身的延续性的概念，那么就说明使鹿鄂温克族群的历史可以追溯到女真族群的金朝时期。

事实上，20 世纪 50 年代，使鹿鄂温克人对于氏族的存在，只能算是一种历史的记忆，他们回忆：原来我们在勒拿河地区时，一共有十二个氏族，同时有十二个萨满，每个氏族都有"基那斯"（基那斯 кирнач，敏锐者、酋长、族长）。刚来中国漠河时，只有四个"氏族"，即布利拖天氏族、卡鲁他昆氏族、索罗共氏族、给力克氏族，每个氏族都有一个萨满、一个"酋长"。后来又来了索罗特斯基氏族的人。

从使鹿鄂温克人的陈述看，他们并没有把"粤毛克"作为氏族的名称缀于族称后面，如"布利拖天-粤毛克"，而是把"天-t'in""昆-k'on""克-k'ə"作为表达氏族的语词，这也说明这四个姓氏不是氏族，仅仅是姓氏。族称词尾"t'in、k'on、k'ə（应为 Ки 或 ki）"是阿尔泰语系表示"人"的众数词素，t'in 是 t 和 in 的合成词素，即蒙古语与通古斯语"惕-t"和"因-in"的合成词，都有众数的人的含义，可以理解为民、族、种等。"昆-k'on"和"基-k'i"是通古斯语众数的人的含义，也可以理解为民、族、种等。固德林则应是通古斯化俄语 kutəl 和 in 的合成词，意为"卷毛者""头发卷曲之民"。

至于他们族称后面所缀的"拖夫、靠了夫、诺夫、斯基"显然是由于他们长期生活在俄罗斯族群环境下，受到强势文化涵化的结果。这种文化的涵化，不仅仅表现在氏族姓氏族称上，还深入他们社会制度习俗和物质、精神文化的各个方面，成为摧毁他们氏族制度体系的外部动因。

以家庭为单位的私有制的形成，是终结氏族制度的内部动力。据 20 世纪 30 年代的调查者永田珍馨观察，那时候，使鹿鄂温克人早已结束了氏族公社所有制社会，他说"他们以一家之长父亲为中心生活"，并且详细描绘了布利拖天姓氏的代理头领、女萨满列娜巴月尔家庭经营的情况。列娜巴月尔家是一个比较富裕的家庭，也就是说，那个时期所有的使鹿鄂温克猎民家庭，所拥有的财富并不是完全平均的，社会已经分化出较富裕和不富裕两个阶层。特别是由于狩猎工具的改进所带来的狩猎方式由氏族群体为主向以家庭为主，甚至以单个猎人为主的递进式发展，更加加速了氏族制度外壳的破裂和新的社会制度的形成。以血缘、姻缘家庭关系为基础的乌力楞生产方式，是不同于以单纯的血缘关系为基础的氏族生产方式的新制度。

二 氏族组织形态的转换

使鹿鄂温克人经历了从古代到近现代的历史进程，其间许多民族族群对他们的社会制度习俗的发展施加了影响，使他们传统的社会组织形态发生转化。然而，因为他们始终属于那种处于相对独立自然地理环境自由自在生存的族群。因此，他们所遵循的社会制度往往只是他们自己事实上的体制，而不是外来的法定的体制。

从近代来看，似乎满洲族群的旗佐制度对他们没有产生值得留意的影响，但是，这不等于其他族群没有影响。因此，在他们的社会组织发展的进程中，由于他们始终处在被支配的社会历史地位，他们的事实上的体制的存在，往往受到来自其他族群的法定的体制涵化的压力和影响。

使鹿鄂温克人在勒拿河时期，受到了雅库特人[1]的影响。雅库特族群的主体是原居住在勒拿河地区说突厥语的鞫部族群部分，被契丹—辽朝大将耶律化哥西征引起的民族族群向西部大迁徙后留下的部分族群与从贝加尔湖地区南来的骨利干人，以及当地的土著楚科奇等民族部分族群的混合的基础上形成的民族。17世纪雅库特地区有80个独立的部落，制陶、冶炼和铁制工具制造技术先进。由于他们人口众多，生产技术先进，成为勒拿河地区的主宰。在1631年俄国人到来时，雅库特人只占不大的地区，即现代雅库次克附近的所谓阿姆加—勒拿地区。当时他们的社会制度仍处

---

[1] 又称萨哈人，西伯利亚主要民族。公元1000年前后，由于受蒙古人的排挤，一部分骨利干人沿勒拿河北迁，经过几百年时间，到14—15世纪形成了现在的雅库特民族。17世纪时，住在勒拿河中游一块划定的地方。人口30多万，今天是雅库特自治共和国的主要居民，使用一种突厥语，该族自称萨哈语。雅库特人显然是来自贝加尔湖地区的移民同勒拿河流域土著居民的混血后裔，有些学者认为这些土著大概主要是埃文克人，实际上就是中国历史上记载的鞫国，他们对雅库特文化多有贡献。雅库特人主要从事畜牧业，捕鱼居于次要地位。现在，南方雅库特人转而从事农业，而北部的雅库特人则和埃文克人学习饲养驯鹿。雅库特人曾是西伯利亚历史中独有的制陶工和铁匠。17世纪时，雅库特人有80个独立的部落。由于雅库特人把铁工工艺看成是一种非凡的才能，所以认为铁匠具有神力。古代雅库特人的宗教有许多善神和恶神。

于父权氏族制阶段，不过已存在明显的阶级分化。氏族和部落的首领为军事贵族，雅库特人称之为托伊昂。托伊昂拥有大量牲畜，有奴隶和从属于他的同族人为他劳动。雅库特人从楚科奇①族群那里学会了驯鹿养殖业和狩猎方式。

在使鹿鄂温克人的记忆中，鄂温克人比雅库特人少，他们曾经受到雅库族群的奴役和压迫。他们认为：雅库特人自称是"雅库特"，而雅库特人又称他们为"雅库待（歹）"，他们则称雅库特人为"约靠"。其实雅库特人自称为"萨哈"而不是"雅库特"。"萨哈"是"棕色的公驯鹿"的意思，而"萨哈沐涟"则是"[有]棕色驯鹿江（河）"的意思，"萨哈"，还具有"饲养棕色驯鹿的人"的意思。由于萨哈人有一个传统民俗，即每年的5—7月份过耶雅克节（yhyakh），节日期间大家一起跳圆圈舞，萨哈语叫"奥霍海"（ohuokhai），一直伴随着耶雅克节从5月跳到7月。圆圈舞，蒙语为"尧乎儿"（yhaokhul）。这是北方民族族群普遍存在的一种祭祖、祭神的方式，体现了对太阳的崇拜。在跳舞期间，男女青年还可以自由恋爱。正因为萨哈人传承了这种生活方式，并且成为他们习俗文化的重要标志性特征，因此，被蒙古人称为 yhaokhul-t-"雅库特（惕、梯）"，即"[喜欢]跳圆圈舞的族群"，而"约靠"是雅库特（惕）的简略式，或者说是通古斯—鄂温克语的表达式。从而，可以说使鹿鄂温克人对雅库特人的称呼源于蒙古语，而使鹿鄂温克人在娱乐时也跳类似的圆圈舞，因而，被雅库特人称为"雅库待（歹）"，意为"类似雅库特

---

① 18世纪以前，楚科奇人仍然保留着许多母系氏族组织残余，在他们那里，父系氏族组织尚未形成。在游牧的楚科奇人中，真正的氏族单位是临时的游牧居住地。这种游牧居住地由3—4个血缘家庭组成，称"瓦拉特"，意即"一起居住者会议"。而在定居的楚科奇人那里，基本社会单位是由若干家庭组成的"兽皮艇公社"。这种"兽皮艇公社"中，以拥有兽皮艇的家庭为核心。狩猎时，这家的主人还会得到更多的猎物。在楚科奇人不同的社会组织中，劳动工具、鹿、兽皮艇、住宅和狗均为私有，牧场和渔猎地点则为公社所有。这些瓦拉特和兽皮艇公社都与真正的氏族组织不同：一是这种社会单位都不是永久性机构，其成员常常变动；二是亲属按男女两系计算。据考，这种社会单位乃是母系氏族向父系氏族过渡的中间形式。在楚科奇人的婚姻关系中也保留着许多古老的特点。18世纪，他们的婚姻制度为从妇制，即男子到女方家居住。此外，在楚科奇人中还存在一些群婚残余，如"妻姐妹婚"等。到19世纪，在楚科奇人中已有明显的社会分化，开始出现剥削集团。在定居的楚科奇人那里，甚至出现了所谓的"贸易中间人"社会阶层。他们来往于西伯利亚东北端的迭日涅夫角和查翁湾之间，进行买卖活动。19世纪末至20世纪初，在楚科奇人的生产关系中，已出现了明显的阶级社会特点。

(惕)"的人们。

雅库特-萨哈人是同楚科奇人那里学会的驯鹿饲养方式，即通过由3—4个血缘家庭组成的临时游牧居住地——瓦拉特（urlət），在山林中游牧驯鹿。而当11世纪使鹿鄂温克先民到达雅库特地区时，楚科奇人已经被雅库特—萨哈人驱赶到了北方更遥远的地区，因此，鄂温克先民是同雅库特人学习的驯鹿饲养方式，即临时游牧居住地——瓦拉特游牧方式。这是一种游牧生产生活组织方式。

"乌力楞"是通古斯—鄂温克语"瓦拉特-urlət"的读音，因此，对于使鹿鄂温克族群来说，瓦拉特游牧方式，即乌力楞游牧方式。这种游牧方式的确立，对他们的社会组织结构产生了重大的影响，成为推动不同于氏族结构的村社结构形成的基础，使鹿鄂温克人的氏族部落社会组织结构，逐渐被家庭乌力楞社会组织结构所取代，从而实现了氏族组织形态的转化。这种转化，同样体现在发生在使鹿鄂温克族群身上文化的涵化，这种涵化的历史进程是从楚科奇人开始的，楚科奇人涵化了雅库特—萨哈人，雅库特—萨哈人涵化了鄂温克人。

使鹿鄂温克人氏族形态的转化并不是一蹴而就的，经历了从11世纪到20世纪900多年的时间。而这几百年的时间里，氏族—部落社会组织结构与家庭—乌力楞社会组织结构始终相伴而行。二元制社会组织结构，成为使鹿鄂温克族群社会制度的典型特征，这就是粤毛克与乌力楞的并存。随后则是各种外来的组织方式与乌力楞的并存。如果用政治学概念理解，粤毛克是氏族治理机关，乌力楞则是村社治理机关，这些都是他们社会制度事实上的体制，而不是法定的体制。随后，氏族治理结构逐渐消失，乌力楞则始终伴随着使鹿鄂温克人的生活。然而，粤毛克氏族治理结构消失后，由于他们始终处于被治理族群的地位，所以在他们的乌力楞之上，又被加上了许多新的统治族群要求的社会治理结构，即法定的体制。

首先加之于使鹿鄂温克人乌力楞之上的法定的体制是俄罗斯族群的村社体制。如果说他们在勒拿河时期还是一个纯粹的氏族社会结构族群，那么，当他们迁入阿马扎尔河流域时，俄罗斯人已经在那里建立了村社体制，并把他们纳入这个体制的管理之下，把各个氏族的族长纳入法定的体制内，被称为"基那斯"，从而确立了俄罗斯的村社体制对鄂温克人的乌力楞体制的统治，东西伯利亚总督穆拉维约夫颁发给各氏族长以铁制圆形印章，以确定这种统治关系。

"基那斯"是俄语词汇，意为敏锐者，引申为族长、村长、屯长、领导者。或许历史上"基那斯"也是种族、村、屯首长的职务名称，因此，成为俄罗斯人常用姓氏名称，俄罗斯族群有许多"基那斯"，如 Кирнач Авраам 基那斯·亚伯拉罕、Кирнач Адам 基那斯·亚当、Кирнач Адриан 基那斯·阿德里安、Кирнач Александр 基那斯·亚历山大，等等。

永田珍馨了解到，使鹿鄂温克人是在 20 世纪 30 年代前（17—19 世纪），分两部分进入额尔古纳河以东、黑龙江以南额尔古纳左翼旗①和额尔古纳右翼旗②境内的。一部分人是二三百年前（17—18 世纪）从俄罗斯雅库特州的伊格纳希诺③（隔江对面是中国漠河县的北极村）、勃克罗夫（隔江对面是中国漠河的洛古河村）涉过黑龙江向奇乾方面④游动，进入了今额尔古纳市奇乾（隔江对面是俄罗斯的乌启罗夫村）地区，其中有一部分留在了黑龙江省的黑河县和漠河县。另一部分猎民大约在 19 世纪 30 年代，背井离乡从乌斯奇乌罗夫（奇乾对面）到了维斯托拉河上游。大约在 19 世纪末，到了奇乾后，以菲里巴为首约 60 个猎民又迁到了黑河、漠河县，后来随着与他们交易的俄罗斯商人（"安达"或"安达克"），又迁回到奇乾地区了。

使鹿鄂温克人记得，到达额尔古纳河东岸、黑龙江南岸的时候，他们的四个"氏族"每个都有几个乌力楞，"氏族"的领导人被称为"基那斯"，乌力楞的负责人是"新玛玛楞"（çin'mama'ləŋ）。四个"氏族"组成一个部落，部落首领也被称为"基那斯"。每年 5 月由"氏族基那斯"召集各乌力楞的"新玛玛楞"开会，在会上，各乌力楞的"新玛玛楞"向"基那斯"汇报自己乌力楞打猎情况和地点及下次准备在哪个地方打猎，并且把各户的税交给"基那斯"，再由他上缴俄罗斯地方官"阿塔曼"。会议的主要方式是"基那斯"就几个问题，与"新玛玛

---

① 今内蒙古自治区呼伦贝尔市根河市。
② 今内蒙古自治区呼伦贝尔市额尔古纳市。
③ 今黑龙江省漠河县北极乡北极村对面，与黑龙江隔河相望。
④ 今额尔古纳市境内中俄边境奇乾乡，与俄罗斯乌启罗夫村隔额尔古纳河相望。

楞"一问一答。"新玛玛楞"汇报的内容主要是打猎情况和有什么要求，如子弹不够、买不买枪等生产上的情况，这些情况再由"基那斯"向地方官"阿塔曼"（ataman）汇报。"阿塔曼"是鞑靼语，是哥萨克①沿用的鞑靼方言，一般具有族群首领、长老的含义。"阿塔曼"的下属是队长，称为"esaul"（埃斯勒）。"阿塔曼"的原意有"任务，布置任务，重要任务"等含义，最初，哥萨克们的首领被称为"阿塔曼"，他在战争中有绝对的权力，和平时期，他要听命于一个议事机构——"克鲁格（Krug）"。他们之间的关系，很像今天西方的总理和国会，每个成年男哥萨克都有权在"克鲁格"上发言，而"阿塔曼"负责执行"克鲁格"的决议，并确保所有法律得到遵守。在俄罗斯对西伯利亚殖民化的进程中，"阿塔曼"成为代表政府收税和管理村庄的地方官的称呼，相当于"镇长""村长"等职务。他的一个主要职责就是向被征服的异族人收取实物税。

使鹿鄂温克人由俄罗斯的伊格纳希诺村的地方官"阿塔曼"领导了56年，之后又由波克罗夫卡村（与漠河洛古河村隔江相对）的地方官"阿塔曼"领导了150年，最后由乌启罗夫村的地方官"阿塔曼"领导到1918年。俄罗斯人统治的主要表现就是向他们收取实物税，即每个成年男子，从20岁到50岁，每年要向俄国政府缴纳3卢布的人头税或向教堂缴纳同等额度的会费。这是俄罗斯哥萨克进入西伯利亚开始，向当地土著民族宣示国家主权的做法，也是强迫非俄罗斯族群加入俄罗斯国籍的办法。有人将这一税款称作毛皮税或教会会费。通过这种方式使鄂温克人成为虽然生活在中国领土却仍然拥有沙皇俄国国籍的人。

使鹿鄂温克人回忆，最初他们来到今黑龙江境内的阿尔巴吉河、洛乔普河、杜林河（今称大林河）、克坡河（今称克波河）一带的时候，他们的四个氏族是一个部落，归一个"部落酋长"（基那斯）领导，名叫瓦西里·牙克列维奇，这个"基那斯"于1761年去世，从此他们再也没有产生统一的"部落酋长"，而改由俄罗斯伊格纳希诺村的地方官"阿塔曼"领导。这一时期，虽然各个氏族姓氏"基那斯"仍由鄂温克人选举产生，

---

① "哥萨克"来源于突厥语"kazak"，原意为"毛线衣"，是对一群不愿意定居生活的游民的称呼，后转意为自由人或流浪者。流浪的哥萨克服役后，"阿塔曼"又具有哥萨克军队首长的含义。

但是，只有提名被选举人的权力，提名后，被选举人需要得到俄罗斯村地方官"阿塔曼"的认可，再由鄂温克人群众通过，实际上是由俄国政府任命。"基那斯"被纳入俄罗斯国家行政管理体制，一方面为俄国政府收税，另一方面向鄂温克人传达俄国政府的命令。因此"基那斯"实际上是由俄罗斯政府强加给使鹿鄂温克人的行政体制。由于鄂温克族群事务由各个氏族的"基那斯"与地方官联系，因而，也就逐渐形成了各个氏族独立的局面，他们自己实际上的社会组织体制处于被瓦解的状态。

使鹿鄂温克族统一的"部落酋长"去世后，族群的分化开始了，20世纪50年代的调查者根据伊那肯奇·固德林布利拖天家系推算，大约于1807年布利拖天"氏族"的"基那斯"尼格来与一支卡尔他昆"氏族"，由漠河地区迁徙到了额尔古纳河的奇乾地区贝尔茨河（激流河）流域，大约三年后（1810），索罗共"氏族"的"基那斯"萨瓦率本族与给力克"氏族"也来到了贝尔茨河（激流河）流域，后来，他们又返回了漠河阿尔巴吉河流域。这种地理上的分离，造成了他们内部的社会组织联系的断裂，他们氏族—部落组织体制逐渐失去依存的客观基础。

在这样的历史变动的进程中，很显然，使鹿鄂温克族群传统的事实上的社会组织体制发生了根本性的变化。在传统的鄂温克语言中，氏族、家族或一个临时性群体的首脑、领导、长的职务称为"-达"，如"塔坦达"，狩猎营地之长；"莫昆达"，氏族之长；"嘎辛达"，氏族之长或村屯之长。而俄罗斯的统治者们，用"阿塔曼""基那斯"替代了他们部落、氏族首脑的称呼，实质上改变了他们族群自治的政治程序，他们的氏族—部落社会结构所构成的血缘社会秩序终结了，转化为"阿塔曼"—"基那斯"结构的地缘家族社会秩序。事实上的社会组织体制，转化成了法定的社会组织体制。正如日木生态学家今西锦司在《大兴安岭探险——1942年探险队报告》一书中所说的那样："政治上，正像使马鄂伦春（指鄂伦春族，笔者注）被清朝授予八旗组织一样，驯鹿鄂伦春（指使鹿鄂温克，笔者注）被俄国人授予长老（阿塔曼）组织。"[1] 就是说，"阿塔

---

[1] [日]今西锦司编：《大兴安岭探险——1942年探险队报告》，每日新闻社1952年版，第285页。

曼"—"基那斯"体制嵌入了使鹿鄂温克人的实际上的社会体制。

统一的酋长去世后，在后续的生活中，使鹿鄂温克延续了这种由外族嵌入的法定体制运行方式。特别是由于各个姓氏族群间婚姻关系的远近和人口多少，发生了新的族群组合，因此，就在漠河地区和贝尔茨河（激流河）地区形成了被称为"部落"的几个小的氏族姓氏族群联合体。鄂温克人分化为三部分，一个"部落"分布在漠河地区的阿尔巴吉河流域，另两个"部落"分布在东西流向的贝尔茨河（激流河）段的南北两岸地区，每一"部落"都有一个"基那斯"，每个"基那斯"还有一个副职，协助他处理事务。在他们的记忆中，初期的"基那斯"还完全按照鄂温克人自主，愿意选谁就选谁，很快俄罗斯人介入了选举，"基那斯"候选人由鄂温克人提名，提名候选人需经过俄罗斯地方官"阿塔曼"的批准，然后再由他们选举通过。

漠河流域的"部落"是索罗共、索罗拖斯基姓氏的族群联合体，被称为"漠河部落"，也按照居住游猎地域被称为"阿穆尔千"，即"阿穆尔河人"。第一代"基那斯"叫萨瓦。在牙克夫"基那斯"时期，1944年由于与当时的日本人发生冲突，他带领当时的九户猎民回到了俄罗斯阿马扎尔河流域。

贝尔茨河（激流河）流域的两个"部落"，一个是在贝尔茨河（激流河）南部游猎，主要是由布利拖天姓氏族群组成，被称为"古纳部落"，按照居住游猎地域也被称为"古纳千"，第一代"基那斯"是果敏。1928年阿力克三大·吉米特基那斯，带领他们到了杜伯维地区（今额尔古纳市上护林地区）；另一个"部落"是由固德林布利拖天与卡尔他昆组成的姓氏联合体，第一代"基那斯"就是创建固德林姓氏的瓦西里·布利拖天，第二代是他的弟弟米一特，第三代名叫格伯利勒尼格来维奇，第四代是卡尔他昆姓氏的卡尔他柯廖夫·匹欧特和尼格来维奇，第五代是匹欧特，第六代是伊纳肯奇·依瓦诺维奇·卡尔他柯廖夫，第七代是阿力克三大。由于他们的居住游猎地区靠近中国的乌启罗夫村（奇乾），后期也被称为"乌启罗夫部落"。

从清朝到民国时期，中国内地法定的社会组织原则对使鹿鄂温克人影响不大。清朝对东北几个非满洲系民族的治理分为两种，一种是编佐入旗，使之成为满洲社会组织法定体制的一部分，这包括被清朝政府称为索伦的鄂温克、达斡尔、鄂伦春以及锡伯、费雅喀、虎尔哈等族群；另一种是不编佐入旗的地方村社制管理，发挥各族群原有的事实上的社会体制的自治式治理，这包括部分没有被编佐入旗的索伦鄂温克、使马鄂伦春、使鹿鄂伦春（即使鹿鄂温克）等族群。使鹿鄂温克人始终没有被编佐入旗，同时，由于他们是游猎于山林，因此，法定的地方村社体制对他们的影响也收效甚微。特别是他们的中国境内俄罗斯臣民的历史身份，中国的清朝政府宽容了他们与俄罗斯的行政、宗教组织联系和经济社会联系，而只满足于向同他们进行皮货贸易的俄罗斯商人征收交易税。

清朝政府对使鹿鄂温克的注意始于光绪三十四年（1908），试图通过加强边境军政管理，将使鹿鄂温克人纳入法定的社会组织体制中。1907年时任哈埠铁路交涉局总办宋小濂调任呼伦贝尔护理副督统之职，即着手整顿边务，重设调整边境卡伦。针对俄罗斯人越境割草、砍树、放养牲畜等问题，制定了一系列章程，即《俄人越界割草章程》《俄人越界牧畜章程》《砍木凿石章程》，翻译成俄文，发给对方，并对割草等行为收取税款。并于1908年在额尔古纳河奇乾设立珠尔干总卡伦①，赵春芳任总卡官。同时，在吉拉林设置委员，就近管理所辖卡伦，后改室韦厅。1909年迁到三河。卡伦的功能主要是巡查边界、垦荒实边、开办税务和收拢流民。为此，珠尔干总卡官赵春芳1908—1909年开展了对所辖边境地区的调查，发现许多中国流民及使鹿鄂温克人（赵称"鄂伦春人"）有加入俄罗斯国籍的情况，撰写了《珠尔干总卡伦边务报告书》。调查发现，至光绪三十四年（1908），加入俄籍的使鹿鄂温克人（赵称"鄂伦春"）已达170余户。此外，还有一些修建中东铁路的内地劳工因"庚子乱后，归路已绝"被迫流亡俄国，加入俄籍的尤为不少。他认为加入俄籍的国人，"私入俄籍久，恐为患边疆，急应设法收拢"。报告中称鄂温克猎民为"使鹿部"，并专设对使鹿鄂温克人收拢方法章节，要求沿边各卡官兵要深入鄂伦春（使鹿鄂温克人）聚居区，调查入俄籍人数，并对入俄籍者予以劝回，未入俄籍的鄂伦春首领或族长授予佐领或骁骑校等官职。然而，这些措施似乎并没有奏效，赵春芳几次欲使鄂温克人加入中

---

① 卡伦是指清代的哨所。亦作喀伦、卡路、喀龙，为"台"或"站"的满语音译。卡伦由于任务、作用、设置地点和条件不同，有多种形式。

国国籍的努力均没有成功①。

直到1917年，使鹿鄂温克人仍然服从俄罗斯地方官"阿塔曼"的管辖，与其境内的同胞保持联系，来往于中俄边界额尔古纳河、黑龙江两岸进行毛皮贸易和宗教活动。1917年十月革命，沙皇政府倒台，苏维埃政权建立后国界管理严格，同时也废除了沙皇时代的行政管理体制，鄂温克人不再受沙俄政府的统治，他们再过河也不行了，中国境内的使鹿鄂温克人才与俄国的地方官"阿塔曼"及其境内的鄂温克同胞断了关系。

1911年，中国爆发了辛亥革命。1912年1月1日孙中山就任中华民国临时大总统时，通电各省，以黄帝纪年四六九年十一月十三日（1912年1月1日）为中华民国元年元旦，宣告中华民国成立。从民国元年（1912）到民国八年（1920）国内政治动荡，国家政府尚未涉及对使鹿鄂温克人的治理。但是，呼伦贝尔地方政府已经注意到了对使鹿鄂温克人地区的管理。1912年，呼伦贝尔善后事宜督办公署（后改为道尹公署），在加强呼伦贝尔地区行政组织建构的进程中，也加强了对使鹿鄂温克族群的治理，设室韦县于吉拉林，1920年又在原额尔古纳境内乌启罗夫村（奇乾村）建立奇乾设治局，1921年又改奇乾设治局为奇乾县，并把乌启罗夫村改名为奇乾村。1923年，时任奇乾县知事的李玉琛召集鄂温克人的两位首领及其所统领的鄂温克人30余户，经过"详细开导"，两位首领"倾心向化并将俄官所发之执照及戳记追销"，"由职县发给临时执照，以资证明"②。民国时期的这些行政化的社会组织体制建构的努力，没有对使鹿鄂温克族群自己事实上的氏族—部落体制（家庭—乌力楞体制）和外族所强加的"基那斯"—"阿塔曼"体制产生实质性的影响。离开俄罗斯的行政体制后，使鹿鄂温克人延续了自己的"基那斯"体制，他们自己选举"阿塔曼"和"基那斯"，同时保持着乌力楞的社会组织方式和生活方式，这种体制一直存续到20世纪40年代，日本占领东北时期

---

① 赵春芳：《漠河设治员赵春芳为声复查明漠河及珠属山里鄂伦春部落人数常住地点生活情状暨即以官职各情呈》，载黑龙江省档案馆、黑龙江省民族研究所编《黑龙江少数民族（1903—1931）》，1985年，第65页。

② 详见李玉琛《奇乾县知事李玉琛具报调查县境山里鄂伦春人户口及收抚首领发给执照事呈》，载黑龙江省档案馆、黑龙江省民族研究所编《黑龙江少数民族（1903—1931）》，1985年，第115页。

末期。1931年9月，日本人侵入中国东北，建立了伪满洲国①，包括使鹿鄂温克人居住地区在内的整个中国东北被日本占据。日本人对使鹿鄂温克人的政策是保持其部落文化的原始性，似乎是确认了使鹿鄂温克人事实上的社会组织体制的合法性，使其成为法定的社会组织体制。从而在社会组织体制构建上，中止了氏族—部落体制转型的历史进程，然而却为"基那斯"体制的独立存在和发展提供了可能性。首先，额尔古纳右翼旗公署设于奇乾村。从1937年开始，日本人切断了他们同俄罗斯人的交易，并禁止鄂温克人与其他民族往来，从而使他们的社会体制成为一个封闭、孤立的体制。其次，于1940年在布洛固鸠设立了驯化使鹿鄂温克人的"关东军栖林训练营"，任命依万斯诺维奇、伊那肯奇二人为头人和六名通读员，试图驯化鄂温克人，建构适合日本占领需要，同时又可以防范苏联人的社会组织架构，但是，日本人从社会组织体制上构建使鹿鄂温克人的努力并没有取得实质性的进展，对于他们的"训练"，有些使鹿鄂温克人以死抗争或逃亡。最后建立商业机构垄断鄂温克人与外界的物资交流，把鄂温克族群的狩猎活动纳入他们的商业组织社会管理体制中。从永田珍馨20世纪30年代的调查来看，似乎在这个方面日本人的努力还是取得了进展。

最后，日本人直接介入使鹿鄂温克人的"基那斯"和"阿塔曼"的选举和任命，改变了鄂温克族群社会治理组织自治的运行机制，把猎民事实上的自治的社会组织体制，合法化为受日本人操控的伪满洲国政府法定的体制。据猎民阿力克山德·伊那见基·古得林（1984年72岁）回忆，1935年3月，300多名日本军人由海拉尔坐汽车到乌启罗夫（今奇乾村）。他们去了不久就收缴了猎民的枪支，把男女老幼都赶下山，开了半个月的会，重新选举了鄂温克猎民的"阿塔曼"，阿里山德·古德林（固德林布利拖天氏）、嘎瓦日伊拉·尼古来·索拉托斯克（索罗拖斯氏）、亚克夫·瓦西里·索洛果诺夫（索罗共氏），当时他是漠河部落的，以上

---

① 伪满洲国（1932年3月1日—1945年8月18日）。1931年九一八事变后，日本帝国主义侵占了整个满洲地区。为了避免国际上谴责自己，所以迫切需要找一个政治幌子以显示关东军并不是占领满洲而是当地人民请他们来帮助建立新国家，1932年3月1日，日本帝国主义扶持清朝末代皇帝爱新觉罗·溥仪，成立傀儡政权——"满洲国"（后更名"大满洲帝国"），将长春定为"国都"，改名"新京"，成为日本帝国主义统治东北的政治、军事、经济、文化中心。

这三个人是原来本是猎民自己选举的"阿塔曼",而这次又经日本人之手,重新选举,实现法定化。会议就只有这样一个内容,然后让猎民上山。

日本人对使鹿鄂温克族群社会组织的法定化建构进程,随着1945年9月3日日本在战败投降书上签字,宣告终结。这个时期,使鹿鄂温克人的社会组织体制也几近瓦解,具体表现在1946年至1949年被称为"乌启罗夫部落"或"奇乾部落"的鄂温克人与被称为"古纳部落"的鄂温克人所发生的族群内部之间的相互仇杀。"乌启罗夫部落"主要是固德林布利拖天和索罗拖斯基姓氏的族群,"古纳部落"主要是布利拖天姓氏和给力克夫氏的族群。这种仇杀的起因是日本统治时期的遗产,当时的日本人,区别对待两部分地区,一个地区给的子弹多些,另一个地区给的子弹少些,因此,使两个部分的使鹿鄂温克人忘记了他们曾经是一个氏族、一个部落、一个血缘关系群体的关系,而因为经济利益分享份额的差异,形成相互之间的仇杀。当时驻在贝尔茨河(激流河)南的俄罗斯人开办的杜博维秋林公司的俄罗斯族人都知道,有些去秋林公司买东西的"奇乾部落"人,经常被"古纳部落"殴打,有些人就被打死了。使鹿鄂温克人回忆,"古纳部落"有个叫尤鲁克打勒·布利拖天的猎民,他曾将到贝尔茨河(激流河)以南打猎的索罗拖斯基姓氏的两个人和住在贝尔茨河(激流河)南的一户固德林姓氏的一家五口人,全都给杀害了。大约1948年,有一次,"奇乾部落"的首领(基那斯)昆都伊万去杜博维,被"古纳部落"的人给抓住,"古纳部落"的首领(基那斯)维克特尔想杀害他,把他领到人群中间问:"谁来打死他?"昆都伊万问他:"为什么打死我?"维克特说,"现在两边打死这么多人,你为什么还来回走?走漏消息就打死"。后来,"古纳部落"的老人们劝说:"咱们鄂温克人够少了,别杀了,换个方法,他该死,就用枪对着他一夜。"于是,"古纳部落"的人就把昆都伊万捆在树上,把枪顶上子弹,对准他的肚子,只要他一动,枪就会响。就这样,枪整整对着昆都伊万一夜,结果他没有死,第二天"古纳部落"的人把枪拿了下来,把他放开。但是,后来,尤鲁克打勒又杀害了奇乾鄂温克人伊万。其经过是,有一天尤鲁克打勒和伊万喝酒,两人交谈,尤鲁克打勒说:"日本人的时候,你们的人吃香,现在还是你们好!"伊万说:"我们还有很多人,都活着。"交谈中两人打了起来，尤鲁克打勒记了仇，伺机报仇。一天，伊万与马克辛领着驯鹿去山上打猎，燃起篝火，把枪放在旁边，尤鲁克打勒趁机摸上山来，将他们的猎枪偷走。伊万与马克辛忽然发现驯鹿被惊动了，回头一看，是尤鲁克打勒和另外一个混血人把他们的枪拿起来了。这两个人把伊万捆上，并把他的眼睛打瞎，然后带到一个汉族村子，准备吃完饭再打死他。一个汉族老人趁尤鲁克打勒没注意，把伊万放跑了，结果被发现，尤鲁克打勒追上伊万，开了两枪，将伊万杀害了。

尤鲁克打勒的暴行，引起了"奇乾部落"的愤慨，他们想要大动刀兵，大打一仗。由于人民政府工作团赶到，因此制止了一次流血冲突。然而，两个地区的使鹿鄂温克族群因经济利益而引起的内部的矛盾，并没有得到彻底解决，许多人父母死去了，成为孤儿，复仇成为他们的心结。

直到1957年，鄂温克社会历史调查时，调查者了解到，那些父母被杀害的人，一喝起酒来，还哭着说："我得报仇啊，我得打死某某……"

日本人对使鹿鄂温克人的行政管理体制瓦解后，中共领导的政权组织接替了管理，从而使鹿鄂温克人的社会组织体制被置于新的法定组织体制机制之下。1946年5月，中共领导的西满军区派军队进驻呼盟。1948年1月1日，建立呼伦贝尔盟政府。同年11月，开始了对使鹿鄂温克族群聚居地区社会组织体制建构的进程，呼伦贝尔盟政府将日伪时期设置的额尔古纳左翼旗和额尔古纳右翼旗合并为额尔古纳旗，旗所在地设在三河。与此同时，额尔古纳旗人民政府把辖区划分为四个防火区，乌启罗夫村（今奇乾乡）被划为第四区，并在奇乾专门为鄂温克猎民建立了供销合作社，从而使使鹿鄂温克人的社会组织体制和经济活动，纳入中国共产党领导的政府、经济组织体系的架构内。其实，当年尤鲁克打勒对"奇乾部落"伊万所说的："现在还是你们好！"大概正是指供销合作社在奇乾的设立，因为奇乾鄂温克族群更方便交易了，而古纳鄂温克人由于距离较远交易不便，因而心生嫉恨，加之历史的遗怨，从而引发了流血事件。

额尔古纳旗政府调解鄂温克族群分裂的内部矛盾的努力，是通过一系列的社会组织体制重新建构活动展开的。首先，从1952年开始，帮助他们在阿龙山一带开辟新猎场，并且给猎民更换了旧枪支，在使鹿鄂温克人中建立了防火小组，每月发给每个猎民18元的护林员补贴，并按照使鹿鄂温克猎民乌力楞的传统分布范围和新情况，划分了防火—猎区，使他们的乌力楞社会组织纳入政府法定组织结构中，从而使猎民具有了双重身份，一方面仍然是猎民，另一方面成为新社会组织体制中的成员。既可以使他们在实际上的社会体制——乌力楞中发挥共同劳动、平均分配的功能，又可以通过防火组织所带给他们的责任和利益，使他们接受新的社会体制的安排。防火小组与乌力楞的结合，赋予了传统的乌力楞社会组织以新的社会功能，但是，因为它是建立在乌力楞基础之上的，因此，猎民们仍然习惯于称它为"乌力楞"。实质上，乌力楞从这时起就已经具有了新的社会含义。

这种乌力楞—防火小组的结合体，1952年时，共有5个。第一组，共四户，其中有固德林氏的米哈依尔、别道两户，二者为堂兄弟；还有索罗共氏的西苗、马克辛两户，二人是亲兄弟。别道和米哈依尔是西苗和马克辛的亲（堂）舅父。

第二组，共六户，其中有索罗共氏的马嘎尔、捷斯克、阿列克谢三兄弟和他们的婶母娜加；还有固德林氏的亚利山达和尼格来，二人是亲兄弟，他们是娜加的女婿。捷斯克也是娜加的女婿，亚利山达和尼格来的妹夫。双方为双层亲家。

第三组，共五户，是五个姓氏联合体，都是表亲或姻亲，其中小八月是索罗共氏、瓦西利是固德林氏、大八月是卡尔他昆氏，捷力克夫·依万是给力克夫氏，瓦尼亚索罗拖斯基氏。

第四组，共四户，其中都是卡尔他昆氏的远堂兄弟，有依那肯奇、拉吉米尔、伊万、米哈依尔。

第五组，共五户，其中有维克特尔、谢拉杰依、安德列、马嘎尔（票德尔之四子，与父亲一户）布利拖天氏三亲兄弟，还有瓦洛加固德林氏一户。瓦洛加是维克特尔兄弟的外甥。

防火组织对于使鄂温克人社会体制的构建意义在于，通过它对鄂温克人家庭—乌力楞社会组织结构的嵌入，转变了鄂温克人家庭—乌力楞的实际上的自组织的体制状态，使它成为新国家政权组织法定体制的组成部分，从而继续推动了鄂温克人氏族组织形态的转换。第二项社会组织体制重新建构活动是寻求使鹿鄂温克人族群内部的和解。1953年，额尔古纳旗政府出面，召开了两个"部落"的"团结大会"，"乌启罗夫部落"派出19人参加，"古纳部落"全部成员参加了和解大会。同时，政府将奇乾供销合作社作为服务两个"部落"的共同组织，统一了他们的交易市场，都在奇乾村，从而使两部分鄂温克族群的经济利益同时得到满足，特别是1957年，政府将贝尔茨河（激流河）南部的"古纳部落"也迁到了河北部与"奇乾部落"共同游猎，族群内部矛盾得到和平解决。

第三项是建立教育医疗组织，使他们的日常生活纳入法定的社会体制管理和服务范围内。1953年6月间，政府在奇乾为使鹿鄂温克人建立了民族初级小学，一切经费、学生食宿等费用全部由国家负担，号召鄂温克人送子弟入学。至1957年进入学校读书学习人数已达到40多名。最初入学的学生年龄是8—25岁，据统计，1953年有学生23名，1954年21名，1955年15名，1956年、1957年各14名。此外，在学生中组建了少先队，吸纳了三分之二的学生加入。1957年又成立了高级小学，因只有三名学生，就与汉族小学合在一起进行教育。教育组织建立的重要意义就在于，它促使使鹿鄂温克人与外族隔断的教育体制瓦解了，儿童的教育，不再是部落、氏族、家族、家庭内部的活动，而是成为一项开放的社会化教育，从而使他们通过教育体制的社会组织功能，与整个社会法定的组织体制联结了起来。从教育体制的角度看，他们的社会体制，不再是完全封闭的自组织体制。

继教育组织及体制的建立后，1953年8月政府在奇乾为使鹿鄂温克人建立了民族卫生所，对鄂温克人一律实行免费医疗。1953年至1957年，政府对卫生所投入达两万多元人民币（不包括修建、干部工资、去外地疗养费和上级工作组提供的药品、医疗器材等），各种特效药、珍贵药品应有尽有。结果，一般性疾病减少了，但是根据1956年呼伦贝尔盟联合医疗队筛查的结果，使鹿鄂温克中有57%的人感染肺结核，于是政府于1957年在奇乾专门设立了肺结核防治站。从而，与他们生活息息相关的医疗体制也建立健全。

医疗组织机构建立的意义，不仅是改善了他们生活的健康状态，而且改变了萨满在他们社会生活体制中的地位，特别是对本民族医疗人员的培养，取代了萨满为人驱神看病的地位。猎民们也逐渐形成了对医疗卫生组织和医务人员的信任，接受治疗和防疫。尤其体现在婴儿的生育方法上，用新法接生的逐年增加，用旧法接生的婴儿数量逐年下降，仅1953年到1956年的四年间，1953年是1个，1954年是4个，1955年、1956年各4个。特别是从1953年至1955年三年中，在猎民中普遍开展了一般性疾病和传染病的防疫，随时进行各种预防注射，基本上防止了一般性的疾病和传染病。医疗卫生组织的卫生常识宣传，也使猎民对一些疾病发病的原因有了科学的认识，因而冲淡了对萨满的医疗作用的信赖。甚至萨满自己也认识到了这种情况，他们说："现在玛鲁（神）不好请了，请来时常越空而过，不下来，可能是害羞了！因近两年，有病的人们，一喝药注射病就好了，跳神未必那样有效，所以没脸再见了吧？"

第四项是持续推进使鹿鄂温克人居住地区行政组织机构建设，加快政府法定体制对使鹿鄂温克社会主导化进程。额尔古纳旗政府1955年10月改乌启罗夫村为奇乾区，1956年10月又改奇乾区为奇乾乡，将奇乾乡所在地改为奇乾屯。在此之前，1952年，使鹿鄂温克族群代表人物昆德伊万、尼格来[1]赴海拉尔到呼伦贝尔盟行署申明民族称谓问题，认为自己不是"雅库特"［民族］而是"鄂温克"［民族］。1955年，呼盟召开索伦、通古斯、雅库特三部分鄂温克族群代表座谈会，专门研究讨论统一族称问题。随后，于1956年派人随同内蒙古自治区访问团，深入鄂温克族群聚居地，广泛征求群众、干部意见和要求。并于1957年，再次召集上述三部分代表座谈，与会共18人，一致同意将"索伦""通古斯""雅库特"统一为"鄂温克族"。1957年年底，党和政府根据鄂温克族的意愿，恢复和统一了鄂温克猎民的称呼——鄂温克。并根据民族区域自治政策，报请内蒙古自治区政府批准，成立了奇乾鄂温克民族乡，由昆德依万担任乡长，尼格来任副乡长。建乡之后，由于奇乾屯地势低洼，经常水涝成灾，于是，1960年春，政府将全屯40余户居民，全部搬迁到奇乾屯南约2千米的乌苏龙。

---

[1] 在不同的翻译中，又被简称昆得、昆铎，索罗共姓氏，1924年出生，是使鹿鄂温克猎民的首领（基那斯），在鄂温克族中有很高的威望。是奇乾鄂温克民族乡第一任乡长，1963年任额尔古纳旗副旗长，1965年7因病去世。对鄂温克族名称统一、促进使鹿鄂温克经济社会发展等方面做出了重要贡献。尼格来，固德林姓氏，原为"奇乾部落"—乌力楞的"基那斯"。

同年9月，又改奇乾鄂温克民族乡为"奇乾人民公社"。奇乾鄂温克民族乡的成立，对于使鹿鄂温克族群的社会体制来说，只是一种法定的外来体制，最初还没有形成对鄂温克猎民社会生活过程的实质性影响，因为乡政府直接管辖下的鄂温克猎民并不多，由于他们受传统的游猎生产方式所决定，仅有少数几户鄂温克猎民下山成为"乡民"，而大部分鄂温克猎民仍然游荡山林，遵循着他们实际上的社会生活体制，过着游猎的生活。因而，奇乾鄂温克民族乡，只是以基层政权机关的形式存在，还没有真正成为使鹿鄂温克族群的社会组织形式。然而，这也不能说政府对使鹿鄂温克人社会体制建构的努力彻底无效，至少把原来被称为"头人"或"基那斯"的使鹿鄂温克族群首领昆德伊万、尼格来纳入政府法定的社会体制之中的努力是取得了成功。因此在使鹿鄂温克人的记忆中，他们的"部落""氏族""乌力楞"的"基那斯"至20世纪50年代（1957年）就已经没有了，他们认为乡长、副乡长还具有"基那斯"的作用，还是由他们领导鄂温克人的各个"乌力楞"。

1960年9月建立的以使鹿鄂温克猎民为主的"奇乾人民公社"，也没有成为主导使鹿鄂温克族群社会的组织形式和生活体制，而只是一种形式意义上的存在，只是搭起架子，有名无实。驯鹿仍然全部私有，由原来的大队核算到1961年下放到小组核算。这个小组仍然是传统的组织形式，即每一小组3—5户，是由亲属组成的"乌力楞"。如果没有供销合作社、学校、卫生所（院）等其他社会组织的支撑，它将完全脱离使鹿鄂温克族群的社会生活，而成为一种悬空的社会体制。为了摆脱这种困境，政府采取了继续推动猎民集中定居在永久性房屋构成的村屯为主要措施的"定居"工程，从而力图实现对使鹿鄂温克猎民社会组织体制的构建。当然，推动"定居"，并不排除出于文化进化论的角度，认为需要改变使鄂温克人的游猎社会发展的原始落后状态，而必须帮助其进步的主观目的。把"定居"看作是具有历史意义的社会变革，是推动他们社会形态进步的举措。

始于20世纪50年代初的林区开发建设，客观上为政府对使鹿鄂温克族群社会体制通过推动"定居"而重构提供了契机。实际上，民族乡成立后，就开始推动使鹿鄂温克猎民的定居，在1957年就有8户猎民定居下来。紧接着，1959年政府又下拨定居款48000元，在乌启罗夫（奇乾）盖起木头垛房 30 间，因此，1960 年秋季又有 18 户鄂温克猎民定居，暂未定居的只剩下 5 户，定居总户数已达 26 户。然而，到了 1962 年定居的只剩下 13 户，而且除了乡长、供销社主任常年定居外，其余猎民都是定居游猎。猎民们长时间在山上狩猎，只是短时间到定居点生活。林区开发过程中对森林的采伐，以及随着林区开发而涌入林区的大量人口、公路、铁路、机械，自然影响到野生动物的栖居和驯鹿生存的生态环境，因而使鹿鄂温克猎民的狩猎生产，向林区的深处阿龙山一带聚集。1961 年额尔古纳旗政府也迁往根河镇（今内蒙古根河市驻地根河镇）。1964 年，额尔古纳旗人民委员会在阿龙山为使鹿鄂温克猎民建了招待所、食堂、诊疗所。随后，1965 年 9 月 23 日，出于改善猎民生活状态、推动使鹿鄂温克人社会进步的目的，政府将 35 户鄂温克猎民内迁集中定居到靠近猎场、适应驯鹿生存的激流河、敖鲁古雅河流域，并于同年建满归鄂温克族乡，由政府出资为猎民盖起一座座宽敞明亮的"木刻楞"房屋，35 户猎民全部定居。乡政府设在满归，主管猎民的经济社会生活管理和服务。1966 年内蒙古自治区政府撤销额尔古纳旗建制，恢复设置额尔古纳左、右两旗。1967 年 4 月 1 日，额尔古纳左旗政府在使鹿鄂温克民族乡建立了鄂温克猎民东方红猎业生产队。1968 年，满归建镇，鄂温克族乡与满归，乡镇合一。1973 年，又在满归镇行政区划内划出一部分，重新独立设立了使鹿鄂温克族乡。全乡面积 1086 平方千米，距满归 17.5 千米。然而，以定居为形式推动的使鹿鄂温克人社会体制法定化的进程，并不是十分顺利，因为狩猎是随着野生动物在山林中的游动而进行的，游牧驯鹿是随着苔藓、蘑菇等植物不同地域的分布和多寡而游动的，因而，定居与狩猎有矛盾，与饲养驯鹿有矛盾，更与老年人生活习惯（实际上的体制）有矛盾，所以，1957 年至 1965 年，两次定居都没有改变他们狩猎和放养驯鹿的生产生活方式，狩猎依然是他们的主要生计方式。但是，护林防火小组、乡党、政、工、青、妇组织、供销合作社、学校、少先队、卫生所（院）、猎民生产队、生产小组等新型社会组织及其运行机制所构建的新的法定的社会体制，全方位地嵌入了他们原有的实际上的社会体制之中，从而推动了使鹿鄂温克族群氏族—部落和家庭—乌力楞社会组织形态的转换，最后，体现他们生活方式的氏族、部落、乌力楞、阿塔曼、基那斯、萨满等社会体制的承载主体逐一消亡了，全部转换成了现代的、法定的社会形态。

三 氏族组织最后的消亡

氏族组织的消亡是一个历史的过程，有其内部因素或动因，也有外部条件和推动力。对于使鹿鄂温克人来说，乌力楞组织的地缘化是促使氏族组织消亡的内部动因。

前面已经说过，使鹿鄂温克人的乌力楞一开始是一个生产性组织，最初它应该是在氏族公社基础上具体组织物质资料生产活动的生产方式。然而，由于狩猎生产半径内提供剩余物质生活资料能力的限制，因而由氏族内部组织共同生产、共同消费不具有现实性，人们只能划分为更小的单元组织生产，以保证物质生活资料的供给。乌力楞成为取代氏族组织生产的社会活动单元，即把一个猎区的一个姓氏或相互联姻的两个姓氏族群组织起来的基本组织形式。因此，乌力楞不仅承袭了同一血缘的氏族功能，而且承担了把不同姓氏家庭在一个地域组织成一个社会组织单元（村庄）的功能，从而，乌力楞从氏族体制中脱离出来，成为一个地缘性社会组织形式。有些人把它称为家庭公社，但是，实质上这是使鹿鄂温克人的早期村庄形态。20世纪50年代，对使鹿鄂温克人的社会调查中，通过两个典型，所了解到的他们的乌力楞的存在和变动情况，就说明了这个问题。

一个是固德林布利拖天姓氏的乌力楞。族长（基那斯）是固德林依那肯奇。他记得，在小的时候，他们的乌力楞有四家，即他的祖父伊万一家、伊万的堂弟瓦西里一家、瓦西里的亲弟弟米特尔一家、布利拖天姓氏的甫日考维奇（米特尔的妹夫）一家。依那肯奇年轻的时候，他的乌力楞有六家，即票德尔（甫日考维奇的儿子）一家、米哈依尔（依那肯奇的堂弟）一家、布利拖天姓氏嘎日文一家，卡尔他昆姓氏米格来（伊那肯奇的外祖父）一家、米格来的儿子格里高里（伊那肯奇的舅父）一家。据依那肯奇回忆，他们六家组成的乌力楞在一起游猎了十几年，九一八事变前的某一年，他曾经与固德林姓氏的瓦西克、索罗共姓氏的格库三家组成一个乌力楞到阿巴河一带狩猎，只不过一年就散伙了。随后，依那肯奇迁到杜林河（今为大林河）、克坡河（今为克波河）一带与索罗共姓氏的果什克、阿力克斜、亚力山大等三家组成一个乌力楞，一同游猎了十几年。

另一个是布利拖天姓氏票德尔所属的乌力楞。早期票德尔所属的乌力楞共有四家，其中两家是布利拖天姓氏，即票德尔一家，其弟与父亲为一家，另两家是固德林布利拖天姓氏，即马顺和德胡两兄弟各一家。大约于1940年票德尔的长子维克特结婚，两年后与父亲分家。这时又加入一家索罗共姓氏的伊万一家，这个乌力楞就变成了六家，即布利拖天姓氏的三家，即票德尔、票德尔的兄弟、票德尔的儿子维克特等家庭，固德林布利拖天姓氏两家，即依那肯奇（票德尔的表兄）、别德鲁克（依那肯奇的亲兄弟）等家庭，索罗共姓氏的一家，即伊万家。

1953年，票德尔的三子安德列结婚后分家独立。在安德列结婚前，票德尔所属的乌力楞的姓氏结构又有变化，其中，票德尔所属的布利拖天姓氏的两家，即票德尔与长子维克特各一家，索罗共姓氏的四家，即吉米德、昆德、西班、马克辛等四兄弟各一家，固德林姓氏的一家，即票德尔的长女之子瓦洛加一家。安德列结婚后，索罗共姓氏的吉米德、昆德、西班、马克辛等四兄弟迁移出去了，票德尔所属的乌力楞只剩下票德尔、维克特、安德列、瓦洛加等四家。1956年，票德尔的次子谢拉杰依结婚独立，这个乌力楞又增加到五户。这个新的乌力楞，成为后来第五防火小组。

乌力楞的这种既有血缘性又兼具地缘性的特点，还体现在使鹿鄂温克人对这样的社会组织称谓含义的理解上。调查者了解到，使鹿鄂温克人对"乌力楞"的理解有两个：其一是"子孙们"；其二是"住在一起的人们"，从"子孙们"的角度，可以看到血缘关系的联系，而从"住在一起的人们"的角度，就不能仅仅局限于血缘关系，其中还有因姻缘关系住在一起的情况，即使是一个婚姻家庭内部，也不全是同一血缘关系的成员，按照他们的婚姻制度，必然是两个血缘关系以上的联系。而且，"住在一起的人们"更多地强调的是一个共同的地域，即"住在一起"。

实际上，乌力楞中的各个家庭，不再是一个血缘共同体成员，而成为在一个地域共同居住的邻里。在使鹿鄂温克人的乌力楞中，每个撮罗子即是一家或一户，相邻的若干家庭（户）联合在一起就形成了较大的、固定的地域群体。从上述两个典型看，在这个地域群体中的各个家庭，已经无法用血缘共同体来描述，例如，不能说票德尔的布利拖天与吉米德的索罗共是一个血缘共同体。血缘关系已经不是这个大群体形成的基础，这个大群体的形成取决于居住在这个区域里的人的共同利益。对于他们来说，就是在深山老林中的游猎游牧生活不可能靠一家一户完成，还有就是各种自然灾害、猛兽袭击以及外族人的威胁等，不仅是影响到个人或单个家庭，而且影响到住在这个地域的所有的人。因此，他们必须采取协同行动来延续他们选择的游猎游牧生活，或保护自己的生命财产安全。同样，休息和娱乐活动、巫术及宗教活动、物质生活的应急性救济等活动，又是一个重要的因素。因此，人们住在一起或相互为邻这个事实，产生了对政治、经济、宗教及娱乐等各种组织的需要。

使鹿鄂温克人把比较稳定地住在一起的一组户的联合，即一个乌力楞的人们称为"千"（或"浅""沁"），即"某一个地方的人"，因为他们是习惯于相对固定地居住在一个河流定居游猎，因而，他们之间往往互相称为"……〔河〕千"，如居住在金河流域的称为"金千"、猛辉河的叫"猛辉千"、阿尔巴吉河的叫"巴千"。而在各个"千"内居住的，如前所述，不仅仅是一个血缘共同体的成员，而是不同血缘共同体的"户"（撮罗子），因此，"千"实质上具有撮罗子"相邻而居的人们"的含义，即邻里。"千"是一个地域性族群概念，在地域范围上与乌力楞相重叠。"千"的形成，不仅使乌力楞组织地缘化，而且彻底摧毁了氏族组织以血缘关系为基础的社会组织原则。

促进氏族组织彻底崩溃的力量来自使鹿鄂温克族群的外部，其中除了前述政治、行政和其他社会组织上的因素外，最根本的因素是族群外部产品交换关系的发展。

在使鹿鄂温克人的记忆中，他们最初是同俄罗斯人进行以物易物的物资生活资料交换，交换的对象是黑龙江、额尔古纳河对岸的俄罗斯伊格纳希诺村、波克罗夫卡村、乌启罗夫村的村民。据固德林姓氏的依那肯奇（1957年时75岁）回忆，小的时候（大约20世纪之前）与祖父到俄罗斯的甫克洛夫村（波克罗夫村、博克洛夫村）与俄国农民交易，村里没有商店，俄国农民穿着非常粗糙的"考勒晓具"（一种粗呢布），吃的是黑面，俄罗斯人称为"西尼斯"面。俄国人一看到鄂温克人就跟他们要些肉吃，鄂温克人就用自己打猎获得的野兽肉和自己制作的桦皮桶等物品，与他们交换黑面、面包，以及少量的盐、火柴、茶、酒、烟等物品。这只是基于物质生活需要的产品交换。当时，几乎没有毛皮交易，甫克洛夫村虽有几家收购灰鼠皮，但是，价格非常低，而且收得很少，每二百多张皮子，才能换到一袋子黑面。直到大约1906年①，俄罗斯内地的鞑靼（塔塔儿）商人出现在额尔古纳河地区收购毛皮，商品性毛皮交易启动了，在俄罗斯的伊格纳希诺村、波克罗夫卡村、乌启罗夫村等地区形成了固定的毛皮交易市场。直到1917年俄国爆发十月革命，与使鹿鄂温克人交易的俄罗斯商人搬迁到中国境内建立"乌启罗夫村"，毛皮市场遂迁移到中国境内。

毛皮市场的形成，一方面推动了使鹿鄂温克人的狩猎产品，各种毛皮的商品化，另一方面也推动了毛皮交易利益以乌力楞为单元的私有化。猎民分成五、六户，于每年立夏前后，结伙到乌启罗夫村等地与固定的俄罗斯人商店进行交易。据说，他们交易的对象比较固定，每次只与固定的坐商去交易，并不与其他坐商发生关系。别的一伙来了，再与其他的商店进行交易，即每个乌力楞都有比较固定的交易对象。与他们固定交易的俄罗斯商人，负责组织供应他们所需要的生活必需品。使鹿鄂温克人把这些与他们具有长期稳定的交易关系的商人称为"安达"或"安达克"②。"安达"是蒙语"结盟朋友""结盟兄弟"的意思，在这里主要是"长期交易伙伴"的意思。

由于毛皮产品在俄罗斯内地和欧洲等市场上的巨大商业利益，促使更多的商人加入皮货交易中来，他们互相之间争夺鄂温克猎民，努力争取成为鄂温克人的"安达"，原来的"安达"不可能再占有同一个乌力楞的整个交易，一个乌力楞便被商人们分割成一户或二、三户同一个"安达"交易，这样，以乌力楞为单位的集体交易，很快便让位于以家庭为单位的个体交易。

---

① 据调查：一位出生于1891年的俄罗斯老太太谈，在她小的时候，乌启罗夫村只有一家小杂货铺，主要和当地俄国农民交易。从她15岁，即1906年开始，每年有塔塔尔商人来乌启罗夫村收购皮毛。皮毛交易成为获取厚利的行业，富农阿力克斜本开始用游商的商品和鄂温克人交换皮毛，再把皮毛折价给游商。《鄂温克族社会历史调查》，内蒙古自治区编辑组，内蒙古人民出版社1986年版，第534页。

② 安达克的"克"是鄂温克语-ki的音译，有时翻译为"基"，与"察"一样，具有"某种人""某个行为主体"的含义。

与鄂温克猎民的毛皮交易，给俄罗斯商人带来巨额利益，促使他们形成寻求获取更多毛皮交易利润的动机，因此，他们将俄罗斯生产的更具有效率的狩猎工具——枪支输入给猎民，以提高猎民获取毛皮的狩猎生产效率。1903 年燧石枪输入，1906 年别拉弹克枪输入，随后又输入了连珠枪和套筒枪。这种火力武器的输入，大大地提高了狩猎产品的商品率，伊那肯奇老人回忆，他有了连珠枪以后，曾经一天打到过六只鹿。

新狩猎工具的输入，不仅提高了狩猎生产效率，而且，强化了使鹿鄂温克族群内部以家庭为单元的分离趋势，特别是猎取灰鼠皮的活动，不再成为整个乌力楞共同狩猎的生产活动，而成为一个猎民、一户可以完成的任务。于是，灰鼠皮从平均分配狩猎产品的制度中分离出来，就是说，在打灰鼠皮的季节，所获得的灰鼠皮归个人家庭所有，较多地获得灰鼠皮的家庭，可以获得较多的交易利益。

同时，由于鄂温克人与俄罗斯人交易的商品化、市场化，貂皮、猞猁皮、水獭皮、灰鼠皮成为俄罗斯商人努力收购的对象，促使猎民懂得了细毛皮张的商品交换价值。如票德尔曾经（1912 年前后）与俄罗斯人西格达耶夫为"安达"，在一次交易中，票德尔交给西格达耶夫两千多张灰鼠皮和几十张狂皮、猞猁皮等货物，价值数千元，而西格达耶夫只给了三十多普特黑面和几普特白面，二百阿拉沁（俄尺）布和一些茶、盐等，票德尔觉得西格达耶夫给的东西太少，同他大吵了一场，断绝了"安达"关系。

特别是在与俄罗斯商人的交易中，鄂温克猎民形成了自己的一般交换等价物的概念，他们用灰鼠皮作为计价媒介。因为灰鼠皮很早就成为与俄罗斯人交易的狩猎产品，而且在一个时期以前，只有灰鼠皮是主要交换商品，所以它逐渐成为鄂温克人与俄罗斯人交易的计价工具，承担了货币职能，如一俄尺（阿拉沁）布为八张灰鼠皮，一瓶酒为三张灰鼠皮，一普特面为十四张灰鼠皮，一只驯鹿为三十张灰鼠皮。据猎民记忆，在勒拿时期，一张灰鼠皮值俄币八分钱，到贝尔茨河（激流河）流域时涨到二角五分，1912 年之后值五角，后来达到一元五角。

使鹿鄂温克的氏族—部落社会结构，从驯鹿的小家庭私有化开始瓦解，以致在乌力楞地缘化和商品交易的个体家庭化的推动下，他们温馨的氏族生活结束了。迟至 20 世纪 50 年代初，乌力楞向村庄化发展，乌力楞内部的家庭的非血缘化发展,特别是狩猎产品平均分配制度的变迁,使他们的血缘伦理关系原则,被经济伦理关系原则所取代,他们的氏族组织彻底被分化瓦解。至于延续到20世纪50年代,大型动物如犴、鹿、熊的狩猎活动的公共性及其产品分配的平均制度,已经是氏族组织制度的落日余晖。

第四节 伦理习俗

伦理习俗,是行为的依据和规范,实质上是一种体现在人们日常生活行为中的社会制度或体制。因此,可以认为伦理习俗是体现行为规范的社会秩序制度体制。这种社会秩序制度体制与社会组织制度体制的共同性在于,它们都是一定社会关系的构建方式。所不同的是,社会组织制度或体制主要是人与人之间政治、经济社会关系的构建方式,它划分了人群的经济关系和社会身份界限,而伦理习俗则是基于社会秩序要求的同一人群或人的行为规范,即在族群内部或外部交往中不同身份类型的人按照社会秩序所应恪守的行为边界,即规范。

使鹿鄂温克人实际上的社会体制,就是建立在自然法基础上的伦理习俗。

一 使鹿鄂温克人的社会伦理

社会伦理,就是一个族群,包括地缘性的和血缘性的族群,以权利—义务关系为核心所形成的社会结构,表现为一种相对稳定的社会秩序。其中包括对体制内成员个人行为的正当性判断和非正当性判断。这些判断,形成人们之间社会交往的行为准则,从而在族群内部形成统制与服从的社会关系,因此,社会伦理实质上是一种社会关系秩序结构。

按照使鹿鄂温克人的记忆,他们的社会伦理结构,经历了氏族—部落、家庭—乌力楞、家庭—乡里的权利—义务关系的变迁。而家庭—乌力楞的社会伦理结构贯穿了整个变迁的进程。

(一)氏族—部落伦理结构

在使鹿鄂温克人氏族—部落伦理结构中,占主导地位的是氏族与氏族之间、氏族与部落之间、家庭与氏族之间、家庭与家庭之间、个人与家庭之间的权利—义务关系。实际上，迟至20世纪50年代，使鹿鄂温克人氏族—部落伦理结构已经基本消亡了，但是，在他们的记忆中是经历过氏族部落时代的。他们回忆说，在勒拿河时期，他们有十二个氏族，每个氏族都有自己的"基那斯"（氏族长）和萨满。除了氏族长以外还有部落酋长（基那斯），从而形成了氏族和部落的权利—义务伦理关系。氏族—部落的权利—义务伦理关系，是建立在血缘基础上的氏族对部落的权利—义务和部落对氏族的权利—义务。在他们的记忆中，氏族有义务服从部落，即部落首领的领导，因此，他们的四个氏族（实际为姓氏）才在一个部落酋长的带领下走出勒拿河，经过阿马（玛）扎尔河，来到额尔古纳河和黑龙江流域。而氏族对部落的权利，主要是可以通过公众意志选举部落首领，或者罢免部落首领。据说，每个氏族内部还有几个乌力楞，其首领被称为"新玛玛楞"，乌力楞内部又有"安格纳加"（同猎者）组成的狩猎小组（尤那格他），头人叫"给靠列都阿楞"（行猎长）。从而就形成了部落—基那斯、氏族—基那斯、乌力楞—新玛玛楞、尤那格他（狩猎组）—给靠列都阿楞（狩猎长）、尤那格他—安格纳加（猎民）这样一种从上至下社会伦理秩序。从上到下的管理权利和从下至上的服从义务关系是这种伦理结构的核心，因而构成整个部落—氏族社会的伦理秩序。

在氏族—部落伦理结构中，氏族与氏族相互具有对等的权利—义务，这首先体现在婚姻关系的缔结上，双方都有权利和义务向对方聘娶妻子或出嫁女性给对方为妻子。由于在这种伦理结构中，氏族双方人员流动的成分主要是女性，伦理关系是以男性为基础建构的，因此，女性的伦理地位是低下的，从而导致女性的权利和义务与男性是不对等的，这突出地表现在家长和氏族长是男性的垄断性权利。然而，这种伦理原则被一种例外所突破，那就是女性如果是萨满，她也有权利成为家长和氏族长。诸如在永田珍馨的调查中的那个布利拖天氏的女萨满列娜巴月尔，丈夫去世后，她成为代理族长。或许，这种例外，需要从更古老的社会制度中寻找根据，那就是女性垄断家长和族长以及萨满权利的母系氏族时代。虽然在他们的现实生活中已经很难看到母系氏族制度的形貌，但是，在他们的生活中舅舅的伦理地位高于父亲，以及与父亲平辈的长幼叔伯，这种现象透露了历史的景象。

在氏族—部落伦理结构中，家庭与氏族之间的权利—义务关系是建立在同一祖先来源的血缘基础之上，家庭不过只是氏族的一分子。相对于氏族，家庭有义务维护氏族血统的延续和纯正性，既要娶妻生子，又要保持氏族外婚姻。而氏族则有权利防范和制止家庭成员选择违反规矩的婚姻，氏族内的长者，甚至可以杀死同一血缘关系生育的孩子，还可以对违规者施以各种惩罚，直至处死。

在氏族—部落伦理结构中，家庭与家庭之间的伦理关系，主要体现在一个氏族部落中，对外家庭不是一个独立的社会实体，而是依附于氏族的种群延续和消费实体。因而，家庭与家庭的权利—义务伦理关系是对等的，它们都有权利在氏族的范围内以共同劳动的方式获得劳动产品并进行消费。当然，劳动，更主要的还是一种义务，而不是权利。同时，它们也相互履行着生活救济的义务，这种相互救济的义务甚至保持到20世纪50年代。救济的方式一种是物质性的，另一种是非物质性的。物质性的救济方式有许多，诸如他们把有狩猎能力的和没有狩猎能力的家庭组织到一个生产单位（如乌力楞、塔坦），通过在一起进行狩猎生产、平均分配猎物，使那些没有狩猎能力而无法解决物质生活资料供给的家庭得到保障。还有诸如他们的物资仓库——靠劳堡（好力堡①）也具有这种救济的功能，体现了狩猎剩余产品多的家庭，对缺乏物质生活资料的家庭或其他人的救济义务。非物质性救济，诸如收养遗孤，氏族复仇就是这种义务之一。

在氏族—部落伦理结构中，个人与家庭之间的权利—义务伦理关系，不仅表现在自己出生的家庭内部，还表现在个人家庭所依存的氏族部落内部。在家庭内部，首先，他有权利获得家庭所提供的生活资料用以维持生存，如果是男性成员，他还有权利分割或继承家庭财产，在氏族内部，他有权力从与本氏族和部落的联姻氏族和部落娶得组建家庭的妻子。其次，他有义务为家庭和共同氏族的成员提供足以维持生存和更好生活的物质资料，以及维护其他家庭成员和氏族部落的生存安全。

（二）家庭—乌力楞伦理结构

使鹿鄂温克人的部落在酋长—基那斯瓦西里·牙克列维奇1761年去

---

① 用木材在营地附近架设的高脚棚子，也被称为"乌米嘎文"，用于储藏粮食、毛皮、家具等物品。

世后，没有再产生新的部落酋长——基那斯，整个部落被分化瓦解为三部分，各部分延续氏族—部落体制，选举产生了各自的基那斯。但是，这个从原来部落分化出来的三个部分族群，虽然也被称为部落，但已经不能与以往的部落同日而语了。因此，氏族—部落伦理结构也就终结了，形成了以家庭为基础的家庭—乌力楞社会结构，或者说家庭—乌力楞结构上升到社会伦理的主导地位。

在家庭—乌力楞伦理结构中，氏族与部落之间的权利—义务关系消亡了，而氏族也被分化为更小的姓氏，氏族之间的关系由此转化为姓氏之间的关系，这种情况下，所形成的占主导地位的是姓氏之间、家庭与乌力楞之间、家庭与姓氏之间、家庭与家庭之间、个人与家庭之间的权利—义务伦理关系。

在家庭—乌力楞伦理结构中，姓氏之间的权利—义务伦理关系承袭了氏族与氏族伦理传统，即氏族的族外婚制，姓氏的族外婚制被延续，以氏族血缘关系为界限的婚姻禁忌，收缩到了以姓氏血缘关系界限之内，同一血缘氏族内部不再实行血缘婚姻禁忌，这种禁忌只限于同一姓氏内部。因此，即使是曾经为一个氏族的布利拖天和固德林布利拖天、恩快依索罗共和特孟吉索罗共，都有权利和义务互相聘娶姑娘或出嫁姑娘到对方氏族，他们的义务限于在本姓氏之内不得婚姻。包括在狩猎生产活动中，他们相互有权利和义务加入或离开对方的乌力楞，共同狩猎，平均分配猎获物。前述所说的票德尔和伊那肯奇两个乌力楞中不同姓氏成员的进出变动情况，反映的就是这种伦理规则。在家庭—乌力楞伦理结构中，家庭与乌力楞之间的权利—义务伦理关系更多的是表现在狩猎生产和乌力楞共同生活中。每个家庭都有平等的权利参加乌力楞组织的狩猎生产，共同生活在同一个乌力楞营地，并平均地获得狩猎产品。同时，每个家庭也都有同样的义务，服从乌力楞—新玛玛楞的管理和指挥，力所能及地参与乌力楞的狩猎、捕鱼、放牧驯鹿、采摘山野菜等生产活动。

但是，随着家庭私有制的强化，共同占有狩猎产品的权利界限有了改变。使鹿鄂温克人回忆，乌力楞的成员，原来都是在一起游动，共同狩猎、平均分配猎物。但是，自打灰鼠盛行起来之后，每年冬初移动到新猎场，一个乌力楞就分散成两三家一伙，结伙打猎，狩猎获得的灰鼠皮、肉不再与同一个乌力楞的成员共享，各个家庭有了可以占有全部猎获的灰鼠皮、肉的权利。同一个乌力楞的各伙狩猎小组相互之间往往相距很远。有时候不同乌力楞的成员也结成一个伙，一起打灰鼠，直到第二年春季打完灰鼠才各自回到自己原来的乌力楞，同原来的各户重新聚在一起。

在家庭—乌力楞伦理结构中，家庭与姓氏之间的权利—义务伦理关系类似于家庭与氏族的伦理关系，家庭和姓氏与家庭和氏族一样，都是建立在同一祖先来源的血缘基础之上，家庭不过只是姓氏的一分子。一个姓氏的人们也和一个氏族的人们一样，选出自己的族长——"基那斯"。这里只不过是姓氏取代了氏族，而成为一个血缘群体的整体，按照使鹿鄂温克人的理解，姓氏的血缘关系比较近。正因为如此，人们往往把姓氏混同于氏族，就连他们自己也没有完全分辨清楚。家庭对姓氏承担的义务主要是维护氏族血统的延续性和纯正性，即通过姓氏外婚结婚生子，繁衍人口。姓氏对家庭的权利—义务，主要体现在姓氏的族长——基那斯对乌力楞及其族群事务的管理和服务。而家庭对姓氏的权利，则体现在对族长——基那斯的选举或罢免上。使鹿鄂温克人记忆中，固德林布利拖天姓氏的创始人，瓦西里曾经是基那斯，他懂满文、俄文，有一定的文化，被称为"歪楞"（满语，相当于"秘书"），但是，因不务正业，被群众给免了职。

在家庭—乌力楞伦理结构中，家庭与家庭之间的权利—义务伦理关系的内容没有什么变化，但是，范围与氏族—部落时代不同。在氏族—部落伦理结构中，家庭与家庭的权利—义务关系涵盖了整个部落，而在家庭与乌力楞伦理结构中，家庭与家庭的权利—义务关系则仅限于乌力楞内部。同时，与氏族—部落时代不同的是，家庭成为对外关系的独立主体，尤其是到了20世纪50年代，家庭已经超越乌力楞居于权利—义务伦理关系的主导地位。在一个乌力楞中，家庭与家庭之间的义务首先是共同出猎，共同生产，互相保障安全。使鹿鄂温克人说，一两家在一起，没有五六家在一起生活有保障。今天你没打着野兽，我打到了，大家都有肉吃，猎获的机会多。工具不好［使］，枪不好［使］，一个人打不到［野兽］，需要集体［狩猎］。如果野兽少，只有一个山沟里有，单干不行，野兽警惕性高［不好猎获］，需要集体［一起打］。例如六七月打熊，必须六七个人一起打，一方面是好打，另一方面是可以互相保护。

在家庭—乌力楞伦理结构中，个人与家庭之间的权利—义务伦理关系主要表现在自己生活于其中的内部家庭和与自己有一定亲缘关系的外部家庭之间。内部家庭，主要指的是由一个父系家长维护的生身家庭；外部家庭，主要是一个父系兄弟姐妹们的家庭，相当于整个乌力楞。个人对家庭的权利，主要是针对内部家庭，首先，他有权利获得家庭所提供的生活资料用以维持生存，如果是男性成员，他还有权利分割或继承家庭财产。其次，他有义务为共同生活的家庭成员和乌力楞大家庭提供足以维持生存和更好生活的物质资料，以及维护其他家庭成员的生存安全。对于乌力楞大家庭的这项义务，就在于遵守猎获物平均分配的原则，如果不遵守规矩，则要受到谴责。使鹿鄂温克人讲到一个实例，"古纳千"有个叫诺内的人，他打到了犴，但是没有分给乌力楞的其他家庭，而是自己吃掉了。因此，整个乌力楞的人都说他是鄂温克人中最坏的一个，他的坏名声很快在鄂温克人的每个乌力楞中都传播开了，出了名。1953年乌启罗夫村的18名鄂温克人到他家，对他进行了说教，并且把认为受他气的一个小孩，从他家抢救出来。这个做法体现了个人对外部家庭，即乌力楞的伦理义务和外部家庭对个人的伦理权利。至于侄子可以继承大伯、叔父的财产，则表现了男性成员在外部家庭所具有的权利。收继养子，也是个人对外部家庭所承担的责任。正如他们所叙述的那样，姐、妹亲戚之间领养孩子，没有谢礼。杜博维有一寡妇养了弟弟四个孩子（两男两女），就没有谢礼。

（三）家庭—乡里伦理结构

20世纪50年代至60年代，对使鹿鄂温克人的行政、教育、卫生、经济组织的建构，在改变了他们事实上的社会行政、教育、卫生、经济体制的同时，也改变了他们的社会伦理结构，氏族、部落、乌力楞消亡了，最后，甚至于姓氏作为一种社会制度体制的功能也被作废了，只具有了符号化意义。因而，在新的社会基础之上，使鹿鄂温克人社会形成了新的社会伦理结构，即家庭—乡里伦理结构。在这个结构中，没有了姓氏与乌力楞之间的权利—义务关系，占主导地位的是，姓氏与姓氏之间、家庭与姓氏之间、家庭与家庭之间、个人与家庭之间的权利—义务关系。由于整个族群是生活在一个乡村社会（使鹿鄂温克民族乡），在永久性居住地上，姓氏与姓氏之间已经没有了地域的隔绝，各个不同姓氏的家庭在一起相邻而居，因而，家庭与家庭之间构成了新型的社会伦理关系，即乡邻或乡里关系。

在家庭—乡里伦理结构中，姓氏与姓氏之间的权利—义务伦理关系，更主要的体现为相互之间的婚姻关系，即相互间同时具有权利和义务聘娶对方姑娘为妻室。氏族—部落时代和家庭—乌力楞时代，氏族之间的这种婚姻方面的权利—义务关系曾经是相对固定的，与其他氏族联姻或聘娶姑娘，被视为抢婚。而这个时期，姓氏之间则没有了联姻对象的界限，任何两个不同血缘姓氏的男女之间，都可以结成婚姻。于是，相互联姻的权利—义务伦理关系泛化为所有相邻家庭之间，即乡邻之间，他们只需要遵守一个义务，即同姓氏男女之间不得通奸、通婚。

在家庭—乡里伦理结构中，家庭与姓氏之间的权利—义务伦理关系，已经弱化，家庭对姓氏的义务，仅仅是延续种群和防止同一血缘姓氏婚姻的义务。同时，由于姓氏体制的功能的作废和符号化，家庭对姓氏的权利也仅仅是使用姓氏符号的权利。随着20世纪50年代以后现代社会制度的建立，家庭还拥有了放弃姓氏符号的权利。特别是乡镇体制的建立，使鹿鄂温克人社区新迁入前来工作的汉族、蒙古族等其他民族，也成为他们联姻的对象，形成多民族联姻家庭，根据新的国家婚姻法，家庭有了更加广泛的姓氏符号选择使用的权力。许多使鹿鄂温克人的后代，不仅延续着他们的传统姓氏，而且拥有了许多其他民族的姓氏，其中汉族姓氏比较多一些。甚至汉族姓氏表达方式，成为他们的姓氏表达的主要方式。固德林布利拖天，变成的"谷"或"古"姓；索罗共，变成了"索"姓；等等。

在家庭—乡里伦理结构中，家庭与家庭之间的权利—义务伦理关系主要体现为乡里之间的权利—义务关系。特别是鄂温克民族称谓的统一，不仅遏制了他们族群内部分裂的进程，也消除了氏族、部落、姓氏、乌力楞等社会组织体制造成的族群同一性认同的局限，他们形成了一个新的同一性认同，即"使鹿鄂温克"或"敖鲁古雅使鹿鄂温克"。从而使家庭与家庭之间，不再区分"什么乌力楞""什么千""什么部落"，而统一认同为敖鲁古雅乡鄂温克猎民家庭。在这种情况下，家庭与家庭形成的权利—义务伦理关系，就变成了地域性的乡里之间的权利—义务关系。

乡里，也称为乡邻、邻里，是一组家庭户的联合，他们日常有着很亲密的接触并且互相帮助。在敖鲁古雅乡，邻里就是乡所在地所有户的组合。鄂温克猎民习惯上把靠近他们住宅四周的户作为邻居。对此，他们互相承担着特别的社会义务。在日常生活中，当某人家有搬运笨重东西等类似的家务劳动，需要额外的劳力时，邻居们齐来帮忙。如果经济拮据，也可向邻居借到少量钱款,不需要利息。此种互相帮助的关系,并不严格地限制在相邻的十几户人家之中,它更多的取决于个人之间的密切关系,而不是按照正式规定。同时,使鹿鄂温克人认为,在乡邻之间,遵守家庭—乌力楞时代的平均分配大型猎物、相互物资帮助的传统,是应尽的义务。如亚格鲁其千乌力楞的那加老人,是个寡妇,和儿子、女儿住在一起,她们是平均分享乌力楞其他成员猎物的家庭,由于家庭人口较少,所分得的狩猎产品(肉和皮子)自己用不完,就卖给供销社,获取交易利益。儿子和女儿认为母亲的这种行为是错误的、可耻的,因此,非常反对。这种家庭之间平均分配大型狩猎产品的义务,很长一个时期,始终是他们遵守的伦理准则,以至于 20 世纪 50 年代乡政府按照"多劳多得"的原则,作出优秀猎手或猎物打中者可以得到猎物的 40%、其余的人分配 60%的规定后,并没有被他们接受。正如当时的鄂温克族老人所说的:"我们是不习惯的,但是如果这样也没啥。"鄂温克乡邻之间的另一项义务是收养其他家庭的子女并且要善待养子女。他们说,鄂温克人养别人儿女很普遍,有的是亲戚(同姓或姻亲)或非亲戚(不同姓非姻亲),只要双方父母同意,即可不办任何手续。养父母有义务善待养子女。这种收继明显区别于内地的收继行为,收继的养子父母或姓氏(宗族)的权利并没有丧失,前述"古纳千"诺内的养子被收走的事例可以证实。而养子的伦理权利却得到增加,养子不必改变姓氏,而且还可以继承继父母的驯鹿、枪支等财产。当然,他的义务也因此有所增加,不仅继续履行原有家庭赡养老人的义务,而且增加了赡养新的收继家庭老人的义务。通过收继关系,乡邻中的两个家庭,结成新的伦理关系,即比普通乡邻关系更亲密的家庭关系,即共同拥有子女的权利—义务伦理关系。

  在家庭—乡里伦理结构中,个人与家庭之间的权利—义务伦理关系与家庭—乌力楞时代不同,因为乌力楞最初与防火小组结合,随后又被狩猎生产小组涵化,因而,乌力楞作为个人外部家庭的功能丧失了,个人与家庭的权利—义务关系的范围,也就因此缩小到内部家庭范围内。在家庭内,长辈与小辈、男性与女性的权利—义务不同。使鹿鄂温克的典型形式家庭是以一对夫妇的婚姻家庭和他们的未婚子女组成的。未婚子女还包括他们收养的继子女。在家庭内部,个人对家庭的一般权利—义务,承袭了氏族—部落时代的规范,个人首先有权利从其所生存的家庭获得必需的生活资料用以维持生存,如果是男性成员,他还有权利分割或继承家庭财产,而多男性子女家庭中的幼子,有权利最终继承家长(父亲)给其他子女分配剩余后的全部遗产,主要是驯鹿、枪支等。家长(一般是父亲)有权力支配其他家庭成员从事劳动和支配家庭财产,同时,他也有义务为子女们提供生活保障、教育子女生产技能,甚至还要帮助子女与其他姓氏结成婚姻,为成婚的子女提供独立生活必要的生产资料,如驯鹿。男性父母是以聘礼的形式,一般是十只,女性父母是以陪嫁的形式,一般与男性聘礼相等。其次是他有义务为家庭成员提供足以维持生存和更好生活的物质资料,以及维护家庭成员的生存安全。同一家庭中子女相互之间的权利——义务,主要是相互支援和救济。这种救济,有的时候主要表现为对狩猎产品的共享,以至于使人们觉得他们始终不渝地处于原始共产主义社会。延续家庭(家族)的姓氏,既是个人对家庭的权力,也是个人对家庭承担的义务。

使鹿鄂温克人与其所生存的自然环境是一种特殊的伦理关系,所强调的更多的是人对于所崇拜的自然事物的崇敬、祭祀的义务。这种伦理关系,是人类伦理关系的投射或扩展,主要表现出他们的祖先意识。如他们所崇拜的"玛鲁"神。"玛鲁"是他们盛装神偶用的圆形皮口袋,其中有以"舍卧刻(克)"神偶为主的各种神像和神喜欢、使用的事物的偶像。"舍卧刻"在他们的传说中是个大蛇,原来生活在一个"拉玛"(大湖)中,与一个梳辫子的鄂温克人结合后,成为鄂温克人的始祖。但是,"舍卧刻"在"玛鲁"中的偶像是两个人形,是用一种被称为"哈卡尔"树木刻制而成的人型,一男一女,有手、脚、耳、眼,还有用鹿或犴皮做成的衣服。因为,"舍卧刻"是所有鄂温克人的祖先,因此,所有的使鹿鄂温克人(包括其他部分鄂温克族群)都有义务敬奉"舍卧刻"。而"舍卧刻"的义务则是给人做好事,保护猎人健康。同时,他们把公熊称为祖父(合克),把母熊称为祖母(额我)的做法也体现了这种伦理意识。使鹿鄂温克人对火的崇拜,也体现着这种伦理观念,他们认为火是有主人的,火的主人是神,每家的火主就是他们的祖先,因此,他们非常尊重火。

二 使鹿鄂温克人的社会伦理标识

社会伦理标识分为外在标识和内在标识。外在标识如发式、服饰;内在标识如族群名称、个人姓名和亲属称谓。社会伦理标识，是在实践中形成的伦理关系的划分方法。伦理标识的重要意义，在于区别一个群体或一个个体在整个社会伦理秩序中的身份和地位，从而表明他们的权利—义务关系。

（一）外在伦理标识

根据使鹿鄂温克人对祖先的回忆，可以看出，最初他们分为梳辫子的和不梳辫子的两部分族群，这两部分族群相互有着互通婚姻的权利—义务关系。他们的祖先神"舍卧刻"应该是属于不梳辫子的族群。因此，梳不梳辫子的发式，成为标志他们之间婚姻社会伦理关系的外在标识。他们说，在列拿河时，都留有长长的发辫，从老一代听说，他们迁来中国的第一代祖先马克辛·布利拖天的发辫特别长。在服饰上，他们也有这样的区别。如在20世纪20年代（1928年以后）他们形成的三个小的分支（他们称为"部落"），在服饰上，主要是帽子有了区别，以索罗拖斯基、索罗共为主的"阿穆尔千"和"漠河部落"的帽子是用犴头皮制作的；以布利拖天为主的"古纳千"或"古纳部落"是以各种颜色的布制作的；以固德林布利拖天为主的"贝斯特拉千"或"奇乾部落"的帽子是用灰鼠皮制作的。这种所谓的部落服饰的区别，实际上体现的是他们之间的权利—义务伦理关系。但是，由于不同服饰族群内部并非单一姓氏，因此，这种伦理关系，就表现为同一服饰族群内部和外部两个层次的权利—义务伦理关系。首先是同一种服饰的族群内部不同姓氏的互通婚姻、共同生产、物质救济等权利—义务关系。其次是不同的服饰族群不同姓氏之间的互通婚姻、共同生产、物质救济等权利—义务关系。

（二）内在伦理标识

作为内在社会伦理标识的族群名称，包括以姓氏命名的和以地域命名的两种名称。姓氏命名的族称表达了血缘身份，地域命名的族称则表明了地缘身份。使鹿鄂温克人以姓氏命名的名称，最初到达额尔古纳河、黑龙江流域的时候，只有四个，即布利拖天、索罗共、给力克、卡尔他昆。后来，由于布利拖天姓氏、索罗共姓氏、卡尔他昆姓氏的内部分化，又形成了一些新的姓氏。到了20世纪50年代，就已经形成了八个姓氏名称，加上后期从阿马扎尔河流域迁来的索罗拖斯基姓氏，就有了九个姓氏名称，即：

1. 玛嘎罗夫索罗共；
2. 恩克（快）依索罗共；
3. 索木宋（逊）索罗共；
4. 特孟吉索罗共；
5. 特孟吉卡尔他昆；
6. 马立芬卡尔他昆；
7. 布利拖天；
8. 固德林布里拖天；
9. 索罗拖斯基。

这些氏族姓氏，成为不同婚姻社会伦理关系族群的内在标识，即同一个血缘族群内部的统一标识。同一氏族不得通婚的原则，应用在同一姓氏不得通婚的现实之上。不同姓氏之间具有相互婚姻的权利—义务。这个原则，表现在个体上，就是每个姓氏单个成员的名字，应该带上姓氏名称，如匹欧特，要带上所在姓氏名称，以区别血缘身份。匹欧特·布利拖天、匹欧特·卡尔他昆、匹欧特·给力克，一目了然地可以区分他们之间的不同血缘来源。这种区分的意义在于可以延续不同姓氏之间互通婚姻的权利—义务伦理关系，同时防止同一血缘关系通婚的乱伦事件的发生。

族群的地域性名称，如前所述，标识的是稳定地居住于以某一河流为中心的地域，一般是一至数个乌力楞的族群身份。他们自认为是某一河流域的共同体，用河流的名称作为自称，在外部则用作他称。如给力克姓氏的一个由三户组成的乌力楞，19世纪末20世纪初曾经长期居住于激流河（贝尔茨河）南部支流金河流域，因此，自称为"金千"，1944年有两户渡江去了苏联，所以只剩下一户。又如，20世纪50年代的额尔古纳河以东，贝尔茨河（激流河）西流段以南的"扎不鹿（鲁）加什克千"是由卡尔他昆姓氏的七家组成的乌力楞。而多数情况下，地域性族群名称下，往往包含一个以上姓氏、两个以上的乌力楞。如"古纳千"是1928年由果敏·布利拖天领导的本姓氏两个乌力楞迁移到额尔古纳河右侧支流古纳河流域形成的名称。至20世纪50年代，阿力克三大成为他们的"基那斯"，剩下6户，1957年迁到激流河（贝尔茨河）、安格林河汇合口以北，额尔古纳河西岸激流河（贝尔茨河）与额尔古纳河汇合口以南附近地区，成为"结力克恩千"乌力楞的成员。地域性族称的伦理学意义，更多的是政治和经济性质的权利—义务关系标识，即拥有一个地域性名称，属于一个地域性团体，归属于一个"基那斯"；或在一个共同地域具有履行共同狩猎，平均分配，相互救济权利—义务的地域性团体。

使鹿鄂温克人的亲属称谓及其结构，主要标识的男女两大社会群体和相应年龄段人群的权利—义务关系。首先，男女双方互相拥有结成婚姻的权利—义务，但是，在一定范围内，这种权利—义务伦理关系受到长幼伦理关系的制约。如，兄弟可以同时娶其他姓氏的姐妹为妻，但是，哥哥只能娶姐姐，弟弟只能娶妹妹，哥哥不能娶妹妹为妻，然而，如果只是一个男子娶了另一家的女儿为妻，如果妻子还有妹妹，那么在妻子死后，男子有权利续娶妻妹为妻。女性不仅有义务成为丈夫的妻子，而且有义务在丈夫死后，成为丈夫的弟弟的妻子。而哥哥则没有娶弟弟的未亡人为妻子的权利。其次，是男女双方互通婚姻的权利—义务，要受到遵守年龄—辈分限制义务的制约。年龄—辈分的界限，是以父亲为标准制定的。如，在他们的亲属称谓中，凡是年龄或辈分比父亲大的与父亲有亲属关系的男性，统称为"合克"，这其中包括了父系的曾祖父、祖父、伯祖父、叔祖父、姑祖父、大伯、大姑夫，还包括母系的外曾祖父、外祖父、外伯祖父、外叔祖父、外姑祖父、大姨夫、大舅父。同样比父亲大的与父亲有亲属关系的女性，统称为"鄂我"，这其中包括了父系的曾祖母、祖母、伯祖母、叔祖母、祖姑母、小祖姑母、伯母、大姑母，母系的外曾祖母、外祖母、外伯祖母、外叔祖母、外伯母、外祖姑母、大姨母、大舅母。另一组是凡是年龄或辈分比父亲小的与父亲有亲属关系的男性，统称为"阿基"，这其中包括父系的叔叔、兄、姑表兄、堂兄，母系的有舅表兄、姨表兄。同样，凡是年龄或辈分比父亲小的与父亲有亲属关系的女性统称为"鄂基"，其中包括父系的叔母（婶子）、嫂子、姑表嫂、堂嫂、小姑母、姐、表姐，还有母系的小舅母、姨表嫂、舅表嫂。很显然，在他们的亲属称谓上，形成了两个年龄和辈分的男女组别，即以"合克"和"鄂我"为相对关系的年龄或辈分比父亲大的男女组合，和以"阿基"和"鄂基"为相对关系的年龄或辈分比父亲小的男女组合。"合克"和"鄂我"标识的是比父亲年龄或辈分大的男女群体互通婚姻的权利—义务关系，而"阿基"和"鄂基"则标识的是比父亲年龄或辈分小的男女群体互通婚姻的权利—义务关系。同时，"合克"和"阿基"一看就知道标识的是男性亲属，而"鄂我"和"鄂基"一看便知标识的是女性亲属。当然，至 20 世纪 50 年代，在这两个婚姻群体中，直系血缘成员互通婚姻的权利被排除了，反而具有的是相互之间不得通婚的义务。

这两个年龄和辈分的男女组别的权利—义务伦理关系，构成了使鹿鄂温克人的社会伦理基础。

而在家庭内部，他们还有一套称谓作为伦理标识。如，在核心家庭，即一个父母为核心的家庭，"阿敏-amin"单指父亲，"鄂尼-ənie"单指母亲；"阿特勒坎-at'ərk'an"指丈夫，也指小祖姑夫，"给勒基-kirk'i"指妻子；"乌特-ut'ə"指儿子，也指妻姐妹的儿子、妻姨侄、妻姨侄女，库克音-k'uk'in 指儿媳，也指妻嫂、妻弟媳、夫妹、夫弟媳；"乌娜吉-xonatçi"单指女儿，"故待-k'utie"指女婿，也指妹夫、叔堂姐妹夫；"奥斯-aɔsi"泛指姐夫、伯堂表姐妹夫、姑表姐妹夫；"闹昆-nok'oŋ"泛指弟弟、妹妹、侄子、侄女；"乌特乌腾-ut'outən"泛指孙子、孙女；在亲家家庭，即结婚男女双方的家庭，"鄂特基-ət'əki"指公公，也指夫兄、夫姐，"阿特基-at'əki"单指婆婆；"金内-k'innie"指岳父，也指夫嫂，"阿尼金内-anik'innie"单指岳母；"舒楞（伯讷热）-sureŋ"泛指内兄、内弟、表妹夫、小姨夫；"苏瓦雅（加）克-suwajaak'ə"指妻姐夫、妻妹夫；"也南-yienan"单指丈夫的弟弟；"姑黑-kuxie"泛指小舅舅、小姨夫；"尤那-yiuna"泛指甥男、甥女和姨表妹。

从他们家庭内部的亲属称谓来看，也分为两种，一种是单指称谓，另一种是类指称谓。联系他们在 20 世纪 50 年代的延续婚俗来看，不同类型的指称，具有不同的权利—义务伦理要求，同一类型的指称，所具有的权利—义务应该是相同的。这表现在他们认为年龄合适，可以错辈结婚，如姐姐的外孙女可以与我的儿子结婚，两人虽然具有舅舅与外甥女的辈分，但是，在他们看来血统较远了，可以不考虑辈分。

不仅如此，亲姐妹还可以分别嫁给舅舅和外甥，如安娜和达吉亚娜是亲姐妹，姐姐嫁给了舅舅，妹妹嫁给了外甥，他们并不认为违反习惯。关键是舅舅和外甥女、外甥不是一个血缘群体（姓氏）。

三 使鹿鄂温克人社会伦理礼俗

社会伦理礼俗，主要是表现在个体或群体行为上的规范，区分为相对于其他社会成员的、相对于事物的和社会事务的行为。具体体现为个体日常劳动、生活行为中的规范，表现为可以做什么，如何做，不可以做什么，不能做什么和必须做什么，这是伦理秩序（长幼亲疏远近）和伦理规则权利—义务的必然要求。必须做的和不可以做的行为，是伦理义务的要求，可以做和如何做的行为是伦理权利的要求。在此基础上，从而进一步演化为善行或恶行的观念和道德规范。事实上道德规范正是在以权利—义务为核心的社会伦理秩序和规则基础上产生的，善与恶的道德判断，其内在的依据就是权利—义务伦理关系。遵守和符合权利—义务要求的行为，就是善行，违反和不符合权利—义务要求的行为就是恶行。

（一）待人礼俗

待人礼俗分为家庭内部礼俗与家庭外部礼俗，即居家礼俗与交往礼俗。使鹿鄂温克人的家庭，早已演化为核心家庭，即以夫妻为核心的父母和未成年（结婚）的子女为基本成员的家庭，因而，居家礼俗主要表现为夫妻、父母子女及亲属之间的礼俗。

男主女辅，是他们家庭中夫妻间的基本礼俗。从调查反映的情况看，直到20世纪50年代，他们还没有形成明显的男尊女卑观念，表现在婚嫁礼俗上，男女双方的权利—义务似乎是相等的，男方聘礼要用十头驯鹿，女方陪嫁也要十头驯鹿。甚至有些细节上，看起来女方的地位还略高于男方，男方需要到女方家去求婚，而且结婚后的第一天要在女方家过初夜，体现了女方优先主导婚姻的权利。然而，这只是在婚前，结婚组成家庭后，男女的家庭地位明显不同。其一，家庭的家长都是男性，妻子要服从丈夫，女性只有在特殊情况下才可以成为家长，如丈夫亡故，子女幼小或本人是萨满；其二，在家里即撮罗子中，男人（丈夫）可以随便坐，女人（妻子）则不能随便坐，特别是代表家内至尊之位的靠近malu-玛鲁神的位置。Malu-玛鲁一词系鄂温克语，不同的汉字译写还有"马鲁、马路、玛路"等诸多写法。Malu-玛鲁的词义是指居室内正对着门的位置[①]，按鄂温克的礼俗属至尊之位。因为在此位供奉始祖女神，故把始祖女神称

---

① "玛鲁"原意为犴皮口袋，后来专指盛装祖先神"舍卧克"的口袋，因为祭祀始祖神一般是在撮罗子里靠近西北角的位置，因此，西北角也就被称为"玛鲁"，进而演化为至尊之位的称呼。至今朝鲜人也将至尊之位称为malu-玛鲁。

为Malu神；同时妇女也被禁止到撮罗子后面去，因为那里的树上挂有神偶盒或装有神灵的皮囊—玛路；其三，狩猎活动由男性主导，而女性只是做一些放养驯鹿、鞣制皮革、采集山野菜，以及猎取小型动物等辅助性生产活动；其四，搬家时，有专用驮"玛鲁"神的驯鹿，不能驮运别的东西，妇女不能牵这只鹿，也不许妇女接近这只驯鹿上的用具（如鞍子、铃子等）；其五，最重要的是，家庭的世系是以男性为主计算的，女性只有承袭姓氏的权利和义务，没有延续姓氏的权利和义务，即使是男性入赘女方家庭，所生子女也只能继承父亲的姓氏而不是母亲的姓氏，女性也没有继承父亲遗产的权利。其家庭性质为父权主导制，因而，在此基础上形成了男主女辅的社会礼俗。

尊敬长者、孝敬父母，是他们子女们在家庭中最基本的日常礼俗。首先，表现在子女婚姻大事的确定上，他们需要遵守父母之命，媒妁之言，按照礼俗，没有父亲的同意，即使是自由恋爱的男女青年，也不能结成夫妻。其次，表现在对父母在世和去世的礼节上，父亲在世时一般不能留胡须，父母死后，儿女在相当长的时期内，不得刮脸、理发。但父亲死后长子可以留胡须，特别是弟妹多的人，他们认为一家中没有一个有胡须的人，小孩们就会死。使鹿鄂温克人对舅舅和长者的尊敬，表现出的是他们扩大了的家庭礼俗，因为，舅舅是母系最亲近的亲属，而且在母系对偶婚制时代，父亲并不是子女的监护人，而舅舅才是，因此，这种历史事实演化为他们重要的日常礼俗，甚至在某些情况下对于舅舅的尊重甚于对父亲的尊重。对于长者，则不分男女，他们都要尊重，晚辈与长者见面，要主动行礼问候。这种礼俗甚至推而广之，应用于全部社区的长者，成为一种重要的交往礼俗。非亲属的青年人见到老年人要首先问好，先称呼对方辈分，然后再问好。同辈人相遇，互相问好。

交往礼俗，主要是社会个体之间相互交往过程中的礼节和习俗。由于使鹿鄂温克人是以家庭为主要伦理实体生存的族群，因此，个人交往实际上体现的是家庭之间的交往，个体交往是家庭交往的特殊形式，因为这种交往，始于家庭，成于个体，家庭交往通过个体交往实现其内容。

社会交往礼俗的一项重要表现，就是个体之间相互的"先人后己"物质利益扶助礼俗，表现为狩猎产品利他优先的平均分配习俗。

狩猎产品的平均分配，在很大程度上不取决于生产资料的所有制，有些学者把它同所谓的氏族公社公有制联系起来理解,这是一种误解。在使鹿鄂温克人的记忆中,即使在驯鹿、枪支等主要生产资料已经实现家庭私有或个人私有的情况下,对于大型动物狩猎产品的分配,他们还在坚持平均分配的原则。这种平均分配也不以个人猎获量的多少为分配的依据,而是以每个猎手应保证乌力楞中或同猎人间、每一户或每人都应分得一份为原则,而且要以率先保证没有狩猎能力的户或个人首先得到保障为原则。因而,劳动力多、技术高、捕获量多的户,往往分到的皮张反倒比别人少。

义务馈赠也是他们经常性的交往礼俗和有求必应的习惯,主要涉及他们狩猎生产用品和部分生活用品,包括渔网、鞣制皮革、地箭等物品。如20世纪60年代调查了解到互相赠送猎刀的情况,在使鹿鄂温克人中很普遍,尤其是在同一乌力楞之中,更为普遍。一个乌力楞中如果有一个铁匠,每家都可委托他给做猎刀,不计报酬。这种馈赠,在他们之间还表现出一种"礼尚往来"的习俗。1960年调查者了解到,固德林姓氏的维克特尔当年制作的四把猎刀送给了西班、米哈依尔、瓦洛加和一名汉人(混血人,俄名米古尔),而他们有的赠送香烟给维克特尔,有的赠送酒,有的赠送给他废铁。

扶弱济困,也是他们交往的重要礼俗规范。过去曾有过一位叫乌库利娜的寡妇老太太,和卡尔他昆氏族的依那肯奇是同一个乌力楞,大家对她很照顾,不仅送给她肉和皮子,而且经常由乌力楞中的妇女把皮子做成衣服送给她,搬家时让她骑在驯鹿上,由依那肯奇的妻子牛拉给牵驯鹿。她虽然不能劳动,但一直到她八十多岁死的时候为止,其生活与乌力楞的其他成员没有什么差别。因而,在使鹿鄂温克人的社区,鳏寡孤独社会弱势群体,并不会因为自己没有获得物质生活资料的能力,而陷于生存的绝境,都能够体面地生活。扶弱济困的习俗,还表现在他们的相互借用驯鹿的交往中,他们家庭或个人所有的枪支、驯鹿或其他生产生活用品,都可以成为他们互相借用的对象,而且物主并不计报酬,因为这并不是一种利益交换关系。当然,借用者有时会主动给出借人一些补偿性回赠,但是往往并不作为出借的前提条件。

和谐相处的交往习俗,在他们的交往中占有一定的道德高度。如行猎中,与其他乌力楞的狩猎组相遇时,必须团结相处,而且要暂时在一起共同行猎，共同分配狩猎成果。在日常生活中也要讲究和谐，他们追忆，捷力克夫·依万只有四只驯鹿，前几年曾经常借用瓦西利的驯鹿，但现在很少借用别人的，驯鹿多的人也不愿意借给他。原因是捷力克夫·依万经常无故和别人争吵，因而受到社会舆论的反对和别人的歧视，很多人都不愿意把驯鹿借给他。

礼待客人，是他们和谐交往习俗的重要方面。老年人常对孩子们说："外来的人不会背着自己的房子，你出去也不会带着家。如果不热情招待客人，你出门也就没有人照顾你。有火的屋才有人进来，有枝的树才有鸟落。"使鹿鄂温克人待客热情，每当有客从远方来时，男女老少全家出迎，行执手礼，让进撮罗子，席地而坐。然后慰问一番，升起篝火，煮肉烧茶做饭。猎民待客时讲究隆重和丰富，习惯是以鹿、犴的胸脯肉、脊骨肉、肥肠及驯鹿奶子等食品招待客人。一般情况下，客人到家后，首先拜玛鲁神，再和主人握手说"道洛"；其次主人把垫子放在哪里客人就坐在哪里，然后相互敬烟。同时，主妇放上桌子倒茶，煮好肉后，开始就餐。就餐时，客人吃肉前要切下一小块放进火里，然后再吃。主人敬酒是对客人的最大礼节，主人拿出上好的酒具，由老者举杯让酒。主人在向客人敬酒时，先敬献给撮罗子火灶里的火，然后主人先喝一口，再敬客人，客人同样接受酒杯后先敬火，再自己喝。对不相识的女客来时，主人邀请来客让她坐在主人夫妻中间，从撮罗子内来说，女客的座位必须是在门的右侧。女客人不能越过以撮罗子内火灶为界以北的线，家庭主妇也同样不能越过火位线。接待客人时，鹿、犴的胸口肉，另外野兽的脊椎骨、肥肠等部位都是属于贵重食物。

他们在日常生活中，见面时一般都行握手礼，永田珍馨《使鹿鄂伦春族》记载："一进小屋里，就看见几个穿着皮衣裳的鄂伦春人（使鹿鄂温克人，笔者注）坐着。和他们惯熟的东蒙氏一进来，人们就站起来和他握手，这恐怕是俄罗斯化的一种表现吧。"老人对小辈则行接吻礼。对于长期离别的亲属（如出嫁的女儿）和客人，初次到家时，还要进行特殊的净化仪式。当新来的亲属或客人进屋前，主人拿火把迎接出去，火把用手拿着或放在地下都可，让来的客人或亲戚跨过火，净化一下再请进撮罗子内。

诚实守信，是他们在与家庭外社会成员交往中体现出的道德风尚。鄂温克人的优点是不说谎、绝不拿别人东西,不说没有把握的话,在与他人交往时非常注重信用。如过去他们在与俄罗斯商人——"安达克"的皮毛交易中,他们并不完全以经济利益的等价交换为原则,而是以互相间坚守交换关系为原则。据一位出生于1891年的俄国老太太谈,鄂温克族猎民都有比较固定的共同交易对象,每年立夏前后,猎民带着皮张到俄国乌启罗夫村,只到与自己有交易的一家商店交易,并不和别的商人发生关系。他们对交易伙伴的称呼为"安达",也说明了他们把这种交易关系首先看作是一种信义关系,因为"安达"具有"结义兄弟"的含义。诚实守信的原则,是双方认同的交往规范,必须共同遵守。他们回忆,在十月革命前不久,不是索罗共姓氏的阿力克斜(捷斯克之祖父)"安达"的伊万乌兴,用六瓶酒换取了阿力克斜三十张灰鼠皮,阿力克斜的"安达"帕克木克知道了这件事后,上告到甫克洛夫克村的头人处,结果被判定伊万乌兴和阿力克斜的交换无效,三十张灰鼠皮归到帕克木克手中,帕克木克替阿力克斜还六瓶酒给伊万乌兴。

(二) 待物礼俗

待物礼俗,表现在使鹿鄂温克人对待自己周边的自然事物的态度上,主要是敬畏神灵、尊崇自然、顺应自然、保护生态等习俗。使鹿鄂温克人由于敬畏自然力量所带来的影响,特别是灾难性影响,形成了尊崇自然的礼俗。如他们平时比较敬畏雷电,认为他们的祖先神是被雷电击中而分成三段,从而成为管理天上、人间、地下的神。被雷电击起的火不能扑灭,那样会让天神生气。在生产生活过程中,必须尊重神灵,不能让神灵生气。如在出猎的时候,他们忌讳说:"我们打围去""我们是同猎者",因为在他们看来野兽是山神饲养的,这样说会让山神不高兴。打猎时,在行猎长分配给每个猎手任务以后,不说你能打到什么,只说"你可能有运气!老天爷可能给你点东西"。另外,由于他们把野兽看作是山神所养育的,故每遇高山峻岭、悬崖绝壁,就认为那是山神隐居的所在,也必定要加以献祭。

顺应自然,使鹿鄂温克人受其生产方式决定,按照自然春夏秋冬的运行规律和野兽四季的活动规律组织生产。对于顺应自然规律的生产习俗,对年轻的猎手们来说,是经过老猎手对他们的不断教育,才树立起来的。例如有时年轻人说:"我们今天一定能拿回肥肉来!"老年人就会严肃地驳斥他："你的肉是在山头上的仓库里吗？"年轻猎人慢慢就懂得了必须顺应自然的道理。保护生态。使鹿鄂温克人行猎时，一般以够用为原则，从不过度狩猎，以保持野兽种群的繁衍，保护野生动物生态平衡，永续利用。

在狩猎时，规定不得有污染环境的行为。如不得在打鹿的碱场上丢烟头、弹壳，遗留粪便等物。猎获鹿、犴以后必须将血迹、粪便打扫干净。在日常生活中，虽然在原始森林里渺无人烟，但是大小便也要注意保持环境清洁卫生，如男女要分开不同的地方如厕，男子在撮罗子北五六十米远处，妇女在撮罗子南五六十米远处，不能在撮罗子近处。尤其是在冰雪覆盖的冬季，因为驯鹿喜舔尿碱，如果说撮罗子前一片洁白，则给人一种环境清洁的感觉，倘门前雪中的尿碱被驯鹿舔去，裸露出地面，他们则认为是杂乱无章的表现，因此是需要避免发生的情况。另外如果在鄂温克猎民的撮罗子里做客，还会发现虽然他们生活的撮罗子裸露着地面，但是他们也不会随地吐痰，猎民吐痰时，将痰吐在一个古色古香的痰钵里。这个痰钵是猎民把生长在柞木上的干蘑菇摘下后雕刻而成。猎民这种讲卫生习惯正反映了他们保护生态环境清洁的意识。

（三）待事礼俗

待事礼俗，表现在对待他们的历史、社会公共生活等方面，主要表现为敬奉祖先、服从权威、意志顽强等习俗。敬奉祖先是他们重要的社会习俗，尤其是在萨满进行法事时，因为祖先神才能帮助萨满为氏族家族成员治病，是萨满的主神，因此，必须先行祭祀祖先神，获得祖先神的宽佑；在重要的节庆日，也要敬奉祖先神；在日常狩猎和旅行途中，经过祖先坟时，必须敬烟后才能离去。

恪尽职守，服从权威的习俗，主要是表现在他们共同的社会活动中，特别是在生产活动上，他们组成乌力楞后，选出的"新玛玛楞"具有绝对的生产指挥权威，在分配狩猎任务时，乌力楞中的老年有经验的猎人和"安格纳加（同猎者）"都要听从调遣。而"新玛玛楞"委派老猎人为"给靠列都阿楞（行猎长）"后，同猎者也必须服从他的指挥；而"新玛玛楞"和"给靠列都阿楞"则必须恪尽职守，他们应该比别人起早贪黑，要先到猎区观察情况，掌握风向，布置力量。他要根据野兽出没的时间，布置好猎人的包围圈，组织好行猎小组。对于权威的服从，还表现在对女性长者的尊敬上，女性长者和男子一样有权出席乌力楞的集会或其他会议，和男子一样处于平等地位，有权利参加各项有关问题的讨论来表示自己的意见，她们的意见应该得到执行。对待政府委派的森林防火工作，他们同样是恪尽职守、尽职尽责。政府自1952年以后把鄂温克人的猎区划分为若干防火区，利用猎人力量加强国家森林资源安全维护，每年3月15日至6月30日，以及9月1日至11月降大雪为止，是防火期。虽然使鹿鄂温克人可以自由流动狩猎，但是在防火期内，鄂温克族猎民一般绝不越过自己的防火责任区到其他猎场去。但在非防火期，尤其是在冬季打灰鼠季节，他们才流动到其他区域。

  意志顽强，主要是表现在使鹿鄂温克人对待恶劣的自然环境上的习俗，也可以说是一种品质。20世纪30年代末，永田珍馨调查时记载，使鹿鄂温克人的特征是，视力、听力、嗅觉发达，由于徒步狩猎，脚力强健，对寒冷抵抗力强。这一切首先是因为祖祖辈辈跋涉在人烟罕至的密林深处，夏季和各种昆虫斗争，冬季战胜严寒养成的。出猎之后穿着毛皮大衣，在零下几十度的密林里只点篝火能过上好几天。在严酷的零下几十度的山野里，战胜寒冷和饥饿，长时间从事狩猎，还没有听说过有冻死饿死之事。他因而感叹，使鹿鄂温克人"对生活环境特别能忍受，这种精神是惊人的"。

第三章 使鹿鄂温克物质文化变迁

物质文化，体现为人们的物质生活方式，包括物质生活资料获取方式和消费方式。人类在不同的自然环境中，为了获得足以维持种群生存和繁衍的需要，创造了不同的生活方式。从历时性来看，人类的生活方式似乎经历了采集—狩猎、原始农耕—畜牧、古代农业、畜牧业和近现代工业—商业进程，而且这个进程往往表现出进化性特征。敖鲁古雅使鹿鄂温克人的物质文化，似乎停留在了采集—狩猎生存方式阶段，从而使人们认为他们始终处于原始社会发展阶段。然而，这个判断是否符合他们的社会历史现实，还需要进行深入研究。

第一节 物质资料生产方式变迁

迟至20世纪50年代，敖鲁古雅使鹿鄂温克人始终游猎于大兴安岭西北坡的原始密林中，他们以猎取野生动物为主要生计，过着自给自足的自然经济生活。在他们的记忆中，他们的物质生活方式，即获取物质生活资料的方式和消费方式，并不是始终如一的，而是经历了一系列的历史变迁。

一 生产内容（产业分化）

在20世纪50年代的调查材料中，反映了使鹿鄂温克人对自己历史生存状况的记忆。他们认为，在他们还在使用石器的时代，他们就生活在以勒拿河为中心的西伯利亚苔原地带，过着游牧驯鹿、追逐野兽而猎的生活。因而，山林狩猎业和游牧（驯鹿）业是他们传统的，也是主要的生存方式。

(一) 狩猎业—渔业

狩猎业和渔业是使鹿鄂温克人的基本产业。从他们的口述历史叙述中，可以看出，狩猎业先于驯鹿游牧业而为他们的主要生计，这一点表现在他们认为游牧的驯鹿是猎人在狩猎过程中捕捉野生驯鹿的幼仔而繁衍成群的。

使鹿鄂温克人的狩猎内容比较广泛，野生兽类有马鹿、犴达犴①（即驼鹿）、熊、狍子、野猪、獐子、水獭、狼、猞猁、扫狗（阿牙共）、狐狸、貂、灰鼠、黄鼠狼（元皮）、香鼠、山兔、旱獭、獾子等；野生禽类有野鸭、飞龙、乌鸡、鹰、沙鸡、野鸡、猫头鹰、棒鸡、白脖鸟（夏有冬无），还有水生鱼类等动物，都是他们猎取的对象。这些野生动物中与使鹿鄂温克人的物质生活比较密切的是鹿、犴、狍子以及灰鼠和鱼类。其他类的野兽，如貂曾经在1906年到1910年，盛极一时，价值很贵，到了20世纪50年代几乎绝迹，猎获较少。一个很有趣的现象就是，貂皮、狐狸皮、鼬鼠皮都是上好的制作服装的毛皮，但是，没有听说过使鹿鄂温克人用这些动物的毛皮制作服装。

如果按猎取这些野生动物的目的作为划分标准，他们的狩猎生产经历了从消费产品生产到交换商品生产两个历史阶段，在不同的历史阶段，他们猎取的野生动物的种类和数量有所不同。

按照使鹿鄂温克人的历史记忆，他们的全部历史可以分为列拿河时代、阿马扎尔河时代、阿尔巴吉河—贝尔茨河时代三个时期。从物质生活资料的获取方式角度来说，阿马扎尔河时代或许是他们的历史转折点，狩猎生产的目的，从单纯的获取物质生活资料以满足族群生存和繁衍的基本需求，转变为既满足基本需求，又要满足同外部族群的商品交换需求，是从消费产品生产到交换商品生产的转折。

消费产品生产阶段，他们猎取的野生动物兽类主要是马鹿、驼鹿、狍

---

① 驼鹿（英文名称：moose）：是世界上最大的鹿科动物，驼鹿属下共有2个物种8个亚种。驼鹿的名称取意于其肩高于臀，与骆驼相似。它又称堪达罕（满语）、犴达罕（满语）、犴，驼鹿在北美洲称为"moose"（源于东阿布纳基语的"moz"），而在欧洲称为"elk"（"elk"在北美洲被用来称呼加拿大马鹿）。以雄性的掌形鹿角为特征。驼鹿为典型的亚寒带针叶林食草动物，单独或小群生活，多在早晚活动。分布于欧亚大陆的北部和北美洲的北部。不同亚种的毛色有所不同。

子以及可以食用的小型动物；由于貂、狼、鼬、狐狸、山狗等肉不能吃，因此，不作为狩猎的对象。禽类主要是野鸭子、飞龙、乌鸡、野鸡、大雁等；水生动物主要是细鳞鱼、哲罗鱼、阿金鱼、狗牙鱼。

使鹿鄂温克人回忆，在列拿河时代（17世纪20年代前），他们游猎地区的野兽，主要是野生驯鹿、狍子、獐子、熊等。当时他们猎获的对象主要是野生驯鹿和獐子、狍子，特别是吃驯鹿的肉，穿驯鹿的皮。一般在秋季到驯鹿的交配期，猎人牵着家中的公驯鹿到森林中，家鹿一叫，野生驯鹿就来了，一见面就互相打架，这时，鄂温克人用刀子，把野生驯鹿的后腿筋割断，就抓住，吃它的肉。

在列拿河时代，捕鱼生产曾经占很重要地位，是获取物质生活资料的重要途径，仅次于狩猎甚或高于狩猎。在他们的记忆中，列拿河流域的山林中，野兽种类不多，主要有熊、獐子、灰鼠等动物，没有鹿、犴、野猪等可用于食肉的大型野兽，因此，他们曾经以猎取野生驯鹿"索格召"①为主要对象，无论吃肉、穿皮子都离不开它。列拿河地区鱼很多，他们捕捞的鱼的产量很大，主要有狗牙鱼、细鳞鱼、阿金鱼，这些鱼有200多斤重，最好吃，贝尔茨河没有这种鱼。据说，他们所捕捉的鱼，不仅数量多而且都是大鱼，最大重达8—90千克甚至上百千克，一般也都在2—3千克。因此，在列拿河时代，他们夏秋两季主要是吃鱼，同时，夏秋两季的衣服，全是用鱼皮做的。只有冬季的衣服是用兽皮做的。鱼皮还能做多种东西，主要是生活用具用品，如口袋、烟口袋和鱼皮胶等。用鱼皮所熬成的胶是制造弓所不可缺少的东西。鱼皮除不能做防寒衣、鞋外，什么都能做，不怕潮湿。由于捕得的鱼数量较大，为此他们曾经在树上建有板制仓库，把鱼储藏起来，以便打灰鼠回来以后，需要大量吃鱼。据说这种仓库盖得很严密，连老鼠也钻不进去。从而可以看出，他们在列拿河时代，获取物质生活资料的方式主要是捕捞兼狩猎，而且从解决衣食资源的角度说，捕鱼曾经是他们的支柱性产业，至少为全年一半的生活提供了物质生活资料。

17世纪二三十年代使鹿鄂温克人离开列拿河—维季姆河流域进入阿

---

① 鄂温克人把山林中野生驯鹿叫"索格召"，把驯化了的驯鹿称为"奥伦—布呼"，即"家鹿"。

马扎尔河地区后,或许狩猎取代了捕鱼成为他们物质生活资料的主要来源。阿马扎尔河(Amazar)是位于石勒喀河北部的河流,在石勒喀河与额尔古纳河汇合口东侧汇入黑龙江,属于黑龙江的左支流,河道全长290千米,每年10月至翌年5月结冰,流域面积11100平方千米。现今在河的中上游建有阿马扎尔镇,人口1000多人,属于俄罗斯后贝加尔边疆区管辖。自17世纪40年代至1689年《中俄尼布楚条约》[①]之后,阿马扎尔河地区成为中俄边境地区,而清朝政府并没有在边境地区建立有效的行政管理体制,俄罗斯政府则通过哥萨克向当地包括使鹿鄂温克在内的"通古斯人"以征收毛皮税的形式在这里建立了统治秩序,同时,根据条约俄罗斯人可以同中国边民进行"边境贸易"。而到了1858年中俄《瑷珲和约》则进一步将黑龙江以北、额尔古纳河以西领土划归俄罗斯,阿马扎尔河地区彻底归属俄罗斯,向俄罗斯进贡貂皮成为使鹿鄂温克人的一项国家义务。这种情况下,使鹿鄂温克人猎取貂皮成为生存之必需。加之,阿马扎尔河地区森林动物资源丰富,而渔业资源不如列拿河地区丰富,使鹿鄂温克原来以捕鱼为主的物质生活资料生产方式被迫转换为以狩猎业为主、以捕鱼业为辅的生产方式。由于捕鱼业的萎缩,特别是由于狩猎工具的落后,他们还在使用扎枪和弓箭狩猎,因而,难以提供稳定的物质生活资料来源,他们开始了与俄罗斯人的以物易物的物资交换,以补充物质生活资料,尤其是以毛皮交换食物,狩猎生产的目的,开始了从提供物质生活资料的消费产品生产,向提供交换商品生产转变的进程。

在阿马扎尔河流域,使鹿鄂温克人大约生活了近100年,野生动物资源越来越少,于是,按照他们的回忆推算,1717年前后,他们赶着驯鹿,坐着桦皮船,进入中国的贝尔茨河、阿尔巴吉河流域,他们的历史进入了一个新的时代。然而,虽然他们进入了中国领土,但是,由于他们游猎于山林,清朝政府并没有建立起对他们的行政管辖,反而是俄罗斯东西伯利亚总督穆拉维约夫,1847年上任后发给使鹿鄂温克头人铁制名牌,确立了对他们的行政管辖,并由伊格纳希诺村、普克罗夫克村(波克罗夫卡村)和乌启罗夫的地方官(村屯长)具体实施管理。他们继续向俄罗斯

---

① 中俄《尼布楚条约》条约规定:从黑龙江支流格尔必齐河到外兴安岭(直到海)、岭南属于中国,岭北属于俄罗斯。西以额尔古纳河为界,南属中国,北属俄国;两国人带有往来文票(护照)的,允许其边境贸易。

政府缴纳毛皮税并与俄罗斯商人进行商品交换,换取黑面、"列巴(面包)"、盐、茶、酒、烟、火柴等生活用品。最初的时候,使鹿鄂温克人是用兽肉和桦皮桶与额尔古纳河对岸俄罗斯人村庄的农民进行交换,从1906年开始,鞑靼商人从欧洲来到额尔古纳河沿岸收购野生动物的毛皮,但鞑靼商人并不与鄂温克猎民直接接触,而是通过当地俄罗斯人作为中介,于是有许多俄罗斯农民转为职业或半职业的毛皮商人,使鹿鄂温克猎民与他们建立了稳固的交易关系——"安达"—"安达克"。因而,对于他们来说,交换的商品已不是兽肉和桦皮桶,而是野生动物的毛皮,其中最主要的是灰鼠皮和貂皮。随后,交换的商品范围越来越大,鹿茸、鹿胎、鹿尾、鹿皮、犴皮制品,以及平时他们不食、不使用的水獭、狼、猞猁、扫狗(阿牙共)、狐狸、貂、灰鼠、黄鼠狼、香鼠、山兔、旱獭、獾子等动物的毛皮也陆续成为交易的对象,进而扩大了狩猎范围。

使鹿鄂温克猎人与俄罗斯人之间的贸易主要有两种方式。一种方式是冬季俄罗斯商人越界深入中国大兴安岭西北坡的森林中与鄂温克猎人进行交易。每年"俄国人一般于冬季在指定的时间和地点,与土著猎手见面两三次"①。另一种方式是夏季鄂温克猎人越界到对岸俄罗斯人的村庄与俄罗斯商人进行交易。这种方式一般每年也有两三次,每次持续2—5天,这时鄂温克猎人就住在他的"安达"家里。"此鄂伦春(即使鹿鄂温克)每在四、五月间出山一、二次。一由珠儿干河出山,与对岸俄屯乌苏洛夫(即乌启罗夫)之商人交易;一由洛古河出山,与对岸俄屯波克洛夫(即普克罗夫或波克罗夫卡)之商人交易。秋、冬、春三季,则俄商携货入山,与之贸易"②。鄂温克猎人"向与俄商贸易,兑换烟、酒、麦、糖、布匹、火药各物品,亦无须实在金钱,相袭已久,彼此称便"③。因而,通过与俄罗斯人的商品交易他们扩大了狩猎生产的范围,同时,通过交易获得物

---

① E.J. 林德格尔:《论满洲西北方驯鹿通古斯》,《地理学报》第75卷,1930年6月。
② 赵春芳:《漠河设治员赵春芳为声复查明漠河及珠属山里鄂伦春部落人数常住地点生活情状暨配以官职各情呈》,载黑龙江省档案馆、黑龙江省民族研究所编《黑龙江少数民族(1903—1931)》,1985年,第65页。
③ 赵春芳:《漠河设治员赵春芳为声复查明漠河及珠属山里鄂伦春部落人数常住地点生活情状暨配以官职各情呈》,载黑龙江省档案馆、黑龙江省民族研究所编《黑龙江少数民族(1903—1931)》,1985年,第65页。

质生活资料已经成为他们解决生存问题的重要途径和方式。

使鹿鄂温克人的捕鱼产业，并非进入贝尔茨河、阿尔巴吉河流域之后就衰落了，而是维持了一个相当的时期，而且产量也曾经很可观。据说他们使用鱼篥子、渔网捕鱼的历史较久。在鄂温克人的狩猎区有许多河流是适合下鱼篥子、渔网的，例如贝尔茨河的支流好高牙河及杜林河的各支流都适合。贝尔茨河流域所产的鱼主要有：哲罗鱼、细鳞鱼、鲤鱼、白条鱼、狗鱼、鲫鱼、布勒特格尔鱼、胡图鱼、毛高尔基鱼等，以细鳞鱼为最多。住贝尔茨河一带的十二户鄂温克猎民，有过六个渔网、十个鱼叉，一年捕过一千多斤鱼。但是，到了20世纪三四十年代，日伪统治时期，由于得不到用于织网的网线，他们曾经用普通缝衣棉线做过渔网，但是一遇大鱼，网就破了，结果效率很低。20世纪50年代，伊那肯奇·固德林老人说，他从1912年以后，就没做过渔网，因为捕鱼已不是他们的主要生产部门。随着捕鱼业逐渐衰微，以狩猎和用狩猎产品交换物质生活资料，成为他们物质资料生产方式的主要形式，而捕鱼仅仅成为获取物质生活资料生产的补充，从而，他们在文化上体现为单纯的狩猎族群。

（二）游牧业—养殖业

山林游牧驯鹿，是使鹿鄂温克人的主要养殖业，然而，游牧养殖业不是他们的物质生活资料的主要生产部门，而是附属于狩猎业的辅助性产业，甚至可以说是因为狩猎业需要而发展起来的生产部门。

在使鹿鄂温克人的传说中，驯养猎犬比驯鹿更早。他们认为，在密林中，没有猎犬你怎么能找到野兽呢？猎人尼格来谈到自己心爱的猎犬时，对调查者说：一个猎人有一个好猎犬，打猎是特别省力气的。每天他打完猎回来之后，猎犬还是在山上找野兽。有一天，他回来喝茶，别人说："你的猎犬还在山上打猎呢！"不一会儿，他听见猎犬在山上汪汪叫，就去了，他发现猎犬围着一棵树在叫，一看，原来它在看守着一只逃到树上的猞猁，他一枪就把猞猁打下来了。也有时猎犬在山上抓住元皮①叼回来，放在他的跟前。夏天在密林中猎人主要是靠猎犬各处去找野兽。当它

---

① 元皮，为黄鼬的毛皮。黄鼬又名黄皮子、黄鼠狼，是鼬科动物中的一种小型兽类。体形细长，四肢短小，尾毛蓬松，头略圆，耳小而短圆。多栖息于河谷、沟崖、土坡、荒冢、草地、沼泽、平原灌丛疏林及针阔叶林边缘，是一种贵重的毛皮兽类。

发现犴（驼鹿），它会绕很远截住犴的去路，犴如果走了十里，猎犬绕五里就可以抓到。打伤了的兽，也是由猎犬跟着血迹才能找到。也就是说，他们曾经有一段时期，除了其他生产工具外，只是依靠猎犬进行狩猎。

　　但是，由于野生动物的流动性，以及在不同的季节猎取不同的野兽的需要，猎人只能在山林中追逐游猎。由于山林广袤，出猎的路途遥远，而且单个猎人的负载能力有限，因此亟须一种适合于山林自然环境和狩猎生产不断流动特点的负载工具。波斯史学家拉施德曾经在《史集》中，描述他们的祖先森林兀良合惕冬季生产活动的情况，记载说："因为在他们国内，山和森林很多，而且雪下得很大，所以冬天他们在雪面上打到许多野兽。他们制造一种叫作察纳（Jāneh）的特别的板子，站立在那板上，用皮带作成缰绳，［将它拴在板前端，］然后手拿着棒，以棒撑地，［滑行］于雪面上，有如水上行舟。他们就这样用察纳［滑雪板］驰逐于原野上下，追杀山牛等动物；除自己踏着的察纳外，他们还拖着联接起来的另一些［滑雪板］走，他们将打杀的野兽放在上面。即使放上两、三千曼［重荷］，花不了多大力气就可以轻快地行走在雪层上。"① 然而，这只是冬季的交通运载工具，夏季仍然需要适合的工具。

驯鹿

---

① ［波斯］拉施特主编：《史集》第一卷，余大钧、周建奇译，第一分册，商务印书馆1983年版，第203页。

驯鹿成为他们的运载工具，既具有必然性，也具有偶然性。如前所述，最初他们把野生驯鹿当作狩猎对象，因而，对驯鹿有所了解。野生驯鹿不害怕人类的习性又使他们容易接近驯鹿，据说野生驯鹿经常光顾猎人在野外休息的营地。关于驯化野生驯鹿，传说有一次，有8个猎人在山林中狩猎，捕捉到了6只野生驯鹿"索格召"幼仔，他们把小鹿带回家，搭起栏杆，用"恩靠（苔藓）"喂养，成了今天鄂温克人的驯鹿。最初驯养的目的，大概是在秋季"索格召"交尾期引诱公"索格召"下山与他们饲养的母"索格召"交配，以便于猎取。但是，后来发现驯鹿不仅可以豢养，而且在密林以及寒冷的冬季，比马更适合于狩猎生产，它们耐寒、自己寻找食物，而且还可以骑乘和驮载重物。从驯鹿对山林地理、气候条件的适应性来说，比马有许多优越性，首先是不需要在严寒的冬季为驯鹿搭盖棚圈和储存饲料；其次是在一米多深的雪地里，驮运猎人的东西，它一天到晚可以走几十里，这是马做不到的。于是，驯鹿成为狩猎生产不可或缺的工具，进而成为这个游猎族群山林生活不可或缺的重要支撑，没有了驯鹿，他们的山林游猎生活便无法持续。正如鄂温克猎民所说："我们在山中游猎，除了靠枪，还靠驯鹿，二者缺一不可。"

在使鹿鄂温克人的历史记忆中，他们曾经几乎失去所有的驯鹿。据说，1892年9月，阿尔巴吉河、贝尔茨河流域使鹿鄂温克人的驯鹿感染了疥癣，体毛全部脱落，到了同年12月几乎全部冻死，只有漠河地区茂河流域的一家因为距离较远，没有被传染，剩下20多只驯鹿。贝尔茨河流域的两个乌力楞的230只驯鹿，全部被冻死。使鹿鄂温克人的生活陷入困境，以冬季打灰鼠为例，灰鼠多在偏僻的原始森林的密处，同时狩猎场也不可能固定在一个山上，打完一个山，还要到另外一个山去打，这样随着猎场的迁移而经常不断地流动，没有驯鹿帮助搬家，猎人不可能背着自己的家和二三个月的口粮去打猎。在这种情况下，猎民被迫放弃了传统狩猎生产。

当时的猎民虽然有枪，山里也有野兽，但是因为没有了驯鹿而无法举家搬迁去进行游猎。据说当时贝尔茨河流域（雅尔根楚河，或许为今根河左侧支流雅格河）上游50户、中游11户的鄂温克猎民，因为都没有了驯鹿搬不了家，就在河边盖上了简单的木板搭的撮罗子，靠捕鱼为生，因为居住分散和捕鱼技术的生疏，有的人家连鱼也捕不到，以至于把吃过肉的犴骨都当成了宝贝，有的老人饿得抱着肚子哭。

这种不能游猎的情况持续了五六年。其间，为了生存猎民几乎每家都出动一个男劳力，到额尔古纳河对面的俄罗斯乌启罗夫村给他们的"安达克"当雇工，种地、打羊草等。妇女们也到"安达克"家当雇工，干一些挑水、熟皮子等活计。有的妇女也做一些手工，制作桦树皮制品与俄罗斯人换食品，按制作品的大小，得到同样大小的黑面包。直到1897年，由满洲里一带迁入鄂温克人猎区一大批貂，而且貂皮当时在市场上很值钱，于是鄂温克猎人向"安达克"借了一冬天的口粮进山打貂，出售毛皮后挣到不少钱。挣到钱后，他们从阿马扎尔地区的鄂温克人那里买来一批驯鹿，才恢复了狩猎生产，随着驯鹿的增多和狩猎产品商品交换的恢复，他们的生活也好转了。

驯鹿的饲养，对于使鹿鄂温克人有特殊的文化意义。因为他们的驯鹿都在山里，苔藓只生长在纬度较高的山林中，驯鹿离不开山林，因而他们也就不离开山林。正如20世纪50年代调查时所了解到的，虽然政府推动他们向定居狩猎生活方式转变，但是，他们对定居打猎还是不习惯，特别是老年人和妇女不同意定居打猎，其主要原因是驯鹿的饲料苔藓无法解决。当年让他们定居的乌启罗夫村（奇乾村）周围三四十里的地方不长苔藓，离村子七八十里的地方才有苔藓，驯鹿无法随着人而定居。例如，当年的那加老人，她的孩子都是干部，乡政府给他们拨了一栋房子，并说服那加老人到乌启罗夫村来定居，但那加老人坚决不来，其主要原因是离不开自己的30多只驯鹿，因而，宁可与驯鹿住在山林中，也不愿意和爱人在乌启罗夫定居。驯鹿除生产及生活上使用之外，还有其他的用途，如作献祭、嫁妆、赠礼等，成为他们各种文化活动的载体、文化情感的寄托。于是，驯鹿赋予他们以重要的文化特征，他们因而被称为"使鹿部""使鹿哈木尼堪""驯鹿鄂伦春""驯鹿通古斯""牧鹿的鄂伦春人"。

在使鹿鄂温克人的养殖业发展史上，比较长久的养殖的动物还有他们的猎犬和马匹。猎犬只是当作猎民狩猎的助手进行饲养，并没有作为役畜或物质生活资料进行饲养。至于马匹的饲养则多次见诸各种资料，如1908年（光绪三十四年）8月9日，珠尔干总卡伦总卡官赵春芳开始调查吉拉林东北山中使鹿部，第一次在乌古喀南十里许见到了罗茗恩罗夫克、沃西力沃司克、各拉西木三家男女共15名。1909年（宣统元年）3

月 12 日，鄂温克猎民首领阔力阔夫、漂得耳等 31 人，牵 20 匹马和 6 头四不像，来到珠尔干河总卡伦会见赵春芳。在他们的历史传说中，似乎马匹的饲养历史也比较悠久，而且他们对马还有一种神圣的崇敬意识。如《姐弟三人的故事》中哥哥有一匹名叫"朝呼尔歹"的马，和《乌那格佟的故事》中乌那格佟（意为"顶针"）有一匹"博尔罕"马，不仅是骑乘的使役工具，而且还具有救主意识和能力，甚至具有与魔鬼搏斗的神力，挽救主人于危难之中。这种历史传说，如果不是借自其他族群，说明他们对于马匹的饲养并非是临时模仿而是具有一定的历史。

（三）采集—种植业

采集—种植业始终是使鹿鄂温克人获得物质生活资料的辅助性产业，但是，在他们的生活中具有重要地位。

采集，是伴随渔猎成为人类获取物质生活资料的最基本的方式，或许在人们还没有发明猎取大型动物的技术和方法的时期，曾经是物质生产资料的主要获取方式。使鹿鄂温克人也不例外，他们在很长的历史时期依靠采集业解决日常生活的物质资料来源问题，然而，北方原始森林地带能够成为维持人们生存的食物和其他资料的物种较少，尤其是可食用植物根茎和果实出产量较小，采集业不可能成为解决鄂温克猎民物质生活资料的主要产业。

蓝莓

使鹿鄂温克人采集的主要是两种资料，一种是用于食用的，另一种是用于日常生活的。用于食用的主要有植物类、浆果类和菌类。

他们采集的食用植物类不多，比较喜欢食用的植物主要是一种野葱，叫"鲁克",一般在六、七月间采集。"鲁克"可以鲜吃或作咸菜吃,一般是作为做汤时的调味料,如黄花飞龙汤,放上"鲁克"味道鲜美。自得到豆油以后,他们也学会了用豆油炒着"鲁克"吃。野芹菜、野韭菜、黄花菜都是他们采集的对象。

爬山松

他们采集的浆果类,如都什(杜斯、都柿、蓝莓果)、牙格达(红豆果)、臭李子(稠李子)、山丁子(山荆子)、水葡萄、旱葡萄、高丽果(草莓)、托盘(树莓)都是使鹿鄂温克人经常采摘的野果。杜斯、山丁子、稠李子等野果,既可鲜食,又可加工储存,供常年食用。如:杜斯可以熬制成果酱,每年夏末秋初,山上的杜斯成熟时节,猎民有意识地把杜斯多采一些回来,放上少许白糖熬煮,熬成杜斯酱,放在桦树皮桶里,随时可以食用,酸甜可口,还可以制成像山楂膏一样作为小孩的零食。牙格达(红豆)可以酿酒。红豆是森林中的一种野生小灌木浆果,它有黄豆般大小,味酸甜。猎民发现狗熊也爱吃红豆,并且有时候能吃醉,从"红豆醉熊"得到启示,把采摘的红豆用桦树皮桶密封发酵,酿成果酒,常年饮用。稠李子可以晒干压碎成面。有的妇女在八、九月间,到山上采拾稠李子,晒成干压成面储存起来,食用时放进其他食物中,增加食物的味道,熬粥和烤面包时都可以添加。

他们采集的食用菌类,主要是各种蘑菇和木耳。森林中有许多种野生蘑菇,到8月末9月初,天气就凉到冷的地步,这时驯鹿开始交配,蘑菇也长成了，猎民和驯鹿都采食野生的蘑菇。猎民骄傲地夸奖驯鹿，说驯鹿是非常聪明的动物，自己能够辨识哪些是有毒的蘑菇而避开不吃，猎民们吃蘑菇也都是从驯鹿那里学来的经验。

在野菜野果中，他们也采食爬山松籽（爬松、矮松、偃松籽、千叠松），作为零食和馈赠礼物。采爬山松籽，一般是由男人采摘，因生长的地方多在高山山崖上，女子上不去，同时，由于熊也喜欢吃爬山松籽，这样的地方熊一般会去的比较多，妇女去采摘，比较危险。其他野菜野果都是由妇女采集。

至于使鹿鄂温克人采集的日用生活资料，主要是用于搭建他们的住房——撮罗子和制作家用器具，还有一些家庭生活用料。桦木以及桦树皮在使鹿鄂温克猎人生活中的应用非常广泛，他们采集桦树皮首先用作引火材料。他们称火为"陶高"（tʼɔkɔ），据说他们起初引火是用两个石块，击打出火星，再用桦树皮纤维引火。以后传入火镰，八、九月间采摘桦树上生的一种叫"乌奴格特"的蘑菇，保存起来，作为打火镰引火之用。在他们的日常生活，使用瓷器较少，家用器皿基本上都是桦木或桦树皮制作的，比如吃饭用的小桌子、碗都是用桦树制作的，盛糖、盐的"半格（盒子）"，盛茶叶的"珠聂斯"等器皿都是用桦树皮制作的。有的是用双层桦皮，上边刻有花草、树木或野兽等图样，不但美观、结实，又隔潮，而且便于携带。洗衣盆也是用桦皮做的叫"柱满"（长约二尺，宽约二尺五寸，深约八寸），搬家时扔掉，到新家重做新的。桦树皮还可以制作覆盖（撮罗子用的围子）。

他们采集落叶松，主要是用于搭建撮罗子和日用的生活燃料。撮罗子一般高约一丈左右，直径一丈二尺左右，搭建撮罗子的木架子叫"希楞"（或译"仙人""斜仁"），搭建时，需要就地砍取 20—30 根直径 10—20 厘米的落叶松杆作为支架。他们的燃料，冬夏都是落叶松木桦子，所以各家都备有大小斧子数把，作为砍燃料之用，冬季也没有炉灶，只是在撮罗子中间烧火。他们还采集一种被称为"甘那格他"的树，认为这是制作神像的材料。平时妇女清洗餐具，她们从河旁砍来柳树条子，用刀削成很薄的木片，鄂温克语叫"西台"，把"西台"浸到水里，代替拭布用，用过一二次就扔掉，制作新的。他们还采集一种被称为"都勒给特"树的树皮，用于染色白布。

他们认为不能随便穿戴白色的衣帽，一是因为进山狩猎时，白色服饰容易被野兽发现，影响狩猎；二是认为白色象征光明，不能随便穿着。因此，他们将白布染了色。方法是从山上剥取"都勒给特"树皮晒干，压成粉面，再放进水中煮成黄色的水，然后用这水可将白布染成古铜色。

在使鹿鄂温克人捕鱼生产中，采集业也有发挥作用的空间，如在捕鱼下网前，他们会从河边采集一种被称为"勒罗尔特"的野草，点燃生烟熏网。据说，鱼最喜欢这种烟味，渔网经过熏一下就可比不熏多得到鱼，捕鱼的鱼叉也可这样熏。

从使鹿鄂温克人的历史记忆中，没有种植业的痕迹，直到中华人民共和国成立后，住到奇乾地区时，种植农业才有所萌芽，已经学会种了土豆和其他蔬菜。据说从1957年7月开始，由于地方行政机构组织的建立，已有少数几户猎民定居于乌启罗夫村（俄罗斯移民建立于中国境内的村，即后来的奇乾村），这些人是干部、营林员及部分定居打猎的人。他们因为定居在村里，因而先后买了十几匹马和几头牛，随带就产生了照顾牲畜、打羊草，准备燕麦饲料和解决人们的副食（土豆），冬季燃料等一系列的问题。于是他们组织已有的牲畜，开始种植燕麦和土豆等作物。先是由从小住在俄国人家里、略懂得种植的鄂温克人果里亚带头，组织了鄂温克人种地互助组，这样解决了当时的一部分问题。果里亚是当时唯一会种地的鄂温克人，后来他参加了奇乾农业生产合作社。鄂温克人的种植业，又由汉人钟文云帮助耕种。猎民马嘎拉一家，在钟文云的影响和帮助下，光土豆收入就有300元左右，燕麦的收成也很好，生活得到了改善。因此，进一步刺激了马嘎拉种地的积极性，马嘎拉家的两个孩子，在学校下课后，也到北山很远的地里去拔草。在鄂温克族果里亚和汉族钟文云的带动下，居住于奇乾的使鹿鄂温克人的种植业有所发展，20世纪50年代末，耕地面积已达五、六垧。然而，作为一个族群整体，或产业整体，种植业始终没有取得长期性的支配性的产业地位，仅仅是一种调剂性生产门类。

（四）制造业—建筑业

使鹿鄂温克人的制造业和建筑业都不是独立的生产部门，都是依附渔猎—采集业和驯鹿游业的附属性部门。相对于建筑业，制造业还是有一定的发展程度的，其主要内容是生产生活用品的手工制作，由于他们的生产方式在对象上保持了长期的同一性，因而，生产工具的制作似乎没有重大的历史改变。而生活用品的制作，或许与生产工具的制作相比较，随着不同历史时期所获得的物质资料的不同发生了一些变化，从而推动了族群物质文化形式的变迁。

使鹿鄂温克人的生产工具制造业，在不同的历史时期，由于内在和外在的技术条件的改变，有着不同的历史内容。在他们的历史记忆中，在列拿河时代，他们仍然处于"石器时代"，传说祖先们最初还是用石刀剥桦树皮，用薄石片剥兽皮，用落叶松枝的心做针，取火是用两块石头击打出火星，用桦树皮纤维引火。打猎用扎枪、弓箭、地箭等。由于没有冶炼技术和制作技术，他们的扎枪头和箭头都是用兽骨头制作的，应该还有一些其他材料制作的其他工具，如木制、毛皮制工具。因此，可以说使鹿鄂温克人的制造业起始于石质、骨质、木质、毛皮质工具的制作。在他们的记忆中，铁器的制作是受到雅库特族群[①]的影响，是外来的技术。雅库特族群先民的一部分骨利干人早在公元7—8世纪就是著名的制作铁器的族群。也就是说，使鹿萨哈族先人的一部分，是7—9世纪生活在贝加尔湖南部的骨利干人，公元9世纪蒙古族成吉思汗家族的先人乞彦部落进入草原，迫使骨利干部北迁勒拿河地区，与当地的突厥族群鞠部遗民和楚克奇人融合，形成雅库特—萨哈族群。因此，萨哈人的早期历史很少传世，其民间历史叙述故事可追溯到公元10世纪。

鄂温克人直到公元9、10世纪之后，才开始制作铁器，而且主要是用于狩猎生产的工具，如被统称为猎刀的大刀、小刀以及捕鱼工具鱼钩（奥鲁古）、鱼叉（黑兰基）等。

由于铁制工具的制作，在族群内部分化出了一个新的职业——铁匠，并且由于铁器工具制作的专业性和复杂性，在狩猎产业内部形成了铁制工具制造业，形成了内部产品交换关系。然而，根据他们的历史记忆，铁匠始终并没有彻底独立出来成为一种谋生的职业，铁制工具制造业也就始终是附属于狩猎业而存在。

---

① 雅库特，即雅库惕，显然是蒙古语辞，他们自称为萨哈人，"萨哈"是驯鹿的颜色，是对公驯鹿的称呼。

但是，情况并非是一成不变的，职业分层的情况也在悄悄地发生着。鄂温克猎民说，这种氏族内部的小型工具生产，在1920年以前特别盛行，因为那时鄂温克人数比较多，工具的生产未曾断过。一个猎人在夏季最多能做四个大砍树刀。据说过去各个氏族差不多都有一两个人会做铁制工具，而老年人不能打猎之后，有专门做工具的。最初，铁制工具并没有成为交换的产品，似乎铁匠制作工具是一种社会义务，因此所制作的工具，不仅无偿提供给自己人，而且无偿援助其他氏族、家族。据说，20世纪50年代，阿尔巴吉河地区就没有会制作铁制工具的人了，那时没有工具的人，常从远方到亚格鲁其千乌力楞会作工具的猎人家里，来请求帮助制作什么样的工具，如刨子、大刀（乌特根）、小刀（靠套）等。但是，在商品交换关系发展以后，义务的、馈赠式的铁制工具生产被商品（产品）交换式生产所取代，铁制产品有了交换价值，交换媒介是灰鼠皮。如：

1. "乌特根"—大刀，10—15张灰鼠皮；
2. "靠套"—小刀，四张灰鼠皮；
3. "苏合"—斧子，不交换；
4. "乌"熟皮子工具一，2—3张灰鼠皮；
5. "牛力翁"熟皮工具二，2—3张灰鼠；
6. "租春"熟皮工具三，两张灰鼠皮；
7. "衣拉布求"—刨子，3—6张灰鼠皮；
8. "罗点求"—锥子，一张灰鼠皮；
9. "巴特勒"—小鱼叉，两张灰鼠皮；
10. "黑兰基"—大鱼叉，六张灰鼠皮；
11. "乌勒翁"—铁制作鹿哨工具，两张灰鼠皮。

这种铁制工具的生产，在他们看来是由于族群人数少之后，就不行了，因为人们各种工具都有了。实际上根本原因是由于同外部交换关系的发展，其他族群的工具制作技术更加精良，替代了他们自己的制作，从而把外部的产业分工嵌入了使鹿鄂温克人的产业中。

使鹿鄂温克人的生活用品制造业，同样在不同的历史时期，由于内在的和外在的技术条件的改变，有着不同的历史内容。在列拿河时代，他们的撮罗子围子、日常生活器皿都是由桦树皮和大型野兽皮制作的，这种制作方式，一直延续到阿尔巴吉河—贝尔茨河时代。但是，日常服饰的制作有所不同，在列拿河时代主要是用鱼皮兼用兽皮，到了阿马扎尔河时代和阿尔巴吉—贝尔茨河时代，主要是用兽皮，在兽皮中主要是犴皮、马鹿皮①。犴皮、马鹿皮可以做各种各样的生活用具。还有就是，用桦木或桦树皮制作家用器皿。

马鹿

使鄂温克人聚居的额尔古纳河、阿尔巴吉河、贝尔茨河流域，是犴和马鹿较多的地区，犴和马鹿皮子可以做衣服，骨头可以做很多种东西，因此是他们主要的物质生活资料来源。使鹿鄂温克人简称马鹿为鹿。据说19世纪以前，使鹿鄂温克人猎取马鹿的目的是吃肉，穿皮子，用它的筋做线，用鹿腿皮做靴腰，用鹿骨做筷子，用它的毛做驯鹿的鞍垫子，用马鹿头皮可做驯鹿的雨衣，也可以做成冬季的帽子。母鹿皮一般是专门用于制作萨满的法衣。

犴、鹿、狍皮及其骨头是在日常用品制作上使用最广泛的材料，可以

---

① 马鹿（学名：Cervus elaphus）是仅次于驼鹿的大型鹿类，肩高120—150厘米，体重150—500千克。蹄子很大，尾巴较短。雌兽比雄兽要小一些。共有24个亚种，因为体形似骏马而得名，身体呈深褐色，背部及两侧有一些白色斑点。雄性有角，一般分为6叉，最多8个叉，茸角的第二叉紧靠于眉叉。夏毛较短，没有绒毛，一般为赤褐色，背面较深，腹面较浅，故有"赤鹿"之称。马鹿生活于高山森林或草原地区。喜欢群居。夏季多在夜间和清晨活动，冬季多在白天活动。善于奔跑和游泳。以各种草、树叶、嫩枝、树皮和果实等为食，喜欢舔食盐碱。9—10月份发情交配，孕期8个多月，每胎1仔。分布于亚洲、欧洲、北美洲和北非。

制作多种物品。冬夏季的服装都可以用犴皮制作，冬季犴皮上衣叫"奈雅玛"，犴皮裤叫"耶什它姆"，套裤去毛的叫"阿拉木什"，毛朝外的叫"奥老黑"；夏天上衣叫"坡利套"，短裤子叫"和勒刻衣"；犴腿皮冬靴子带毛的叫"和木楚热"，夏靴不带毛的叫"奥老西"。帽子叫"阿功"，过去一般是用犴、鹿、狍子头皮做的，用灰鼠或猞猁皮做里子。手套有两种：有毛皮里的叫"乌达皮西"；去毛的叫"别里洽克"。毛皮褥子叫"依斯坦"，用犴、鹿、熊、狐狸、野猪等各种皮子都可以做。犴腿皮也可以做毛褥子，叫"陶克南南"。狍皮被叫"好啦"。狍皮可以做小儿防寒衣，叫"给布给罕"。

晾兽皮

犴皮腰带叫"卡培"。皮烟口袋叫"卡布吐克"。大小口袋叫"图儒格儒克"。钱褡子叫"音漠格"。皮制撮罗子围子叫"温额肯"。苦皮叫"巴格特卡"。冬季苦撮罗子上部的犴皮叫"乌额温"。驯鹿笼头叫"乌黑"。犴皮并可做出皮条子用于各种用途，鄂语叫"依额布通"。犴皮手提包叫"都格套克"，妇女针线活儿用具都放在里面。犴、鹿毛毡小型垫子叫"库玛兰"。驯鹿虽然已经不是他们的生活资料，但是，因不同原因死亡的驯鹿皮，仍然是他们制造生活用品的材料，用小驯鹿崽的皮子可做小孩衣服。用腿皮可做靴子腰，用驯鹿皮可做褥子。每年冬天十月到三月中旬，是鄂温克人打灰鼠皮期（季节）。他们吃灰鼠肉，好皮子交给商人，品质次一点儿的皮用做手套和帽子。扫狗的尾巴可做扫除用。用犴、鹿腿棒骨制作缝纫用的筒子，叫"伊莫儒格"，女人们缝制衣服，都是用犴、鹿的脊、腿筋捻线缝制。在缝做皮衣时，把穿起的数针一起穿过"伊莫儒格"的孔，将线缠于"伊莫儒格"上拉紧，效率高，手不会受线勒伤。

随着制作毛皮产品的需要，毛皮鞣制成为必要的生产过程，因而成为制造业的重要组成部分。使鹿鄂温克人的毛皮鞣制有自己独特的工艺。鞣制皮革，他们称为"熟皮子"，即把动物皮板面的筋、肉、油脂去掉，让皮板柔软可制。一般是女人的工作。熟皮子，一般在夏秋两季。熟自用的小皮子如灰鼠皮，很简单，把皮板润湿用手揉搓，直到发软。一个妇女一天能熟20张灰鼠皮、2张狍皮。如果是熟大动物皮，如犴、鹿的皮，把皮板湿润后就要专业的刮刀，即"靠陶"刮掉其皮上的毛，再放到屋里晾干后，用"乌"铲刮，然后用烟熏。一是在撮罗子内，在屋顶，即在火位顶上，把皮子横挂起来，下边烧火，烟熏约五小时，使皮色稍黄。二是把木炭火，用湿皮子包起来，不使通风，五六小时，有时中间更换一次火炭。这样以后，再把皮子泡到河水里约一整天，取出后趁湿用"牛力温""珠春"铲刮，约一天多的时间，再把皮挂到外边树上晒干，再度用烟熏三四小时，这次熏烟，一般不再用炭火，因为有可能烧坏皮子。这时，皮子仍然很硬，为了使皮子柔软，用犴、鹿的脑子煮成一种白色的浓汤，叫"依热克"，用一只兽脑制作的"依热克"，够熟四张大皮子用。在皮子的两面普遍涂上"依热克"，放在屋里，经过一天多以后，用"牛力温"铲刮二三小时，再挂起来，用"珠春"铲，并用手揉，最后用"和德热"再刮一整天，就可熟好。一般熟好鹿皮要十二三天，犴皮要十五六天。然而，如果熟皮子期间是阴雨天，皮子吸收水分，不易铲干，熟好的时间则需要延长。制作褥子的皮革，不需经过拔毛、泡水、熏烟等工艺处理，同时，皮板也不需要太柔软，因此，一般只要五六天就可熟好。

使鹿鄂温克人把布称为"奥奴卡德"，据说是"麻"之意，"奥奴卡德"与"麻"一词相同。因此，他们似乎与结雅河流域被称为"索伦"的达斡尔、鄂温克农耕族群有过历史接触，从他们那里得到过麻布，制作衣物。然而，他们对于获得布的年代说不太清楚。还有一种说法，据说他们最初是从俄国人那里得到过一种像麻袋片子似的布。至于棉布，是从一百二三十年前才得的。当时，由于获得的棉布很少，所以四五十年前，男人也穿过花布制作的服装。阿伦河流域的鄂温克人，也有过这种情况。进入 20 世纪，棉布已经成为普遍的消费资料，他们开始使用棉布制作衣物。

建筑业始终是使鹿鄂温克人生活中的重要部门，但是，与其他产业一样，建筑活动也是附属于狩猎生产生活的辅助性活动，很难说是一个专门的产业。他们的建筑方式，由于服从于山林游猎和游牧驯鹿的需要，保持了长期的历史同一性，他们始终没有构筑纯木结构之外的土木、砖瓦结构的永久性房屋。

使鹿鄂温克人的建筑业所构建的设施，主要是用于狩猎生产生活，因而包括两方面，一是住宅和生活设施建设；二是生产设施建设。撮罗子-čoro-ǰu 和仙人柱-ceron-ǰu[①] 是使鹿鄂温克人对自己的基本生活设施——住宅的叫法，永田珍馨还记录了"朱尔其卡"或"焦如特"以及俄名"尤尔塔"三种称呼。而赫哲人称为"撮罗昂库"（"昂库"意为"窝棚"）、蒙古人称为"绰儿罕·格儿-čoro-haan-gəl"。它是用 20—30 根 5、6 米长的松木或桦木杆做支架，用桦树皮或兽皮围盖，底部直径约 7、8 米，高 5、6 米的圆锥形房屋。这种住宅建筑形式，并非使鹿鄂温克人所独有，《北史》中早有"钵室韦……用桦皮盖屋"[②] 的记载。在西伯利亚和北美印第安人、因纽特人等地狩猎者中，也有类似住所，因而或者可以说这是适应森林狩猎生活需要的建筑形式。如前所述，使鹿鄂温克人所说的"撮罗子"或"仙人柱"，是指用聚集的木杆搭建起来的住宅的意思，"柱"既具有房屋的含义，也具有由住宅和人口组成的"家"的含义，但是，它首要含义应该指的就是这种形式的建筑。

撮罗子的建筑，首先是选址，一般是选择在地势较高、阳光能照射到而且水和柴草就近可取的平坦之处。其次是构造上，有三根主柱，称"苏那"，即用三根约碗口粗细上端有叉的杆，叉穿叉的斜立呈圆锥形，再在主柱的间隔上搭上 20—30 根辅助柱，朝向东方或东南方向，即日出方向留好门位，门两侧的杆子称"特儒翁"，从而完成基本架子的搭建。搭起架子的杆子总称叫"希楞-ceron"，内部中心稍偏近门处，埋一立柱，

[①] ceron-ǰu 为通古斯语，有多种译法，如斜仁柱、歇人柱、希椤柱等，ǰu 有时译为柱，亦译为"纠"。

[②] 《北史》卷九十四，列传第八十二，"室韦国"条。

称"窃木卡"。杆子的上端穿过"柱"的顶孔——"柱奥拉尼",由这根立杆向门的相反方内系上一横杆,称"依嘎布佟",这是用来挂锅和壶用的。最后是在房架外面上部用桦树皮苫盖覆盖,下部再自上而下一层压一层围上"围子",绑在木杆上,把房架围起来,能够遮风挡雨,才算最后建成。按照季节的不同,下部的围子分别用桦树皮、草帘子、布和犴、狍等兽皮制作,门帘则夏用草或树条编,冬用狍皮做成。下部的围子夏秋季节,一般用布制作,冬天到最冷时,时间是由阴历 11 月末到 3 月中旬,才改用犴皮围子。桦树皮苫盖宽约三尺,长近一丈,一般一个撮罗子要用 7 块桦树苫盖覆盖。

撮罗子

使鹿鄂温克人还有一种特殊的住宅,被称为亚特柱(jatavbu)或亚特卡(jatka),是妇女分娩前搭建的专门用于分娩的"产房"。通常要在她家庭居住的撮罗子附近,按一般撮罗子的形式搭盖一小撮罗子,但主杆要突出地高出屋顶以示产房。一般是丈夫在家时由丈夫搭建,丈夫不在家时则由其他妇女搭建。产妇本人因为即将临产,通常已不能亲自动手。在小撮罗子内设置好一种木架,即在地面埋好垂直的两根 70 厘米高的木杆,上面固定一横梁,作为助产之用。产房撮罗子内不安放神像和其他宗教设施。

从职业分工上,搭建普通常住的撮罗子是男人的工作,每次搬家,一般是男人先到新地方搭好撮罗子架子,即使出猎,男子也要按照约定好的搬家时间,提前把撮罗子架子搭好。如果男人没有来得及搭建好架子,则由同一乌力楞的成员,大家一起帮助搭起架子。

靠劳宝（高脚棚）

撮罗子虽然简陋，但并非是完全临时的住宅，搬家时，原撮罗子的木架并不拆走照样扔下，只是把桦皮苫盖、布围和皮围子皮苫子带走，约在3月中旬，结束打灰鼠后，再向回移动，基本上取去时的路线、原来留下的撮罗子架子，会被利用起来，各住回原来的撮罗子，因而他们居住的营地具有相对的稳定性。

在营地附近，架设储藏粮食、毛皮、家具用的高脚棚，是他们的另一种建筑形式。高脚棚称为"靠劳宝"或"好力堡"，永田珍馨的记录称为"乌米嘎文"，即他们的物资仓库。盖仓库是在深山中，选四棵高树，高约一丈四五尺，以保证野兽，特别是熊上不去的高度为宜。截掉树的枝杈，留下树干为四拄，在树柱上部，用较细些的檩子，搭成方形木制小房。仓库的四框和底部都是圆木，上盖是板片，底部留一开口。由地面竖起一根柱子，上端插进开口里，竖柱上砍成可以攀登的口为梯子，称为"吐克台木肯"。

据说仓库里，禁止放熊头皮，不然会被熊嗅知而毁坏仓库。尼格来因未注意到这点，留放熊头皮垫子于仓库内，被熊嗅知，因树高熊上不去，就把仓库梯子给毁坏了。从"靠劳宝"搭建技术看，他们懂得建筑方形起人字脊的建筑搭建技术，但却没有应用到他们的住宅建筑上，个中原因，并不是很清楚。

在使鹿鄂温克人的建筑业中，几乎没有什么生产性设施。或许建立在猎捕犴、鹿的碱场周边的栅栏、捕捉野兽的陷阱、临时围养驯鹿栏杆也可以称得上生产设施，然而，这些建筑比起他们的住宅还要古朴原始得多。

二 生产工具（技术进步）

生产工具，是获得物质生活资料的物质手段，是构成生产力的物质基础，不同时期、不同类型的生产工具，决定着具体物质资料生产的方式，往往代表着不同时期文明的水平。

（一）鱼叉、鱼钩、鱼簗子、渔网

按照使鹿鄂温克人自己回忆，他们在列拿河时代夏秋两季主要是捕鱼、吃鱼，包括衣服都是鱼皮制作的。捕鱼工具，主要有三种，一是桦树皮制造的船，他们称为"佳乌"；二是铁制的鱼钩、鱼叉；三是鱼簗子。这些生产工具，都是自己做的。鱼钩称为"奥鲁苦"，鱼叉有两种，一种是四个齿的，另一种是三个齿的，都叫"黑兰克"。一个完整的鱼钩或鱼叉是由较长的木杆做柄的。用这两种工具到水浅的地方叉或钩鱼。由于他们所在的河流鱼不仅数量多而且都是大鱼，非常容易捕捉，所以他们在捕捉的时候，仅仅用鱼钩、鱼叉就可以了。每年五六月间是捕捉大鱼的季节，这时天气较热，原来游动在大河深水里的细鳞鱼和哲罗鱼，多于此时游到水较凉的上游，这时就可用鱼叉去叉住它。每年秋天是鱼的交尾期，这时也可用鱼叉叉到大量的鱼。据说使鹿鄂温克人由列拿河迁来贝尔茨河以后，捕鱼工具有了发展，不再用原来粗铁制的"奥鲁苦"和四齿的叉子"黑兰克"，而是用铁质较好并精细的"奥鲁苦"和三齿"黑兰克"，到了贝尔茨河流域，他们学会了用鱼簗子捕鱼，鱼钩和鱼叉成为在鱼簗子上捕鱼的辅助工具，当然，还可以单独使用。

鱼簗子是在河流里设立的捕鱼设施。鱼簗子，俗写为"鱼亮子"。"簗""亮"通"梁"，因此，也写为"鱼梁"俗称为"鱼梁子"，是一种古老的捕鱼设施，迟至西周时期就已经是成熟的技术。《诗·邶风·谷风》[①]："毋逝我梁，毋发我笱"中的"梁"即鱼簗了，毛传："梁，鱼

---

① 《诗经》是中国最早的一部诗歌总集，收集了西周初年至春秋中叶（前11世纪至前6世纪）的诗歌，共311篇，其中6篇为笙诗，即只有标题，没有内容，称为笙诗六篇（南陔、白华、华黍、由康、崇伍、由仪），反映了周初至周晚期约五百年间的社会面貌。诗经在内容上分为《风》《雅》《颂》三个部分。《风》是周代各地的歌谣；《雅》是周人的正声雅乐，又分《小雅》和《大雅》；《颂》是周王庭和贵族宗庙祭祀的乐歌，又分为《周颂》《鲁颂》《商颂》。

奥鲁苦　　　　黑兰克　　　　黑兰克

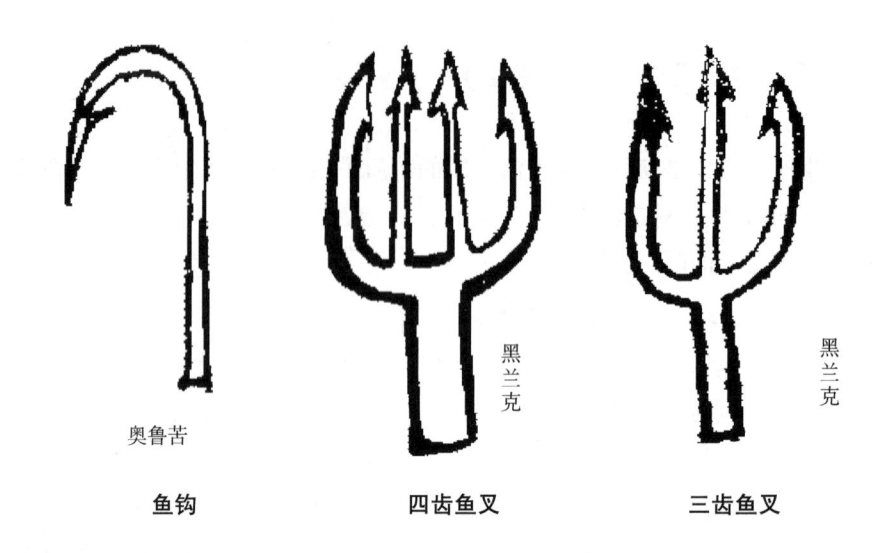

鱼钩　　　　四齿鱼叉　　　　三齿鱼叉

梁。"鱼籔子分为两种，一种是土坝籔子，"梁"即土坝，据此推断，用土坝构筑籔子是最初的形式。构筑鱼籔子时从河岸两侧相对向河中心建一条拦河堰坝，接近河流中心留一豁口，作为泄水道，用柳树条（或竹子条）编成有间隙的栅栏，挡在堤坝的泄水道处，水和小鱼可从栅栏缝隙与泄水道流出去，大一点的鱼却没法钻过去。两条栅栏接头的地方，做一个结结实实的豁口，豁口下面固定一个"须笼"，就是上窄下宽圆圆的大柳条筐。鱼随着被两道坝墙憋到一起的激流涌过豁口时，便一下子跌进柳筐里，插翅难逃了。这样，鱼籔子就筑好了。另一种是柳条编制的籔子，分两部分，一部分叫"苞"，即用手指粗的柳条编制而成的栅栏；另一部分叫"鱼囤"，也是用柳条编制的。将编好的苞拦河插入河底，在接近苞中间的位置留一豁口，豁口处作一个鱼囤，小鱼和河水可以从柳条苞的空隙间通过，大于空隙的鱼则被挡住，顺着苞游动时就游入鱼囤，进囤的鱼一般不会洄游出去。这时，就可以用大鱼钩子或抄网将鱼取出。用鱼籔子捕鱼，春夏秋冬一年四季皆可，然而，夏季一般在小河或流水比较缓的河里，冬季可以在冰封的较大的河上。

一般在阴历八月，是用渔网打鱼的季节。打鱼时要乘桦皮船，把网的一端拴在固定好的木桩上或树干上，手持网的另一端顺水而下，再兜一圈返回，围拢形成一个大兜圈捕。在阴历九月、十月是用鱼籔子捕鱼的季节。鱼籔子要用松木柱子固定在河里，籔子苞，即籔身用柳条或"奥克登"树条编成。

他们在贝尔茨河的支流好高牙河及杜林河的各支流都使用鱼篓子捕鱼，称这种方法为"下鱼篓子"。在制作鱼篓子时，过去是由"乌力楞"的各户出一个男人参加。一条河流上，可以下四个或五个鱼篓子。男人们把鱼篓子建好之后，就打猎去了，而鱼篓子一般留给妇女们去照看，需要修理时也由她们进行。据说用鱼篓子捕到的鱼的数量很多，一般一个月可以捕到1500斤鱼，因此，专门建有用木板制仓库，把鱼储藏起来食用。

在使鹿鄂温克人的记忆中，他们使用鱼篓子、渔网的历史较久，然而，其起始的年代已不可考。历史上他们曾经用什么材料编织渔网，也已经不可考。鄂温克人由列拿河流域迁到贝尔茨河流域以后，曾经从外部购买专用的网线织网，但是，由于日占时期禁止其他族群与他们接触，专用网线没有了来源，他们曾经用缝制衣服的线织网，但是，因为拉力太小，不能捕捉大鱼，用网捕鱼逐渐停止。而其他捕鱼工具有了发展，不再用原来粗铁制的"奥鲁苦"和四齿的叉子"黑兰克"，而是用铁质较好并精细的三齿"黑兰克"，并且开始用鱼篓子和渔网。

（二）弓箭、扎枪、桦皮船（传统工具）

在使鹿鄂温克人的记忆中，在列拿河时代，他们是用弓箭和扎枪狩猎，直到19世纪50年代前后。弓箭主要是用于猎取小型动物。弓箭有两种，一种是手持使用的弓箭，另一种是敷设在地下使用的地箭。历史典籍曾经记载北方民族使用的一种"楛矢石砮"[1]，周武王时（约前1087—前1043），肃慎人入贡。因而，弓箭或许是从肃慎族群那里学习来的。在鄂温克人的语言中，手持的弓和枪是一个相近的词，弓称为"波勒"，而现代的枪被称为"波勒坎"，箭头称"结特"，箭杆称为"奥克苏勒"，箭尾用野鸭翎镶嵌称为"斯嗯"。据说，他们三、四代以前祖上所用的弓箭，弓是双层的，里层是黑桦木，外层是落叶松木。桦木柔软不易折断，两层木片中间夹以犴、鹿筋，用细鳞鱼皮熬成胶粘住。弓弦是鹿皮制的。他们回忆，在列拿河时代，约在17世纪，他们使用扎枪和弓箭打猎，箭

---

[1] 楛（hù）形声。从木，苦声。本义：一种树。《说文》："楛木也。"《韩非子·十过》："有楛高至于丈。"古书上指荆一类的植物，茎可制箭杆。粗劣，不坚固，不精致。楛矢，从其含义看，是一种不坚固的植物的茎秆制作的箭杆，石砮即石制的箭头。《国语·鲁语下》："仲尼在陈，有隼集于陈侯之庭而死，楛矢贯之，石砮，其长尺有咫。"韦昭注："砮，镞也，以石为之。"

头是骨制的。甚至直到迁来贝尔茨河、阿尔巴吉河流域后（18世纪），在一个很长时期中（1906年以前），都是用弓箭狩猎，弓箭是狩猎生产的主要工具，但是箭头则换成铁制箭镞。据说迁入贝尔茨河流域的布利拖天的第一代祖先马克辛时代他们就是用弓箭打猎。

手持弓箭常常用于集体围猎。打猎时，全"乌力楞"的男女老幼能出动的全都出动，在山上轰撵野兽，协助围捕狩猎。在这种狩猎方式中，妇女起很大作用，做栏杆的任务主要由妇女们完成，一般是用栏杆将有野兽的大山，四周团团围起来，在围栏的四周留下几个出口，而出口本身就是深深的陷阱，在陷阱旁，猎手们手持弓箭在出口处等着。人们将野兽从山林中赶出来，野兽就顺着人们所做的栏杆跑，看见留的门就往围栏外跑，跑到出口外，一下子就掉进陷阱里，这时，手持弓箭的猎手，就把掉在陷阱中野兽射死。用围猎的方法主要是捕捉犴、鹿等大型动物。另外，据说在使鹿鄂温克人居住区域，小河流中的大鱼很多，从岸上就看得很清楚，这时也用弓箭射大鱼。

在用手持弓箭打猎的同时，也用一种"阿浪嘎"，即地箭，又叫"伏箭"猎取野兽。箭头叫"巴特勒"。方法是在野兽走的路上，敷设下伏箭，它的构造和弓箭一样，但是，这是装置在一种发射机上的小型弓箭，形制与弩相似，只不过是敷设时让野兽绊动机关从而自己击发。据说，地箭能够射杀野兽种类很多，大型动物犴、马鹿也可以猎获，因而成为他们狩猎生产的重要工具。敷设地箭打猎，也成为很普遍的生产方式。特别是猎取小型动物时，地箭起着重要作用，在他们的叙述中，1906—1910年盛行打貂期间，一家多的能有二三十个地箭。直到20世纪50年代，还有猎人用地箭狩猎。例如在冬天时，用地箭打鹿、犴。冬季河岔子之间冰层凸起，露出上面生长的一种红棕色植物"衣玛"，鄂温克猎人发现鹿、犴最喜欢舔食这种植物，因而就在这种植物的周围做上围栏，留一个门，在犴、鹿经过的地方敷设地箭，专门射野兽的心脏。地箭在水中还可以打水獭，打貂与打水獭的地箭一样。

扎枪也是使鹿鄂温克人狩猎的传统工具。在列拿河时代，最初没有铁制枪头时，应该也是用兽骨制作枪头，后期从雅库人那里学会制作铁器后，铁制扎枪头成为基本形制。一般鄂温克猎人在制作扎枪时，扎枪把也是用细鳞鱼皮胶粘接，据说很结实。扎枪主要是用于猎取大型动物。据说

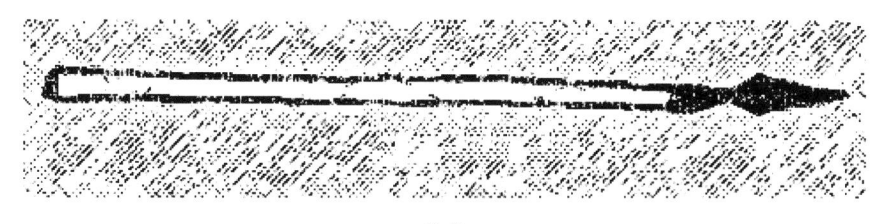

扎枪

他们来到漠河一带，主要是吃犴肉，即驼鹿肉。这种动物在兴安岭很多，出肉也多。猎人发现，在山中的水泡子有许多生长真枯草，犴最喜欢吃这种水草。猎犴一般在夜间，两个鄂温克猎人用桦皮船隐蔽在水泡子旁，当犴来到水泡子中吃真枯草时，它会把头伸入水中吃草，这时一个人快速划船接近犴，船速进无声，当犴抬头换气时，桦皮船停止前进，犴头再入水时，再快速前进，接近犴后，另一猎人用扎枪猛刺犴最末的肋骨之间，即犴的肾脏部位，刺进后立刻将扎枪抽出，使伤口进水，犴就会立即死去，如不立即抽出，犴还会跑掉。据说他们迁到贝尔茨河流域以后（18世纪初），"亚格鲁其千乌力楞"的上两代人还在用扎枪和桦皮船猎取过犴。如昆都的祖父在贝尔茨河上游，用扎枪刺死过两只犴，还有瓦西利一夜间以扎枪刺死过三只犴。扎枪不仅用来刺犴，而且也用来刺杀熊。进入20世纪初，使鹿鄂温克猎人就不再用扎枪打猎了。

使鹿鄂温克人称桦树皮船为"佳乌"，这是他们独特的生产工具，能打鱼，能狩猎，还是他们的水上交通工具，做得很艺术，一般可乘五、六人，能运载一只约四百斤的大犴。据说，他们使用桦树皮船的历史很长，各个乌力楞的猎民都会制作。"佳乌"的制作，先是用树条做船身架，再用桦树皮包里，接头是用红松根当线缝制，针孔和接头，是用松树油子渗桦皮油为原料熬成黑色的混合油涂上，绝不漏水。一般船长约一丈八尺，高约二尺五寸，船腹约宽二尺，船首尾两端尖细稍有向上的慢弯。船身很轻，平时放在河边一人就能拿起来使用，现在各乌力楞都会做。

（三）燧石枪、别拉弹克枪、步枪（新工具）

事实上，进入20世纪，从狩猎工具的角度，即生产力的角度，使鹿鄂温克人的物质生活资料生产方式，开始发生重大变化。如前所述，狩猎生产的商品化，特别是外部狩猎产品的市场需求的不断扩张，新的狩猎工具的引进，促使他们的生产力发展和狩猎生产本身进入了现代化进程。

首先从自给自足的狩猎生产中分离出来的是灰鼠①狩猎，个人或家庭所具有的生产能力完全可以进行。灰鼠皮是经济价值较高的主要毛皮之一，据使鹿鄂温克的历史记忆，从列拿河时代起（17世纪），直到20世纪50年代，始终是与俄罗斯人交换的重要商品，甚至成为计价媒介，起着货币作用。1912年之后，一张灰鼠皮，价值俄币5角，在与俄罗斯人交换中，一般都是以几张灰鼠皮计价，如一俄尺布为8张灰鼠皮，一瓶酒为3张灰鼠皮，一普特黑面为14张灰鼠皮。

他们的内部交易，也用灰鼠皮计价，如一头驯鹿，价值30张灰鼠皮。至20世纪50年代，一张灰鼠皮则价值1.5卢布。对于更多狩猎产品的市场需求，促使毛皮商人向使鹿鄂温克输入更先进的狩猎工具，以提高狩猎生产供给能力。因此，从1903年开始，火药发射武器作为狩猎工具，被引入猎民手中。先是燧石枪的引进，燧石枪的发射距离可达50—100米，可以远距离猎获动物，从而改变了他们以夹子、扎枪、弓箭、砍刀、桦皮船狩猎的方式。在他们的记忆中，燧石枪是从俄罗斯传入的，据说尼格来的上五代，即他们迁来的第一代，即马克辛的时代（约18世纪10年代），漠河的对岸伊肯那斯村把少数鄂温克成人的弓箭收去，给了他们少数打小子弹的燧石枪，最初拥有这种枪的人不多，因此，一般是三四个人用一支燧石枪，大多数人仍然用扎枪和弓箭。然而，猎民最初对燧石枪并不十分感兴趣，不习惯用。燧石枪有两种：一种是打大子弹的叫名"图鲁克"，可以打大兽，但射程是50—100米，数量很少；另一种是打小子弹的，名叫"乌努木苦得"，是打灰鼠用的。燧石枪的扳机紧贴在枪把子的右侧，子弹是铅弹，由枪口放进，火药亦由枪口倒入，燧石打火机是弹簧控制的，装置在枪膛后部的右侧，燧石安置在打火机的尖端，燧石与打火机的铁片打击出火，燃着槽内的火药，枪弹始发射。除枪体外，还有一些附件，如：火药瓶称为"纳都鲁斯科"是桦皮制的以铁片镶着；弹袋称"布拉路苦"；火药定量器称"妹鲁基"；还有扎眼的小签子等。子弹由猎民自己制作。不久，鄂温克猎民大部分人都有了大、小两种燧石枪。

紧接着，1906年，俄国造别拉弹克枪引入猎民的狩猎生产，威力比燧

---

① 灰鼠，又名松鼠、松狗，躯体细长，尾长而大。多栖息于针叶林或针阔混交林中，特别是喜爱松林的针叶林带，在高大的森林树干中较多。灰鼠皮是经济价值较高的主要毛皮之一。产品主要出口到美国、英国、法国、德国、意大利、日本及我国港澳地区。

石枪更大，射程可以达到150—500米，极大地提高了猎民的狩猎能力，特别是个体狩猎能力得到了决定性的提高，因而不到3年，至1909年前后，大部分猎民都有了自己的别拉弹克枪，使旧的持扎枪、坐桦皮船猎犴的狩猎传统方式，失去存在的意义。燧石枪和别拉弹克枪的传入，基本取代了使鹿鄂温克人传统的狩猎工具，先是弓箭被取代，后来是扎枪。及至1910年，又有新型武器被引入使鹿鄂温克人的狩猎生产中，猎人手中有了俄国造连珠枪，射程可达300—1000米远。在市场需求的推动下，猎获产品的商品成分日益扩大，如鹿茸、鹿尾、鹿胎等猎产品成为市场上的贵重商品，具有较高的市场交换价值。1929年鄂温克猎民从旧中国政府那里买到了套筒枪和"七九"式步枪。1938年后从日本人手里得到"三八"式和"九九"式步枪。

这些武器的输入，不仅提高了猎民个体的生产能力，而且大大地提高了生产效率，为猎民获得更多的猎物剩余提供了可能。如伊那肯奇·固德林·布利托天（当年75岁）回忆说，有了连珠枪以后，他一天打到过6只鹿。

新型枪支作为狩猎工具的不断输入，加上与外部商品交换关系的发展，不仅改变了猎取动物的手段，而且，基本改变了他们自给自足的生产方式，除了大型兽肉的分配还保留着一部分传统习俗以外，几乎其他所有猎物产品都转变成为商品生产，就像原始农业进入现代农业一样，他们的原始狩猎业早在20世纪50年代就已经进入了现代狩猎业。因此，仅仅从生产工具的角度来说，就不能再把使鹿鄂温克人的社会再看作是处于原始发展阶段的社会了。

三 生产形式（职业分化）

生产形式，是基于社会生产分工协作而形成的具体生产过程的实施方式，从而大体上形成了集体集中式的生产和个体合作式或分别式的生产形式。生产分工的长期化，就形成了社会的职业分层。社会生产剩余产品的形成，进一步为生产性职业和非生产性职业的社会分层提供了物质基础。

（一）共同职业

从历史研究的结果看，人类职业的分化是从原始采集—狩猎的整体中，以族群分化的形式开始的，一些族群成为原始农耕族群，一些成为畜牧—游牧族群，一些成为渔猎族群。当然，这种分化并不是彻底的，相互隔绝的，而往往是一业为主兼营其他业。从产业的角度说，使鹿鄂温克人是渔猎族群，虽然他们也在山林中游牧驯鹿，但是，驯鹿业始终是附属于狩猎的辅助性生产。于是，直到20世纪50年代，从职业上说他们是一个狩猎族群是正确的判断，在这一点上他们与鄂伦春族群的文化特征基本相同，因而在一个时期，人们把他们与鄂伦春族群相混淆，把他们也看作是鄂伦春族群的一部分。永田珍馨就是把他们与鄂伦春族群对称，认为鄂伦春族群是使马鄂伦春，他们则是使鹿鄂伦春。

因此，在狩猎族群意义上，狩猎是使鹿鄂温克族群的共同职业，他们的全部生活都是建立在共同狩猎基础之上的，即他们是以狩猎为唯一职业群体。因而称他们为"猎民"，即"狩猎之民""狩猎民族"。他们与其他鄂温克族群的不同点就在于，那些原来是定居狩猎兼农耕，而他们始终是狩猎兼游牧，以在山林中狩猎为主业，兼做游牧驯鹿。然而，职业的分离，并没有使他们成为一个独立的民族，他们只不过仍然是鄂温克族群中具有职业特点的一个小族群。

使鹿鄂温克人共同狩猎的主要形式有两种：一种是集体围猎，另一种是个体合猎。集体围猎作为一种基本生产形式，在其他鄂温克族群中也不鲜见，例如20世纪50年代，在对阿伦河地区的鄂温克族群调研时，当时的被访者就描述了设置绳套集体围猎的生产形式。集体围猎，应该是处于生产手段相对不发达时期，即技术发展的弓箭、扎枪时代。这种生产形式，往往是要举同一居住区全体成员之力。另一种形式的共同狩猎是个体联合狩猎，因此，称之为个体合猎。关于这种联合的必要性，使鹿鄂温克人有自己的看法。他们说，一两家在一起，没有五六家在一起生活有保障。在一起人多，猎获的机会就多，可分享猎产品的机会自然多。今天你没打到野兽，"我"打住了，大家都有肉吃。除了保障生活外，当时生产工具以及野生动物的特点，也决定了一个人打不到野物，需要集体。如只有一个山沟里有较少的野兽，野兽的警惕性高，一个人单独狩猎是打不到的，一定得很多人把山围起来，一起打才能收获。还有一些野生动物比较凶猛，如在六七月份猎熊，必须是六七个人一起打才安全，也才能容易猎杀熊。另一个原因，是劳动分工的需要，运输物品、看管驯鹿、把山上已经打到的兽肉驮回营地等工作也是必不可少的,因此,在乌力楞中那些狩猎技术很低的人,长期打不到猎物,或是有病没法出猎等类型的人员,可以承担这些劳动,这样就在一个共同狩猎生产的共同体内形成职业分工,职业分工的进一步发展,就形成了专门的职业。然而,在他们族群内部还没有形成职业分层意识,即并不是用职业来区分彼此的身份或分工,而是习惯于使用外部对他们的称呼——猎民。

(二) 专门职业

如果说猎民是共同的职业,那么,猎手就是专门的职业之一。猎手是猎民中的专业狩猎者。除了猎手,还要有加工狩猎产品的人、照看营地服务狩猎生产的人和放牧驯鹿、采集山野产品的人。至20世纪50年代,猎手主要是男性的职业,特别是大型野兽的狩猎,猎手基本为男性。一个男性,到了15岁之后,他就开始打灰鼠,开始从事猎手的职业。然而,这种职业分工并非是绝对的,猎手职业并不绝对排斥女性猎手。在20世纪50年代访问的"亚格鲁其千乌力楞"6户中,16岁至38岁的男猎手有9个,其中有两个优秀的青年猎手,一个是16岁的果什克,他在1956年冬天曾打801只灰鼠、一只鹿和一只熊;另外一个猎手是15岁的恩都,一年打了617只灰鼠、一只犴。他们都是这个"乌力楞"中新成长起来的年轻猎手。还有2个女猎手。1957年在全部鄂温克猎民中间,有37个男猎手、5个女猎手,充分说明了这个问题。

在使鹿鄂温克人的心目中,猎手从技术上是有区别的,即一般的猎手和优秀猎手。鄂温克民族传说中的"来墨尔根"①,就是一个优秀猎手,墨尔根即"Мориген-莫日根"是"箭射得准的人"的意思,转化为北方

---

① 20世纪50年代调查组米日阿伦沟鄂温克的传说,据说,在很早以前,有很多人住在黑龙江发源地附近,一个叫"来墨尔根"的是这群人的酋长。一开始他们是靠吃"苔藓"(liewit 'ə)维持生活;不久"来墨尔根"开始用弓箭打猎。当时没有锅,烤肉吃。后来,黑龙江附近的野兽没有了,"来墨尔根"就骑着枣红马,过黑龙江北岸去,他在山上发现一匹巨马,马上坐着一个巨人,马和人都是一个眼睛,巨人跟他要烟袋跟他敬烟,"来墨尔根"刚想给他,不知为什么,自己的马惊跑起来,方向是往回跑,那个巨人就追他,他的马跑得快,过了江,来到南岸,"来墨尔根"对巨人说,"你有能力来比一比",那人没过来。"来墨尔根"回到部落后,就对人们说:去江那边打猎有困难,还是到别处去吧。部落人有的不同意,"来墨尔根"说谁愿意跟我走的,睡觉时头朝西南;第二天他领着一部分愿意跟他走的人,往黑龙江的西南方向来了。在大河边上住下来的是鄂温克人,留在山上的就是鄂伦春人。

民族优秀射手称号。当然,在使鹿鄂温克人中这不是评选的结果,但是有一个公认的标准,条件是:打猎时吃苦耐劳,不怕困难,随时总结打猎经验,熟悉地形和野兽习性;发现野兽,动作迅速、沉着,准确掌握枪的性能,百发百中;能准确掌握风向、判定风向(白天风向山上吹,晚间风向山下压);能够辨别野兽脚印的新旧,能判断是惊跑还是自然出走的(如惊走的,就不追了)。

牧人一般是女性的职业,主要是在山林中牧养驯鹿。驯鹿的日常饲养管理全由妇女担当。在日常饲养上,养鹿没有棚圈,除用驯鹿的劳力或搬家时需要喂食点儿食盐(日量约一小盅)外,不用喂食其他东西,驯鹿群就在驻地附近的某一块地方山沟中自己寻找饲料觅食。驯鹿在严寒的冬天自己能在一米多深的雪地中寻找食物。在夏天,山林中瞎虻和蚊子较多,这时,需要在驻地附近数处架柴烧火,火堆上压上鲜草让它慢燃,多冒烟,借助柴烟为驯鹿驱逐蚊虻。在秋季,阴历九月是驯鹿的交配期,需要给母鹿做临时木圈,将母鹿圈起来挤奶,夜间放出去让它交配,这是因为公鹿在交配期间特别厉害,会影响挤奶和母鹿吃东西。

牧养驯鹿的鄂温克妇女

母鹿的孕期为 8 个月左右,产期为次年阴历的 5 月 20 日至 30 日约 10 天左右,一般为单胎,个别有双胎的,但很少有空怀的,成活率很高,一般均达到 80%。100 只母鹿,可留三四只种公鹿,一般是在二三岁时阉割,有时候在四五岁后亦可。阉割的时间是在驯鹿膘肥体壮的 8 月末,方法是用布把睾丸包好,然后用牙咬碎即可。孕鹿在下崽前后非常需要注意其安全，母鹿下崽前不它让驮运重东西，出汗时禁止饮水。为了防止母鹿下崽后不认鹿崽，下崽时注意不能让母鹿吃掉小鹿的胎盘，不能用手摸刚生下的鹿崽，特别是吃过鸭肉的手，不能摸鹿崽，因为母鹿最忌鸭肉味。在驯鹿下崽期间，禁止烧腐朽的木头、桦树皮等，因为驯鹿崽一闻这种烟就会中毒，在驯鹿下崽期间一般只能烧落叶松木。

由妇女放牧驯鹿的职业分层，一直延续到21世纪的当下。正因为如此，当乌力楞体制退出他们的生活后，山林中的猎民点，往往是由一位年长的妇女为主。截至2011年，猎民在山上有大小8个驯鹿游牧养殖点，除两个点是以一户为基础的家庭点外，其他6个家庭联合点都是如此，如阿龙山猎民点是以玛丽亚·索为主，金林猎民点是以达玛拉为主，阿龙山另外一个点是以巴拉杰依为主，等等。

工匠也是从猎民中逐渐分离的职业，从性别上来说，分为男性工匠和女性工匠，即擅长于手工制造工艺的人。工匠主要是围绕他们的衣食住行生活进行手工制作。纺织技术似乎没有在他们中间发展起来，因此，衣料大部分来自狩猎和采集，主要是犴、马鹿、狍和驯鹿的鞣制皮革，所有的纺织类材料，如麻布和棉布等，都是来自外部输入。由于一年四季气候温度起伏变化不是很大，夏季短促，无霜期仅89—100天，因而春秋相连、长冬无夏，猎民一般只有春夏秋和冬季穿用的两类衣服。特别是由于长年在山林中穿行，棉麻纺织品强度低，容易刮磨损坏，因此皮制服装成为一年四季的主要穿着。由于房屋是用随时随地采伐的小树干搭建，没有特别复杂的技术要求，因此，木匠等工匠职业始终不是一个成熟和独立的职业。桦树皮器皿的制作，使陶瓷器皿制作技术在他们的生活中，也没有获得发展的空间，虽然他们的早期邻邦雅库特人善于制作陶瓷器，或许更主要的原因是陶瓷器具的易碎、沉重的特点不适合他们的山林狩猎生活。铁匠职业在后期发展中似乎有了独立的倾向，特别是男性猎民，由于年龄年长后，不能远距离出动游猎，成为专门的制作猎刀等铁制工具的职业工匠。

如果抛开萨满的精神活动意义，萨满也是一种特殊的职业。首先，这是一个医生职业，萨满一般是以跳神请神方法医治各种心理性、精神性疾病；其次，辨识采集各种药用植物治疗病痛。最初的萨满是女性的专业职业，在他们的口述历史中，有许多著名的女萨满。男性何时进入萨满职

萨满

业，已经无稽可查，到了20世纪50年代，萨满职业既可以由女性承担，也可以由男性承担。萨满的一个更重要的职责是教育和历史传承，每当进行萨满活动时，他们通过追述祖先的活动，向新的社会成员复述族群历史，从而使他们的历史信息得以保留，从这个意义上来说，萨满还具有这个族群的史官的职能。

虽然使鹿鄂温克人的各种职业，可以分层叙述，但是，在实际生活中，体现在每个个体上的职业分工，并不是泾渭分明的，几乎对于每个人来说其他职业，都是在猎民这个共同的职业基础上兼做的。尤其是，虽然在他们的生产生活中也出现了基那斯、阿塔曼、新玛玛楞、给靠列都阿楞等类管理者，但是，还没有形成脱离生产性职业的、真正的职业管理阶层，管理者和被管理者，身份上并没有形成经济地位、政治行政地位的明显差别，从而使他们的社会发展体现出一种社会阶级、阶层分层滞后的文化状态。

(三) 生产单位

生产单位是由社会成员组成的生产实体，也是一种生产组织形式。从历史调查材料看，20世纪30年代，使鹿鄂温克人就是以家庭为基本生产单位组织生产。严格说来，作为生产性单位的家庭，与作为伦理实体的家庭在外延上还是有所不同的。如前所述，他们的伦理实体家庭，主要是一对夫妇结成的以父亲为家长的核心型家庭，家庭的成员主要是父母及其未成年（结婚）的子女，大体上以一个炉灶（撮罗子）为界限。而生产型家庭与此不同，基本上是以一个父系的核心家庭为中心，由数个从中心家庭中分立出去的子女小家庭为边界，有时甚至还包括儿女姻亲关联家庭，即所谓的"亲家"和内亲外戚家庭（如侄系和甥系家庭）。这种扩大了的生产单位,因此就有了两种形态,一种是阿昆纳先-ak'un-naçian 或闹昆纳先(nok'nu-naçian),另一种是奥门贝后特列(omɔnpiextˈəlie)。"阿昆"是"兄辈们"的意思,"闹昆""弟辈们"的意思,参照他们的亲属称谓制度可知,这是指一个祖父以上的祖先后裔子孙组成的群体,相当于家族,是一个祖先核心家庭子孙繁衍的结果。"奥门贝后特列"是比这种群体血缘关系更进一层的群体,即一个父亲的子女组成的群体。

这两种扩大了的家庭形态,在功能上主要是生产单位,一个阿昆纳先-闹昆纳先家庭集团或奥门贝后特列家庭集团居住在一个河流流域进行共同狩猎,被称为一个"乌力楞-urlen",这也就是最初组成的乌力楞的形式。这种以家庭集团的形式进行共同生产(狩猎)的方式,曾经是东北各个族群共同的社会组织形式,因此,给人们留下了深刻的印象,从历史典籍中可以追溯到隋唐时代,延续至元末直至清初。以至于被当作一种民族族群称谓记录于历史典籍中,诸如兀惹、乌惹、乌舍、兀者、嗢热都是对 ur 的不同译音[①]。作为一个历史族群,《契丹国志》载:"屋惹国······衣装、耕种、屋宇、言语与女真人异。"因此,从文献可知,"兀惹"并不是一个通古斯语词,而是一个蒙古语词汇,ur 即"子孙"之意 len 则是通古斯语词中的众数词构词词素,具有"-人们"之意,"乌力楞-urlen",即"子孙们"之意。在使鹿鄂温克人的使用上,"乌力楞"一词正好涵盖了"阿昆纳先-闹昆纳先"和"奥门贝后特列"两种情况。

20 世纪 50 年代,使鹿鄂温克人的乌力楞,其主要功能已经不是原初意义的伦理性实体了,或者说虽然还承袭了一部分氏族的功能,如成员的管理、教育功能,但是,这时的乌力楞与氏族绝对是不能等量齐观的。首先,乌力楞的组成基础,不再是共同的图腾,即相互共同认同的血亲标识。虽然他们的整个族群仍然以"两个犄角的大蛇"为共同的祖先神,即图腾,但是,这时的祖先神,不具有区别氏族婚姻的作用,而只作为族群认同的标识。乌力楞组成的基础是狩猎的猎场。猎场一般是以河流为区

---

① "兀惹"的含义大体有二:一是部族的名称,如《辽史·百官志》所载之"兀惹部";二是城池之名,如《辽史·景宗本纪》载:"燕颇走保兀惹城。"兀惹国(995—996 年)是契丹灭渤海后,10 世纪后半期原渤海国遗民建立的国家,大约在今黑龙江流域。史书上又称"兀惹国""乌舍国"。又作吾者、斡者、斡拙。辽代称乌惹、兀惹、乌若、乌舍、嗢热;金、元两代又称乌底改、兀的改、兀的哥;或称野居女直、兀者野人,一作吾者野人。

域边界划分的狩猎场所，只有大体的边界，没有明确的边界，是一个相对独立的狩猎生产区。有时也指猎取某种野生动物的山林，如猎取灰鼠的猎场。其次，乌力楞不是一个婚姻单元，乌力楞内部成员并非完全是同一血缘群体，一般都是两个以上的血缘群体，即两个以上的姓氏，因此，只要不是一个姓氏，虽然是一个乌力楞的成员，仍然可以通婚。如20世纪50年代依那肯奇的乌力楞和票德尔的乌力楞。依那肯奇是固德林·布利托天姓氏，他的乌力楞几经变迁，有些维持了十几年，有些一年之后就散伙了。他的乌力楞曾经与布利托天姓氏、索罗共姓氏、卡尔他昆姓氏在不同时期组成过乌力楞。在一起的乌力楞，往往是在转换猎场时成员就各奔东西了。票德尔是布利托天姓氏，据他记忆，1940年，他的乌力楞就是与固德林·布利托天、索罗共等姓氏在一起组成的。到了1956年索罗共姓氏的成员迁往其他猎场，他的乌力楞虽然以他的血缘关系为主，包括了他的三个儿子，但是，还有一个固德林姓氏的家庭，即他的女儿的儿子瓦洛加的家庭。最后，进入20世纪50年代，乌力楞的组织共同生产的功能也有所弱化了，逐渐向兼有地域性功能的社区组织变迁。正如在他们的历史记忆中所描述的：原来乌力楞的成员都聚在一起游动，共同劳动，平均分配猎获物。但自灰鼠的生产盛行起来以后，每年冬初移动到猎取灰鼠的新猎场以后，就分散成每二三家在一起结伙打猎，有时也和其他乌力楞的成员搭伙，一起打灰鼠，往往相距自己乌力楞的其他各户很远，到了第二年春打完灰鼠，再回到原来的游猎区，与原来同一乌力楞的各户聚在一起。

灰鼠

1952年在政府主导下，将乌力楞与防火小组进行组合，建立了5个乌力楞—防火小组的结合体，在乌力楞传统的生产组织功能基础上，赋予了新的社会生产职能，即护林防火职能，乌力楞越来越多地向地域性生产组织发展。及至后期，通过安置定居，乌力楞的社区居住功能也失去，逐渐变迁为单纯的生产性单位——"猎民点"，仅仅承担狩猎、放牧驯鹿和护林防火生产任务。直到当下21世纪，乌力楞的称谓也逐渐淡化了，乌力楞彻底被驯鹿放养的猎民点取代。截至2012年，在根河市境内的山林中，设立了5个驯鹿放养点，放养着1000头左右的驯鹿。在乌力楞体制下，"尤那格他"，即猎人小组是乌力楞内部的生产单位，主要是组织犴、鹿等大型动物的狩猎。然而，20世纪60年代后，由于他们集体集中迁居到敖鲁古雅河流域，而且有了更加先进的步枪作为狩猎工具，猎人小组的组成方式也发生了变迁，不再是由乌力楞的"新玛玛楞"选择组成小组，而是由已经建立的、鄂温克猎民的东方红猎业生产队（1967年4月1日建立）组织实施。

在以往的历史进程中，猎手个人始终不是单独的生产单位，最初，猎手个人是随着家庭在乌力楞中成为组成乌力楞和狩猎小组"尤那格他"的成员，但是，由于步枪等先进的狩猎工具的不断引进，先是在猎取灰鼠的狩猎生产中，个人成为独立的生产单位，随之，其他大型动物也可以由一个猎手完成猎获任务，因而20世纪80年代以后，随着驯鹿养殖的家庭承包经营，猎人的个体狩猎也有所发展，个人成为与其他狩猎组织形式相对存在的生产单位。

第二节　物质资料消费方式变迁

物质资料的消费，是人们最基本的物质生活内容，因而也是物质生活方式，即物质文化的基本内容。使鹿鄂温克人的物质资料消费方式，并不是一成不变的，而是经历了由简单到复杂的变迁过程。这种变迁，更多地体现在他们的消费观念、消费资料获取方式和消费对象或内容的不断变迁进程中。

一　最基本的消费观念

消费观念是消费文化行为的基础，约束着人们的物质资料消费活动。

为满足人们的需要，生产方式提供了各种手段来获取消费物资，但同时也形成了一定的消费观念，规定并限制了人们的要求。

（一）消费观念主导的消费文化

使鹿鄂温克人的消费观念，承认在一定范围内的要求是适当和必要的，超出这个范围的要求是浪费和奢侈。因此，便形成了一个标准，对消费的数量和类型进行控制。人们用这个标准来衡量自己的物质是充足还是欠缺，哪些物质如何消费。按照这个标准，人们可以把多余的节约起来。有欠缺时，人们会感到不满。

止于最基本的生活需要，安于简朴的生活是使鹿鄂温克人传统教育的一部分，从而形成节约的消费观念。对于物质生活资料的浪费，会受到良心和舆论的惩罚。对于他们来说，节俭是受到鼓励的，他们认为随意扔掉未用尽的任何东西会触犯天神，它的代表就是他们的"敖教尔"神，如果触犯了神灵，那么在以后的日子里将会遭遇不幸。在猎民社区中，动物是流动的，而且是有着一定的生长周期和增长速度的，因而，狩猎生产可能受到各种影响，猎获物不足，进而威胁到生存，因此，知足和节俭具有实际价值。正因为这样，在日常生活中，他们由于感受到狩猎生产的不确定性，维持正常生活的最低消费，是他们的基本观念，他们满足于所能维持的基本生存需求，从而将超出基本生活需要的物资储存起来，以备日后的消费。当然，当他们所获得的猎物超出最低消费需求的时候，也会把多余的物品储藏起来。但是，这种节俭只限于日常生活消费，而在他们的婚丧礼仪和相互聚会的场合，似乎节俭思想就烟消云散了。人们认为婚丧礼仪中的开支并不是个人的消费，而是履行社会义务。如前面已经提到，父母应尽力为儿女的婚礼准备最好的彩礼与嫁妆，在可能的条件下，摆设最丰盛的宴席。子女必须为父母亲提供最好的棺材和坟墓，并宴请同乌力楞以及其他亲属。

正因为如此，炫耀式消费观念，在使鹿鄂温克族群中并不明显，或许还因为在同质性的消费生活中，大家的消费内容是相同的，因此也不存在炫富或炫酷类型的消费基础和动因。这也体现在他们的日常节庆日比较少，甚至在他们的口传历史中，没有提到有什么特殊的自己的节日。在20世纪50年代调查中了解到的，每年6月10日前后的"斯特罗依查"节，也不是他们的民族节日，而是基督教文化的节日，是继圣诞节、复活节之后的圣灵降临节。

消费活动中的有些禁忌，体现了他们神灵优先的消费观念。在这种观念的指导下，有些东西是人或某些人不能直接消费的，如熊的头、喉、舌、鼻、眼睛，连同颈骨，脚上的各小节骨，掌以及右上肋骨二根，右下肋骨三根，左下肋骨三根都是人不可以吃的；熊尾和前肢，男人不能吃。猎取到犴或鹿时，在没有敬神之前，猎民是不能享用犴、鹿的头、食道、心、肝、肺等物品的，而是需要先拿到撮罗子内，履行完敬祀"玛鲁神"的仪式后，人们才可以分享。在日常生活消费中，吃东西前必须先敬火塘之神，吃饭、喝酒都先割一小块肉或洒一点儿酒向炉灶，嘴里说祝福的话，然后，才可以自己吃喝，他们认为如不这样会遭到火神的不满。

（二）共同消费观念

"宝来的楞"，体现了他们共同消费的观念。"宝来的楞"是指一大块东西，按各自的需要，各自割下一块，由几个人或几户分几块，然后，在各个撮罗子里按家庭进行消费，体现出对猎获物的共同消费观念。他们认为，只有对猎获物共同消费，才能在今后的狩猎生产中继续猎获野兽，否则将打不到猎物。因而，这是普遍原则。按照依那肯奇·固德林老人的话说："我们鄂温克人，谁家打了一只野鸡，也都是有几户分成几份，是平均分配。"然而，事实上，从分配的量而言，并非一定是平均的，而仅仅是体现为共同享用了猎获成果，因为这种分享往往不是按人头平均，而是按户平分，而各个家庭人口不同。

共同消费，显然是使鹿鄂温克族群消费观念的明显特点，他们自己感到这种观念的优越。20世纪50年代，伊那肯奇·固德林老人谈到这个问题时说，鄂温克人和俄国人一起打猎，俄国人打到野兽不分给鄂温克人，而鄂温克人打到野兽则分给俄国人。呼玛一带"盘靠千"的鄂伦春人也是这样。伊那肯奇亲自看到有一家鄂伦春人打到了猎物，只把肉分给了一家人，其余的四家都没有吃到。打住犴的人家，晒了很多肉干，可是别人家的老太太来要点肉，只给一点儿肠子。打住狍子干脆不给别人家分，只是自己吃。伊那肯奇认为，这是多么奇怪和不合理呀！我们鄂温克人打住一只野鸡也是一个乌力楞有几家，就分几块，可是鄂伦春人，一家打住犴，别人家都吃不着。当时我就问打住犴的鄂伦春人，"你为啥不分给乌力楞的人呢？"他说："他是另一家的，我干啥给他？"因此，伊那肯奇调侃地说:"他们大概都是打住就吃,打不住就饿着吧!"他又说:"我们鄂温克人在他们那里打猎,是把野兽照样分给他们每一家的。"

(三) 特殊消费观念

特殊消费观念,是对一些特定猎物的消费取舍、消费利害的思想,从而决定了他们对某些猎物的态度。如对于害死人的熊,既不举行风葬,也不消费它的肉,只剥下皮子留用外,其他的东西都扔掉。在其他动物肉食上,也有一些说法,如孕妇禁止吃鱼头,以防流产;产妇不得吃腐肉和被猎伤部位的肉;供"玛鲁"用的鹿、犴头妇女不能吃;鹿、犴的食道、肺,无论男女都不得吃;小孩不得吃鹿、犴、狍崽的肉,防止得软骨病;献给"玛鲁"的驯鹿心、肝、肺、食道、头煮熟后,人不能吃;打住鹿、犴、狍子,当日不能吃其舌,也不能切断其食道,过三四日以后才可。也不能切断或弄破野兽的阴物。

这种特殊的消费观念,还体现在他们对被猎获熊的仪式化的消费方式上。在鄂温克人的口传历史中,熊是一种特殊的动物,据说它过去也是人,而且他们把公熊称为"合克",即比父亲年长的或上辈的祖父、曾祖父等男性长辈;把母熊称为"额我"即比父亲年长或长辈的祖母、曾祖母等女性长辈。并认为熊是因为犯了错误,上天惩罚它用四条腿走路,因此与人有了区别,但是仍然通人性。因此,猎获了熊,在他们的观念里就等于打死了自己的长辈,从而在消费熊肉时,就必须采取一定的仪式,保留熊的灵魂附着的身体部分,只吃掉那些不能附着灵魂的身体部分。

正因为熊在使鹿鄂温克人观念中是一种特殊的动物,从而在消费中就不是像消费其他动物那样随意,而是要履行一些仪式性程序。首先,猎到熊后,不能说打到熊了,要说熊睡着了;其次,分配熊时,猎获者不能要熊的头和皮,只能要熊的前半身;熊的头和皮,以及后半身,要送给未打中熊的人;再次,熊的心、大脑、食道、眼睛、肺、肝等都不能吃,尤其是熊尾和前肢,男人不能吃,否则熊会夺去他的枪和棍子;最后,要分两天两次集体一块儿吃熊肉。第一天,分到熊的头和皮、后半身的人家,按照乌力楞的户数,分割成相等的块数,煮好后,乌力楞全体成员都到这家共同吃后半身肉。第二天,猎熊的人家,同样按户数分割好熊的前半身肉,并煮好后,乌力楞全体成员再到这家吃前半身肉。

吃的过程是人们围坐在一起,煮好肉后,先敬灶火,给火中祭烧一些肉，然后，大家一齐大喊祷告："嘎——嘎！是乌鸦吃你的肉，不是鄂温克人吃你的肉。"之后，先由前面的三个人，每人吃三勺子肉油，再传给其次三个人吃三勺，这样转三圈以后，大家就可以随便吃其余的肉了。吃完了肉，还要举行风葬仪式（见后宗教仪式）。

二 获取消费资料的方式

分配，是家庭和个人获得维持生存需要的物质生活消费资料的基本方式。从使鹿鄂温克人的口传历史中，可以看出，他们的分配制度经历了共同生产，统一分配—共同生产，统一交换，平均分配—共同生产，按劳取酬等不同形式发展历程的变迁。20世纪50年代，使鹿鄂温克族群的消费资料获取方式，正处于共同生产、统一交换、平均分配的阶段，然而共同分配并不是完全的平均分配。同时，共同生产、按劳分配的制度正在形成进程中。

（一）共同生产，统一分配

在使鹿鄂温克人的口传历史中，共同生产、统一分配是他们内部获得物质生活资料的最初形式，因而，可以说这是他们基于氏族公社共有制传统的物质生活资料获取方式。正如前述依那肯奇·固德林所说："我们鄂温克人，谁家打了一只野鸡，也都是有几户分成几份，是平均分配。"然而这种分配模式，并没有贯彻始终，似乎在他们开始同俄罗斯人进行商品性狩猎产品交换的时候，就已经受到了破坏，首先是灰鼠子皮和肉已经走出了这种统一分配制度，成为体制外的一种分配形式。进入19世纪末，似乎纯正的共同生产、统一分配的物质生活资料获取方式，就已经不完整了。如1892年他们的驯鹿遭遇瘟灾后，他们的灾后生活重建，并不是在共同生产的前提下完成的，而是几乎在各个家庭和猎人各自为政的情况下完成的。只不过由于他们传统文化的惯性，即狩猎生产和山林牧养驯鹿的特殊需要，他们又恢复了共同生产、统一分配的生活方式。

当他们在驯鹿群几乎整体性死亡后，体验通过向其他族群（俄罗斯人）出劳务获取物质生活资料的艰辛和不自由后，1897年由满洲里方向迁徙而来的貂群，为他们重建山林游猎—游牧生活提供了契机。

据猎民回忆，他们向自己的"安达克"借支了口粮，进山猎取貂皮，出售貂皮后向阿马扎尔河的同胞购买了新的驯鹿,从而恢复了他们的山林狩猎生活。可以说,这次的生活重建,除去貂群所提供的机遇外,商品交换的重要性不言而喻地成为重要力量。特别是他们对狩猎产品的商品交换价值的发现,使他们懂得了不仅仅是狩猎可以获得物质生活资料,而且狩猎产品的商品交换也可以获得物质生活资料。于是,他们获取物质生活资料的手段或途径有了新的内容。恢复后的狩猎生活,自然而然地将狩猎产品的商品交换作为一种不再放弃的生活方式,因此,他们获取物质生活资料的方式发生了变迁,商品交换关系嵌入他们的物质消费生活之中,共同生产、统一交换、平均分配成为必需的形式,单纯的共同生产、统一分配的物质生活资料获取方式,逐渐被新的物质生活资料获取方式所取代。事实上,20世纪初,他们的共同生产、统一分配、共同消费的制度就已经终结了。

(二) 共同生产,统一交换,平均分配

据使鹿鄂温克人的口传历史,他们与外部族群商品交换开始的历史时间,不早于19世纪中期。在19世纪末叶以前,他们主要是通过狩猎生产满足自己的消费需求,当然是共同生产、统一分配的形式。

但是,在依那肯奇·固德林小的时候开始(约19世纪90年代末),他们就有了同外部交换的需要,粮食、盐、火柴、茶、酒、烟等自己不能生产的产品,需要同俄罗斯人进行交换。因此,他经常随同祖父到额尔古纳河西岸俄罗斯甫克洛夫克村同俄国农民做物物交换,主要用猎取的野生动物的肉和自制的桦树皮桶等制品与俄国农民交换黑面、面包以及上述生活物资。双方交换的目的,并不具有完全的商品交换性质,而是以消费为目的的以物易物,调剂余缺的交换。

进入光绪三十四年(1908—1909),清政府对他们与俄罗斯人的狩猎产品的商品交换,从制度上予以认可,并制定了专门的管理制度。时任额尔古纳河边境总卡伦总卡官赵春芳,为了控制俄罗斯商人与使鹿鄂温克人狩猎产品商品交易,特制定了《俄商与鄂伦春(鄂温克)贸易暂行章程》十三条。章程规定,俄商入山与猎民贸易,应缴纳包税2000卢布,方可领票(交易许可证)入山;包税于当年八月二十日先纳一半,即1000卢布,来年十二月初一交齐余下1000卢布;入山俄商,一人可携带三个"伙友",并鸟枪或手枪一支;俄商入山前一日,需到株尔干总卡伦"声明",填写护照,方可入山;俄商入山交易货物,除华商所无之货,无论何项货物,均须由华人商铺贩入。

当时使鹿鄂温克人对外物资交易的地点(市场),主要有黑龙江北岸漠河村对面的伊格纳希诺村、洛古河对岸的甫克洛夫克村和额尔古纳河西岸奇乾村对面的乌启罗夫村。据20世纪50年代一位出生于1891年的俄罗斯老太太说,使鹿鄂温克人经常进行毛皮交易的俄罗斯乌启罗夫村,在她小的时候,整村只有一家小杂货铺,主要是与当地的俄国农民交易。甫克洛夫克村虽有几家收灰鼠皮,但价格极低,每二百多张皮子才能换到一袋子黑面,而且收皮子的数量很少,因而皮张不是主要的交换品。但是,从1906年开始,即俄罗斯老太太15岁时,塔塔儿(鞑靼)商人来到乌启罗夫村收购毛皮,使鹿鄂温克人猎获的毛皮交换价值迅速提高,毛皮交易很快成为获取厚利的行业,俄罗斯商人与猎民结成了稳固的交易关系,即"安达"关系。俄罗斯老人记得,每年立夏前后,鄂温克猎民五、六户一伙,即一个乌力楞,带着皮张来到乌启罗夫村,与他们的"安达"进行交易,换取他们所需要的物质消费资料。每个乌力楞都有与其交易的固定伙伴——"安达"。与此同时,也进一步推动了使鹿鄂温克人的狩猎业向商品生产发展,他们最初是用貂皮、灰鼠皮、猞猁皮、水獭皮等细毛皮与商人交易,随后,他们的几乎所有狩猎产品都商品化了,都可以进行交易。因此,在20世纪50年代之前,在使鹿鄂温克族群中,物质消费资料的获取,形成了以乌力楞为单位,共同生产、统一交换、平均分配的新模式。生产继续由"新玛玛楞"按猎手的人数、技术分配打猎任务,统一组织共同生产。有一部分猎手去打犴、鹿,有一部分去打灰鼠、貂或其他猎物。参与分配的狩猎产品,分为直接平均分配和间接平均分配。直接平均分配的是自用的皮张和肉,猎获的大型兽肉和皮子拿回来,按户平均分配;间接平均分配的是商品猎物、灰鼠皮、貂皮、猞猁皮、鹿茸等商品猎物,统一在市场上卖掉,换回的日用品或钱,在乌力楞内,按参与狩猎的劳动力人数,以及同一乌力楞中的寡妇、孤儿、失去劳动的人进行分配。一个劳动力得一份,孤儿得半份,寡妇得半份,不能参加劳动的老人得半份,分配的原则是保证所有乌力楞的成员,能够保证正常生活的进行。

对于没有劳动力的寡妇、孤儿、老年人,乌力楞有能力的猎民必须给予关照，同其他成员一样分配给他们必需的物质生活资料，这在使鹿鄂温克语来说叫"尼玛的乌楞"，即无条件抚养和"给"的意思。他们认为：帮助没有劳动力的人是好事，如果有人不帮助人，被社会上斥责为没有道德的人，谁也不会理他。虽然这种分配，仍然保持了一定的平均分配的倾向，但是很明显，其中一部分狩猎产品的分配，已经从直接分配转变为通过市场交换后的间接分配。甚至于到20世纪50年代，他们通过共同生产、统一分配所获取的物质生活资料比重逐渐下降，商品价值高的小型动物毛皮的集体统一市场交换，被个体交换所取代，共同生产、统一交换、平均分配的范围只包括鹿、犴、野猪、熊等大型动物，而灰鼠、狍子、野鸡一类小动物不再参与统一交换、平均分配。根据20世纪50年代的调查统计，1953—1959年使鹿鄂温克人个体交换的狩猎产品在他们的经济生活中已经占有重要地位，在商品交换中，个体出售的猎获物占总出售额的70%左右；在他们猎业总收入和衣食总消费中所占比例为40%左右，其余50%以上的收入是通过平均分配而来的。

20世纪50年代虽然小型野兽的皮毛、肉的分配退出了使鹿鄂温克人统一分配体制，但是大型野兽毛皮、肉等主要消费资料的分配一直持续到20世纪60年代初期。当时（50年代）的调查者说："在鄂温克人的社会里，共同生产和平均分配的制度至今（1957年7月）还活生生地保存着。"[①] 调查组详细记录了尚且存在的大型野兽毛皮和肉的共同生产、统一分配制度，包括优先分配、按需分配和轮流分配的原则，仍然可以一窥他们在物质资料获取方式上共同生产、统一交换、平均分配的制度运作方式。

首先是毛皮分配制度，实行的是未猎获者优先的分配原则。使鹿鄂温克人对猎物的分配观念就是：没打住猎物的人，有权先要打中野兽的猎手的猎物。自己打了都给别人的猎手，永远能打住野兽。只顾自己，不顾别人的人，永远打不着野兽。即他们认为，打住东西先给别人，才是社会认为的好人。猎人打住野兽，兽肉自然是乌力楞的人各户平分。然而，兽皮猎获者自己绝对不能先要，要先分给没打中的人，打中者无权先要皮子。

[①] 内蒙古自治区编辑组：《鄂温克族社会历史调查》，内蒙古人民出版社1986年版，第192页。

如果一个乌力楞中有五个人出猎,其中一个人即使打了四只野兽,皮子也没有他的份,必须打够第五只,也就是最后一张皮子自己才可以要。而自己打的东西自己要或要好的部分,在他们认为最可耻的行为。一般猎手在打到犴、鹿等猎物后,剥完皮,放在原狩猎处,自己返回营地,即乌力楞,应该分得皮子人家的妇女带着自己的驯鹿,进山将猎手存放的肉和皮子驮回来,然后将肉交给乌力楞的负责人"新玛玛楞"按户平均分配。

其次是平均分配的原则。特别是对犴、鹿等大型野兽肉产品的分配,更加体现出平均分配的倾向。有权参与兽肉的分配是乌力楞所有家庭,每户一份。对犴的身体上特别好吃的部分,在传统上形成了一种固定的分配法,即非猎获者优先平均分配的原则。

20世纪50年代,激流河支流亚格鲁其河流域聚居的是使鹿鄂温克固德林姓氏的6户猎民组成的乌力楞,称为"亚格鲁其千"。调研组刚刚到亚格鲁其千乌力楞展开调研时,正赶上他们六家之中,有一家打着了一头"犴达罕"。这一家把犴肉,分成了六份,自己留一份,其余的每家送了一份。犴的具体分配方案:

1. 脊骨共有八个,六户一户一个,剩下两块短骨打中者留下;
2. 小腰骨有八个,六户一户一个,剩下的给别人;
3. 心脏一个,六户,把心脏剖成六块,一户一块;
4. 肾脏两个,六户,分成六块,一户一块;
5. 犴爪子四个,六户,先结四户,下次打到再给其余两户;
6. 犴的肋骨有十六个,六户,各户分三个,有的户分两个,下次打了再补;
7. 犴如果是俩猎手出去打的,有一些东西是打者二人留下的,如胯骨一人一半,犴鼻子是打者二人平分,犴舌是打中者要。犴腿肉、肩骨,打中者与乌力楞各户都有平分权,但出猎未打中猎手无权分得。

最后是轮流分配原则。如一个乌力楞的四个猎手一起出去打猎,甲猎手打住一个鹿,要把鹿皮、鹿茸、鹿尾先给丙猎手;鹿肉由乌力楞的各户平均消费,鹿头肉由甲猎手留下消费。同理,如乙猎手打到了鹿,鹿茸、鹿皮、鹿尾要先给丁猎手,丁猎手打到了给甲猎手,丙猎手打到了再给乙猎手。

最初,所有猎物的分配,是由乌力楞的"新玛玛楞"负责主持的;

但是，自20世纪初以后，猎获的兽肉分配，不再由"新玛玛楞"主持，而是由各家轮流担任，即每次肉的分配者也是这次所猎获的动物皮子的分得者。在使鹿鄂温克族群没有同外部族群进行物资交换、获取生活资料的时期，全部物质生活资料来源于野生动物的皮肉，他们以兽皮为衣、兽肉为食，有了肉和皮子就有了一切。因此，作为消费资料的狩猎产品的平均分配，使失去劳动力者和鳏寡孤独者的生活得到了充分保证。在他们的口传历史中，过去曾有过一位叫乌库利娜的寡妇老太太，无儿无女，她与依那肯奇·卡尔他昆是同一个乌力楞。乌力楞中的各家都对她很照顾，不仅送给她肉和皮子，而且经常由其他妇女把皮子做成衣服送给她。乌力楞搬家时，让她骑在驯鹿上，由依那肯奇的妻子牛拉给牵驯鹿。她虽然不能劳动，但一直到她八十多岁去世的时候为止，其生活与其他乌力楞的成员没有什么差别。

这种平均分配，不是建立在社会全体成员个体基础上，而是建立在组成乌力楞的各个家庭基础上。因而，在各个家庭层面上体现了平均分配，而在社会成员个体上不一定取得平均分配的效果。这种影响，逐渐被他们所认识，并产生了改变的冲动。

（三）共同生产，按劳取酬

进入20世纪60年代，使鹿鄂温克族群以乌力楞为单位，以家庭为基础的共同生产、统一交换、平均分配的物质消费资料的分配—获取形式，遭遇了困境。首要原因是财产家庭私有制的固化和外部商品交换，这两者相互促进和强化，因此可以看作是一体的两个方面。

灰鼠、狍子、野鸡一类小动物不再参与统一交换，平均分配的事实本身，形成了对全体乌力楞家庭共同劳动、平均分配的物质资料分配—获取方式的冲击。一个小家庭，如果能够猎获较多的灰鼠等商品性猎物，因为不必参与共同分配，这个小家庭就可以获得较多的劳动产品剩余，从而增大自己家庭的消费的可能性。而这些小型动物狩猎产品可以留在一个小家庭范围内消费的物质利益诱惑，催动了人们对物质生活资料的占有意识，家庭私有制也就应运而生了。物质生活资料的家庭私有制的巩固，反过来对原有的共同生产、统一交换、平均分配的经济伦理原则的公平性，提出了质疑；同时，物质生活资料家庭私有的利益，产生晕轮效应，在社会上不断扩展为新的公平性基础，家庭占有成为一种普遍原则。这正如当年依那肯奇·卡尔他昆所说："别人打的皮子不分给我了,我也就不再分给别人了。"原来的物质生活资料分配—获取原则首先被这些能猎获更多皮张的人们所冲破,逐渐形成为一种普遍的制度。

20世纪60年代,以家庭为基础,共同生产、统一交换、平均分配被取而代之的是共同生产、按劳取酬的物质资料分配方式(获取方式),在现实生活中逐渐成为公认的伦理原则。

这种变迁的动因,来自这种制度本身。在共同生产、统一交换、平均分配的物质消费资料的获取形式下,家庭消费资料狍、鹿的肉和皮子平均分配的结果,导致有的猎民户虽然劳动力多,技术高,打的鹿狍也多,但是他分到的肉和皮张未必比别人多,甚至按他们"打中者不能自己要皮张"的传统习惯,猎到野兽的猎手人家所分到的份额,反倒比别的人家要少一些,从而引起了物质资料消费的不平衡。因此,迟至20世纪60年代初,猎民中打中猎物的猎手开始寻求突破传统习惯,也开始自己留下一部分皮张,以改变打的多、分到的少的情况。

20世纪60年代初,使鹿鄂温克猎民被政府分配在五个防火小组内,有劳动能力的猎民成为护林员。防火小组的工作范围是按照原来乌力楞的游猎范围进行的划分,从而使嵌入的防火组织制度与他们实际上的乌力楞制度实现了融合。因为防火是一项森林采伐产业的附属性职业,被选中担任护林防火员的猎民是有劳务报酬的,所以这种融合就不仅仅是一种简单的、机械的镶嵌式融合,而在他们获取物质生活资料方式中引进了新的形式,即可以通过获得防火护林员劳务报酬,再通过市场交换获取物质生活资料。然而,由于当时的野生动物资源丰富,整个族群物质生活资料的获得还是建立在狩猎生产基础之上的,劳务报酬提供的物质生活资料不占主要地位。因此,物质生活资料的分配—获取还是按照传统习惯进行的。下面是第　组在1960年3月至8月,鹿、狍的猎获量及其皮张分配的具体情况。

表3—1　　　　　1960年3—8月第一组猎获皮张分配情况

猎民户主	人口	劳动力	猎获野兽 狍	猎获野兽 鹿	折皮张	分得皮张	分得皮张本人获得百分比
米哈依尔	12	2	1	8	9	5	55.5%

续表

猎民户主	人口	劳动力	猎获野兽 犴	猎获野兽 鹿	折皮张	分得皮张	分得皮张本人获得百分比
马克辛	4	1		3	3	2	66.6%
西苗	6	1				4	
别道	4	2	2	1	4	5	125%
合计	26	6	3	12	16	16	

从表中可以看出，第一组4户26口人，6个劳动力，猎获3头犴，12只鹿，因为大犴皮分割为两张，共得犴、鹿皮16张，如果按人头平均分配，每人应得0.61张皮子。但是，实际的分配结果却不平均，米哈依尔家12口人，人均获得皮子0.41张，而马克辛家4口人，人均0.5张，西苗家6口人，人均0.6张，别道家4口人，人均1.25张。而米哈依尔家猎获皮张量，占总量的56.25%，得到的分配量仅达总量的31.25%，马克辛家占12.5%，西苗家占25%，别道家占31.25%。实际情况说明，米哈依尔家贡献了全部劳动成果的60%，但是，所获得的分配结果只占到分配总量的31.5%，而没有劳动成果贡献的西苗家，所获得的分配结果却占到分配总量的25%，其他各家所获分配结果，都要高于米哈依尔家。这显然是一种权利和义务不对等的分配不公。这种分配制度，是建立在"打中者不能要自己猎获的皮张"的伦理规范基础之上的，这曾经是使鹿鄂温克人共同遵守的天经地义的获取物质生活资料的分配原则，然而，由于所造成的实际上的物质消费资料分配不公，这种方案被突破也就是迟早的事了。

事实上，进入20世纪60年代，平均分配获取物质生活资料的制度，就已经开始进入了逐渐改变原来面貌的历史进程。据使鹿鄂温克人口传历史，1960年春维克特尔和谢拉杰依兄弟二家一起打灰鼠期间，维克特尔打了5头犴和2只鹿，鹿都有胎。他按照传统"打中者不能自己要皮子"的原则，把若干张犴皮、两张鹿皮和两个鹿胎都分给了谢拉杰依。然而，轮到谢拉杰依，打了2头犴，只分了一张犴皮给维克特尔，而自己留下一张犴皮，没有遵守传统。维克特尔虽然遵守了传统，但是他对这种不公平的现象很不满，认为应该在会上提出来规定一个比较合理的办法，显然"按劳取酬，多劳多得"的意识已经开始萌芽。

共同劳动、按劳取酬的实践，起始于他们猎取灰鼠的生产，然而，大型野生动物的狩猎小组同猎者，即猎犴、鹿的共同参加"尤那格他"的猎手，在20世纪60年代也开始实行了这个方法。劳动力少和技术差的人虽然对分配关系的这种变革不满，但他们终究不能阻止灰鼠皮由原来的平均分配向个体占有发展这种必然趋势。依那肯奇·卡尔他昆说，当时有一些人认为灰鼠皮谁打归谁不符合传统的习惯，但也不能强使别人的皮张在"乌力楞"中平分。

物质资料分配—获取方式变迁的外部推动力，是他们同外部族群商品交换关系的发展。在20世纪60年代，依那肯奇·卡尔他昆追溯历史时说，在他的长女阿嘎尔别娜出生的那年，即1908年起，额尔古纳河两岸俄罗斯商人日渐增多，毛皮生意也日渐兴隆，商人们大量地收购灰鼠皮，其价格剧涨，每张灰鼠皮由过去的一角一分增长到六角。过去用二百张灰鼠皮才能换到一袋子黑面粉，这时只用八张灰鼠皮就可以换到一袋子黑面粉了。

灰鼠皮的收购竞争，促使俄罗斯商人为了稳定地获得毛皮交易利润，寻求改变与整个乌力楞交易的不确定性，单独与一至数个猎民建立"安达"关系，这使使鹿鄂温克人与俄罗斯商人的集体商品交换兴起不久，就演变成为个体交易。由于每个与鄂温克猎人交易的俄罗斯商人，为了能够稳定获得希望收购的灰鼠皮，一到秋末就带很多货物进山，先赊给鄂温克猎人，条件是要把他当年冬季的全部灰鼠皮收归己有。这样一来，集体统一交换、平均分配与俄罗斯商人要求的个体自主交换之间发生了矛盾，猎民为了从俄罗斯商人手里赊得自己所需要的物品，不再为平均分配这一制度而束缚。因而，打到的猎物多，换得的物质生活资料就多的刺激，促使"按劳取酬、多劳多得"的意识进一步发展。俄罗斯商人通过舆论进一步强化按劳取酬、多劳多得的观念，他们之中一些与技术好的猎民在交易的过程中极力宣传："你们交来的灰鼠皮越多，我们所给的东西也多，把灰鼠皮在乌力楞中平均分配不合理，你们吃亏"，等等。而且，为了占有某个猎民全部猎获的灰鼠皮，确保自己赊销给鄂温克猎人那些物质生活资料的稳定回报，有些俄罗斯皮毛商在秋季入山把东西赊给鄂温克人后也直接参与狩猎生产，跟随猎人一起游猎，随打随收。

然而，虽然灰鼠皮的狩猎，猎民可以独立自主完成，但是猎民衣、食等主要的生活资料，犴、鹿等大型野兽的狩猎生产还必须集体进行，因而，共同劳动、统一分配与在商品交易刺激下形成的按劳取酬、多劳多得两种物质资料分配—获得方式相融合，最终正式发展成为"共同劳动，按劳取酬"的物质生活资料分配—获取方式。

三　消费内容的变迁

使鹿鄂温克人的消费内容随着物质生活资料来源的不同，而发生了变迁，具体体现在他们的饮食及其制作方式、衣着服饰及制作方式、住房及居住习俗以及子女的生养及教育方式等各个方面。

（一）饮食及其制作方式的变迁

使鹿鄂温克人具有朴素的营养观念，认为肥肉、鱼汤、驯鹿奶和生吃犴、鹿、狍子的肝和肾为最有营养。产妇在生产之后，一般多给她们吃一些野兽肉汤、飞龙汤和鱼汤，让其较快恢复健康。在1892年他们的驯鹿灭绝性死亡之前，他们获取食物的主要方式是共同生产、统一分配，主要食物是野兽肉，主要是以犴、鹿、狍子、熊、野猪、猞猁、鱼类、灰鼠、獐子、野鸭子、飞龙、乌鸡、野鸡、棒鸡、大雁等禽兽的肉为食。

因为没有外部物质生活资料的输入，他们的消费内容与他们的狩猎—采集生产基本相吻合，但是，由于同俄罗斯族群的接触，特别是同俄罗斯族群商品交换关系的发展，俄罗斯族群的农产品的输入，为他们提供了新的消费内容。

他们的口传历史中，在列拿河时代，他们曾经一年中有半年以鱼为食，并且穿着鱼皮制作的衣服，使用鱼皮制作的物品。似乎他们使用铁锅做饭的历史也不是很早，曾经记得用桦树皮桶或动物的胃煮肉，或者干脆只用火烤或烧肉吃。由于1892年他们的驯鹿几乎死绝，他们曾经到额尔古纳河西岸俄罗斯的乌启罗夫村的"安达"家打工，直到1897年，在俄罗斯人家生活，吃俄罗斯人的饮食，或许正是这个时候，他们向俄罗斯族群学习了不同于自己传统的饮食及其制作方式，培养了新的饮食习惯。因而，在后续的生活过程中，消费农耕产品已经成为他们物质生活的重要内容，及至商品交换的发展，其中一个重要交换商品就是用毛皮交换俄罗斯农民的粮食，用于自己消费。

显然，制作面包是受到俄罗斯族群的影响。据说在20世纪初期他们只是学习了面包的烙烤法，但是，不懂得需要发面，烤制的是生面面包，直到后来，才学会了用发面烤制面包。他们在制作面包上，并没有完全照搬俄罗斯族群的做法。第一，和面、发面用的容器，是用桦树皮或桦木制作的，称为"和利夫克"；第二，烤面包的炉子是用石头搭建的，称为"别乞"，一个乌力楞一般只搭建一个炉子，一般是在撮罗子的外面；第三，他们发面的方法比较独特，是用驯鹿奶作"面引子"，即酵母；第四，烤面包的用具，是一种直径约6、7寸，深约1.5寸的铁制平底煎锅，称为"高瓦拉道"。烤制时，煎锅中放点儿水，把发好的面放进水中，增加面包的味道。每年八、九月夏秋季节，妇女们还会上山采摘稠李子，晒成干，再压成粉面，烤面包时放入面水中，增加面包的味道。面食中，除了面包，据说约20世纪30年代从汉族学会做面条和煮挂面吃，后来得到大米和豆油，所以也煮大米肉粥吃，但在总体食料中所占比重都不大。

他们一般一天吃三顿饭，早饭一般是喝茶，吃一点儿面包为早点；中午和晚上主要是吃猎获的野生动物肉，有时驯鹿比较多的人家，还用驯鹿奶作粥羹吃。驯鹿的产奶量较少，比牛奶浓，但是鹿奶营养价值很高。他们主要是用于喝奶茶，把鹿奶加入红茶中喝，另外有时还把油煮开后倒进奶子里喝，奶子多时，盛到桦树皮桶内，取其上奶油，用于蘸面包吃。

主要调味品有盐、砂糖、羊油，据说，他们是从俄罗斯"安达克"那里学会吃羊油，做菜时大量使用，认为多吃羊油能增强抗寒能力。他们采集的食用植物类不多，比较喜欢食用的植物主要是一种野生的葱、黄花。食用野葱，叫"鲁克"，一般在六、七月间采集。"鲁克"可以鲜吃或作咸菜吃，一般是作为做汤时的调味料，如黄花飞龙汤，放上"鲁克"味道鲜美。自得到豆油以后，他们也学会了用豆油炒着"鲁克"吃。野芹菜、野韭菜、黄花菜、蘑菇和木耳等食用菌类都是他们的副食。显然，也是受到俄罗斯族群的影响，他们还把采集的诸如杜斯、牙格达、稠李子、山丁子等野生浆果，制作成果酱储存食用。20世纪50年代初，他们部分人定居到当时的奇乾村，学会了种植土豆和蔬菜，因此，在他们的饮食结构中，也增加了普通的蔬菜。

使鹿鄂温克人男性饮酒没有什么年龄限制，习惯上男性15岁以上就可以饮酒，女性一般不喜欢饮酒。家中来客人敬酒时，自己先喝，然后再

猎民点上的午餐

请客人喝。对于 20 世纪 30 年代他们的消费习惯，永田珍馨说，他们的嗜好品是红茶、烟草、伏特加酒、酒精。像火烧火燎的伏特加酒和酒精，用餐时不分老少都离不开，他们全满不在乎地饮尽。他们喜好酒和烟，喝即痛饮烂醉，显得杀气腾腾，连沉默寡言的人也变为饶舌，对不相识的人也强行让酒，肇事吵架。酒宴打架是不可避免的，如不打架就认为没趣，说是"没意思的酒宴"，接着吵嘴就会发展为斗殴，直到一方被捆住方算见分晓，胜利者作为一个英雄，亲戚和本人都认为是荣誉。据说 20 世纪初之前，他们接触的酒很少，因此，喝酒的人也不多，但是，进入 20 世纪初，他们之中饮酒的人就多了起来，甚至于男女都喝。及至目前，21 世纪初，对于各种酒以及含酒精饮料，在使鹿鄂温克男性当中仍然饮用得较多。

烟草是他们的一种特殊消费品，他们的消费方法与其他族群不同，不是点燃着吸烟，而是做成口烟，称为"尼米西额"，是把烟叶压碎成面，渗进三分之一的木灰，再倒进少许酒或糖水，盛到桦皮盒里，保持潮湿，用时涂于门齿上，闭口衔着，能解除疲劳，保持出猎时清醒。

2003 年之后，由于生态移民搬迁，对他们实施禁猎，野生动物肉食退出了他们的消费范围，他们的饮食结构，除还可以吃到灰鼠肉之外，与当地市民已经没有什么区别。他们毫无保留地接受了所有能够接触到的外来消费品，不用说大米、白面、蔬菜成为他们日常饮食的基本消费品，就连各种工业化定制食品，如咸菜、方便面、罐头等消费品也成为他们经常消费的内容。特别是对于酒及酒类饮料，甚至成为一部分人每日不可或缺的东西。这种外来文化产品，深深地嵌入了他们的生活方式，以至于被许多外来者认为这就是他们始终如一的消费习惯。由于猎获的野物已不足以为他们提供所需要的肉食，他们也从市场上购取猪肉、羊肉、牛肉、鸡肉、鸡蛋等消费品进行消费。

(二) 衣着服饰及制作方式的变迁

从文化人类学的角度来说，衣服并不仅仅是为了保护身体，同时也是为了便于进行社会区别。首先是性别的区别；其次是年龄的区别；最后是婚姻集团的区别。根据使鹿鄂温克人的口传历史，在20世纪20年代他们的部落分裂为三个小的分支（他们称为"部落"）后，在服饰上，特别是帽子上有了区别，这种区别的意义，不仅是地域区别的意义，是多重的，诸如婚姻集团的区别意义。在年龄的区别上，未成年的孩子冬季主要是给他们以犴皮为面，驯鹿毛皮做里的防寒衣，这是使鹿鄂温克人独有的东西，而夏季则是各种布料制作的服装。他们的老年男人，一般喜欢黑色的服装，青壮年男子喜欢青色和绿色。他们的社会地位，不像那些社会分层比较明显的族群，一般在服装的款式上表现不出来，没有专门与普通族群成员相区别的"酋长""基那斯""阿塔曼"的款式，大家都是一种服饰。但是，他们在性别上与职业上，服饰的区别还是比较明显。譬如，性别上妇女喜欢的服装颜色与男性的黑、青、绿色不同，她们喜欢蓝色的服装，特别是那种天蓝色或宝石蓝色。女性喜欢花色服装，而男性一般是单色服装。妇女喜欢长款式服装，而男性喜欢短款式的服装。夫妻之间禁止互换衣帽穿戴。皮制衣服中，尚有本民族独特样式，比一般衣服肥大，特别是下端肥大。在职业区别上，如果萨满可以称为一种职业，那么，萨满服不仅款式与普通成员不同，而且制作材料上一般也不同，主要是用母马鹿皮制作，制作一套萨满神衣，大约需要三年的时间，最短也得需要一年。如前所述，他们无论男女都不喜欢白色的服装，得到的白布都是先染成古铜色、黑色、红色再制作衣服穿用。

20世纪30年代以来，使鹿鄂温克人的服饰已经俄罗斯化，正如永田珍馨所描述的，使鹿鄂温克人长期与俄罗斯人接触的缘故，"和他们的语言一样，服装大体上俄化，乍一看叫人想起后贝加尔湖俄国人的情形"。"夏天，男子穿棉布衣裳（鲁邦卡，夹克式服装），戴俄式罗纱或棉布军帽，腰上佩带刀鞘插筷子的猎刀。妇女穿纱拉方（带红绿刺绣的俄式连衣裙）披头巾。"然而，他们冬季还是穿着具有自己民族特色的各种兽皮

使鹿鄂温妇女着装

使鹿鄂温克妇女的民族服装

服饰，一般是在夏衣上面穿犴皮揉制的长衣（达西卡），兽皮制作的防寒帽（阿孟）、腿套（阿拉木仔）、手套（柯柯罗）、靴子（哈木乔）、外套（奈亚路）等。靴子后面形状有点像钉上皮绳的袜子，底子上了鹿腿毛皮。20世纪50年代前，无论冬夏，男女都穿犴皮靴子，冬靴是带毛的，夏靴是去毛的，由于轻便耐用，适合在山野里跋涉。还有冬天积雪深厚时，用木质的雪盲眼罩以防雪光反射。男女一般都戴兽皮手套，夏秋是去毛的手套，冬季则是带毛的。戴手套是为了山林生活的需要，男子出猎需要上树时，有手套可以保护手。

至于他们什么时候，失去了传统的服饰，已经无法考证。迟至20世纪50年代末，他们就已经形成结合民族生活特点，新创制具有俄罗斯风格的使鹿鄂温克人的服装式样，或许这种式样的服装，更多的是受到了他们原来的邻居雅库特族群服饰样式的影响。他们的服装有着肥大的领子，边缘镶着花边，一直垂到肩头和胸口，衣襟的边上，从上到下镶着彩色布

使鹿鄂温克妇女民族服装

条。尤其是女性服装。青年、儿童的服装，款式与成年人的服装基本差不多，只不过所用的布料色彩更加鲜艳。如，经常用金黄色、粉红色、红色等鲜艳的丝绸布料制作。至于这种款式的服装，在多大程度上符合他们狩猎游牧的生活需要，不得而知。事实上，进入20世纪80年代，他们的民族服装就已经不再是生活中经常性的衣着了，而是仅限于节庆活动或在其他较为正式的、庄重的社会活动时所穿着的，像礼服一样。裁缝和缝纫服装，是妇女的职责。每个猎民家庭的妇女裁缝和缝纫的手艺足以为她们的丈夫和孩子做他们所需要的衣服。他们很少从外部购买制成品服装，因为这是做猎民妇女必备的能力。特别是皮制服装，每一件都是妇女们亲手用犴皮（多克奇）、鹿皮（柯玛罕）、狍皮（吉普恰）、山猫皮（嫩诺）、松鼠皮（乌尔奇）等制作。腿套和靴子是用揉熟的鹿皮制作。妇女们不仅只是给自己家人做衣裳，而且经常是做好了新衣裳送给亲朋好友，亲属的称赞是她的荣誉，同时也是对她在这个社会群体中的地位的一种认可和支持。进入21世纪，他们的服饰的变化更加巨大，基本上穿用的都是定制的服装，自己缝纫的民族服装完全仪式化、符号化了。

（三）住房及居住习俗的变迁

使鹿鄂温克人的住房，伴随着他们生活的历史沧桑也几经变迁。20世纪50年代之前，他们的住所称为撮罗子，或斜仁柱、仙人柱（或其他译音），"撮罗子"是从建筑方式上所做的称呼，即把小径木杆聚集起来

猎民点上的撮罗子

搭建的住所，而"斜仁柱"和"仙人柱"则是从建筑材料的角度所做的称呼，即用小径木搭建的住所。永田珍馨还记录了"柱、朱尔其卡、焦如特（俄名尤尔塔）"等不同的称法，但是，所有这些实际所指称的都是与使马鄂伦春一样，用二三十根小圆木架起来的圆锥形帐篷式房子。一般是坐北朝南（或日出方向）。这种住宅建筑，搭建工艺简单，使用材料较少，耗费劳动量小，符合使鹿鄂温克人随着生长驯鹿饲料的地带和野物栖息的地带流动的生活方式。

据使鹿鄂温克人回忆，他们的撮罗子起初不是现在这个样子，在列拿河地区居住时，冬季住的是用木板子搭的撮罗子，为了保温，把撮罗子板的下端用土埋上，据说这样比较暖和，至于具体样式，已经无从考证。夏天住桦皮盖的撮罗子。1892年因为鹿群的死亡，曾经到俄罗斯村庄居住，直到1897年之后重新购买了驯鹿以后，才改用了现在式的撮罗子。撮罗子内的空间以火灶为核心划分为不同的席位或位置，进门（入口）的正面位置称为"玛鲁"，靠近门口附近左右侧两个位置称为"琼高考"，"玛鲁"和"琼高考"之间的两个位置称为"贝"。"玛鲁"和"贝"之间还分出两个位置称为"温堪"。撮罗子骨架的支柱，与这些位置相对，在建筑上都有不同作用，也都有各自的专门名称。如在火堆上的一个横杆称为"哈那杆"。使鹿鄂温克人在长期的狩猎游牧生活中生活在这种住宅中，从而形成了独特的居住习惯。这种住宅也不是一成不变的。最初，在住宅的中心是烧火的位置，原来没有炉子，只是在地面有一个火塘，上面有一个木杆搭建的架子，用于悬挂水壶或饭锅。即使在严冬里也没有暖房设备，只烧木薪。后期由于有了铁皮炉子，就安放在住宅正中央，火炉的前

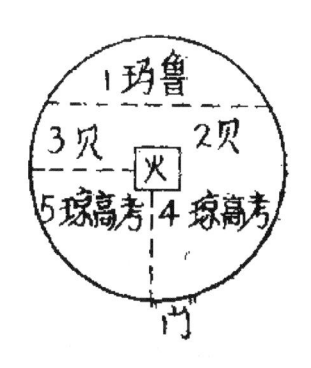

撮罗子内位置图

面是撮罗子的门，后面是撮罗子里的主位，有一个席位，是住宅里的正面，左右两面各有一个席位。席位上铺鹿皮、犴皮垫子。一般情况下，撮罗子的进门右侧是家长及其妻子（主妇）使用的位置，而妻子位子在靠近琼高考位置一边，她通常将个人用品放在身边，年幼孩子靠近主妇。"琼高考"的位置是空着的。左侧留给年长的或长辈们和超过一定年龄的儿童使用。玛鲁的位置，即正面座位上方或偏右上方供奉着基督神像或"玛鲁神"。这个位置除了单身和尊敬的男人外，家庭成员通常不占用，那是用来放神像的。

在席位与炉子之间的空间就是他们日常生活起居的空间。以火炉为界，男性可以在住宅内随意活动，一般女性则不能随意越过门、火炉、正位形成的中间线活动，特别不能接近供奉基督像和"玛鲁神"火位以北的位置。主妇和未满15岁的女孩子，如果有必要过去，那就必须从原路线返回，不得绕圈而行，即由哪里去，就从哪里回来，不许从这边去，由那边回来。如果来了尊贵的客人，必须请坐在"玛鲁"位置上，家庭主妇如向客人敬香烟、奶茶时，必须跪在地上双手奉递。

如果家里有兄弟二人，结婚后仍同居时，兄嫂要住在正位的右侧席位上，弟和弟媳住在左侧席位上，父母住在火位以北正面席位上。每对夫妇，都是男北女南的次序，即女性要远离接近"玛鲁"的位置。在他们的住宅内，一般除日常用的衣服被褥、食粮、食器和妇女用的针线盒、刀子、斧子以外，都是放在住宅外边，即在撮罗子的两旁靠后处，架设有驯鹿的鞍架子，将鞍架子整齐排列于上，鞍架子上搭放着所有暂时不用或较为大量的东西，如米面、皮子、桦皮苦子、小儿摇篮"俄木克"等类东西。这些物品，都有一定适合于驮运的容器盛装，在各个容器上面，加盖有长条形防雨、防雪用的苫盖，如桦皮苫子、犴皮苫子或雨布等。

在使鹿鄂温克人的习惯上，对于驯鹿的鞍架子有一定的禁忌，任何人不得跨过鞍架子，或由鞍架子的右边去，绕过鞍架子再由左回来。

使鹿鄂温克人长期生存于山林自然环境中，锻炼得特别耐寒，即使在冬季，除撮罗子内改用皮围子以外，通常只是在火炉里烧火取暖，就寝时，一般都是盖一条毛毯或一条被子，下边铺的是犴皮褥子或鹿、犴头皮垫子。过去基本没有床榻，而是就地做铺，当感到皮褥下边不平时，就折取一些小落叶松枝垫平。夏季撮罗子内的青草、小树、各种花草，差不多与外面一样生长。

架设在营地附近的高脚棚"靠劳宝"（永田珍馨记为"乌米嘎文"）是他们住宅的附属设施，用于储藏一时不用的粮食、毛皮、肉干或家具等迁徙时不必携带的物品，等到再次迁回时，或者其他猎人需要时，随时取用。

20 世纪 50 年代前，使鹿鄂温克整个族群，依这种居住方式，各个猎民户，各自联合相互比较亲近的人家，居住在一个大体相对固定的河流流域，在春秋两季转移营地时，这些亲近的四、五户成为一个生活团体，寻找饮水和苔藓多的山涧溪谷和河岸流动，从而形成了一个个具有村屯性质的所谓的"乌力楞"。1952 年，在额尔古纳旗政府的推动下，首次实施使鹿鄂温克猎民定居狩猎计划，政府为他们搭建了固定性的俄罗斯式"木刻楞"住房，至 1957 年已有 8 户猎民定居在这种固定式住宅中，1960 年秋，又有 18 户猎民定居，没有定居的只剩下 5 户。到了 1962 年，定居的剩下 13 户改变游牧狩猎的生活方式为定居游猎。猎民们长时间在山上猎民点游猎，短期在山下定居点定居生活。

随后，1964 年又将他们迁移到敖鲁古雅河流域建立使鹿鄂温克民族乡定居点，一开始也是搭建的俄罗斯式"木刻楞"住宅，35 户猎民全部进驻了定居点新居。从 1980 年开始，国家计划在三年内，把鄂温克猎民的"木刻楞"房屋，全部翻盖成砖瓦结构的房屋，达到砖瓦化。因而 20 世纪 80 年代初，使鹿鄂温克猎民的住宅，又发生了一次重大的改变，他们全部搬进了砖瓦新居。这两次政府主导的以定居为内容的迁移活动，开始改变使鹿鄂温克人的居住方式，同时，也开始了对他们日常居住习惯的改变，从而形成了山上、山下"二元制"的居住生活方式，这种二元制的居住方式，即使是2003年实施的"移民搬迁"工程，也没能一元化，目前仍然有6个猎民点在山林中游牧养殖驯鹿。

固定式住宅取代撮罗子，定点居住取代流动居住，不仅仅是改变了他们日常生活的居住方式，而且，同时也改变了他们附着在撮罗子上的居住习俗。首先，因为房屋与撮罗子不同，间壁开的房间打破了他们曾经在撮罗子中的共同生活空间，在一栋住宅内，不再以一个房间为基础，划分长幼尊卑的铺位，而是以不同的房间划分各个家庭的铺位，因而，在共同生活空间中形成的生活习俗失去了存在的客观基础，约束家庭成员在共同空间活动的规则也就失灵了；其次，无论是俄罗斯式"木刻楞"房屋，还是汉族式砖瓦房屋，单独设立的灶间，隔离开了家庭成员时刻与灶火的接触，围绕着灶火、炉灶形成的生活习俗也失去现实基础；最后，由于定居点的住宅都有较大的院落，可以搭建永久性仓库用以储存暂时使用不上的物品，在山上搭建"靠劳宝"储存物品也失去了意义，于是，这种高脚棚式的仓库的建设也就基本停止了。与此同时，定居点的建设之后成立的东方红猎民生产队，也使那种相互亲近的四、五户家庭，在一个特定的区域相对稳定居住的乌力楞形式，失去存在的必要，猎民进山狩猎，只需要组成临时搭配的狩猎生产小组，即可以完成生产目的。然而，这种改变只是限于定居点的日常生活，而在山上则传统的生活规则仍然顽强地保持着，因而，"二元制"居住方式，成为山上传统、山下现代的内在对峙。

（四）生养及教育方式的变迁

生养，即儿女的诞育和成长教育，它是一个族群文化的传承方式和途径。如前所述，使鹿鄂温克孕妇分娩时，会在营地不太远的地方设一所小撮罗子，作为产房，生下子女。在这产房诞育儿女期间，只允许老妈妈或亲近的妇女照料产妇。丈夫与其他人不允许进去，否则，若是犯了这种禁忌就会触犯神，不得安生。分娩后经过十天，即可以回到原来与丈夫共同居住的撮罗子里，将婴儿放在木制摇篮（俄木刻、敖木柯或卡乔卡），与丈夫共同完成对孩子的养育和成长教育。搬迁时将孩子放在摇篮中驮在驯鹿鞍子的一侧带走。20世纪20年代前，孩子出生后几个月，他们会赶赴到俄罗斯境内，由俄罗斯村庄内教会希腊东正教传教士洗礼，并以俄国式的名字来命名。

自20世纪50年代以后，随着定居点的建设，医院、学校等各种社会服务性机构也相继建立健全，从而，促进了使鹿鄂温克人生养方式的变迁。医院承担了子女的诞育所需的各种服务，病房取代了小撮罗子产房，医生、护士取代了老妈妈或亲近的妇女，医院的符合生养科学的护理治疗，取代了自己艰难的休养生息，凡此种种，生养不再仅仅是孕妇及其家庭个体的事务，而是公共服务机构的责任和义务。与此同时，托儿所、幼儿园、学校则在儿童成长教育方面，取代了父母的大部分职能。

第三节 物质生活手段变迁

物质生活手段，主要是指日常生活器具和交通工具等标志着生活技术发展程度的物品。有些器具，如陶器成为人们认识古代文化发展的文明程度的标志性物品。传统的使鹿鄂温克人的日常生活器具主要是桦皮和动物毛皮制品，有着自己独特的文化特征。然而，这些器具的使用是依据于某种物质生活方式的，而当其依据的生活方式发生变化，有些器具可以延续，有些则消失于生活的视界之外。

一 传统日常生活器具

使鹿鄂温克人传统日常生活器具，分为创制的与借用的两种。创制的生活器具，体现了这个族群的文化创造力，是他们为了适应山林生活，利用自然材料发明制作的器具；而借用的生活器具，体现了这个族群文化的包容性，引入外部族群的发明创造，为我所用。

（一）创制的生活用具

使鹿鄂温克人的创制生活用具，体现了他们的智慧和对自然事物属性的认知。他们往往是利用山林资源，创造出生活所需要的器具，以适应经常在山林里流动的生活状况。他们所使用的材料，较多的是桦木、桦树皮以及落叶松木，以及他们猎获的野兽的骨骼。根据使鹿鄂温克人的口传历史，在他们的"石器时代"就生活在列拿河地区，似乎他们没有经历铜石并用的年代，直接进入了铁器时代，他们从雅库特人那里学会了制作铁器，因而，作为新石器时代的标志性器具——陶器，在他们的生活中没有踪迹。这可能缘于他们使用比陶土更方便的桦树皮制作生活用具，从而使他们的社会文化的发展，能够跨越铜石并用的陶器时代，而直接进入铁器时代。从对使鹿鄂温克人的社会文化调查发现，毫无疑问桦树皮是他们创制生活用具的主要基础材料，当然，除此之外还有其他林木材料和野生动物材料。桦树皮，除了如前所述，可以制作用于苫盖他们住宅——撮罗子的围子，还可以制作许多日用器皿，比如盛糖、盐的"半格（盒子）"，盛茶叶的"珠聂斯（盒子）"，洗衣盆"柱满"以及口烟盒等器皿。这些器具，有的是用单层桦树皮制作，有的是用双层桦皮制作，在表面刻有花草、树木或野兽等图样，不但美观，而且结实又隔潮，更便于携带。据说在没有铁锅的年代，桦树皮桶还可以当作煮肉的锅使用，方法是把肉放进桦树皮桶中，加入水，再把洗净的河卵石烧热后放入桶内，经过几次反复，就把桶内的肉煮熟了。据说这样煮的肉，吃起来味道鲜美无比。

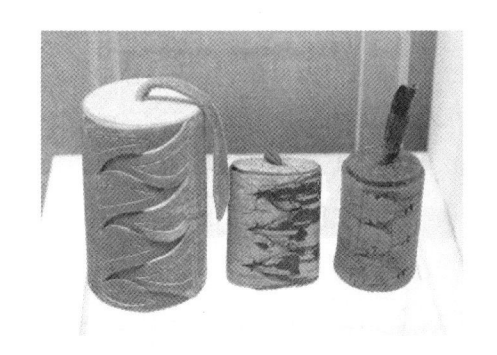

桦树皮日用器皿

他们的饭桌给人印象深刻，一般是用落叶松或桦树木板制作的小方桌，桌腿短细，略有钝尖，吃饭时，遇到室内地面不平，放不稳当，在桌面上用于一拍，桌腿扎进地里，就解决了问题。饮食用具还有筷子、匙子、茶杯、饭碗、酒杯、酒盅等器具。在他们的记忆中，这些东西，过去都是用桦树皮、桦木和犴、鹿骨材料制作的。但是，到了20世纪50年代，在日常生活中，多数器具就已经不再自己制作，也不见使用了，只是犴、鹿骨制作的筷子还在使用着。

使鹿鄂温克族群，由于追踪野兽和放牧驯鹿，长年在山林中迁徙，为了指示他们搬走的方向，或猎获野物的方向，他们发明了"苏嘎拉"，作为指示路标。一般是在去路的森林两旁树干上砍口为记号，也叫"树

小方桌

号"。在两旁有砍口的树干中间，就是所采取的迁移路线。另有一种是兼指示方向和距离的路标，制作方法是在附近的大松树上，把树皮砍一缺口，用柳条做一圈子，系在一根杆上，夹在树的砍口里，圆圈的方向，表示搬走的去向，圈与树干的间隔，表示搬走的距离。其他人如果需要寻找或追随他们，看到这个树标就知道他们搬迁的去向、走出多远，这样便于互相来往。"树号"也是猎民妇女寻找猎物的指示标志，按照使鹿鄂温克人的习惯，男子打猎，打到野兽并不直接带回住地，是由妇女牵一队驯鹿按照男猎民狩猎的路径去驮猎物。出去取回猎物时，她们也是循着"树号"寻找，这样往返几十里或上百里，也不会迷失方向。在使用别人桦皮船时，也用"树号"指示去向。

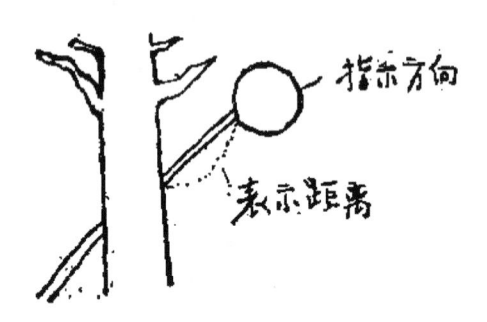

"树号"

他们没有专用的计量器具，需要计量时，就用生活中的常用用具，如需要计量液体或少量的固态物品时，则用饭碗，以碗为计量单位，碗的称呼与蒙古语相差无几，为"超毛恩"，过去是用自制的木碗，称为"超克楚尔"。20世纪50年代，30多岁的猎民就已经不用这个词语了，计量的碗用的则是外购定制的碗，有时也用瓶子为量器，一瓶子为一"布图尔基"。此外，在需要计量较多的固态物品，如粮食等时，使用的是他们自制的兽皮袋子，被称为"鼓力克安"，因此，一袋子，也就是一"鼓力克安"。他们计量重量时，以"背（板）"为单位，称为"依尼（背板）"，一"依尼（背板）"是64斤左右。

背板是猎人打猎穿行在深山密林中，背负重物时的驮载用具，虽然狩猎生产过程中一般是一个乌力楞赶着驯鹿随行，但是具体的狩猎活动，也不是时时处处牵着驯鹿而行。因此，进山打猎时要背上自己几天需要的口粮和狩猎用物品，当猎获猎物，一人可背得动时，就会用背板驮载而回。制作背板的材料是用去掉皮的桦木，刨成木条或一块板，一般长约65厘米、宽约25厘米，做成长方形的竖式木板，宽窄于肩，以防在山林中行走时被树枝挡住。背板左右两边凿有多个对称的孔，系有数根皮条，是穿系皮绳用于固定物品的，背板凸起一柱，顶端呈圆珠形钮状，是拴系皮条绳的地方。这种背板很类似于朝鲜族的男用背架，以及其他民族的背篓。使用时，放置获取猎物的工具和行囊，或猎获的猎物。在背板的背面，进行装饰造型，多用阴线雕刻出或几何图形或动物形象。背板穿上皮条跨肩背在后背上。

背板

驮箱既是他们平时搬家时用于放置在驯鹿鞍桥上的驮载用具，也是他们日常经常性生活用品的储藏用具，还有一种是盛载神偶用具。

驯鹿驮运是使鹿鄂温克部落的主要迁徙方式，驯鹿的鞍靷两侧搭着皮质容器——驮箱，每只驯鹿配两只驮箱。驮箱造型呈倒梯形，无盖，内胎为桦树皮，外镶耐磨的灰白色鹿腿皮。而在驮箱前后面两侧端头做补花装饰，一般采用红蓝双色布条缝制呈三角形或条纹的装饰造型，通体色彩明亮、对比鲜明。

使鹿鄂温克人的取水器具，过去春夏秋季是用他们自己用桦树皮制作的桦皮桶，到河中取水，冬季则是用桦木制作的爬犁，到河中凿冰运回。但到了 1892 年因为没有了驯鹿，他们到额尔古纳河对岸的俄罗斯村屯，与俄罗斯族群共同生活接触之后，就开始使用俄罗斯式的铁制水桶了。这种铁制水桶，在 20 世纪初就已经使用得很普遍了。据有关史料记载，1908 年（光绪三十四年）呼伦贝尔副都统署书记兼调查测会员赵春芳①（后任株尔干卡伦总卡官），奉呼伦贝尔副都统宋小濂派遣调查额尔古纳河国界，调查使鹿鄂温克部落时，进入撮罗子，"入门详视，中间有火池，旁铺毛毡，门右有'未大罗'（'未大罗'俄语铁水筒［桶］也）二个，为烹茶煮肉之用"②。

为了适应他们的狩猎生产生活，储藏猎获的多余的野兽肉，他们创制了一种晾晒肉干的架子，称为"海利克"，这是用桦树或松树为原料编成的。夏季打到的野物肉多的时候，除了鲜食外，还要晒成肉干储存食用。晒肉干可以生晒，也可以熟晒，生晒是把鲜肉切成条，稍加一些食盐，放到"海利克"上晒干，三斤鲜肉可以晒出一斤肉干；熟晒是把肉煮熟后晾晒，五斤鲜肉可以晒出一斤肉干。当然，有时猎人在山中打猎，如果距离家的住地比较远时，也在山林中的树枝上晾晒拿不了的肉，等到晒干后，趁闲去取。

使鹿鄂温克人缝纫服装的用具是他们自己创制的，其中有落叶松树枝的芯制作的，顶针大概是用犴、鹿骨制作的，缝纫的线则来自犴、鹿的腿筋和背筋。他们还创制了一种拉线的工具，称为"伊莫儒格"，材料是犴、鹿腿骨的筒子，用时把数针穿好后，把针再穿过"伊莫儒格"的孔，将线缠绕在"伊莫儒格"上拉紧，一次可以缝数针，效率极高，而且不

---

① 赵春芳，字万圃，清光绪三十四年（1908）奉委任调查测绘黑龙江沿边，始留心边事，曾上筹边六事于当道。宣统元年（1909）任珠尔干河总卡官。民国元年（1912）任漠河总卡官兼珠尔干河总卡官。民国三年 5 月漠河总卡改为漠河设治局，乃辞去兼职，专任漠河设治员。民国 5 年，代理漠河县知。

② 参见赵春芳《珠尔干河总卡伦边务报告书及呈文》，载孔繁志《敖鲁古雅鄂温克人》，天津古籍出版社 1989 年版，第 241 页。

铁制烤炉

伤手指。

使鹿鄂温克人育儿的器具与其他鄂温克族群，以及鄂伦春、达斡尔族群相似，为可以悬挂起来的摇篮，除了生活用具，他们还为孩子们制作玩具，材料以桦木、桦树皮和桦树上生长的一种蘑菇为原料，用刀子或剪子裁剪成各种野生动物、飞禽等形象，供孩子们玩耍。

（二）借用的生活用具

在使鹿鄂温克人的口传历史中，最初在列拿河时代，他们使用的石制的工具，包括刀具（一般在考古学上被称为刮削器）。后期他们由于同雅库特人接触，从他们那里学会打造铁制工具。铁制猎刀的使用和制作技术就是从雅库特人那里学来的，因此，在文化人类学上，属于借用的器具。猎刀既是生产用具，也是生活用具，而且是较为重要的生活用具。除了在狩猎过程中，需要用猎刀剥取动物的毛皮、拆解猎物的骨肉外，还是他们日常生活不可缺少的用具，比如说，他们的日常饮食以野生动物的肉为主，需要用猎刀将煮熟的肉，切割成一块一块的小块便于食用。在缝纫和制作其他一些碗、杯、筷、桦皮盒等器具也少不了猎刀，从而使猎刀成为一种全能的日常生活器具。他们的猎刀，一般在刀鞘上插有一双筷子。

炉灶也是他们借用的生活用具，如前所述，由于1892—1897年，他们曾经在俄罗斯族群中生活，因此，恢复后的狩猎生活中，那种只在撮罗子中间生火的火塘被火炉所取代。最初，他们只是借用了做面包的烤炉，但是，与俄罗斯人不同，他们是在撮罗子外边用石头搭建的简易式的炉子，称为"别妻"，是一个"乌力楞"中的各户共同利用的设施。20世纪初，赵春芳访问使鹿鄂温克部的时候，他看到使鹿鄂温克人的撮罗子里，使用的还是"火池"，即就地烧火的火塘，大约到了20世纪50年代，他们的撮罗内，也使用上了铁制炉灶，但与俄罗斯式炉灶还有区别，没有炉门、炉箅子、烟囱，直接从炉膛烧火，烟从撮罗子上的孔隙冒出，并且把烤面包的烤炉与日常生活用的炉灶结合到了一起，既用于日常生活取暖、做饭、照明，又用于烧烤面包。显然，与此同时，各家使用的平底煎锅——"高瓦拉道克"、烧水壶、"未大罗"（铁制锥形平底铁桶）等生活用具，一同被引入了他们的生活方式之中。做饭用的其他铁锅应该也是后期引入的，同样属于借用的生活用具之一，这种铁锅一般有耳柄，便于吊挂于篝火之上。

驮具

二 交通和运输工具

交通和运输，是人类社会生活的重要一环，甚至是不可或缺的生活内容。为此，人们创制各种器具。毫无疑问，使鹿鄂温克人在山林中的运输工具，主要是他们饲养的半野生的驯鹿，而且这个特点早期似乎是与黑龙江下游"在宁古塔东北二千余里、亨滚河等处鄂伦春"族群，即"东海鄂伦春"族群的共同特征，后期则成为他们与其他通古斯族群区别的文化特征。关于这一点，何秋涛在他的《朔方备乘》中写道："闻其驾车耕地使鹿若使马而已"，又，索伦（又呼为"喀穆尼汉-喀木尼堪""通古斯""索伦别部"）"俱畜鹿以供乘驭驮载，其鹿灰白色，形似驴骡，有角柏，名曰俄伦"。也就是说，使鹿鄂温克人，早已驯化了野生驯鹿，作为他们用于交通运输的使役工具。

(一) 驯鹿鞴具

他们在驯化驯鹿的同时，学会制作适合驭使驯鹿驮载的各种鞴具，包括鹿鞍、鞍垫、笼头、口袋等物品鹿鞍鞴配件。据说，早期的鹿鞍子是用犴、鹿的骨头制作的，后来则是用白桦木做的。白桦制作的驯鹿鞍子称为"查拉巴俄莫根"，其面上雕刻的花纹是仿松树样子雕刻的，因此，花纹称为"依拉格特"即松树之意。驯鹿鞍子，一般分五部分，即前后鞍架（鞍桥）、鞍板、鞍垫、鞍鞴和鞍坠。鞍坠是挂在驯鹿后面，防止鞍子因为驯鹿走动而向前窜移的用具。与马鞍不同，驯鹿鞍没有鞍蹬，骑乘时，双脚下垂于驯鹿躯体双侧。鹿鞍子不仅是供人骑乘时的用具，也是他们使用驯鹿搬家时驮载家用其他物品的器具，一般还需要用兽皮，主要是犴、鹿皮缝制的皮口袋，盛装上这些家用物品后，搭载在鞍架上，由驯鹿驮负着迁徙。事实上，骑乘驯鹿具有久远的历史，中国古代传说，商末西周初时期的神话人物姜子牙骑乘的神骑就是驯鹿。而且，在西方文化中，驯鹿也是供圣诞老人骑乘驾驭的神物。

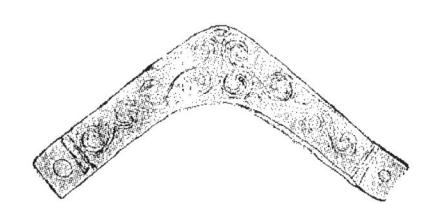

驯鹿鞍架

(二) 行走器具

使鹿鄂温克猎人惯于在山林中徒步穿行，尤其是在夏季，除了骑乘驯鹿，他们主要是步行狩猎。大森林，树高山陡，车辆无法通行，因此，尽管他们的周边民族如达斡尔族、蒙古族等早已使用车辆，但是，在他们的生活中，没有使用。然而，据他们的口传历史，他们的祖先发明创制了滑雪板，他们称为"金勒"，是冬季打猎时追击野兽必不可少的工具，也是行走的工具。

据使鹿鄂温克人记忆，早期的滑雪板下面没有犴皮的叫"卡亚玛"，后期的滑雪板，板下面衬上带毛犴皮。据猎民传说，在列拿河时就有这两

滑雪板

种滑雪板，雅库特人也有滑雪板，但他们的板下用的是马皮，而不是犴皮。猎民一般从阴历11月下大雪时开始，到第二年的二三月份，一直都穿着一副滑雪板。天气较好时，穿着滑雪板，一天可以滑行80多千米。相当于一般徒步需走三天的地方，穿上滑雪板当天就能到达。据说当年，尼格来的父亲穿上滑雪板搬家，走三天的猎区，他当天就能到，打完猎当天又可以返回来。一般情况下，由奇乾到漠河，穿滑雪板行走，只需要四五天就可以到达。穿滑雪板，经常是在山顶上雪皮比较硬的地方滑行，在山顶硬雪面上滑行，虽然雪层很厚，但雪板只吃二指深的雪。在山岭间追逐野兽，滑雪板是最快的工具，再加上山林中雪大野兽跑不动，野兽比较容易打。一般猎人，穿滑雪板追打鹿、犴、狍等野兽特别方便。据说当年亚格鲁其千乌力楞的伊那肯奇，穿滑雪板追打过四只犴、两只鹿，有一只鹿他追了60多里才打住。还有，尼格来穿滑雪板追打过一只鹿。还有个叫卡利拉的人，穿着滑雪板追打过一群野猪，一共打住6头野猪。

三 现代生活器具

所谓现代生活器具，主要是相对于使鹿鄂温克人的传统生活器具而言，因此，从这个意义上说，他们在20世纪初实际上就开始了使用现代生活器具，当然，这些器具全部是从族群外部引入的。如前所述，1965年使鹿鄂温克人整体搬迁到敖鲁古雅河流域以后，他们形成了山上、山下两种居住方式，山下敖鲁古雅乡所在地，成为他们的定居点，山上游牧狩猎营地，成为移动居住点，被称为"猎民点"，这种称呼一直延续到现在。在山上，由于游牧驯鹿和狩猎野兽的生产方式，直到 2003 年都没有改变，因此，整个生活方式基本保持了传统生活方式的惯性，而山下的生活则趋向于定居族群的现代生活方式，因而，他们的生活器具，也表现出山上、山下二元结构，山上的具有更多的传统性，山下的则不断体现为现代性。

（一）山上生活用具的变迁

由于驯鹿生活习性的半野生性质，虽然自 1957 年开始推动使鹿鄂温克人定居，但是，因无法使驯鹿圈养舍饲，从而也就无法实现猎民的全部定居。从搬迁到敖鲁古雅河流域以后，猎民仍然按照 1958 年划分的防火责任小组，一方面担负政府赋予的护林防火职责，另一方面继续着山林游牧驯鹿和狩猎野生动物的生活，因此，在生活器具的使用上，并没有十分重大的改变。

驯鹿驮具

改革开放以后，"大包干"家庭承包经营责任制，引入驯鹿游牧业，驯鹿被承包分养于猎民户家庭，1982 年，鄂温克猎民在山上有 3 个猎民点：以谢拉杰衣为首的小组，在满归白马坎一带游猎；以马克辛姆为首的小组，在满古公路 28 千米处游猎；以拉吉米为首的小组，在满古公路 54 千米处游猎。1991 年，山上仍有三个猎民点：以拉吉米为首的小组，在阿龙山以北游猎；以哈协为首的小组，在满古公路 32 千米处游猎；以格力什克为首的小组，在满归孟贵游猎。2007 年，猎民点调整为 5 个。从 20 世纪 80 年代以来，这些猎民点，总计有猎民约 30 多人，他们仍然生活在森林中，2003 年以后，他们已不从事狩猎业，而是单纯从事放养驯鹿，因而传统的森林生活方式，包括器具仍然在山上的猎民点上传承着，同时，新的生活用品也不可避免地进入了他们的日常生活，如手表、手电筒、搪瓷碗盆、铝合金器皿，也都成为他们生活当中的重要器具。特别是1985年，在山上的猎民点搭建起活动板房，并配备了铁床、铁炉、手提式发电机等新型生活设备，猎民的生活境况与以往大有不同。

（二）山下生活用具的变迁

从1965年开始，至2003年，他们的住房结构发生了三次改变，先是从撮罗子中，搬进俄式"木刻楞"结构住房，1980年又从"木刻楞"搬进砖瓦结构住房，2003年迁至根河市场郊时，住房结构没有改变。1982年完成了满归至敖鲁古雅乡的20千米输电线路工程，实现了长年供电。新式住宅中，取暖设施有了重大改变，从火炉、火墙、火坑改换为统一供热的暖气取暖；与此同时，各种使鹿鄂温克人过去的生活中没有的生活器具，如缝纫机、自行车、大件家具、电视、冰箱、录音机、洗衣机也陆续进入了猎民的生活。1981年乡政府所在地还建起了乡文化中心站，阅览室、广播室、游艺室、电视转播台、民族史陈列室等各种现代社会设施进入了他们的生活范围之中。进入20世纪80年代，他们山下的交通运输工具也发生了重大的变化，1985年他们就已经有了解放牌汽车、面包车、北京吉普车、推土机等各种机械13台。

猎民新村

在他们山下的定居点，还兴建了学校，特别是为猎民学生盖建了集

改造后的猎民村

中食宿的集体宿舍，全部生活器具完全脱离了传统形制。2003年生态移民后，新建鄂温克猎民住宅31栋，62户猎民人均居住面积17平方米，住房均为统一供暖、供水，室内设卫生间及下水管道。目前，鄂温克猎民家庭各种家用电器、液化气、有线电视、集中供热，现代家庭该有的设施一应俱全，程控电话和移动电话也成为他们日常使用的通信工具。有些家庭还购置了摩托车、小汽车等现代化的交通工具。同时，铁路、公路、民航交通系统的建设，也为他们提供了各种现代化的生活手段。

第四章　使鹿鄂温克精神文化变迁

人类精神文化的变迁，从历时性角度来说，即是以感性、知性为基础的理性发展的历程，这个历程，一般被概括为神学阶段、形而上学阶段和实证科学阶段。在精神文化发展的相应的不同阶段，人们现实的精神生活，表现出不同的共时性结构，呈现出异彩纷呈的特征。

使鹿鄂温克人的精神文化，从历时性角度分析，直至21世纪的今天，仍然处于从神学走向形而上学的阶段，从而使他们的精神世界，较多地显现出宗教性突出的特征；从共时性的角度分析，在他们的传统精神生活方式中，嵌入了来自外部族群的精神观念。

第一节　观念和范畴变迁

观念和范畴是精神文化的基因和细胞，从观念演化出来的范畴，为人们的精神生活方式奠定了基础，所有的精神生活都是在这个基础上展开的。由于人们的生活都是在观念制约下进行的，因而，精神文化的观念和范畴也规范了人们的物质生活和社会交往。

一　人与自然的观念

人与自然是人类最初的社会历史关系，相对而言，虽然这种关系在客观本质上，不论任何族群都是一致的，然而，各个族群都是具体地处于各自的自然环境中，因此形成对人与自然的不同认知，从而所导致形成的观念并不一致。使鹿鄂温克族群由于生活在大山林中，长期过着游牧驯鹿、狩猎野兽的生产生活，从而具有自己独特的人与自然的观念和范畴。如果把人的社会历史关系的发展分为人的依赖关系阶段、物的依赖关系阶段与人的自由阶段等历程，那么，使鹿鄂温克人的观念，更多地反映着人的依赖关系。

(一) 人与动植物的观念

从人与动物的区别角度来说，使鹿鄂温克人在观念上，多少存在界限并非泾渭分明的情况。在他们关于自身起源的口传历史中，把某种动物当作族群的历史起点，显示了他们这种观念的混淆。

在20世纪50年代社会调查时，采集到的关于族群的来源，使鹿鄂温克人有几个传说，一是关于"舍卧克"的传说；二是关于"狐狸仙女"的传说；三是关于熊祖先的传说。在"舍卧克"的传说中，"一个梳辫子的鄂温克"与大蛇的结合，是使鹿鄂温克族群的来源；在"狐狸仙女"的传说中，人与狐狸仙女的结合，是使鹿鄂温克人与其他族群的共同来源；在"熊祖先"的传说中，猎人与熊的结合是使鹿鄂温克族群的来源。三种说法相比较，狐狸仙女的传说与其他两个传说有所区别，狐狸是变化为人之后，才能与人通婚，而"舍卧克"与"熊"似乎直接可以与人结合。

从这些传说中，可以看出，在他们的意识中，动物与人的界限是模糊的，人与动物可以通婚并生产后代，因此，在人与动物的关系上，他们形成了"以物为人，物我同种"的观念。这种观念的扩展形式，还表现在另一个关于"姐姐与两兄弟"的传说中，传说很早以前有一个姐姐领着两个弟弟，三人在山中生活，哥哥爱上了野鸭姑娘，由于在求婚的路上，求婚的秘诀被魔鬼听到了，魔鬼就骗走了姑娘。为了挽救姑娘的厄运，姑娘的乘马"博尔罕"、狐狸、熊妈妈、熊崽仔都像人一样加入了营救活动。最后，在"博尔罕"马的营救下，姑娘与哥哥喜结良缘，过上了幸福的生活。这个传说中，野鸭、博尔罕马也加入了"以物为人，物我同种"的观念之中。这种观念，还进一步拓展到他们的日常生活过程中，例如，在使鹿鄂温克人习惯上，就如同现代社会的人们给自己的宠物起个好听的名字一样，他们给自己饲养的驯鹿，都取一个名字，并把驯鹿当作自己的家庭成员。他们一般不宰杀驯鹿。并因此还形成一些关于驯鹿的禁忌，如任何人不得跨过驯鹿鞍架子，或逆时针从鞍架子的右边过去，绕过鞍架子再由左边回来。另外在对待驯鹿生产的畸形仔鹿时，也体现了他们这种"以物为人"的观念。黑色或棕色的驯鹿一般不会生产畸形仔鹿，而白色的驯鹿有时会生出畸形仔鹿，他们称畸形仔鹿为"依巴嘎恩"，畸形仔鹿一般是成活不了的，出生三天就会死掉。他们认为生下的畸形驯鹿仔如系母鹿时，是象征好兆头；如系公鹿时，象征坏兆头。他们在死后的驯鹿仔的耳上、脖下、腰下、尾上系红蓝色的布条，并把鹿仔尸体挂在很直的桦树枝上，然后请萨满来跳神，就如同安葬人一样。据说这样做的原因一方面是请求驯鹿神再赐给一头好驯鹿，另一方面使畸形仔鹿的灵魂高兴起来，从而向神汇报时，能够为人说好话，保证母鹿下次不会再生畸形仔鹿。

这种对动物的人文情怀，成为使鹿鄂温克的思维范式，他们的许多思维范畴正是建立在这个基础之上的。

使鹿鄂温克人对待自然界的植物似乎并不像动物这样具有人文主义情怀，但是，他们的观念中，对自然的整体性代表，或自然力量还是具有一定的人格化认知。如关于熊的传说还有一种，传说熊原来也是人类，因为它犯了错误，被"上天"惩罚，让它用四条腿走路，因此，熊变成了兽类。这个上天，应该就是人格化自然力量，但是，没有具体形象。在他们接触了东正教之后，这个原来在他们观念中被人格化的"上天"与天主教的上帝融为一体，才有了具体形象。

(二) 人与外部环境的观念

人与环境的关系，是人们形成主体和客体观念的基础，即当人们感知到在自身之外还存在一个需要感知的对象的时候，自然环境作为客体观念的基础，成为人们的认识和实践的对象。

从20世纪50年代调查的情况看，使鹿鄂温克人对于存在于自身之外的环境的认知，在观念上是复杂的，大致说来，一方面是具象的，另一方面是形而上学的。

第一，对于自然环境与他们族群关系的认知是具象的所在关系，即认为他们生存的空间就是"俄哥登"，即大山林，他们因为生存于大山林中而被称为"鄂温克"。20世纪50年代，"古纳部落"的老人匹欧特在解释族称"鄂温克"的含义时说："鄂温克人对西伯利亚一带的大山林，其中包括兴安岭、列拿河，阿玛扎尔等地区的大山林，都叫'俄哥登'，而在这些大山林中住的人们都叫'鄂温克'，'鄂温克'的意义就是'住在大山林中的人们'。"因而他们认为，生存于大山林这种状况，是他们与(使马)鄂伦春人区别的标志性特征，住在河边的应该称为"特格"，而他们住在"大山林"中的人们，应该称为"鄂伦千"①，即住在大山林中使用驯鹿的人。

第二，使鹿鄂温克对于自然环境没有占有观念，只有使用观念。他们只是按照所在乌力楞的居住、狩猎区域，共同狩猎，即共同使用猎场，因而，只有某个乌力楞习惯使用的猎场，但是并不是排他性地占有猎场，因为他们狩猎生产的对象是时刻在迁徙移动的野兽，这些野兽不可能只在某个固定的猎场范围内生存，占有固定的、各自所有的猎场，不可能保证狩猎生产的正常进行，因此，占有猎场没有实际意义。而20世纪50年代初期，政府分配猎民按各自所在的乌力楞狩猎范围，即猎场负责护林防火，他们才有了乌力楞所属的责任意识，但是，这种责任意识与占有观念仍然有着本质的区别。然而，当时的调查者把使鹿鄂温克人使用观念混同于占有观念，认为猎场按乌力楞划分，并归乌力楞所有，这是一种文化的误解。

第三，使鹿鄂温克人认为，自然环境是他们族群所有成员开放的公共空间，甚至还包括凡是能够进入这个空间中的其他族群。20世纪50年代调查时鄂温克猎民的回答，说明了这一点，猎民说："我们划分猎区干吗？猎场是大家的，猎场上的野兽也是大家的。我们在这样大的猎场上打猎，互相也妨碍不着。"这是因为，一是整个使鹿鄂温克族群，在数千平方千米的山林中，仅居住着140人左右，满足他们物质生活资料的狩猎生产需要占用使用的空间有限，即很少的空间即可以满足他们的生产需要，因此，猎区的划分对于他们并没有实际的意义。二是作为生产性组织的乌力楞，有时虽然比较稳定，但是实质上并不是固定不变的社会组织，乌力楞的成员经常在各个乌力楞之间变换，也无法为各个乌力楞划出界限来，把他们固定在某一地区。

第四，使鹿鄂温克人认为，自然环境是不受人所控制的，因而是不确定的。20世纪50年代调查时了解到，他们关于狩猎生产有许多禁忌，体现了这种观念。例如，有时候年轻的猎人说："你今天一定能拿回肥肉来！"则会受到老年猎人的严肃驳斥："你的肉是在山头上的仓库里吗？"，

---

① 使鹿鄂温克人认为，"特格"是住在河边、使马的族群，"鄂伦千"是住在大山林、使鹿的族群。

他们因此形成了对狩猎结果在猎前不能随意猜测的禁忌，以及禁止说"我们去打围去"；行猎长分配任务时，不说你能打住什么，而只能祝福地说："你可能有运气！老天爷可能给你点东西"；不能说大话、吹牛，禁止说"明天一定吃着肉"等话；打到猎物，也不能认为是理所应当的，要大家坐好，把双手捧起，安静地问："来，给看一看，这是什么马音（福气）"等禁忌。

他们对狩猎生产的不确定性，有着经验性的认知。如早在20世纪50年代猎人尼克来就认为，狩猎生产的前途是有限的，将来单靠狩猎是不成的，经营牧业，特别是渔业应该提倡。但是有些老年人认为鄂温克人离开肉食是不行的，对于将来野兽没有了怎么办的问题，回答是"将来野兽真的没有了，再说吧"。

第五，使鹿鄂温克族群对外在于他们的客观世界，有着感性世界和超感性世界的区分，因而形成了他们的形而上学的世界观。他们把整个世界分为三部分，即天上、人间（地上）和地下。认为天上和地上一样，有山、有水，也有人。天上的人个儿很大，心地非常好，不说谎，也不打骂别人，不做坏事，自力更生维持生活，绝不伤别人，故可称为神。地下也和地上一样，也有山、有水和人。地下的人个儿非常小，像猴一样，因此称为"伯勒布和"——鬼。伯勒布和鬼是坏人死后转化的，它们夜间在山中生火、喊叫，人前去时就不见了。

鬼还能让人患上疾病，但是鬼最怕萨满，请萨满赶鬼，就是这个道理。他们还认为，在人类出现之前，世界上只有神和"哈拉给"——魔鬼，神与魔鬼是死对头，有了人类以后，魔鬼总想害人类，神始终是保护着人类，所以他俩经常进行斗争。神用雷打击"哈拉给"—魔鬼，它最怕雷，但是，雷虽然有威力，却打不到石洞里面，因此"哈拉给"—魔鬼经常住在石头洞里躲避神的打击。从这里可以看出，他们是用感性的地上世界，构拟了超感性的天上和地下、神与魔鬼两个超感性的世界，以神的形象概括了善，以魔鬼的形象概括了恶，从而形成了对自然界的形而上学的价值认知，当然，他们的形而上学的价值认知，距离对客观世界的"绝对性"的实体认知还是有一定距离的。

（三）自然崇拜观念

正是在他们特有的这种"以物为人，物我同种"、物我同在、天、地、人、鬼、神的判断基础上，他们形成了广泛的自然神灵崇拜的观念。在他们的观念中，他们生活的各个领域神灵无处不在，如在撮罗子内部的火位生火做饭，或挂壶烧水，禁忌锅或壶挂不稳，左右前后摇动，认为这样会引起火神的不满，从而给人带来祸患；遇到天火（自然火）不能扑灭；不准用有刃的铁器弄火、女客人不能越过撮罗子内火塘以北的位置、进山打猎不得跳舞和唱歌、不得随意割断动物的生殖器、不许跨越渔网、不得折断鱼的胸骨、妇女不得接近驮"玛鲁"的驯鹿、妇女不得烧腐烂的木柴、更忌烧"甘那格他"树；等等。这些禁忌观念，反映的都是对无处不在的各种神灵的崇拜，从而形成了他们所特有神秘化自然的观念体系。

在各种自然神灵中，他们崇拜的对象有其特殊性，即他们的玛鲁神。玛鲁神是由以"舍卧刻"神为主的12神物组成的神系。

（1）"舍卧刻"传说中是一条大蛇和一个梳辫子的鄂温克男子，在玛鲁神系里是猎民们用一种称为"哈卡尔"的树木，雕刻而成的人形—男一女，有手、脚、耳，还有用鹿或犴皮做成的衣服。这是他们的祖先神。"舍卧刻"也单指那条大蛇。

（2）"小鼓"，鼓皮用鹿皮制的，外圈用落叶松的阳面做成。因为"舍卧刻"非常愿听鼓声，萨满一敲鼓"舍卧刻"就来了，所以，小鼓也被一起崇拜。

（3）"嘎黑鸟"，是"舍卧刻"骑乘的飞鸟，"舍卧刻"骑上它可以自由飞翔。猎民是把这种鸟的全皮割下来制作成偶像。

（4）驯鹿笼头，是专门给"舍卧刻"神抓驯鹿时用的，这种笼头不准人用。

（5）"玛卧格特"，即用鹿皮或狍脖皮制成的皮条或皮绳，也是专门给"舍卧刻"抓驯鹿用的。

（6）灰鼠皮，在尾的尖端有白点。一公一母的灰鼠皮，与一般灰鼠皮不同，需要浅黄色的，雪白色的更好。

（7）"刻如那斯"，是一种身白、尾黑、身长约一尺，比灰鼠还细，居住在岩石丛里的小动物。

（8）水鸭皮，剥下全套皮。20世纪50年代的调查者说，其用意不清楚。从他们的口传历史看，应该也是一种祖先神灵的神偶形式。

（9）"舍利"，是通古斯—鄂温克语 sel 的译音，原意为"铁"，因为神偶是用铁皮制作的，因此，"舍利-sel"引申意为"铁神"，实际上神偶是用薄铁皮剪裁制成的，因而得此名。制作时用薄铁皮仿各长 15 庹①的雌雄两条蛇，雌蛇有 2 只犄角，雄蛇有 3 只犄角。这是"玛鲁"神系中最厉害的神，它一生气，就会让人得重病。

（10）"乌麦"是保护婴儿生命安全的神，是用白桦木或落叶松木粗制成鸟形坯，外面缝上其他动物皮的小雀。

（11）"阿隆"，是用落叶松、桦树上生长的一种弯曲形的细木条制作的神偶，它是保护驯鹿的神偶，驯鹿一旦发生疫病时，就拿出它挂在健康驯鹿的脖子上，就可免疫。然而，这种树条子不易找到，所以达不到给每个驯鹿挂，因此，只能挂在驮"玛鲁"神袋的驯鹿脖上，起到同样保护所有驯鹿的目的。

（12）熊神，需要一公一母小熊崽皮，同样也是保护驯鹿的神偶，有了熊神，狼就不敢吃驯鹿。

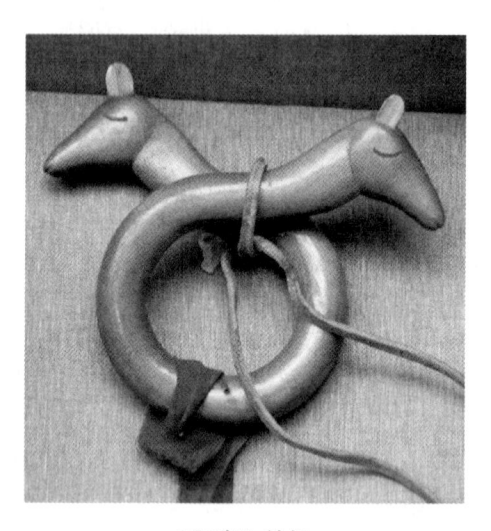

"阿隆"神偶

这 12 种神物，有些形成了明确的神偶形象，有些则是实物代表神偶形象，从而可以看出，使鹿鄂温克人的精神发展，具有形象化的具象思维

---

① 《字汇补》释义：庹，两腕引长谓之庹，即成人两臂左右平伸时两手之间的距离，约合五尺。

特点。同时,也可以看出他们在观念的发展上,所处于从自然神灵崇拜向社会神灵崇拜过渡的阶段性特征。

除"舍卧刻"主神外,"舍利"神和"乌麦"神是他们崇拜的神灵中的重要神祇,其他神物都是被主神喜欢的或需要使用的东西,同时也是猎民向神祈祷的法物。如鼓是召唤神用的法器,灰鼠皮则是当猎人们打不到灰鼠时,被认为"舍卧刻"没有赐给猎人福气,所以请萨满祈祷"舍卧刻"赐福的法器。使用时,将两张灰鼠皮拿出来,在火上挥动几次,并祈祷"舍卧刻"赐给灰鼠子,这样就能打灰鼠了。

二 关于人的观念

关于人的观念,其实就是关于自身生命现象的反思,其中包括对自己与祖先的关系、自己肉体与精神关系的历时性思考和共时性思考,即历史关系和现实关系的思考。

(一) 关于祖先的观念

关于祖先的观念,是一个族群关于自身内部人与人的血缘关系的集体性历史记忆,是人们以"我"为中心,对于人与人的历史关系的思考或追问,即"我"来自历史上的什么人或什么事物,亦即寻根溯源,这是人类思维寻求确定性的本性追求。在这方面,一般经历了以外在的动物植物追溯历史的阶段和以英雄祖先追溯历史的阶段,前者被称为图腾崇拜时期,后者则是英雄崇拜时期。最后才是血缘谱系追溯阶段。直到20世纪50年代,使鹿鄂温克人关于祖先的观念主要是处于图腾崇拜时期,然而,受到周边族群的影响,他们也开始了血缘谱系追溯阶段。

在使鹿鄂温克人的意识中,他们族群来自"舍卧刻-sewenki",从而表现出图腾崇拜意识。事实上包括所有鄂温克人都把"舍卧刻"认作是自己的祖先神,然而,关于"舍卧刻"的具体形象,在鄂温克的各个族群中并不完全一致,诸如"通古斯鄂温克"(或者称为莫日根河鄂温克)"巴亚基尔杜力给特"氏族祖先神形象有两种,一是用薄铁片剪成的缝在绿色的布条上的女性,二是用落叶松木制成的一寸长的男性,他的胡须用熊皮制成,用狍皮包着。"西拉那妹他"氏族的"舍卧刻"是大小21个人像,右边有两个用落叶松制的人脸。在使鹿鄂温克人的口传历史中，关于"舍卧刻"有这样的传说：很早以前，有一个有辫子的鄂温克人，发现有一大湖，名叫"拉玛-laamu"，有八条河流注入，湖里长有荷花，花开在水面上，叶子也漂在水面，并有很多好看的草。湖的周围有很多大山，树并不多，风景绝佳。湖的周围气候很暖，但一过湖就冷了。山上还有一个大洞，雾出自这洞，雾多即雨大。从这湖一面看时，就像离太阳很近，太阳如升自湖边。在日出的方向，即湖的东南方，有一个河口，河口水非常深，在水中有一个身长十五庹，并有两个大角的蛇，这个蛇是从天上下来的，与人不通话，但和萨满能通话，这就是"舍卧刻"。"舍卧刻"神给人类做许多好事，它最喜欢闻油味和香味，因此人们祭祀它的时候，要往火里烧鹿、犴的油，这样不仅不会得病而且对打猎也有好处，相反如让"舍卧刻"生气，会使人生病。在这湖周围的山中，有猴子，也有鬼，这里就是"舍卧刻"的发源地，也是鄂温克人及人类的发源地。大蛇形成的神被称为"敖教尔-ojoor"神①。

　　这个传说，既反映了使鹿鄂温克人关于祖先的集体性历史记忆，同时也反映了他们对族群来源乃至人类来源的思考和追问。学者们对于这个传说进行了多方面的释读，从历史学角度，传说反映了他们对历史起源地的记忆，即一个被称为"拉玛"的大湖；从文化学的角度，传说反映了他们对萨满信仰起源的记忆，即那条从天而降生活在大湖河口中的大蛇；从人类学的角度，传说反映了他们对于族群来源的记忆，即不剃发的鄂温克人（男性）与"大蛇"（剃发的鄂温克人，女性）的结合。至于这个大湖的地理位置，从地理学的角度学者也进行了研究，吕光天等早期的调查者，把目光放在了使鹿鄂温克人迁徙到黑龙江、额尔古纳河流域前的勒拿河（列拿河）地区，认为大湖是贝加尔湖。乌云达赉则联系鄂温克其他族群的萨满经文以及对传说中的地理地貌的认真考察，把鄂温克族群的历史起源指向了乌苏里江流域，认为大湖是兴凯湖。但是，贝加尔湖的地理地貌特征不符合传说中的大湖地理地貌的描述，而兴凯湖的地理地貌特征符合传说的描述。

　　从其他鄂温克族群的历史传说看，使鹿鄂温克人关于祖先的这一则记忆是不完整的，或许是当年的调查者了解记录的情节不完整。在鄂温克其

---

① 敖教尔-ojoor 原意为根源，引申为始祖、传统规范。

他族群的传说中,"敖教尔-ojoor"(大蛇)升格为始祖神,是被雷击死后的事情。在其他鄂温克族群中搜集到的神话中有一则关于《三界来历的

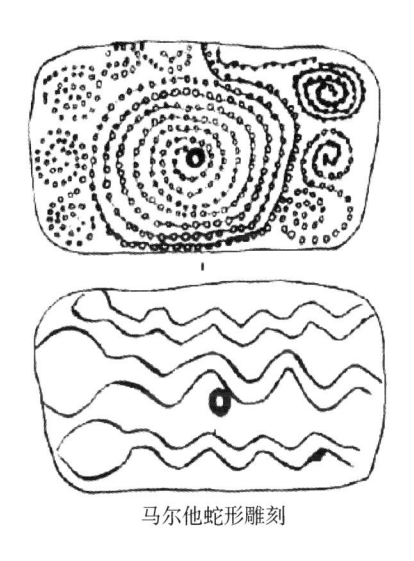

马尔他蛇形雕刻

神话》记载了这个说法,据说"敖教尔"(大蛇)被雷击死后才成为分管天、地、人三界之神。大蛇被雷劈为三段,上部上了天,变成了天神(booro1-qoohor-haruul-斑白的巡视者,音译为"保勒索浩勒合鲁勒");中部留在地上,变成了族群的守护神(shokoodaaral-守护神。音译为"谢考达热勒");下身到了地下,变成了地神(yegin-dolbuur-九根支柱神。音译为"道尔保如"),从而有了三界之神,这时"敖教尔-ojoor"才升格为始祖神[1]。始祖神只保佑她的孙子,需要通过萨满的仪式附着在萨满身上,因而,她只与萨满沟通,而不能与普通的人沟通。这种能够附在萨满身上的始祖神灵就被称为"舍卧刻"或"舍温克",因为这个神经常在

---

[1] 参见《鄂温克研究文集》第二辑(上)《三界来历的神话》,内蒙古自治区鄂温克族研究会,1991年6月。阿伦河流域的鄂温克人的传说与此一致,祖先的上半身上了天变成了"保勒索浩勒合鲁勒",中身留在地上变成了"谢考达热勒"神,下身变成了九个"道尔保如"神。萨满所供的这些神都是偶像,无论是萨满或一般人都供他。萨满跳神时,先说"敖教勒"(祖先)。"敖教勒"神是在蓝布上,有太阳、月亮、眉(灰鼠皮做),有九个小人,五个金色的是女人,四个银色的是男人。一个"毛哄"的萨满死后,变了佛,就用毡子剪好人形,供在祖先的下边,这叫"阿南",即影子之意。

他们家中撮罗子的玛鲁位置上供奉，因而被称为"玛鲁神"。据了解，由于不同的学者使用的文字不一，"sewenki"被翻译成诸如斯文、搜温、色温、色沃、谢沃、舍温、舍沃等不同的音译汉语词汇，实际上，sewe 指的是"敖教尔-ojoor"（大蛇）的魂灵，在 sewe 后面加上词尾-nki，则是指始祖"敖教尔-ojoor"（大蛇）的神偶。因此，"舍卧刻-sewenki"一词在使用上就具有了双重含义，其一是指转化为始祖神灵的"敖教尔"（大蛇）的三段灵体，其二是指刻画始祖神灵的神偶。在使鹿鄂温克人盛装"玛鲁神"的口袋中，就是两类神偶，一个是被刻画成人形的一男一女，另一个是被雕刻成蛇形的"舍利-Sel"（意为"铁神"）。

在东北亚的考古学中发现，蛇［神］崇拜是北方历史族群的早期现象，在贝加尔湖左侧的别拉亚河流域马尔塔[①]遗址中就出土了一件蛇［神］形象的象牙板，一面是坑点构成的 O 形和 S 形螺旋纹，另一面是三条大头蛇。学者们判定，这块象牙板是萨满的用品。结合使鹿鄂温克人关于大蛇是从天降的，因此，如果说使鹿鄂温克人祖先发现的"拉玛"湖是兴凯湖，那么，崇拜大蛇的族群也有可能是来自其西部贝加尔湖西侧别拉亚河流域。这也似乎说明了，以蛇作为始祖神崇拜为主的萨满崇拜意识，来源于内贝加尔地区[②]。

（二）肉体与魂灵观念

使鹿鄂温克人对于人的肉体与灵魂的关系，有着他们独特的认知，认为存在一个灵魂世界，灵魂也会死亡。在他们看来，人的灵魂与肉体的关系，是一种寄生的关系，认为人死后，其灵魂不死，只是离开这个世界到另外一个世界去了。人死后去的世界，是一个更幸福、更美好的世界，但是，在去往这个幸福世界的途中，有一条很深的血河，河中只有一块儿石

---

① 马尔他遗址位于安加拉河左岸支流白河的北岸，距离白河河口 17.5 千米，距离伊尔库茨克市 100 千米。遗址所在山丘高出白河平均水平面 56 米，遗址分布在山丘的东南坡，坡下是白河。1927 年萨维利耶夫偶然发现，1928 年开始发掘。对马尔他遗址所出的古动物骨骼进行的放射性碳素的测定，公布的测定数据最低的距今 14750±120 年、14750±190 年。最高的数据是距今 43100±2400 年、41100±1500 年。其余数据多集中在距今 2 万年至 2.4 万年前之间。这些数据标本多出在第 8 层，该层是典型的马尔他旧石器时代层。

② 俄罗斯人习惯上把贝加尔湖北侧、西侧看作是内贝加尔地区，南侧、东侧看作是外贝加尔地区。

头，可以跳过去，若跳不好，就会掉进血河里，再也出不来了，灵魂也会死亡，这才是人的真正死亡。然而，生前行善者可以有桥安全通过，行恶者，则无桥可过。同时，缢死的、用枪打死的（包括自杀和他杀）、因难产而死和被熊咬死的人的魂灵，都到不了灵魂世界。

使鹿鄂温克人认为小孩儿的灵魂与成年人又有所不同，死去的小孩子的灵魂不是去到成人的灵魂世界，而是飞到"玛姆［树］"上去了。当小孩得重病时，他们的灵魂也会离开小孩的肉身，飞到"玛姆［树］"上去，因此，需要请萨满把小孩的灵魂请回来。在他们看来，小孩的灵魂是"乌麦"，其神偶形象是白桦树或落叶松制成的小雀。制作方法是，先用白桦木或落叶松木雕刻成一个小鸟的轮廓，然后在其外面包缝一层犴皮，再用兽皮裁剪出鸟的翅膀和鸟尾，缝于相应的位置上，最后用墨绘出鸟的嘴眼，这样"乌麦"神偶就有了较完整的立体造型特征了。在使鹿鄂温克人的观念中，这个"乌麦"神偶，既是保护婴儿生命、健康的神偶，又是小孩灵魂的神偶，如果小孩子得了重病，就是"乌麦"离开了小孩的肉身，萨满给小孩看病，就是将小孩子的"乌麦"请回来。使鹿鄂温克人平日把"乌麦"放在"玛鲁"一起或缝在小孩的背上。

其实，乌麦是阿尔泰语系诸语族，即突厥、蒙古、通古斯诸语族的一古老神灵，乌麦的形象有巢、子宫、肚脐、摇篮、母腹、洞穴、胎盘、乳房、鸟雀等。其名称早就见于突厥部落的毗伽可汗（在位时间公元716—734年）时期所立的阙特勤碑，在石碑东侧（东31）碑文中载："托犹如乌迈女神般的我母可敦之福，我弟阙特勤受成丁之名。"这里的"乌迈"即使鹿鄂温克人之"乌麦"，只是翻译所用汉字不同。在阿尔泰诸语族族群中，"乌麦"一词被记录为不同形式，其意义也不尽相同。各族群称谓形式有"乌弥"（维吾尔族）、"吾坶叶涅或乌麦"（柯尔克孜族）、"乌玛"（蒙古族）、"乌木西"（满族）、"奥米或乌米、乌麦"（鄂温克）、"奥毛西莫口"（鄂伦春）、"乌蔑"（达斡尔）、"希林妈妈"（锡伯族）、"阿耶瑟特"（雅库特）、"乌弥"（阿尔泰人）、"额麦伊哲"（突厥哈卡斯人）等。"乌麦"的词义，苏联学者 C.B 伊万诺夫在《黑龙江流域民族造型艺术手册》中考证认为，"乌麦-奥麦"在埃文基人和蒙古人中意为女人肚子、子宫；在那乃人中意为巢、穴、洞；"乌木克"在图鲁罕地区埃文基人中为巢；"奥米"在涅吉达尔人中为周岁婴儿灵魂，此意在那乃人中称奥米亚；"奥米松妈妈"在那乃人中为女神，在她所管辖的天上，生长着有儿童灵魂的氏族树。"奥米，乌米、奥米希、乌米希"在中国东北的埃文基人和突厥人、蒙古人中为调配孩子的神；"乌麦"在外贝加尔的布里亚特人中意为胎盘，在克钦人中为保护婴儿消灾袪邪的护身符……①

可以看出，使鹿鄂温克人"乌麦"的观念与那乃人和涅吉达尔人比较接近，或者更接近那乃人即赫哲族的观念，属于同一源流。据《突厥语词典》，"乌弥–乌麦"女神是儿童在母胎时的保护神，只要你真诚地祈祷，你就会得到幸福和孩子。"乌弥–乌麦"神居住在氏族的灵魂王国，在这个居住地，未出生的灵魂在等待着"乌弥–乌麦"神的安排即将来到人间。按照哈卡斯突厥人的概念，"乌弥–乌麦"女神是儿童灵魂的守护者，这些灵魂全部待在她的"庙宇"——额麦·塔斯赫尔山中。在这座山无数人口旁的墙上，挂着放有儿童灵魂的摇篮，女孩的灵魂是珊瑚珠苏鲁，而男孩的灵魂是箭矢乌赫。②因此，从关于对"乌麦"神说法的完整性上看，这一儿童灵魂的观念，在突厥族群那里更成熟，或许是这种观念的源头。人与灵魂的观念，体现了对现世的人与过世的人之间关系的认识，以及灵魂与肉体关系的认知。在使鹿鄂温克人的观念中，人的肉体的死亡，并不等于这个人的消亡，死去的亲人或其他社会成员还会以魂灵的形式与现世的人们发生联系，其中重要的表现就是有些现世的疾病是死去的人们的灵魂造成的。这种观念，表现出对肉体与灵魂的二元化认知，即肉体与灵魂的存在不仅仅是依存关系，灵魂有它自己的存在方式，甚至是一种超感性的、绝对的存在，不是肉体决定了生命的意义，而是灵魂赋予肉体生命的意义。

使鹿鄂温克人对火的崇拜，体现出另一种二元化的认知。首先，他们认为火是由火神主宰的，每户的火主（火神）就是他们的祖先［灵魂］，因此，他们认为火主死了，这户就要绝根，故火是亟须尊重的。显然，这是灵魂泛化的观念，是把对自然火的崇拜人格化的结果。其次，在他们的观念中，火神是自然诞生的，是女性。有学者了解到1944年出生的安塔

---

① 富育光：《萨满教与神话》，辽宁大学出版社1990年版，第80页。
② 参见［俄］布塔纳耶夫《哈卡斯人的"乌麦"女神崇拜》，载《萨满文化研究》第2辑，天津古籍出版社1990年版。

老人讲述的关火神的传说,表达了这种认知。据说火神的名字叫"瑟伦达",是在远古时期一个冬日的夜晚诞生的,当时酣睡中的人们被"瑟伦达"诞生时的响亮啼唱所惊醒,只见她热血沸腾,以明快的节奏在林中飞渡,并说着奇妙的语言,用律动的手指放送着无数个火星,火星以优美的弧线划过夜空,形成了优美的舞姿,于是人们走上光明的开阔地,与火神共舞。猎人们手拉着手,迈起轻柔的脚步,飞舞起手臂,唱起篝火圆舞曲"当黑夜降临时你伸出温暖的手……"最后安塔老人还强调说:"火神'瑟伦达'也是我的家族之神!"[1]

他们有许多关于火神的存在及其发挥作用的记忆。据说,很早以前有一个人,白天打了一天猎,什么也没有打住。晚上回家烧火时,火崩烈出声,由于鄂温克人忌讳火崩出声,认为这样会没有福气,打不着野兽,因此,这个人很生气,拿出猎刀,刺灭了火,第二天要生火时,就生不着了,结果这人就冻死了。他们认为,这是因为火主已生气走了,因此不可能生着火。另外传说伊那肯奇老人的父亲和另一位名叫"沙石克"的猎人一同去打猎,两人在晚间生火时,火出了声,沙石克非常生气,马上用水把火弄灭了。第二天早晨出猎时,走不远就听见鹿声,但实际不是鹿声,是另一猎人吹的鹿哨声,而沙石克认为是鹿声,因此他也吹了自己的鹿哨,结果沙石克被对方看成是鹿,打中了眼睛,当场死了。他们也认为,这也是因为沙石克用水浇灭火的缘故。

对于火的神圣化的认知,使他们崇敬或敬畏所有的家火和自然火。他们认为,特别是对撮罗子里生的火更要尊重,过去他们有保存火种的习惯,生了火之后把它培上不使其灭掉,平时吃饭、喝酒都要先敬火,往火上稍洒祭一点酒饭,嘴里说些祝福的话。他们认为如不这样会遭到火神的不满而产生不利的后果。早晨生火时,见到昨夜烧的木炭立起时,是火神预示有客人来,要向立起的木炭作招待的样子。晚上如果同样有木炭立起时,则是火神预示有鬼要来,要打掉这个立起来的木炭。如果在山上打猎,对火不可乱动,如打猎引起的山火既不能利用,又不能扑灭,认为这种火危险,以人力不可能扑灭,你今天在这打灭它,但明天在另一地方还会发生火,甚至有的人说,打猎引起的火,不会烧好地方和好东西,而是

---

[1] 卡丽娜:《驯鹿鄂温克人文化研究》,博士学位论文,中央民族大学,2004年。

专门烧坏地方和烧死魔鬼，如扑灭这种火，就等于保护了魔鬼。这种观念，直到 20 世纪 50 年代，在他们族群当中还相当普遍。

(三) 梦、异常与人事吉凶的观念

在使鹿鄂温克的观念中，梦与人事的吉凶相关。他们认为梦有好梦和坏梦，好梦三天以内不能告知别人，坏梦应该见人就说。好梦有许多种，诸如，梦中捕到鱼或看到鱼，是好兆头，第二天就能打到野兽；梦中哭、骑马、骑驯鹿、穿破旧的衣服，遇见瘦人、与别人角力胜利等都是好梦，尤其是梦中渡河为最好，能够在几年内全家平安；等等。坏梦也有许多种，一般认为梦中掉上牙，预兆会死青年人，掉下牙预兆会死老人；梦到剪发预兆要死人或死驯鹿；梦中刮脸、梳发、洗澡、角力败给对方，梦中笑、高兴等都是不好的预兆。另外，梦中吃好的、穿好的一定得病；梦中看见两人打架，驯鹿一定会被狼吃，梦见打死熊一定家里有人死。

使鹿鄂温克人认为，身体的异常表现，也具有启示作用。一般上眼皮跳，可能会见到亲人或野兽；上额跳动，一定会打到鹿茸；胳肢窝跳、手掌痒、手心跳，一定会打着犴；脚掌痒，预示要有朋友徒步来访；口角或臀部肉跳时，预示要有骑驯鹿的客人来。耳鸣也有一定的预示作用，耳鸣时，要问其他人，是哪一个耳朵鸣？如果对方说中时，预示有人思念自己，并祝福他好，如果对方没有说中时，则启示着有人在骂自己或议论他不好；右侧肋骨跳动时，预示自己能打住野兽，左侧肋骨跳动时，预示别人能打住野兽；早晨的痰中有泡时，预示自己一定能打到野兽。

猎民认为自己的猎刀无意中刃向上时，预示着一定能剥到兽皮。取刀时家人们要说："剥、剥、剥"，他们把这种情况称为"乌奇楞"；猎刀旁边有了黑点时，也认为能打到野兽。

第二节 宗教信仰变迁

宗教是在各种神灵、吉凶、利害的观念基础上形成的策略性知识体系及其操作方式，其核心内容是趋利避害、趋吉避凶。人们由于对神灵给人带来的祸害的恐惧而敬畏神灵，宗教和娱乐活动是使神灵高兴或是不去触怒神灵的愿望的表达，从而也成为一种对人们日常行为很重要的制约因素。其标准就看是遵奉还是违犯传统的禁忌。

一 萨满

初民社会为了消除或挽回因为神灵不满而产生的对人的祸害，从族群成员中分离出专职的祀神人员和仪式，专门负责与神灵的沟通，这个专职的祀奉神灵的人员，在阿尔泰诸语族族群中就是萨满-caман。萨满是使鹿鄂温克人传统精神文化的表征，很长一个历史时期，他们的日常精神生活都是围绕着萨满对神灵的态度而进行的。

四位使鹿鄂温克人公认的大萨满
普日考维奇·布利托天（男）
敖勒克·固德林（女）
妞拉·卡尔他昆（女）
伊纳捷吉·固德林（男）

在使鹿鄂温克人的口传历史记述中，20世纪50年代之前，他们的每个氏族姓氏都有自己的萨满，萨满不仅是一个氏族姓氏唯一的法师，而且在社会上也有很高的威望，氏族姓氏的头人（族长、酋长）一般都是由萨满来担任，对于一切鬼神、吉、凶和疾病的来源以及氏族的"敖教尔"（习惯法）等都由萨满来解释。他们后期公认的大萨满有四位，即布利托天姓氏的普日考维奇（男），固德林·布利托天姓氏的敖勒克（女）和伊纳捷吉，卡尔他昆姓氏的妞拉（女）。萨满一般情况下是世袭的，但是，这种"世袭"并非绝对的母女相承或父子相承，而是姐妹兄弟也都在承袭的范围之内，因而，老萨满死后其亲弟、亲妹或亲生儿女都可以来继承，若无子嗣或亲兄弟姐妹时，老萨满死后，其神灵会在自己的氏族内选择继承者。老萨满死后，需要在其尸骨腐化后的第三年再产生出下一代萨满，产生新萨满的征兆，是新族群中有人精神失常（发疯），一般表现为他（她）不怕水、火，冬天不穿鞋乱跑，有时会表现出死去的萨满附体的征兆，这时人们就知道他（她）要成萨满了，他（她）要承诺当萨满，这时就需要请另一位老萨满教他举行萨满活动的各种神技，即跳神、请神、治疗等萨满技能。

使鹿鄂温克人相信萨满具有常人所不具备的法力，因而，他们不仅崇拜神灵,也崇敬这些萨满,从而形成类宗教的萨满崇拜。在他们的口传历史中,有一个萨满的传说,表达了他们的这种意识。据说,过去有一位名叫伊万的著名萨满,他是固德林氏族姓氏的萨满,在冬天跳神时,他的双脚能踏入冻硬的地下很深。他有一次和一个鄂伦春(他们称鄂伦春人为"特格"[人])的萨满比赛本事,鄂伦春萨满首先提出"让你从原地动不了你就动不了",伊万萨满果然动不了了,但是这时,他用萨满鼓棒把自己座位的周围画了一圈,一使劲,就连土都带起来了①。又有一次,有一家鄂温克人家的小孩久病不愈,瘦得皮包骨,特请伊万萨满跳神,他跳了一夜。跳神开始时把火全部熄灭,用萨满鼓扇向病人,这样跳一阵后再点上火,并叫人们看他的鼓面上,大家一看有一条蛇和一只蛤蟆,蛇有三个角,这时伊万萨满解释说:这病孩是被俄罗斯人的"阿布通"(萨满)害的,取出这蛇和蛤蟆,小孩的病就会治愈,结果这小孩第二天就好起来了。

又有一次伊万萨满被请到鄂伦春人("特格"[人])那里去,也是因小孩有病,他同样跳起了神,又跳出一条长蛇,捉住蛇,小孩的病也马上就好了。据说伊万萨满的前一代萨满是死在阿玛札尔河,法衣和法帽都埋葬在那用,但伊万当了萨满以后,他经过跳神,就把前一代萨满用过的法具都请到自己的鼓上来了,因此,他用的法具实际上全都是前一代萨满所用过的东西。据说伊万萨满是个歪脖子,是与一位鄂伦春("特格")的萨满斗法时受的伤,但他一跳神脖子就不歪了。

他们的这个传说,不仅宣扬了传说中伊万萨满的神功,而且,也表现

---

① 卡丽娜:《驯鹿鄂温克人文化研究》,博士学位论文,中央民族大学,2004年。其中记载了不同的版本。"有关早期的萨满,驯鹿鄂温克人有自己的传说。1990年11月12日纽拉萨满在额尔古纳左旗阿龙山镇讲述了这样两个故事,一个是:刚刚有人类的时候,就有一名女性萨满,名叫奥兰(春暖花开之意),其下一代萨满系男性,名叫茫林。由于俄罗斯人用蛇和四角蛇伤人,茫林决意与之相斗。在斗场上俄罗斯人站着,茫林坐在地上,俄罗斯人施展法术将茫林固定在地上。茫林无奈,只好敲起神鼓,唱起祷词,请他的神灵附体相助。结果,茫林在其神灵的帮助下,掀起他座位下的一大块地皮站了起来,俄罗斯人终于输了。奥兰就是一开始的萨满。另一个传说是:驯鹿部温克人萨满的祖神,最高辈是一男一女,女神叫凯达克兰,男神叫库坡楞。下一代仍为一男一女,女的叫都尔库楞,男的叫阿尔卡兰。再下一辈是他们的子女。九男九女,他们的形象在萨满的神帽和神衣上都有体现,是经常帮助萨满取得成功的神灵。上述不同辈分的神灵都归太阳和月亮管。太阳给人以温暖,是始祖母神。月亮在黑暗中给以光明,是始祖父神。"

出他们对萨满的崇拜,萨满不仅仅是沟通神灵的使者,而且本身就具有一定的神秘力量,与普通人有所不同,他们把萨满看作是活着的神人,死去萨满的灵魂也可以成为后代萨满崇拜的神灵。

二 萨满祭祀的神偶

在古代人类的观念中,神偶或面具是死者鬼魂的容身处,是鬼魂的物质代表。因为神灵是由灵魂、鬼魂转变的,所以,神偶即是他们观念中神灵的象征。使鹿鄂温克人敬奉的神灵很多,但是,萨满跳神时敬奉的神灵与民间敬奉的神灵还是有一定的区别的,这就是萨满把以大蛇——"舍卧刻"为首的根祖神——"敖教尔"作为主神,还有自己崇敬的特殊的神灵,而且要制作成神偶,而民间敬奉的有些神灵是没有神偶的。一般而论,定时祭祀某一个或某些专门的神灵,是宗教观念成熟的表现,也是自然的魂灵崇拜向宗教的神灵崇拜过渡的形式,在精神观念上,则是从对神灵畏惧的观念向崇敬转变的表现,从而使对神灵的敬畏转变为对神灵的依赖性信仰,成为最后逐渐向一神崇拜的宗教发展的思想基础。成熟的宗教,都是一神崇拜或一个主神崇拜,如基督教只祭祀上帝,伊斯兰教只祭祀真主,佛教只祭祀达摩·悉达多[①]。神偶的产生,为使鹿鄂温克族群精神崇拜的稳定性奠定了基础。

敖教勒神

一些学者称使鹿鄂温克人敬奉的主神为"玛鲁"神,因为猎民的每个乌力楞和家庭都在撮罗子的"玛鲁"位置上祭祀它,因此,又把它称

[①] 即佛祖,又有如来、应供、正遍知、明行足、善逝、世间解、无上士、调御丈夫、天人师、世尊等各种称呼。

为"乌力楞"的神。事实上,"玛鲁"神的说法应该是来自他们的族群之外,即是他称。如果从使鹿鄂温克人的灵魂观角度理解,最初的"玛鲁"没有任何一个神灵的代表的含义,而"舍卧刻"才应该是他们自己对所谓的"玛鲁"神的正式称法,因为"舍卧刻"是有寄托物的神灵,即代表"舍卧刻"的神偶。"玛鲁"是使鹿鄂温克人传统住宅"撮罗子"中火塘以北的位置,是家庭中长者所居的位置,因此有了"主位""上位"的伦理意义,从而成为祭祀祖先神灵的时候,安放祖先神偶的位置,因此,"玛鲁神"的意思是"安置在玛鲁位置上的神",从而"玛鲁"又有了神圣之位的社会意义。同时,由于祭祀时"安置在玛鲁位置上的神"平时是盛装在犴、鹿皮的口袋中,悬挂在撮罗子外西北角位置的树上,因此,有时把盛装神偶的口袋也称为"玛鲁"神[①],其实这是一种文化的误解。因而,"玛鲁"一词不是神灵的正式名称,而是祭祀时神灵所在的位置指示词语。"敖教尔"也不是萨满祭祀的主神的名称,而是针对主神的地位而言的,即"舍卧刻"是"最根本、最高的"神灵,因为"敖教尔"一词本身具有"根源、源头"的含义,因此说,使鹿鄂温克人崇拜祭祀的主神的正式名称应该就是"舍卧刻",神偶就是"舍利",从而表现出他们精神崇拜的稳定性。当然,在北方族群的萨满崇拜中,"口袋"也是一种神的象征符号,研究者认为与"乌麦神"有联系,因为在萨满观念中,"乌麦"的另一种形象就是"口袋",其中装有灵魂。

事实上,鄂温克族群对"玛鲁"的认知有时也是混淆不清的,如前所述,在使鹿鄂温克族群中"玛鲁神"(口袋神)是由祖先神灵的神偶以及祖先神灵喜欢和与邀请祖先神灵活动时有关的十二种东西组成的,他们平时把这些当作整个"玛鲁"神对待,但其中主要的神是"舍卧刻"(即"敖教尔"——始祖神);而鄂温克族自治旗辉苏木的鄂温克人认为"玛鲁"是由年久的龟、蛙变成的妖怪,它首先为鄂伦春人所立。鄂温克人和达斡尔人是从黑龙江一起迁来的,因而也都立了"玛鲁"。"玛鲁"是"霍卓热"("敖教尔"的另一种译法)的随从者,"霍卓热"可以随便处

---

① 内蒙古自治区编辑组:《鄂温克族社会历史调查》,内蒙古人民出版社1986年版,第232页。载:"玛鲁"是鄂温克人在一个圆形皮口袋中装着的各种神灵形象的总称,人们把装神灵形象的这一皮口袋就叫"玛鲁"。皮口袋中装着"舍卧刻"神,以及"舍卧刻"所喜欢的用具。

理"玛鲁","玛鲁"不能反抗,只有服从。① 这种对于"玛鲁"的不同理解,应该主要体现的是鄂温克族群由于各种历史原因的分离而形成的对祖先神灵认知的分化,而不能理解为不同的文化传统。

比较使鹿鄂温克与阿伦河流域、辉河流域、莫日根河流域鄂温克族群的始祖神——"敖教尔"—"敖教勒"观念,还是使鹿鄂温克族群的观念比较原始或正宗,他们的观念清晰地说明了始祖神来源于"拉玛"湖河口的大蛇。而其他族群的说法,多少都是受到了其他非通古斯族群后期文化因素的影响,甚至失去了对始祖神形象的认知,有些族群对始祖神——"敖教尔—敖教勒"的内涵认知已经模糊了。

由于死去萨满的灵魂也可以成为后代萨满崇拜的神灵,继承者萨满就用毡子或皮子剪好人形,供在祖先的下边,这叫"阿南"神,这样萨满祭祀的神偶就有了与普通氏族成员祭祀不同的神偶。"阿南"是通古斯—鄂温克语的译音,即影子之意。因此,在使鹿鄂温克人的玛鲁神系里用"哈卡尔"树木雕刻而成的一男一女神偶,应该是始祖萨满神灵的偶像,对于萨满而言这是他们的祖先神,而"舍利"则是始祖大蛇"舍卧刻"的神偶形象,即整个族群的始祖神灵的神偶。

萨满头饰

使鹿鄂温克人的萨满服饰,从某种意义上说是萨满崇拜祭祀的神偶的

---

① 内蒙古自治区编辑组:《鄂温克族社会历史调查》,内蒙古人民出版社1986年版,第489页。

集合体，萨满服以及装饰在萨满服饰上的各种物件无不象征着某种神灵。萨满的服饰，是萨满作法时的器具，它的作用就是帮助萨满从人间通向神灵世界和鬼魂世界，因此，它的意义绝对不是装饰，而是体现了经过萨满主导的神灵崇拜观念的历时性发展积淀和共时性结构的理解。萨满服饰，一般是由三部分组成，即帽子、上衣和下衣。不同北方族群的萨满服饰，在这三个部分有不同的配饰。

使鹿鄂温克人的萨满服装需要用母鹿（马鹿）皮制作，萨满把自己装扮成鹿的模样。有些学者（苏日台）把这种现象通过他们的伪装狩猎现象予以解释，然而，据人类学家研究，对鹿的神灵崇拜是远古时期东北亚地区普遍性精神现象，如鹿像石，因此，使鹿鄂温克人萨满服装上表现出来的这种鹿崇拜，应该是这种传统的延续。

使鹿鄂温克人萨满的帽子，整体就是一个鹿头形象，是由内外、上下两部分组成的。内衬帽用鹿皮制作，为呈半圆形瓜皮帽；外套帽则是用铜皮条或铁皮条制作的、套在内衬帽外的圆圈框架帽。在内衬帽檐下边装饰有5厘米宽熏成黄色的皮条垂饰，又从帽檐宽饰底边上，从前向后，从左向右，垂饰两条5厘米宽的黄色条带，在帽顶上两条边饰宽带交叉呈"十"字形，在内衬帽所饰宽边饰带的两侧又加饰彩线。在内衬帽下沿处垂饰15根用鹿皮条拧成的辫绳，在皮辫绳的末端有穗儿，皮辫绳每根直径约1.5厘米，长约26厘米，垂摆于面前至颈部，形成皮辫绳垂饰遮面罩，应为原萨满面具的代替装饰形式。而在内衬帽的正后下沿处，垂饰宽约15厘米、长约30厘米的保护脑后部的装饰皮片，这种装饰片状物底边、周边有短皮条穗饰，其内沿周边又饰四层蓝、红、黄三色线纹饰，下端垂饰三条带穗皮绳条。外套帽分为上下两部分，帽顶上部分是两枝带杈的鹿角，下部是框架帽的底边。底边即帽框架是用宽约5厘米的铜条或铁条围成的与内衬帽相吻合的圆圈，在圆圈上相接一条从左向右宽约5厘米、呈半圆形的帽顶架。帽顶上两枝带杈的鹿角，是在框架帽顶部，镶一对左右对称的铜或铁制的带角杈的鹿角形装饰物。带角杈的鹿角，象征着萨满的威力，视角杈的多少，高度一般来说有15—20厘米不等。鹿角杈的数目，标识着萨满的不同经历和等级，鹿角的杈数越多，表示萨满的资历越高，神通越大。初当萨满者戴三杈神帽，取得一定资历后戴六杈神帽，资历高、神通大的萨满戴九杈神帽。据说，卡尔他昆姓氏的纽拉是使鹿鄂温克人的最后一位萨满，她戴的神帽是六个角权的鹿头帽。纽拉·卡尔他昆是鄂温克族著名女画家柳芭的姥姥，也是诗人、画家维佳的姥姥。

萨满神服

　　萨满神服，有神衣、披肩、护胸兜、神裙等部件，大抵分为上衣和下衣，上衣为短衫，下衣为裙服。使鹿鄂温克人称萨满神服为"萨满黑依"，通古斯鄂温克称为"萨满斯卡"，两者发音略有差异，大约为汉语音译形成的差别。使鹿鄂温克的萨满服制作的材料，与通古斯鄂温克不同，要求必须是用母鹿的皮制作，通古斯鄂温克"萨马斯卡"则必须用公鹿皮缝制（这里凡是不加修饰的"鹿"，一般指的都是马鹿）。与通古斯鄂温克萨满神服"萨马斯卡"的制作一样，使鄂温克的"萨满黑依"在制作上也有很多仪轨。据20世纪90年代满都尔图、汪立珍、朝克等学者的调查，纽拉·卡尔他昆萨满的"萨玛黑依"始做于1922年，制成于1924年，历时三年。使鹿鄂温克人认为，萨满神服不得在短暂的时间内制成，要经3年逐步做成，并且每年在布谷鸟鸣叫后开始制作，白桦树叶脱落时停工；制作神服要出自众人之手。纽拉萨满请了9位妇女帮她缝制神服，又请了5位匠人帮她打制神服上配饰的铜铁器件。这与通古斯鄂温克人要求，"萨满斯卡"的制作必须出自众人之手，而且必须由已过更年期的女人来缝制，缝制的时间上不得短期内一次性完成，必须分2年至3年内缝制完成等仪轨，基本上是一致的。同时，制作萨满神服剩余的皮角、线头、铜铁碎末不得随意丢弃，待神服制成后集中一起销毁。

萨满的神服与神帽一样，首先也是鹿神灵的神偶造型，除了材料必须是使用鹿皮以外，在配饰上也是鹿形象的象征性再现。在神服的下摆下端、双袖下、胸前兜饰下方都有鹿皮条穗饰，用来表示鹿毛，在萨满服后背上还饰有鹿的骨骼造型，那是用铁片或铁条塑造鹿的骨骼造型，有长达1.2米的链条式的鹿脊椎骨，共为12节，节节以环扣合，悬饰于后背上端，悬垂于后背下方，最后一节造型呈柳叶形象征为尾骨。两袖后饰有以铁条制作的臂骨和关节造型，前胸两侧有一排12根长约10厘米的铁条，竖式排列缝于萨满服上，在前胸兜中间配饰一小铜镜，象征为鹿的肚脐。在下衣神裙左右有铁制两节腿骨造型饰件，象征鹿腿。而在通古斯鄂温克萨满神服上，没有肚脐、腿骨造型装饰，他们在胸前兜上配饰呈三角形的铁片饰物，表示胸骨，这在使鹿鄂温克萨满神服上是没有的配饰。

使鹿鄂温克人萨满服也具有蛇神偶的造型，但不像通古斯鄂温克族群那样是具象造型，他们的蛇神偶是以不同颜色毛皮环，颜色间隔串成的象征性条索造型，其上又有长方形皮条饰，上绘有红蓝二色横向线纹，底部有穗饰。级别较高的萨满从双肩上垂饰有长达1.3米的毛皮环串缝成的饰带，也是代表蛇神，即他们的始祖神"舍卧刻"的形象。除了鹿、蛇等神灵偶像，在使鹿鄂温克人的萨满服上，还有胸兜前两排水鸭形神偶和两只飞翔的天鹅造型神偶，在萨满裙上还有熊神的侧影造型，后背及双肩下还悬挂有36条鱼形造型等各种神偶的造型；还有驼鹿、野猪、狼、布谷鸟，以及日、月、星辰、风、雨、雷、电、山川等自然崇拜对象的神偶，因此，萨满神服，不仅仅是一种工具性礼神器具，而且本身也是诸多萨满崇拜和祭祀的神灵偶像积大成的神偶集合体，也是各种自然的、人间的神灵和灵魂的集合，因而，在他们的观念中，萨满服饰也具有一定的神灵性和神力，萨满服饰具有神圣不可侵犯的特性，平常的人们，尤其是非萨满的妇女，都是不能碰触或随意穿戴萨满神服饰的，否则将会引起诸多神灵的不满而遭受厄运。

三 萨满礼神的仪轨

萨满礼神的仪轨，是指萨满与神灵沟通的活动方式，这种仪轨大体分为三个方面：一是萨满巫师的传承和巫术升级的仪轨；二是萨满请神驱魔（危害人的鬼魂、神灵）的仪轨；三是涉及日常狩猎、游牧驯鹿生产生活祈求神灵启示的仪轨。这种沟通神灵的活动方式，实际上就是神灵崇拜观念的实践过程，因此，可以理解为他们在生产生活实践中所形成的策略性知识的操作规程，即实践的逻辑。

法国当代著名的社会学家布迪厄[①]认为，社会活动实践的逻辑是通过惯习—场域—策略的逻辑过程实现的。具体就一个族群来说，在没有外来因素的干扰之下，族群成员只是按照社会既有的惯习、场域、策略所形成的无意识的实践逻辑而进行实践活动的，而不需要解释活动，事实上他们也无法作出理性解释。使鹿鄂温克人萨满的各种仪轨，就是这种无意识实践逻辑的具体表现。这首先表现在他们自己对于萨满的概念以及萨满礼神仪式的理解。"萨满"一词在不同的文献中被译写为"珊蛮""嚓玛"等不同的形式，这个词应该是源自古阿尔泰语 saman（北美印第安语 shamman），意思是指手足上下舞动的行为紊乱状态，从而成为形象地指称那种跳神的神灵祭祀者，因此，"萨满"即"跳舞者"之意。但是，如果询问使鹿鄂温克人"萨满"一词的含义，他们是不清楚的，或者按照后期人类学家的理解，将其理解为含有智者、晓彻、探究等意，或"因精神错乱而手舞足蹈的人"。其次是对萨满礼神活动，他们也没有理性的探究，而只是情感信任和经验性依赖。因而，萨满礼神的仪轨，仅仅是在他们的历史文化形成的场域中，按照日常生活的惯习所进行的策略性选择。

在使鹿鄂温克族群中，萨满巫师的一代代传承与萨满技艺的提高，需要遵循特别的仪轨。首先，是发现成为萨满继承者的人。习惯上，在他们的族群中，突然产生的精神异常、行为异常，而且久病不愈的人是可以作为萨满传承者的人。由于这种人表现出不怕水、火，冬季不穿鞋乱跑也不会遭受伤害等行为，因此，被认为这是祖先神灵看中了他们，想让他们成

[①] 布迪厄（Pierre Bourdieu，1930—2002，又译为布丢）是法国当代著名的社会学家，主要著作有：《实践理论大纲》（1977年）、《教育、社会和文化的再生产》（1990年）、《语言与符号权利》（1991年）、《实践与反思：反思社会学导引》（1992年）。皮埃尔·布迪厄（Pierre Bourdieu）是当代法国著名的社会学家、思想家和文化理论批评家，法兰西学院唯一的社会学教授，和英国的吉登斯（Anthony Giddens）、德国的哈贝马斯（Jurgen Harbermas）被认为是当代欧洲社会学界的三杰。

为萨满,特别中意,乐意庇护,特意加以保护的缘故。据1997年7月去世的使鹿鄂温克人的最后一位女萨满纽拉本人回忆,她成为萨满是继承了她的哥哥格列西克。在她14岁的时候,17岁的哥哥当上了萨满,但是不久就病故了,从此纽拉精神失常,久病不愈。后来,经过请萨满跳神治病,跳神的萨满认为只有她当上萨满,才能痊愈。因此,纽拉被疾病所迫,从16岁开始师从于布利托天氏族有名的女萨满敖力坎,敖力坎的师傅是鄂伦春族萨满,名为敏其汉。经过3年苦练,纽拉18岁时正式成为萨满。因此,萨满继承者必须经过训练,愿意当萨满而没有经过训练的人,只能算预备萨满。

其次,是承袭前代萨满神灵,传习萨满巫术。即老萨满训练预备萨满跳神、请神、驱魔(祛除导致人生病的鬼魂和神灵)的巫术。新萨满巫术的入门训练,要在老萨满的带领下,至少跳三天。老萨满训练预备萨满的仪式极其隆重,也被称为预备萨满的请教仪式,一般都在夏季举行。一是预备萨满必须准备一只鹿或犴以供祭神。二是要在撮罗子东南方(日出方向)距离约八步远处,搭建一个四柱子的祭祀棚,以摆供神的祭品。三是请教仪式进行时,先要在撮罗子内火灶位的北边立下两棵大树,右边是落叶松,左边是桦树,在这两棵大树的前边再立下两棵小树,同样右边是落叶松,左边是桦树。然后在两棵大树之间拉一根鹿皮绳,在绳子上挂起供祭神灵(始祖神灵和萨满神灵)的东西,如鹿或犴的心脏、舌、肺、肝、喉管等,同时,在两棵小树上涂上鹿或犴的血。届时还要在撮罗子的西边挂上木制的月亮,东边挂上木制的太阳造型神偶。另外,还要用木头做成两个大雁和两个布谷鸟神偶各挂一个。这些准备活动完成后,师傅萨满开始带领预备萨满一起击鼓绕神树跳舞,请已故萨满的神灵。跳神时师傅萨满会向预备萨满的氏族神汇报谁因为什么原因要成为萨满,请求已故萨满传授本领给新萨满,师傅萨满会说:"请求您把知道的都说吧,把神灵知道的都说吧,把不认识的介绍认识吧,我们在这虔诚的跪拜跳神呢。"已故萨满附体以后,告诉新萨满的萨满神灵是什么人家、什么姓氏、多大岁数、哪个萨满的承袭徒弟、什么时候不能举行仪式、怎么给人治病、有什么样的任务等。最后,把预备萨满准备好的鹿或犴的骨头和心脏、舌、肺、肝、喉管等祭品放在棚上祭祀始祖神灵和新萨满继承的神灵。这种祭神灵用的鹿、犴的骨头是绝不能打断或乱扔的。这样一来,已故萨满的魂灵就成为新萨满附体的神灵，也具备了能够邀请包括始祖神灵在内的各种神灵的功力。预备萨满具备了萨满请神驱魔的神力，从而成为正式的萨满。

使鹿鄂温克人最后一位萨满——纽拉·卡尔他昆

预备萨满经过三年的请教修炼之后，才能正式成为独立跳神赶鬼的萨满。预备萨满在初学萨满业务时，不能穿神衣，只能戴没有鹿角的神帽。请教的三年时间里，再准备作为新萨满的法衣和法帽，而且这个准备过程，不是越快越好，必须是在三年内逐步备齐，即便有条件也不能一下子置全；没有条件的预备萨满也必须在三年内准备齐全。

在老萨满的带领下，三年之后，预备萨满熟悉了跳神、祷告、唱颂等一系列萨满业务，掌握了本氏族全部神灵的名字，方可独立活动，为本氏族或外氏族成员跳神服务。这时，新萨满的神帽上，就可以配饰三个枝杈的鹿角了[①]。在使鹿鄂温克人的口传历史中，他们的始祖神，只保佑她自己的子孙，但是不与普通氏族成员说话，因此，每个氏族一般只有一个本氏族的正统萨满，由她（他）与始祖神灵沟通，所以认为她（他）通神的本领最大。

新萨满修炼成熟后，每隔数年还要举行职业修行活动"奥米南"仪式，目的一是答谢支持自己的神灵，二是祈求始祖神灵增强自己的法力，提高等级。同时也是新萨满进一步向老萨满讨教、实习的一种公开的仪式活动，一般都在夏季举行。

---

① 在鄂温克族自治旗辉河流域的鄂温克族群的新萨满，修成后神帽上的鹿角枝杈是六个，最高级别的萨满是十二个，可见鄂温克不同族群对这个问题的理解和仪轨不尽相同。

届时，有一位老资格的萨满领祭。在撮罗子外竖立两棵白桦树和两棵落叶松，称为"托若"①，即鄂温克语称为神树上搭的窝，也是萨满请神降临的位置，再从撮罗子内拉起一根细皮绳或皮条称为"斯提木"，绕撮罗子一周后拴在两棵白桦树和两棵落叶松上，然后把供祭的兽肉切成细条挂在皮绳上，供祭的鹿或犴的头煮在锅里，炊烟和锅里的蒸汽上升，称为"苏布杰楞"，意为祭神。然后，在白桦树和落叶松前将供祭的鹿或犴的皮张毛朝外铺在地上，在其上面分左右两行各摆9个桦树皮碗，象征所供的九女九男神灵，18个碗中盛有所供鹿或犴的血。"奥米南"仪式每举行一次，萨满神帽上的鹿角增加两权，即法力增长一个等级。据纽拉·卡尔他昆萨满自己说，她曾举行过四次"奥米南"仪式，其神帽的鹿角由三权增至九权。但是，由于有一次她与名叫图西莫尔的萨满斗法，结果因为她自己神帽上的九权鹿角过重，没有斗过对方，从此九权鹿角改为六权。

另外，"奥米南"活动又是使鹿鄂温克氏族的共同祭祀活动，如同节庆活动，很隆重、热闹，是氏族精神生活的重要部分。这种氏族的共同宗教活动，增强了氏族的观念，从血缘纽带上把氏族的人们维系在一起。由于使鹿鄂温克人的萨满都会打猎，因此，其生活都靠打猎维持，是自食其力的劳动者，没有任何特权，无论是治病，给猎人求福，或给小孩请"乌麦"，除请的人自愿给一条毛巾或一块布以外没有其他报酬。

萨满请神驱魔（危害人的鬼魂、神灵）的仪轨，是体现萨满的社会作用的最重要方式。使鹿鄂温克人认为，人得重病是鬼魂或神灵作祟的结果，因此要请萨满跳舞请神，俗称"跳神"或"跳大神"。萨满通过击鼓跳舞，使自己进入一种类催眠状态，从而能够与鬼神沟通，查明是哪种鬼神导致的病患。如果是本氏族的某个神灵或某人的鬼魂作祟，则需要通过献祭使神灵、鬼魂满意，离开病人，达到治愈病症的目的。如果是本氏族之外的神灵或鬼魂导致的病患，则需要萨满与其搏斗驱除，达到治愈病患的目的。这个过程，需要遵循一定的仪轨。第一，萨满治病时必须杀一头白色的驯鹿作为祭礼，没有驯鹿时可用马鹿、犴或野鸭子来代替祭物。祭神用的驯鹿，剥皮与平常不同，剥皮时不得把驯鹿嘴下面、腹部和四肢的

---

① 在鄂温克族群的观念中，灵魂和神灵是栖居在"托若"树上的，因此，"托若"有灵魂—神灵之树的意思。

皮切断，并与驯鹿的心、肝、肺、食道、头等东西一起作为祭礼准备好；第二，要在撮罗子的东南角搭一四柱棚，将准备好的祭礼一起放在棚上，驯鹿的头必须朝日出的方向；第三，要在撮罗子里"玛鲁"位置前铺上桦树条子，并在其前立两根松树桩，桩上系上红、绿、黄各色布条（禁用黑色布条），桩的上端涂驯鹿血；第四，将其他的部分煮熟后，献给"舍卧刻"，这些东西人不能吃；第五，要点燃一堆篝火。

跳神萨满

这些准备过程完成之后，萨满开始跳舞请神。萨满跳神一般多在夜晚进行，他们认为夜晚是恭请神灵降临的最好时分。萨满在漆黑的夜里，伴着跳跃的篝火，左手拿着鼓，右手执鼓槌，盘坐在专门位置上开始击鼓，邀请四面八方的神灵降临。鼓声由慢到快，由弱到强，随着神鼓敲击的节奏，萨满的嘴巴开始哆嗦起来，浑身打抖摇晃。这时萨满的助手或其他人拿着一团烧红的火炭，放在萨满脚前，为即将降临的神灵引路，为的是避免降临的神灵找错人、附错体。这时，萨满开始哼起无词的低沉曲调，鼓声时紧时松，表示神灵开始向他附体，他渐渐地失去了知觉。一旦鼓声戛然停止，萨满全身大抖，在法衣上的铃铛、铜片、贝壳等相互撞击的铿锵声响的伴奏下，萨满引吭高歌，每唱一句，在场者就跟随其腔调伴唱一遍。鼓声时大时小，有节奏地敲击着。萨满这时站起来，边唱边击鼓，不停地来回跳跃转圈圈。他通过逐一恭请众神降临，探寻病因。对于久邀不至的神灵，萨满还要做出飞跃或奔驰状，表示去遥远的地方把他们请来。这时，什么神请来了，都可以通过萨满口中得知。此时神灵已经附入萨满体内，借萨满之口询问："何事请我？"病人亲属或萨满助手当即回答，因家中某人生病，故请光临。有些到来的神灵很谦虚，说自己能力不高，治不了，另请高明。但有些神灵却怒气冲冲地说："你们干吗要惊动我？我不能看病！"对这类神灵，萨满或者好言相待，尽力挽留，或者让其自便。当该请的神灵到齐后，萨满就逐个请安，询问病人冲犯了哪位神灵。有时，被认为作祟的神灵开始传话，承认是他所为，并说明出于何因，需供何物等。一般到这里，跳神仪式就可结束。有的作祟的神灵非常凶顽，掠走病人灵魂，不让他康复。这时萨满就要同祖神一起，在想象中出征沙场，和凶神拼杀决斗，抢回所掠之魂。只见萨满在场地上双脚用力顿地，蹦跳不已，急速旋转，张开两臂，作上下飞翔状，继而使出浑身力量，不停地挥动双臂，东击西挡，嘴中发出扑哧、扑哧的急促声，情状非常紧张。有时萨满似乎昏厥倒地，但常是奋力挣扎而起，再战不懈，极其认真。其间，有的萨满要休息片刻，在场者马上装好烟，朝萨满递过去，或是把一碗酒和解渴的茶水放在他端起的鼓面上，让他饮用。这样，反复几次，直到凶神败北逃逸，萨满抢回了患者灵魂，这才筋疲力尽地在原地停下来，并清醒过来。

使鹿鄂温克人认为小孩的灵魂形象是鸟形，称为"乌麦"，这与通古斯—鄂温克人认为祖先神灵形象是各种飞禽有些相似。他们认为小孩得重病的原因是其灵魂离开了小孩身体，回到另一个世界聚集小孩灵魂的"玛姆［树］"上去了，因此需要请萨满把小孩的灵魂请回来。这被称为求"乌麦"，其仪轨与给成人治病略有不同。首先，请萨满求"乌麦"的人，必须事先准备好黑白两只驯鹿或马鹿、犴，作为祭物；其次，萨满在求"乌麦"跳神时，必须在夜间进行；最后，按照程序开始跳神，跳神开始时杀一只黑色的驯鹿，这是因为萨满去另一世界寻找离去的小孩的灵魂，必须骑黑色的驯鹿才能到达。跳神时，萨满要唱祈祷词：

耶戈—伊戈—伊耶戈，婴儿的摇篮在悠动，在金色的阳光下婴儿安然睡着了，博悠，博悠，博悠，摇篮下面的"额木扑吞"在有节奏地响动，有很多好的玩具在等待着你回来，博悠，博悠，博悠，被惊吓离去的灵魂：回来吧，回来吧，快快回来吧。乌麦、乌麦、多热、乌麦、乌麦、乌麦。在祷词中，"耶戈—伊戈—伊耶戈"无特定内容，是召唤小孩灵魂的术语，"博悠"是母亲称呼孩子的亲昵词，"额木扑吞"是用鱼脊骨、野猪獠牙、弹壳或野鸡等飞禽的小腿骨穿成一串系在摇篮头部下的有神偶作用的饰物，保护小孩子的灵魂安宁，同时，随着摇篮的摇动，撞击摇篮底板，发出有节奏的响声，也可以起到安神催眠的作用。萨满唱跳一阵后，把篝火全部熄灭掉，然后在撮罗子里来回奔跑跳跃，象征在抓小孩的灵魂"乌麦"，这样跑跳一阵后，再点燃火，让大家看鼓面有无小孩头发，有小孩头发时，就意味着把小孩"乌麦"已经请回来了。这时，有病的如系男孩时，其父亲赶快前去把头发抢到手，用一块洁净布包起来放在胳肢窝内，并要紧好腰带。有病的如系女孩时，其母亲赶快前去把头发抢过来用一块洁净布包起来垫在屁股下面，认为这样"乌麦"就再也飞不了了。最后，第二天要杀一只白色驯鹿在"玛鲁"的位置上敬奉祖先神"舍卧刻"，这是因为小孩的灵魂"乌麦"已经被取回到人间，所以必须杀一只白色驯鹿来供奉答谢祖先神灵。

使鹿鄂温克人的萨满，无论为了治疗疾病还是为了请"乌麦"，跳神治病的时间长短不一定，主要是视病人症状之轻重，短则半小时，长的跳一两个晚上。而且，萨满跳神治病，没有趋利性动机，一般不收取财物，即使是病人家属或病人经过萨满跳神治愈病患以后，也不必给萨满物质报酬，同时，萨满给病人治病，也从不给药，只是跳神，一次未跳好的，可以再跳治疗。

在跳神仪式上，萨满和众人表现出来的虔诚信念和狂热情绪，反映出他们对于"跳神"活动真诚的情感信任和经验性依赖，每次跳神活动都会加强人们对萨满跳神仪轨这种信任和依赖的强烈心理过程。

萨满并不仅治疗疾病，而且参与日常生产生活，从而也形成了涉及日常狩猎、游牧驯鹿生产生活祈求神灵启示的仪轨。其中，祭天、祈福、占卜都是涉及日常狩猎、游牧驯鹿生产生活的重要活动。

20世纪80年代中期，呼伦贝尔盟民委在使鹿鄂温克民族乡邀请纽拉·卡尔他昆（女）萨满举行了一次"祭天仪式"。这时，纽拉萨满已经80岁高龄。祭天仪式开始前，首先，选择祭天仪式的场地为在距住地较近的山林，先搭起了一座撮罗子；其次，在撮罗子附近又搭建一个简易祭台；再次，准备好一公一母两只驯鹿，在撮罗子旁的树杆上拴好；最后，祭天仪式开始进行。这时，纽拉萨满穿好萨满服，手持椭圆形单面鼓，击鼓祝词，说明了祭天的因由和以什么色的驯鹿做牺牲等。接着宰杀驯鹿作为祭礼，以驯鹿血涂抹鼓面祭鼓，在祭台上摆好鹿头、四个蹄子，两条前蹄在驯鹿头两侧，后双蹄在后面，再摆上一部分骨骼和内脏等，以示以驯鹿祭天。

这之后，纽拉萨满时而坐地时而起舞击鼓讴歌祈祷，表明举行祭天仪式的缘由，请求天神保佑使鹿鄂温克人，时而念诵祭天的祷词：

远方的客人来了，
祝他们一切顺利。
请求我唱萨满祷词，
祈诸神不要发怒怪罪。
他们从遥远地方而来，
我不能回绝他们的请求。
聚集我虔诚的族众们，
祈求天上富有的诸神，
赐给我们富裕的生活；
祈求掌管野生动物的神灵，
赐给猎民们好的运气；
祈求管婴儿的"乌麦"神，
赐给他们众多的子女。
我们在向太阳母亲、月亮父亲祈祷。

整个祭天仪式，一直持续到深夜。有意思的是，在这首祷词中，使鹿鄂温克人把太阳视为女性，称为"太阳母亲"，把月亮视为男性，称为"月亮父亲"，表现出他们自然神灵崇拜的族群特点，即太阳是女神，月亮是男神。这进一步说明了萨满神灵崇拜意识形成于母权制向父权制过渡的时代，而母权制仍处于主导地位。

使鹿鄂温克人的神灵祭祀，除了祭天，还有许多种，如祭祀始祖神"舍卧刻"。因为是在撮罗子内的"玛鲁"位置上祭祀始祖神"舍卧刻"，因而，又俗称"祭玛鲁"，目的是答谢始祖神赐福，使他们能够打到犴、鹿，同时也是为了祈祷今后常受到始祖神灵的恩惠。乌力楞的猎人打到犴或鹿（马鹿）后，首先要在撮罗子外面做一个三角棚，一般是在撮罗子的东南即日出方向，这个祭棚，通古斯—鄂温克语称为"固力克恩"；然后，把犴或鹿头放在三角棚上，头要朝向搬家的方向，认为这样就会再次打到犴、鹿。随后再将犴、鹿的头、食道、心、肝、肺拿到撮罗子内，在"玛鲁"的位置前铺上称为"奥格塔恩"的树条子，放头于右端上，再顺序放上其他东西，作为祭礼，安置好后用驯鹿鞍上的苦皮盖上，不让人看到这些东西。经过一宿，第二天，由撮罗子外将盛装"舍卧刻"神的"玛鲁"（口袋）请进撮罗子，从"玛鲁"中取出各种神灵摆列好，再掀开祭礼上的苦皮，将鹿的心脏切开，用鹿心血涂抹每一个神灵的嘴，然后卸开鹿、犴头两颊骨，在正面切成四半，同其他的内脏煮熟后，又放回原处。最后，将犴、鹿心头上的肥肉切成小块，拿一小勺子盛上火炭，在上面放上肥肉，再放上"卡瓦瓦"草，使其冒烟，并在烟上挥动"玛鲁"，然后再将"玛鲁"放回撮罗子外原处。煮肉的汤，也要祭祀神灵，不能倒在别处，只能洒在"玛鲁"的位前或旁边。祭神完成后，按乌力楞的户数，把鹿或犴的心和头切成若干块，分给各家吃。至此，祭祀始祖神的仪式就完成了。

使鹿鄂温克人平常将盛装始祖神灵的"玛鲁"（皮口袋）放在撮罗子外面西北角的树上，搬迁时也要举行祭祀仪式，祭祀仪轨比较简单，首先，要把"玛鲁"放在三角木架上；其次，是在木架底下用"卡瓦瓦草"或"翁基勒"木生烟熏燎，这被称为"乌拉嘎尼楞"，即通古斯—鄂温克语除污之意。

使鹿鄂温克人对熊的祭祀仪轨，也是祖先祭祀的一种。在他们的传说中，熊原来是人，因犯了错误，上天让它用四条腿走路而变成了兽，但是仍然通人性。孔繁志记录了一个据说是使鹿鄂温克人关于熊祖先的传说，有一个猎人进山打猎的时候，突然被一只母熊抓住了。母熊把他带进山洞，强逼猎人与它成婚。猎人被逼无奈便在山洞里和母熊共同生活了几年，直到他们生了一只小熊。后来猎人乘机从山洞中逃了出来。母熊发现猎人逃走了，便抱着小熊去追这猎人。追到江边的时候，发现猎人乘木排跑了，母熊为此十分气恼，就把小熊当场撕成两半，一半抛向猎人，一半留在身边。留在熊妈妈身边的成了后来的熊，抛向猎人的就是后来的鄂温克人。[①]

使鹿鄂温克人把雄性熊按照男性长辈最高辈分称为"合克"，把母熊按照女性最高长辈称为"额我"，也说明了他们的熊祖先崇拜的观念。另据使鹿鄂温克老人讲，过去打到熊后，是把它抬回来。在抬的途中，像死了长辈一样，要边走边哭泣。传说过去熊也同人一样有拇指，拿起棍子能

[①] 这个传说王士媛收录在《鄂温克民间故事选》中，上海文艺出版社 1989 年第 1 版，第 74—84 页。故事中的猎人为"索伦埃温基人巴特尔桑"，被母熊娶为丈夫是他的历险故事之一。

打死人，上天知道了，不许熊害人，故去掉了它的拇指，让它拿不了棍子。又传说，有一次上天，让人和熊比力量，结果人拿不动的石头，熊不但能拿动，而且能抛出很远的地方，故切断了其拇指。熊被上天切断拇指后哭着说："我将怎样生活呢？"上天说："你可吃'牙格达'、李子等野果。"于是熊就不主动害人而只能被人杀了。但熊最后又提出了一个要求，人杀我是可以，但我的骨头不能像其他野兽那样乱扔，上天同意了它的要求，故鄂温克人打到熊后必须实行风葬。如不实行风葬，将骨头乱扔，熊就会不入洞、不冬眠，不仅不好打它，而且还有先被熊伤害的危险。

　　对熊举行风葬，要按照一定的仪轨进行。首先，猎人打到熊后，要向熊祷告："不是鄂温克人打死了你，而是俄国人打死的你！"其他人也不能说熊被打死了，只能说熊睡着了，打死熊的武器也不能说名称，只能称为"呼翁吉"，即什么也打不死的吹气筒，吃熊肉用的猎刀也不能叫猎刀，只能叫"刻尔根基"，即什么也切不断的钝刀。其次，在剥熊皮时，必须首先割掉熊的睾丸，把它挂在树上，然后动手剥皮。认为这样熊见人才老实。剥皮时绝不能割断动脉，而必须把血挤进心脏里去。熊的脖子也不可随便切断，而是先把小肠取出绕熊头三周后才可切断脖子。剥完其皮后，把熊的头、喉管、舌、鼻，连同颈部骨，脚上的各小节骨，掌以及右上肋骨二根，右下肋骨三根，左上肋骨三根，左下肋骨二根，用桦树条子捆好，再用柳条户捆六道。再次，在两棵松树的阳面刮下树皮，做成一平面，横刻十二道沟，并把沟涂上各种颜色（用木炭、鲜血、各种野花作着色颜料），在第六道沟的两端，把熊的眼睛镶在树上。最后，再把已包好的熊骨等东西，悬挂在两棵树之间，然后在上风处点燃火堆用烟熏熊的尸首，以使熊的灵魂随着烟火的升腾而升天。参加风葬仪式的人都要假哭致哀，要给熊吸烟，与安葬去世老人的仪式相似。对于害死人的熊，并不举行风葬，只剥下皮子留用，其他的东西都要扔掉。

　　使鹿鄂温克的熊的风葬仪式与鄂伦春猎民的仪式基本相同，从而表明这两个族群文化渊源，甚至族群渊源的一致性。

　　祈福的仪式也是使鹿鄂温克人生活中的重要活动，主要是祈求始祖神帮助猎手获得猎物，这也需要按照一定的仪轨进行。祈福一般是在猎人长期打不到野兽时举行的活动。需要请萨满帮助向始祖神祈求福气,这时猎人到萨满家去求神,去时一般要带去一条毛巾或一块布,先向萨满讲,萨满答应求神时,才拿出带来的毛巾或布挂在萨满的家。猎人去萨满家求福之前,必须准备好两只飞龙或鸭子,抑或棒鸡。萨满同意给求福时会问:"你家有什么血吗?"猎人就答:"有飞龙"或"有野鸭子"或"有棒鸡",并马上将准备好的东西取出来供在萨满家的"玛鲁"神位上,与供奉大型野兽一样,要取出飞龙或鸭子的心、肝、肺、食道、舌等东西,在"玛鲁"位置前献上。另外,用柳条子做一个鹿或犴放在"玛鲁"位置前。这时"乌力楞"的人们都来参加。求福的猎人把猎枪弹头取掉,减少火药,用这枪向柳条制作的鹿或犴射击,参加仪式的人们一起说"打中了,打中了"。猎人打完后,当场假装剥鹿、犴的皮并取下心、肝、肺、食道、舌等东西。第二天,搭一祭棚把这些东西放在棚上,他们认为这样就可以打住野兽。当猎人们打不到灰鼠时,就认为这是因为"舍卧刻"没有赐给猎人福气,所以请萨满把"玛鲁"中"舍卧刻"的两张灰鼠皮拿出来在火上挥动几次,并请"舍卧刻"赐给灰鼠子,认为经过这样祈祷,就能打到灰鼠子了。

  使鹿鄂温克人饲养的驯鹿由于是在山林中自然散放,经常跑丢。当驯鹿找不回来时,主人就会请萨满指明那些驯鹿出走的方位,萨满便身穿神衣,身挎驯鹿头,手击神鼓,边唱边跳神施法,众人随合,亦边唱边跳,模仿赶回驯鹿的动作。萨满唱"奥诺"祈祷:

奥诺,奥诺日,

嘘、嘘、嘘,

快腿的姑娘们出去找驯鹿,

到水泡、山坳里去寻找,

到河边、山脚下去寻找,

祈求九男九女神灵,

帮助我们找回驯鹿,

奥诺、奥诺日,嘘、嘘、嘘。

  在萨满带领下,众人随和反复唱跳多遍,使鹿鄂温克人相信这样能找到丢失的驯鹿。

  在长期的萨满崇拜仪轨影响下,使鹿鄂温克人在日常生活中也形成了不需要萨满主持的行为仪轨,如出猎前自己进行占卜。占卜时用鱼头,手拿鱼的下颌骨向上一扔,同时嘴里说"新昆部",鱼牙如向上时,说"都普斯",同时用拳打。这样连续扔三次,如鱼牙仍向上时,就会认为有福气,能打到野兽;如牙向下时,认为不好,打不到野兽。另外在行猎中,如遇见别人放在棚上的野兽额骨掉在地下时,也要拿起来向上扔占卜,向上扔时要随便叫出一种野兽名,如鹿、犴、狍子等,他们认为说鹿时,牙向上的话,就能够打到鹿;牙向下时,认为打不到鹿,因而去找别的野兽。

有些仪式性活动随时都可以进行,不需要萨满主持跳神,但应该属于使鹿鄂温克人萨满信仰的民间化形式。如,在天旱或起火时,有求雨的习惯。当地有两种啄木鸟,一种是尾红、身灰,另一种是额红、身黑,通古斯—鄂温克语叫"哈里克塔"(即啄木鸟),猎民为求雨打死这种鸟,放在水中嘴朝上张着,然后挂在树上,他们认为这样就可以下雨。而止雨也是他们的一种仪式性活动。在山中森林里有些松树上生一种细条,通古斯—鄂温克语称为"希额",他们为了止雨把"希额"穗朝下挂在杆上,再在一薄片木的一端串孔系上线,尽速摇动,像风车作响,他们认为这样就可以起风,吹散云彩,就可止雨。

17 世纪之前,使鹿鄂温克人在没有与俄罗斯人接触的时候,萨满信仰是他们唯一的信仰,学者们也把这种崇拜行为称为萨满教,但是,萨满崇拜与宗教崇拜相比较具有本质性的差异。当俄罗斯人开始征服黑龙江流域时,他们把宗教教化作为驯服使鹿鄂温克人的工具,企图用宗教政策进行怀柔,因而引导使鹿鄂温克人成为伊沙金斯基正教会的教徒进行礼拜,并且还要他们向教会缴纳相当的会费。特别是 1891 年他们丧失驯鹿的几年,由于居住在俄罗斯村屯,为此,使鹿鄂温克人中普及了东正教,东正教亦称为希腊正教。直到 20 世纪 20 年代,使鹿鄂温克人每年每户都要向黑龙江北岸俄国境内阿尔公河流域伊格纳辛斯卡亚教会缴纳摊派的公蓄金,在教会接受洗礼,举行结婚仪式、葬礼等。但是,由于使鹿鄂温克人经常游猎于山林,定期到教堂祈祷基本上是行不通的,因此,20 世纪 30 年代后,每年六月当时的纳拉木特(那日木图)以东 25 千米东正教格里乔瓦亚教堂的牧师到德波瓦亚野外设祭坛,为一年当中猎民家庭出生的幼儿命名、洗礼,为死者追悼。虽然,猎民礼拜希腊正教，但是，他们对东正教的信仰仅此而已，并没有真正信仰其教义，因为萨满教始终是主导他们精神生活的基本力量，比如他们患病时并不去教堂求医，仍然专门由萨满祈祷医治，还有婚嫁、送葬都请萨满来举行仪式。

从宗教发展的历时性特征看，原始神灵崇拜观念和仪轨的程式化、固定化、抽象化是宗教形成的前提，也是精神生活近现代化的开端。1997年使鹿鄂温克人的最后一个萨满纽拉·卡尔他昆去世后，萨满在使鹿鄂温克人中就失传了，因此，他们的原始神灵崇拜观念和仪轨程式化、固定化、抽象化的进程也就中断了，他们的萨满信仰和崇拜，也就没有走出那种原始形态。从人类文化学的角度说，萨满位于鄂温克人创造的狩猎文化的中心，单从萨满的服饰就能显示出他们完整的自然认知观念：它的神帽借用鹿角的造型，长袍上悬挂的动物饰物，有熊、驼鹿、野猪、狼、布谷鸟、水鸭、鱼、天鹅等，几乎囊括了他们整个认知范围内的动物世界，以及对日、月、星辰、风、雨、雷、电、山川等自然崇拜对象的感知，从而成为他们制度习俗和物质生活方式的精神基础，萨满的失传导致使鹿鄂温克人共同的信仰和习俗的瓦解，甚至整个文化大厦的坍塌，特别是随着狩猎生产的禁止，以及整个族群搬迁到城市近郊带来的城镇化，加速了这个族群文化坍塌的进程，萨满及其各种仪轨逐渐地仅仅成为人们历史的记忆。

第三节　游艺与艺术变迁

使鹿鄂温克人不仅有惊险浪漫而又艰难困苦的狩猎文化和神秘的萨满文化，而且还有大量的民间传说、神话、故事、谚语、谜语等民俗文化，表现出这个族群精神生活的丰富多彩，反映了历史各个时期的生产生活状况。其丰富的语言艺术、造型和歌舞艺术一直流传在民间，有着悠久历史，因而这也是一个具有审美感的民族。

一　娱乐

从文化的起源来说，游艺和艺术是同源的，最初都集中地表现为基于神灵崇拜的娱神活动，目的是让神灵满意而无害于人类，随后在长期的历史发展中逐渐祛神圣化而民俗化，从而成为普通群众社会精神生活的一种方式。娱乐就是这样一种方式的具体体现。

　　使鹿鄂温克人的娱乐活动，一般是以歌舞为基本形式。萨满礼神活动的歌舞应该是他们世俗歌舞艺术的母体。从表现特点来说，最初的歌曲应该主要是萨满礼神的颂歌。萨满唱诵的神歌，根据礼神活动的对象不同，内容往往不同，而神歌在内容上关于祖宗确定的"敖教尔"（习惯法）、关于民族根源的事、对于祖先神灵的赞美、关于幸福生活的追求的叙事是基本连贯一致的，从而形成了维护传统，维护团结和睦，热爱乡土的文化趣向。同时，根据唱诵者的不同，曲调也各具特色，又形成了丰富多彩的艺术风格。但从萨满诵唱的总的音乐结构来看，萨满音乐结构曲调简单、短小，节奏起伏多变，乐音铿锵有力。再从音乐情节来看，分为开场、祈祷、请神三个阶段，每个阶段的音乐都有各自的特色。开场时的音乐比较缓慢、轻松；祈祷阶段的音乐强烈、高昂、粗犷；请神时音乐又趋舒缓、平和。在萨满诵唱的全部过程中，神鼓和萨满服上的配饰是唯一而且十分重要的伴奏乐器，萨满神鼓悦耳、清脆、节奏有力的鼓点和配饰的鸣响，与萨满的诵唱，形成了震撼人心的旋律，呈现出萨满音乐的魔力。对于使鹿鄂温克猎民来说，萨满鼓声高低、快慢、强弱有节奏的变化，不仅充满了十分深沉的现场艺术感染力，而且成为熏陶他们形成节奏明快、奔放、粗犷艺术风格和审美旨趣的文化场域，成为世俗民歌音乐风格的基础文本。

　　因此可以说，使鹿鄂温克人的歌舞娱乐活动，应该是起始于萨满礼神、娱神、媚神的音乐活动，从而他们的民歌也不能不受这种重要的活动的影响。只不过，民歌把礼神的音乐世俗化而已，有些歌曲就是祖宗"敖教尔"的世俗表达，从而表达了更多的世俗内容和普通生活的情感。

　　使鹿鄂温克民歌的曲调，深情而委婉，悠长而豪放。从内容上更多地表达了他们的人文情怀和乡土情怀。如《新婚夫妇祝福歌》表达的实际上就是传统的"敖教尔"：

　　　　为了祝福新婚的人永远幸福，
　　　　在今天的舞会上都要服从我，
　　　　新婚的人多记住；

劳动要流汗，对鳏、寡、孤、独要扶持，
对失去劳动力的人要关怀，
这样你们就会有成群的驯鹿，
走起来尘土连天！
你们要和人们团结一条心。
让我们的歌舞震动天和地，
让天和地也跟我们一起欢笑吧！

因为这首歌不是单独唱给新婚夫妇听的，而面向的是参加新婚庆典的所有亲朋好友，包括已婚、未婚的男女老少宗亲，因此，这首歌就有了普遍性的教育、劝导的道德引领意义。《相见歌》的内容与此类似：

兄弟姐妹们相见是多么宝贵啊，
来，让我们歌舞吧！
不久我们又要分手，
为了祝福狩猎的丰收，
为了幸福的重逢，
让我们欢乐地跳舞吧！
让我们欢乐地歌唱吧！
我唱得不好，
请不要见笑！跳舞要用力，
挺起腰，
振起臂，
腿要用力，
把地踏出坑来，
跳到全身出汗。

而《歌唱阿尔巴吉河》一歌，则表达的是他们对家乡的一片深情和眷恋：

阿尔巴吉河啊，
是我生长的地方。
在那里，跟随我母亲放过驯鹿，
在那里，领着我的弟弟打过猎；
在那里，有打不完的野兽……

《我们是山中的猎人》则表达了对家乡的赞美：
我们是山林中的猎人，
世代生活在美丽的兴安岭。
富饶的山林是我们理想的家园，
漫山遍野的猎物是我们的财富。
我们是山里的猎人，
永远生活在梦幻般的兴安岭。

《相见歌》也是使鹿鄂温克人舞蹈的伴唱曲，人们用各种优美而粗犷的动作，载歌载舞地尽情欢跳，别具风格。他们常年分散在大兴安岭的古老山林中游猎，当他们聚集在一起的时候，就会欢聚在河边，点燃篝火开始尽情跳舞，因此被有些学者称为"篝火舞"，又因为跳舞时，一般7人到20人手拉手形成一个圆圈，围着篝火，按顺时针即太阳运行的方向转动，载歌载舞，所以又被称为"圆圈舞"。跳舞开始时，通常由一个人领唱，然后大家跟着合唱并一起跳。这就如同萨满在进行礼神活动跳神时的那种情形，因此，可以理解为萨满跳神形式的世俗化。事实上，圆圈舞的根源，应该追溯到远古时期，古阿尔泰语系各族群，都具有太阳崇拜意识，因此，在集体祭祀太阳的时候，人们就点燃篝火，手拉手形成圆圈，模仿太阳的旋转放射光芒，古阿尔泰语称这种舞蹈为"尧乎尔"，而使鹿鄂温克人的崇拜意识中是存在太阳崇拜的基因的，所以，"篝火舞"——"圆圈舞"——"尧乎尔"是古老文化的传承。此外，在使鹿鄂温克人民间流传的舞蹈还有"阿罕伯舞"以及公野猪搏斗舞即"爱达哈喜楞舞"等几种舞蹈。除了民间舞蹈、音乐，使鹿鄂温克人还有许多民间口头创作和生活经验积累形成的谜语、谚语文学形式，不仅以不同的形式反映了使鹿鄂温克人各个历史时期的生产生活以及同自然界相处过程中的十分复杂而丰富的内心世界，同时也是他们相互之间进行智力游戏的娱乐方式，以及生活经验传递的方式。

二 岁时节庆

岁时节庆，是一个族群物质精神生活方式的时间安排，在形式上属于制度习俗文化，其内容属于精神文化活动。岁时，是人们对每年一定的季节或时间的安排，一般是指一年四季中的季节；节庆，是人们在一年一定的季节在固定或不固定的日期内，以特定主题活动方式，约定俗成、世代相传的一种社会活动。从性质可分为单一性和综合性节庆；从内容可分为祭祀节庆、纪念节庆、庆贺节庆、社交游乐节庆等；从时代性可分为传统节庆和现代节庆。民间节庆是指民间传统的庆祝或祭祀的节日和专门活动，具有明显的地域性，代表地方民俗特色，有着极强的参与性。

使鹿鄂温克人的岁时节庆有自己的族群特色。首先，他们的岁时并不是"一年四季"，他们根据大兴安岭气候的特点和狩猎生产经验的总结把一年分为六个季节，从而决定什么时间打鹿茸、打灰鼠等生产生活。这六个季节是：

第一季：诺勒吉，相当于公历1、2月，是打鹿胎的季节；

第二季：农念，相当于公历4、5月，是出猎、割鹿茸、挡鱼簗子的季节；

第三季：允喀，相当于公历6、7月，是猎人蹲碱场打鹿季节；

第四季：保罗，相当于公历8、9月，是猎取鹿鞭、晾兽肉的季节；

第五季：西格勒，相当于公历10、11月，河水开始封冻落雪不大，是狩猎的黄金季节；

第六季：土格，相当于公历12月到翌年1月，天气酷寒，雪深及腰，是狩猎活动停止季。

其次，他们对一天的时间也存在不同的划分法，不是一天二十四时，而是一天三时，即：

太阳刚出时，是打犴、鹿的时间；太阳正南时，是找狍子的时间；太阳偏西南时，是吃饭的时间。

在节庆活动上，使鹿鄂温克人与其他族群一样，现在都以农历新年为主要节日。腊月二十三日要祭火神。但是，他们也有自己的特色民间传统节庆，然而，往往具体时间日子不固定、名称不确定，这就是他们不同猎区的猎民之间定期互访的习惯，因为一般活动大体是在农历六月进行，或者可称为"六月节"，然而，由于他们没有12个月份的观念，因此，根据活动是相互访问的内容，或者还可以称为"会亲节"。在这个时段，使鹿鄂温克的男性猎民，一般是蹲碱场打犴、鹿的季节，而女性猎民3月末至5月15日把皮子熟完，5月15日至6月缝制手套、衣服，准备与其他乌力楞同胞相会。20世纪20年代之前，由于受到与俄罗斯族群狩猎产品交易的影响，这种相会就与跟俄罗斯境内的"安达"毛皮交易结合了起来，一般在公历的6月10日前后，到俄罗斯境内的乌启罗夫村进行聚会。由于这个时段接近俄罗斯族所信奉的东正教的圣灵降临日（或称为"圣灵降临节"），因而被称为"斯拖罗衣查节"。"斯拖罗衣查"俄语的标准发音是"特罗衣查"。这个节即圣灵降临节，纪念耶稣复活后第50天，派遣圣灵再次降临人间，时间是在复活节后第50天，所以又称五旬节。根据《新约圣经》的记载，耶稣复活后40天升天，第50日差遣圣灵降临。这天也是以色列人传统上纪念农业丰收的日子，后成为纪念上帝在西奈山上向摩西颁布十诫的日子。因为是在逾越节后50天所庆祝的节日，故亦称"五旬节"。耶稣复活后的第50天，也就是"五旬节"这天，正当门徒们聚在一起祷告的时候，圣灵降临在他们身上。时间在6月份，但不一定是6月10日。但是，或许是使鹿鄂温克人把这种市场交易时间确定的比较稳定，因此，在他们的概念中圣灵降临日（节）就在6月10日。也有学者把这个节日记录为"扭木捏克"节，认为这是使鹿鄂温克人的传统节日。

在使鹿鄂温克人的记忆中，各个氏族姓氏虽然各有自己的猎区，但也有定期的氏族之间互相访问的习惯，因而这种互访活动具有了节庆意趣。每年在过节的前六、七天氏族长召开一次鄂温克猎民族长会或鄂温克猎民大会。在会上，鄂温克猎民各家族的头人，主要汇报各"乌力楞"所需子弹、火药的数目。访问时，都是以"乌力楞"为单位，两个"马力楞"的人互相约定好，什么时候在那个河边汇合，举行宴会、歌舞。举行这种友谊的访问，多半部是两个氏族的人举行结婚或订婚的时候。在有婚姻关系的氏族之间，多个乌力楞，在夏天，聚集在约定的河边，不同氏族的青年男女，在歌舞之中，解决婚姻问题。这种习惯，一年有时访问三次，距离远的至少也有一次。互相把自己的最好的猎获品，互相送礼，一起吃喝玩乐。20世纪50年代，"会亲节"这种聚会，改在中国境内珠尔甘村的阿巴河旁，各"乌力楞"的人，在每年的6月10日前后都来，也有进行订婚的。直到1946年至1949年，由于当时的乌启罗夫部落的人与古纳部落的人发生流血冲突，有了血仇，这个时期，谁也不能到对方的猎区去打猎，发现对方的人就打死，因而以各个乌力楞欢聚一堂为主题的节庆活动，也就失去聚集的基础，这个节日在使鹿鄂温克人的生活中淡出。特别是20世纪60年代，政府把猎民聚集到敖鲁古雅河流域集中居住，这种聚会的客观需要也就不存在了。

20世纪50年代之前，使鹿鄂温克人受俄罗斯族群的影响，还过某些东正教节日，如"巴斯克节"、"柳枝节"和"上坟节"。"巴斯克节"，即复活节，是东正教徒们为纪念耶稣复活设立的节日。复活节从每年春分后第一个月圆的第一个星期天开始，大约在每年的4月末，节期为一星期；"柳条节"，即"主进圣城日"，是纪念耶稣带领门徒进入耶路撒冷圣城的节日，通常是在复活节前一周的星期日。一般也在每年的4月，也是东正教重大节日，届时，信众教徒一大早就手持柳枝来到教堂，参加柳枝洗礼、插蜡烛和祈祷等宗教活动。

"上坟节"，即代亡人祈祷日，凡遇到亡者一周年、三周年的忌日，有些教友或亡者亲友，就请神父去家中为亡者祭献追思弥撒，同时还要请一些教友为亡者祈祷——念通功经。这也是东正教、天主教的圣经的教导和传统节庆日，时间一般也在公历4月中上旬前后。

三　文学艺术

文学艺术（literature and art），是借助语言、表演、造型等手段表达人们的社会生活意识的精神生活方式，具体表现为人们的符号化活动。一般按照表现形式，分为语言艺术、表演艺术、造型艺术和综合艺术。符号是所有文学艺术的载体，而语言是所有符号形式的核心。

使鹿鄂温克人的语言与鄂伦春没有多少区别，由于长期同俄罗斯族群接触，20世纪30年代，他们中的许多人除本民族语言外，还懂俄语，跟第三者用俄语交谈。文字也是用俄文表达。由于鄂温克语没有文字，因此，他们本民族语言的学习完全依靠的是口耳相传，受此影响，他们的语言艺术虽然很丰富，但是，被记录下来的并不多。在他们口耳相传所流传下来的语言艺术中，没有那些需要文字记录形式保存的诗歌、散文、小说、戏剧文学等语言艺术形式，而更多的是以记忆的形式流传的传说、萨满祝祷经文和神话故事，以及谚语、谜语等初级形式的语言艺术作品，特别是在保存历史性语言艺术作品方面，萨满的祝祷经文起到了主渠道作用。

在语言艺术的传承上，教育是重要的途径和方式，但是，由于他们长年累月的山林游牧狩猎生活，没有形成任何系统性的语言艺术教育体系，也没有建立和发展起来任何教育设施。据永田珍馨调查，使鹿鄂温克人只是从 1917 年苏维埃革命时由俄国境内逃亡而来的白俄夫妻那里受点教育，懂得一些俄文而已，也没有受到系统的语言教育和训练，甚至在某种程度上他们对正规化的学校教育持排斥的态度。永田叙说，1938 年（伪满康德五年），由当时的额尔古纳左翼旗当局斡旋，曾经将亚历山大·伊万·库德林、索罗柯夫·伊万·德米特两名少年送到海拉尔兴安学院入学，可是他们厌恶学校生活，徒步跑回距离海拉尔有 300 千米的居住点。

维佳的画

这种状况直到 20 世纪 50 年代末 60 年代初才有所改变。中华人民共和国成立后，政府经征求猎民同意，采用汉字作为他们的通用文字。1957 年在第一个定居点奇乾乡所在地建立了一所鄂温克族学校，教授猎民子女，并分批招收青壮年脱产补习。1965 年 9 月 1 日，在政府的主导下猎民全部在敖鲁古雅河畔实现了集中定居，进一步完善教学机构。1980 年 10 月 5 日，政府为了解除猎民的后顾之忧，及早开发学龄前儿童的智力，建成了一座 200 平方米的砖瓦宿舍，实行了"集宿制"，办起了学前班。从而在使鹿鄂温克民族乡建立起完整的教育体系，从学前教育到中学教育都可以开展。迟至 20 世纪 80 年代初，猎民中已有 40% 以上的人能够懂汉文，90% 以上的人能够用汉语交流思想。还有一些猎民青年，考入中专以上的学校学习文化。而到目前，不会说汉语的猎民仅剩玛丽亚·索等一两人。

柳芭的画

经过近40年的汉语文教育，使鹿鄂温克族群完全掌握了汉语汉文，不仅能够熟练地进行社会交往，而且还创造出一些语言文字艺术作品和绘画艺术作品，其中有代表性的人物就是使鹿鄂温克人最后一个萨满——纽拉·卡尔他昆的外孙女和外孙，一个叫柳芭，是姐姐；一个叫维佳，是弟弟。姐弟俩成为使鹿鄂温克人中绘画和诗歌艺术水平颇佳的艺术家。姐姐柳芭生于1960年，精于绘画；弟弟维佳1964年出生，诗画俱佳。

姐弟俩的艺术视角，始终没有离开使鹿鄂温克人的生活，他们所栖居的山林、他们牧放的驯鹿、他们家乡的河流，无不呈现在他们的作品中，怀着对民族文化的赞叹和民族文化命运的忧虑，有些时候，看起来还带着对族群文化生命力流逝的忧伤。如维佳的诗，关于萨满，鄂温克人年老的巫师的感叹，基调就是这样的一种忧伤：

"我真的老了，我也跳不动了，我的神衣进入了博物馆。对于21世纪的来临，我无言以对先祖的灵位。历史学家自有争论。关于我的存在和我的消失，我就要离开人世，从此以后没有人怀念萨满，怀念我色仁达女神，只能孤独的在熄灭的篝火旁，等待下一个世纪的轮回……"

如前所述，萨满的消亡，昭示着他们整个族群文化的瓦解，或许维佳的心境是被这种民族文化消亡的忧伤所摧残，他不能摆脱酒精对他烦躁不安的灵魂的抚慰，他是那么让人不可理解地嗜好白酒和啤酒，而且形容邋遢。但是，这并不能影响他的才情横溢，流淌出感人肺腑的诗画作品。他的诗，往往从个体的感受出发，但是却反映了族群文化的历史命运，即族群文化生命力的流逝，如《我记得》：

我记得，
幼时跟母亲沿敖鲁古雅河而上，
骑着驯鹿来到了乌力楞，
在那里，
我看到了姥爷和姥姥，
他们把我举在半空中，
不停地旋转。
我记得，
那时候的人们与大自然交谈，
仿佛它也有灵魂。
我还记得，
他们向着东方火红的太阳，
唱起了感恩之歌，
歌声包括鄂温克语言的全部美丽。
我还记得我乘着桦皮船，
沿敖鲁古雅河而下来，
到了激流河激流河的两岸，
一面日出，
一面日落，
他们乘坐桦皮船，
赞美东方的日出，
西方的日落，
他们用歌声赞美辉煌的宇宙，
赞美大兴安岭的月夜……

第五章 使鹿鄂温克现代化进程

现代化是人类社会发展进程进入的一种状态，人们在理论上对其做过许多界定，但没形成共同认定，抛开各种概括分歧的理论定义，在社会历史发展的实际过程中，现代化标志着新的生产工具的使用和新的生产方式，以及新的社会组织方式和思想方式的形成。现代化在本质上是指人类社会发生在近现代的社会和文化变迁现象。在迄今为止的世界历史范围内，现代化主要表现出生产资料资本私有化、生产工具科技化、社会生产市场化、社会形态城镇化和思想意识的自由化，以及社会政治民主化。如果从这个角度观察，使鹿鄂温克族群的现代化进程，以生产工具的科技化和社会形态城镇化为发端，已经早在20世纪初就开启了。

第一节 使鹿鄂温克社会现代化的历史必然

使鹿鄂温克族群社会现代化进程的历史必然性，主要表现为克服内部和外部两个方面社会危机的需求。从内部来说，种群生存和繁衍的危机是促使他们选择现代化的内在动机；从外部来说，生存条件的丧失和文化理解的压力是促使他们走进现代化进程的外部力量。

一 种群生存和繁衍危机

种群生存和繁衍的危机，表现在人口的危机、婚姻的危机和文化的危机等方面，从而形成社会本身再生产的危机，因此，以族群聚集定居城镇化为标志的现代化进程，成为他们克服种群生存和繁衍的危机一种实践选择。

（一）人口危机

使鹿鄂温克族群的人口，自他们迁入额尔古纳河—黑龙江流域，从绝对数来说不是增长而是下降，这种状况的形成，与族群人口的健康、抚育、流失等问题相关。据使鹿鄂温克人的记忆，他们最初来到中国境内时，有四个"氏族"75户、700多口人。

1899—1957年使鹿鄂温克人口变动情况

1899 年	87 户	435 名	
1917 年	63 户	315 名	
1945 年	34 户	170 名	
1952 年	33 户	145 名	男 76，女 69
1953 年		144 名	男 75，女 69
1954 年		140 名	男 75，女 65
1955 年		141 名	
1956 年	32 户	138 名	
1957 年	32 户	136 名	男 70，女 66

然而，截至20世纪50年代调查时统计，整个族群各姓氏人口总计136名，男性70名，女性66名。其中，第一的索罗共姓氏人口最多为40名，男性24名，女性16名；第二是固德林布利拖天姓氏人口38名，男性20名，女性18名；第三是卡尔他昆姓氏人口30名，男性14名，女性16名；第四是布利拖天姓氏人口24名，男性11名，女性13名；给力克姓氏人口2名男性；索罗拖斯基姓氏人口2名女性。索罗拖斯基姓氏人口由于大约20世纪40年代全部回迁俄罗斯境内，因而仅存2名女性，由于他们的姓氏父系传承原则，在中国境内，索罗拖斯基姓氏就没有了后继人口，因此，20世纪50年代以后，使鹿鄂温克的姓氏只剩下了3种姓氏。

使鹿鄂温克人口下降的原因，主要是各种传染性疾病的蔓延造成了人口大量死亡。使鹿鄂温克人口属于高出生率、高死亡率的"双高"类型。20世纪50年代对三个家庭人口状况的调研说明了这种情况。

一个是布利拖天姓氏的票德尔夫妇，共生下8男4女12个孩子，但是，死亡三男一女，仅生存下8个孩子。票德尔的长子维克特尔夫妇，生下一男一女，全部因病死亡；三子安德列夫妇共生下三子，死去一个；长女马来克生下4男4女，死去2男2女。其结果，票德尔和他的二男一女子女们，一共生下25个孩子，未成年死亡11个孩子，死亡率占出生率的

44%。第二个是卡尔他昆姓氏的依那肯奇家庭兄弟姐妹6人,他有两个弟弟、三个妹妹,一个弟弟被同族人打死,另一个弟弟病死,三个妹妹一个病死,一个因难产而死。依那肯奇自己生养共12个孩子,有5个孩子都在未成年或刚刚成年时病死了,其中年龄最大的24岁,另两个男孩中,一个在河里淹死,一个在小时脸腮被铁钩挂破,感染其他病而死,所剩下只有5个女儿。父子两代18口人,死亡者11人,其中年龄最大的是他的妹妹,死亡时40余岁,其余都在婴儿或青少年时代死去,死亡率为出生率的61.1%。第三个是大八月家,兄弟姐妹共有8口人,其中,兄一、弟三、妹三,8个孩子中,三个弟弟、二个妹妹都小时候因病而死,一个妹妹出嫁生两个孩子,母子均得病而死。他们的10口人中,早年死亡者9人。

当时,对他们威胁最大的肺结核病,直到1957年,尚有39名猎民罹患肺结核病,占总人口的28.7%。除了肺结核外,还有各种急性传染病造成他们人口的大量死亡,甚至很多户灭门绝嗣。除了因为传染性疾病而引起的人口减少,从上述实例中还可以看出,族群成员之间的相互伤害而造成的人口死亡,特别是1945年至1952年由于日占时期对于使鹿鄂温克各个"部落"的差异性待遇,在他们族群之间制造的矛盾引发的相互仇杀,也是造成人口非正常死亡的重要原因。迄今为止,肺结核、骨结核等各种结核病仍然在威胁着他们的身体健康。

(二) 婚姻危机

由于人口的大量死亡,使鹿鄂温克各个姓氏之间人口极其不均衡,又由于他们的姓氏外婚制的束缚,大量的成年男女不能实现婚姻,从而也进一步造成了人口繁衍的困境。据1960年的调查统计,在146名鄂温克猎民中,25岁至45岁的男性有30人,其中已结婚者18人,未婚者12人,占同一年龄组全体男性的40%;25岁至45岁的女性共21人,其中已婚者11人,未婚者及丈夫死亡者10人,占同一年龄组47.6%。未婚女子中,年龄最大者已经48岁。男女未能婚配的适龄人口总计22人,占同一男女年龄组人口总数51人的43.1%。占具有生育能力的人口将近一半的适龄男女未能实现婚配,不仅造成个人生活的困惑,也造成了使鹿鄂温克族群社会人口再生产的阻滞,从而形成一系列的社会问题,甚至造成严重的整体族群的生存危机。

这种人口危机和婚姻危机所造成的整个族群社会再生产的危机，其内在的原因，应该说与他们传统的生存方式具有相关性。从导致他们人口威胁最大的肺结核病①来说，发病率受个人的身体健康状况所决定，一般是在人体抵抗力降低的情况下，因感染结核杆菌而发病，具传染性，虽然感染后并非立即发病，但一旦感染，终生有发病危险。而且，肺结核病是一种人畜共患的疾病，驯鹿也患有肺结核病。由于使鹿鄂温克人长年累月在山林中过着游猎生活，住宅简陋，食物结构单一，加之饮酒过度，造成很多人身体抵抗力不足，因而，发病率较高，再加上他们过于相信萨满作法对疾病的治疗能力，而现代医疗卫生设施和机构与他们游猎生活方式不相匹配，发病后治愈率较低。因而，走出森林，下山到定居点定居，得到有效治疗成为他们不得不进行的选择。

1953年8月额尔古纳旗政府在奇乾猎民定居点建立结核病防治所，专门为使鹿鄂温克猎民治疗肺结核病，截至1960年8月，防治所共治疗了38名肺结核病猎民患者，其中，除病情严重的送往扎兰屯结核病防治院治疗，少部分病情较轻者在家治疗外，大部分患者都先后在奇乾由结核病防治所进行了有效的治疗，很多患者恢复了健康。因此，在肺结核病的治疗问题上，现代医疗手段在与传统的萨满巫术的较量中取得了优势，医疗机构在鄂温克人中的威信日益提高，他们对传统萨满巫术的迷信观念亦日渐淡薄。起初，有的猎民患者在住院治疗时，还把萨满请到病房里跳神祭神，后来，大部分人已经相信了现代医疗技术，有病就到医院治疗。由于生活的改善和医疗卫生事业的发展，从1957年开始，使鹿鄂温克人的人口下降的趋势已被制止，并开始逐年上升。据1960年9月的调查统计，他们的人口已由1957年的136人增加到146人，共增加10人，为1957年当年人口的7.2%，每年递增3人。

（三）文化转型与危机

人口的减少、婚姻的危机，在文化传承上，带来了语言、技艺、习俗

---

① 结核病是一个很古老的疾病，至今已有几千年的历史。考古学家从新石器时代人类的骨化石和埃及4500年前的木乃伊上，就发现了脊柱结核。我国最早的医书《黄帝内经素问》（公元前403—前211年）上就有类似肺结核病症状的记载；西方医学先辈希波格拉底（公元前460—前377年）也曾对结核病做过描述。由此可见，结核病不但古老，而且是在世界范围内广泛流行的传染病。

延续的危机，或称为文化再生产的危机，这种危机在国家政治整体建构进程所推动的文化转型中得到强化。

国家的整体政治建构进程，始于中华人民共和国的成立。新中国成立后，国家在国族构建的政治政策上继承了近代以来形成的"中华民族"的概念，并扬弃原概念中对非汉民族排斥的内涵，使之成为容纳所有各个历史民族的国族概念，因此，现代的"中华民族"概念，包含的是已经被确认的56个中国民族以及那些并没有确认民族的族群。使鹿鄂温克族群与整个鄂温克民族一道，成为中华民族大家庭中的一员。由于国家在"中华民族"这一政治民族共同体的构建上的整体性，客观上形成了以华夏族群文化为主体的文化发展格局。当然，国家在主张中华民族的范畴的同时，并没有排斥各个历史民族族群的历史身份和现代权利，而是按照多元一体的理念，确立了各民族不分大小一律平等的政治原则，促进各个民族共同走向现代化的发展道路。使鹿鄂温克人与各个民族一道，走上了向现代民族共同发展的道路，生产生活方式发生了重大变迁。

新中国成立后，使鹿鄂温克人由于选择了以汉语文作为他们文化教育的基本工具，从语言开始，他们开始了融入华夏文化的进程。因而，使鹿鄂温克族群的文化，从语言开始受到主体文化的涵化，现实表现就是民族语言的使用逐渐退出族群社会生活的主体地位。这种情况，在北京大学谢元媛博士2003年10月至2004年10月的社会调研中，得到证实。为了方便调研，谢元媛博士想学习鄂温克语，鄂温克人德柯莉告诉她："你没有必要学鄂温克话，现在这里会说鄂温克话的人很少了，二十多岁的年轻人连听都听不懂，平时我们都说汉语，你用汉语和他们交流没有问题，除了我妈和我大姨二姨，还有阿龙山猎民点的玛利亚·索老太太不怎么会汉语，其他老人基本都会说。"[①] 由此可见，以汉语为基础的文化涵化，正在催生着使鹿鄂温克人的文化转型，而且这种转型已经具有不可逆转的趋势，就如德柯莉所说的，"这里会说鄂温克话的人很少了，二十多岁的年轻人连听都听不懂"。

---

① 参见谢元媛《最后的驯鹿民族敖鲁古雅鄂温克》。德柯莉，根河市敖鲁古雅鄂温克民族乡结核病防治院的会计，根河市文联的理事，会说鄂温克话。在鲁迅艺术学院进修过，发表过不少文学作品。

这种转型的意义，就如谢元媛博士所说的那样，站在不同的立场上，会有不同的价值判断，就看观察者是"站在保护自己民族文化传统的立场上回答呢，还是站在追求现代文明的立场上回答?"站在追求现代文明的立场上，应该说这种转型具有现代意义，因为汉语言文字，作为国家文化的主体更接近于现代文明，或者说现代汉语言文字本身已经成为当下世界现代化潮流的一个当之无愧的载体，因而，使鹿鄂温克人学会使用汉语言文字，不仅是推动他们走向现代化进程的重要力量，而且也是这个族群走向现代化的必然选择。然而，从民族族群传统文化的立场上看，这种文化的转型同时意味着旧有的族群文化的丧失和危机。族群文化的丧失和危机，一方面体现在他们内部文化的丧失，另一方面体现为使鹿鄂温克族群走进其他族群社会时的文化不适应。从文化的角度来说，当使鹿鄂温克人接受并学会使用现代枪支狩猎开始，他们的物质文化从技术层面上，就已经开始了丧失的进程，当他们离开乌力楞居住点，从撮罗子里搬进木刻楞房、砖瓦房，进入按照城镇化建设的定居点，附着在这些物质基础上的习俗文化也开始了瓦解的进程，而鄂温克最后一任萨满，柳芭和维佳的外婆纽拉·卡尔他昆的逝世，导致使鹿鄂温克人的精神世界变得空虚和沮丧，文化的活力尽失，从而开启了他们精神文化丧失的进程。因为萨满连接着民族的信仰和历史。

柳芭和维佳的外婆纽拉·卡尔他昆萨满，13岁那年她一觉睡了几天不起，醒来张口就说自己睡了三年，这是成为萨满的前奏，一开始像疯癫的状态。在其他萨满教授唱歌跳神等萨满神技后，她成为正式的萨满，后来就有了异乎常人的能力。她成为使鹿鄂温克族群中最富传奇色彩的萨满。纽拉·卡尔他昆一共生下12个儿女，7个男孩、5个女孩，男孩先后都在她给别人家的孩子治好病以后死掉了，就是女婿也都死掉了。纽拉·卡尔他昆因此特别痛苦。即使这样，她还是给别人家的孩子跳神治病。她离世而去的那天，天空黑压压的，狂风大作，她离开了，似乎萨满崇奉的神灵们也离开了使鄂温克族群，之后却没有如从前诞生出新萨满，守护这个民族的神，只留存于使鹿鄂温克猎人的心中。

二 生存条件的丧失

山林是野生动物和驯鹿生存的自然空间，因而也是狩猎游牧驯鹿生产的基本条件,没有了山林,自然就没有了狩猎生产延续的条件。因此,大兴安岭山林也是以狩猎游牧驯鹿为主要生存方式的使鹿鄂温克族群生存的自然空间。森林采伐业在使鹿鄂温克人狩猎游牧驯鹿生产区的兴起,改变了森林的自然生态平衡,林木的自然生长量,难以弥补过大的林木采伐量,原始森林日渐稀疏,野生动物的栖息环境逐渐劣质化。因而,即使山林依然存在,但山林生态系统状况的变化,也足以影响到使鹿鄂温克人的社会生存状况。

(一) 自然生态环境的改变

事实上,早在20世纪初,使鹿鄂温克人就已经感受到他们所生存的自然环境生态的改变。据鄂温克猎民回忆,在1906年至1910年,大量地猎获貂,但是,只打了五六年貂就打绝了。20世纪50年代接受调查时,他们就感觉到野兽比过去少了,并认为野兽减少的原因有以下几方面。

1. 生产工具改进之后生产力有了提高,如1949年秋就打了109个鹿和犴(据不完全统计)。

2. 野兽因病死的很多,在1953年经常看到山中因病死去的鹿和犴。大批野兽渡过额尔古纳河到苏联境内去,如冬天下雪时,看见大批的野兽脚印往苏联去,可是看不见回来的脚印。

这其中更为深刻的原因特别是狩猎产品商品化带来的影响。狩猎生产的商品化,促使使鹿鄂温克人提高猎获率,狩猎生产自有了快枪之后,狩猎猎获率有了很大提高,因为野兽多,枪也好,一出部落不远就可以打到野兽。但是,在市场价格不断高涨的拉动力的作用下,超出使鹿鄂温克人物质生活需要的狩猎生产随着猎产品商品需求的不断扩张而增长,野生动物资源的自然增长率受到了破坏,自然增长速度赶不上被猎取的减少速度,因而,野生动物资源形成了不断下降的趋势。猎民回忆,过去,猎人并不需要寻找动物的脚印,出门即可打到野兽,但现在打猎就需要走很远的路,并且还得寻找动物的脚印。所以,当时的猎人尼克来认为,狩猎生产的前途是有限的,将来单靠狩猎是不成的,经营牧业,特别是渔业应该提倡。但是有些老年人认为鄂温克人离开肉食是不行的,将来野兽没有了怎么办?回答是"将来野兽真的没有了,再说吧"。

20世纪50年代初,森林采伐工业在原始森林地区的发展,打破了山

森林伐木工人

林的宁静，国家对大兴安岭林区开展采伐，从东到西，从北到南建立了20多个林木采伐工业企业，形成森林工业系统。在面积8.27万平方千米森林里，近50年的采伐，累计为国家提供了1.78亿立方米木材，相当于每平方千米伐掉2152.4立方米林木，每平方米伐掉2.15立方米林木，这必然造成森林自然生态状况的改变，林木生长的自然规律被打破，森林生态功能减弱，野生动物的生存环境难以满足种群生长繁衍的需求，各种群动物数量逐渐减少，狩猎生产遭遇危机。尤其是随着采伐业而进入森林的外来人口，一些擅自入山的偷猎者（包括本地林业干部、职工和外来人员），他们也参与到野生动物狩猎产品的消费过程中，甚至直接参与对野生动物的狩猎，他们下套子，放炸子，不分季节和限度地猎取野生动物，给野生动物的生存带来影响，野生动物的繁殖速度，难以弥补种群数量减少的趋势，致使野生动物减少。有时驯鹿也深受其害，驯鹿也被偷猎者当作野生动物猎取，或被套死、套伤。同时，由于大量的树木被砍伐，作为驯鹿赖以生存的重要食物——苔藓带逐渐北移。现在，可供驯鹿食用的苔藓数量越来越少，驯鹿的生存环境逐渐劣质化，可供游牧驯鹿的山林范围在缩减。因而，一方面是森林生态的改变，另一方面是野生动物的减少，造成鄂温克猎民的生存困境。

（二）对于自然环境支配地位的改变

20世纪50年代初，在林区开发建设过程中，随着各林业局的组建和铁路线的延伸，林业、铁路、地方的职工不断增加，其家属也随之迁入，东北三省和关内一些省区的自流人口也涌入大兴安岭林区居住就业，形成了林业、铁路、地方系统的三大居民群体。与此同时，在20世纪50年代之前，数百年生活在大兴安岭中的使鹿鄂温克人，一方面由于狩猎生产在国民经济计划中的地位不如林木采伐工业，另一方面由于人口绝对数量较少以及猎民与山林的法律权利关系的不确定性，在森林工业的发展进程中，被自然排挤到非支配地位，过去猎民是大山林的主人，现在伐木工人是大森林的主人，猎民被授予护林防火的职能，纳入了新兴的森林采伐工业体系中，成为猎民—护林防火员，而他们原来的主业，相比较于新职业则成为兼做的职业。但是，他们所得到的劳务薪酬是微薄的，20世纪80年代之前，从1952年至1982年，每个猎民发给护林员补贴18元/月，1982年增加到23元/月，1985年调整到30元/月，这个补贴标准一直执行到2003年。

（三）文化生态的社会失调

文化生态，是各地区各民族自然而然的原生性的、祖先传下来的生活方式的总和，即社会系统，包括由各种物质的、精神的、制度的文化要素和文化群落所结成的有机系统，是一种功能性系统，规范着族群成员日常生活行为。

使鹿鄂温克人的社会文化生态，就是建立在森林狩猎野生动物和游牧驯鹿生产方式基础上的生活方式的总和。森林生态的失衡，野生动物资源的日渐匮乏，驯鹿生存的生态环境危机，萨满的失传，人居方式的改变等，诸种因素的综合，成为使鹿鄂温克人社会文化生态失调的动因。这种文化生态的失调发展的趋势，将是这个族群文化的毁灭。然而，文化生态具有不可再生性，特别是以现实族群生活方式形态表现出来的活的历史文化遗产，一旦毁损，传统习俗和风格一旦变异，将是人类文明的损失。

使鹿鄂温克人的文化生态失调，表现在他们现实生活的各个方面：其一，传统居住方式的消失。就他们现实的生活过程而言，撮罗子、乌力楞基本上消失在生活的地平线上，成为他们记忆中的印记，即使是猎民点上像玛丽亚·索老人坚持修建的撮罗子，也仅仅算是一种以往生活场景的再现，而不具有现实生活价值。其二，传统生产方式的式微。狩猎生产不再是他们猎取物质生活资料的基本方式，从学者们调查了解的情况看，2003年之后，154名使鹿鄂温克猎民的经济收入中就已经没有狩猎收入，主要是（1）低保105000元；（2）公益岗位91200元；（3）鹿茸75000元；

（4）鹿产品专卖 30000 元；（5）取暖水费 100440 元；（6）工资 48000 元；（7）外出务工 51200 元；（8）卖残鹿 20000 元；（9）厂社务工 28800 元；（10）工艺品 3000 元[①]。就是说，从他们的族群生产特征上看，他们不再符合"猎民"的称号。狩猎生产方式的式微，导致附着在这种生产方式基础之上的食肉衣皮的物质生活方式发生了转变，他们饮食、服饰以及物质生活习俗全都发生了改变。其三，精神生活方式的崩溃。他们传统的精神生活方式，因为萨满的失传，已经空洞化了，虽然他们曾经广泛接受东正教的影响，但是在他们精神深处的祖先神灵仍然占据着他们的灵魂，然而，没有了萨满，各种神灵只能是一种幽灵，因为普通的猎民无法将他们请回到现世中来。其四，社会交往方式失范。狩猎生产的式微与驯鹿游牧养殖业发展的艰难，他们失去与外部族群交往的物质手段，在这个族群中，除了部分国家机关和事业单位工作人员依靠领取工资而尚可略有尊严与外部族群交往外，很多人靠吃低保、参加公益岗位、厂社务工、外出务工、卖残鹿、卖鹿产品而与外界交往。

由此，他们居住在已经城镇化的村落里，怀念着以往游弋山林美好生活，无所适从地在走出山林还是走进城市的道路口徘徊，成为城镇化进程中进入城市而没有城镇化的人群。

人们现在都已懂得自然生态环境的污染和破坏会给人类带来可怕的灾难，如植被破坏、水域侵占、地面沙化、大气污染、生物链失调等，人们都懂得了不能惹恼大自然，它报复起来很凶，要危及人的生存。可是，对文化生态环境的污染和破坏却很少有人关注，很少有人懂得它同样会给社会带来严重的恶果。事实上，这种危害是精神方面的，从消磨心灵、败坏风俗直至伤害人性。一些猎民由于这种文化的失调，生活在一片茫然不知所措的境况之中。就像维加的诗所描述的那样，他们只能在回忆中应对现实：

化冻的冰河传唱着祖先的祝福，

为山林的孩子引导回家路，

我也是山林的孩子，

[①] 黄健英主编：《敖鲁古雅鄂温克族猎民新村调查》，中国经济出版社 2009 年版，第 277 页。

于是心中就有了一首歌，

歌中有我父亲的森林母亲的河，

岸上有我父亲的桦皮船，

森林里有我母亲的驯鹿，

山上有我姥爷的隐秘的树场，

树场里有神秘山谷……

三 社会制度危机

就使鹿鄂温克人的历史来说，他们曾经有着完整的社会制度与伦理制度，随着现代化进程的推进，他们传统的社会制度和伦理制度双双遭遇了危机。这种危机的形成，来源于主流社会文化理解的压力，以及制度传承的阻滞和制度重构的困境。

（一）文化理解的压力

主流社会文化理解的压力，主要体现在他们族群之外的学者们对他们的族群文化价值所进行社会学理论判断。新中国成立之后，中国社会科学院组织的社会调查组，在对他们的生活情况调研之后，撰写了《额尔古纳旗使用使鹿鄂温克人的调查报告》，调查的参与人有：郭布库（鄂温克族）、吕光天、乌云达赉（蒙古族），报告的主编和最后整理人是吕光天。报告中判断："居住在大兴安岭西北坡，以游猎为生饲养驯鹿的鄂温克猎民，过去被称为'雅库特'。新中国成立前，社会发展还处于原始社会末期的历史阶段。……它是原始狩猎民族的'活的社会化石'，为原始社会史的研究提供了宝贵的资料。"正是基于这个判断，主流社会对待使鹿鄂温克人的文化是一种具有优越感的态度，从而影响了地方政府极力利用一切手段，试图改变他们文化发展的"原始状态"以推进他们社会发展的进步，1957—2003年连续实施的三次搬迁都是以这种判断为依据的。

事实上，这是一种文化误解，这种误解的形成，应该说与他们所从事的传统物质资料获取对象和内容相关联，即他们始终从事着在山林中游牧狩猎的生业。但是，如果仅仅从一个族群物质生产的对象和内容上判断他们的文化发展程度，往往是不准确的，就如不能说耕作族群文化都是原始文化一样，这需要看他们所使用的技术的进步性。至少在20世纪50年代社会调查时，使鹿鄂温克人的文化就不能被简单地称为"原始文化"了。因为无论是从物质文化层面上，还是在精神文化层面上，乃至社会制度习俗文化层面上，他们与所谓的原始民族族群已经不可同日而语了。他们狩猎生产的技术已经是现代化的技术（步枪），他们具有了商品交换意识和商业信用意识（"安达"关系），他们接受了西方（俄罗斯）东正教文化的影响，甚至学会了俄文，他们形成了与俄罗斯现代社会制度接轨的社会制度（阿塔曼和基那斯），这些社会现实无不说明，这个时期的使鹿鄂温克族群，与原始社会的族群可能具有历时性的历史关联，但是，他们早已吸纳了现代文明的乳汁，具备了一定的现代性。过去一直把使鹿鄂温克定义为原始社会、落后民族，其实不然。应该从文化的多样性思考，给予少数民族、族群文化以尊重和公平对待。而这种把狩猎和游驯鹿的文化简单定性为原始文化的结果，给他们造成了标签化的社会心理压力，这个压力通过地方政府行政行为传导到他们的社会发展进程中，地方政府急于把他们从"原始社会""落后民族"的境地中拯救出来，而这种拯救的代价是他们的传统社会制度，从而造成了坚守还是丢弃传统游牧狩猎制度的危机，持续了近半个世纪，最明显的表现就是他们的山下聚居点和山上猎民点的二元制生活，体现了城镇化社会生活制度与山林游牧狩猎生活制度相容性不充分的冲突。

　　因为社会主流文化是以科技价值观为核心的，因此，使鹿鄂温克人传统的萨满崇拜文化自然被看作是一种落后的意识形态，甚至被直接贬斥为"封建迷信"活动。事实上，萨满崇拜文化，更多的是一种特殊形式的自然崇拜，与其说萨满崇拜的是神灵，毋宁说它实际崇拜的是自然现象或自然力量，萨满试图借助于超人力的自然力量，解决人类自身所遇到的困惑，实际上具有积极的实践价值。因此，说萨满是一种宗教崇拜，贬斥为"封建迷信"活动，实质上是对萨满崇拜的社会功能的误解，事实上萨满跳神的心理治疗功能，直到当前仍然是其他技术无法解释和替代的。

　　尤其是进入20世纪与21世纪之交，现代法律制度文化理解的压力，促使他们被强制性地改变传统生存方式，即放弃狩猎文化传统，接受现代化文化。1988年11月8日第七届全国人民代表大会常务委员会第四次会议通过《中华人民共和国野生动物保护法》，并经2004年8月28日第十届全国人民代表大会常务委员会第十一次会议《关于修改〈中华人民共和国野生动物保护法〉的决定》修正后实施,体现了现代法律文化保护自然环境和物种的价值取向。这个法律对使鹿鄂温克狩猎活动涉及的野生动物规定为"属于国家所有"(第三条),而且并没有因为狩猎是他们的传统生活制度而例外,从而在法律上,使鹿鄂温克人失去了随意猎取野生动物的权利。随后颁布的国家二类野生动物保护名录将猞猁、棕熊(包括马熊)、驼鹿、黑熊、麝(所有种)、松鼠科、马鹿(含白臀鹿)、狍子、豺、白冠长尾雉、貂、水獭(所有种)、天鹅(所有种)、鸮形目(所有种)、雪兔、花尾榛鸡("飞龙")、棒鸡等野生动物列入法律实施保护范围,严禁猎捕、买卖和食用。同时,《保护法》规定"禁止猎捕、杀害国家重点保护野生动物。因科学研究、驯养繁殖、展览或者其他特殊情况,需要捕捉、捕捞国家一级保护野生动物的,必须向国务院野生动物行政主管部门申请特许猎捕证;猎捕国家二级保护野生动物的,必须向省、自治区、直辖市政府野生动物行政主管部门申请特许猎捕证"。(第十六条)"猎捕非国家重点保护野生动物的,必须取得狩猎证,并且服从猎捕量限额管理。"(第十八条)由此,狩猎作为一种生产方式,在法律上完全失去了存在的理由。正因为如此,使鹿鄂温克人传统的狩猎制度文化,因为狩猎生产缺乏社会文化价值和法律的"合法性"而发生再生产的危机,事实上已经难以为继了。特别是本法第二十二条关于"禁止出售、收购国家重点保护野生动物或者其产品",第二十一条"禁止使用军用武器……进行猎捕"的禁止性规定,取缔了以狩猎产品作为市场商品交换可能性,从而也彻底否定了作为一种生产方式的狩猎生产制度。

(二) 制度传承的阻滞

随着狩猎生产合法性的丧失,附着在狩猎生产基础上的所有社会制度的传承,因为无法逾越法律障碍而完全受到阻滞。诸如狩猎生产的岁时制度、"安格纳加"制度、"尤那格他"制度、"新玛玛楞"制度、猎获物的平均分配制度以及猎获熊的集体分食风葬制度,总之,与狩猎生产文化相关联的所有社会制度和伦理制度的传承都受到了阻滞而无法延续。如果说使鹿鄂温克人社会生产制度,因为现代社会主流文化和法律文化的不同理解,而在当代陷入传承的阻滞,然而,事实上他们实际的社会制度体制,早在四个氏族姓氏统一的首领瓦西里·牙克列维奇"基那斯"于1761年去世时,传承阻滞的危机就开始了。瓦西里·牙克列维奇死后,他们就没有再产生过统一的"部落酋长",标志着部落制度的彻底衰亡。而随着20世纪五六十年代实施的集中定居工程以及对狩猎游牧组织的改造,他们的乌力楞居住制度就已经开始了瓦解的进程。进入21世纪,他们传统的事实上的社会制度几乎荡然无存了。无论是旧式的氏族—哈拉、家族—谋昆、乌力楞、尤那格他等社会组织形式,还是具有后原始社会性质阿塔曼、基那斯、新玛玛楞等社会身份,在他们的日常生活中都已失去了延续性。

特别是萨满在他们精神生活中的消失,他们的传统社会制度,就彻底瓦解了。最后一个萨满纽拉·卡尔他昆的逝去,标志着使鹿鄂温克人的"敖教尔"(习惯法)传习制度、新萨满传承的请教制度、老萨满"奥米南"祭祀制度、祭祀祖先神灵的"祭天仪式",以及一切与萨满相关联的社会习俗制度的传承已经停滞不前。对于一个民族或族群而言,传统社会制度与伦理制度是他们文化生命力的场域,或者说是文化生态的具体形态,这个场域既是观念的也是实践的,因此是社会再生产的决定性基础,即经济社会存在和延续、发展的基础。社会制度传承阻滞所造成的危机,表现的是文化生命力场域功能的衰减。

(三) 制度重构的困境

当前,使鹿鄂温克人的经济社会发展,由于文化生命力场域功能的衰减,狩猎—游牧的规范和价值已经被新的社会文化冲击得残缺不全,而适应本族群经济社会发展需要的新的规范和价值并没有牢固地树立起来,面临着如何用新的社会价值整合其他各种社会要素的关键时刻,经济社会处于痛苦的转型期。

用新的社会价值整合其他各种社会要素,即社会制度的重构。一般而论,一个族群传统社会价值和制度的衰亡,产生两种结果:一个是文化的同化,一个民族或族群融合在另一个民族或族群中;另一个是新生,民族或族群的传统文化涵化了其他民族或族群文化的特质,使之成为自身的结构要素,实现文化的转型,从而形成新的文化形态,即新的生存方式。在这方面,使鹿鄂温克人文化转型的再生之路充满坎坷曲折。

如果追溯历史,使鹿鄂温克人的文化转型,即社会制度的重构经历了三次:第一次是在1892—1897年,因为他们的驯鹿在一场瘟疫中几乎全部死亡，无法在山林中游猎，因而在河边盖上了简单的木板搭的撮罗子，靠捕鱼为生，然而，无法维持生存，大部分猎民搬离了森林，住进了俄罗斯的乌启罗夫村，成为俄罗斯人的雇佣，男人在田里耕作，女人从事家务劳动，实际上作了一次从狩猎族群向农耕族群转变的尝试，但是，狩猎—游牧文化的惯性，促使他们重新购置了驯鹿，回到了山林。第二次是1957—1964年，在地方政府的主导下，两次实施集中定居，并引进农耕和林木加工等新的生产方式，试图引导他们实现从游居狩猎—游牧民族向定居农耕—工业民族的转变，同样是他们的游牧—狩猎文化的惯性，新的文化要素游离于他们实际的生存方式之外，转型的结果，形成的是山上猎民点、山下定居点的二元制生存方式，而游牧—狩猎仍然是主导他们的生存方式。第三次是2003年至今，也是在地方政府主导下，试图推进他们从游牧—狩猎主导的二元制生存方式向城镇化定居舍饲驯鹿业生存方式转变，但是，由于驯鹿的天然习性，难以实现舍饲养殖，仅仅维持了短暂时期的定居舍饲驯鹿业，遭遇了难以为继的困境，游牧驯鹿的猎民，重新回到了山林。作为一种生存方式的新的实际的社会生产制度体制的重构，始终显得困难重重。

第二节 使鹿鄂温克人现代化的进程

使鹿鄂温克族群现代化的路径，就是他们从传统文化走向现代文化的道路。如果从现代化的相对性来说，使鹿鄂温克人现代化的进程，从20世纪初甚至更早就开始了，这个进程是在他们与外部族群接触时，被其他先进或强势文化涵化的进程，因而在他们的现代化进程中，充满了冲突与困惑，进而需要不断地经过调适与转型。

一 使鹿鄂温克人现代化的路径

如果从使鹿鄂温克族群现代化的渊源上看，一部分是嵌入的，还有一部分是设计的，很少一部分是内生的。更多的情况是在多重外在因素的推动下，使他们的文化从生产方式的现代化开始，随后经历了居住方式、思想方式和社会交往方式现代化的历程。从族群本身来说，这个现代化进程的内容，主要是一种社会复杂化的过程，即以社会分级化的各种方式为出发点，构建新的社会群体和社会空间，并形成新的社会生活方式和社会等级及社会群体的再生产方式。

（一）嵌入的现代化路径

一般情况下，人们把自近代以来，工业生产方式（新型技术）取代农业生产方式（传统技术）、市场经济（商品经济）取代自然经济（产品经济）、城市文明（新型社会形态）取代乡村文明（传统社会形态）的进程，称之为现代化进程，简称为现代化。这个进程，当然还应该包括社会制度和伦理制度的理性化，即科学化和民主化。在早发工业国家，这个进程，主要是基于内生的动力，后发工业国家则是在外部刺激的作用下，形成内生动力而走进现代化。因此，就前者（早发工业国家）而言，现代化的进程是内生性的，而对后者（后发工业国家）而言，现代化是嵌入式的。

无疑，使鹿鄂温克人的现代化进程的开启，并不是在原有文化基础上自然而然地启动的。第一，从生产工具的现代化进程角度看，一方面，他们从用弓箭、扎枪、鱼叉、渔网获取物质生活资料，到用燧石枪、别拉弹克枪、步枪狩猎，体现了这个族群现代科学技术在生产力方面的应用，是与时俱进地紧随社会历史进步的步伐。但另一方面，还需要看到，这种转变，即弓箭到步枪的转变，并非累积式技术进步的结果，也不是基于他们物质生活资料需求的增长，而是与外部族群交往和商品交换发展的结果。第二，从居住方式的现代化进程看，从游居到定居，山林散居到村落聚居再到城镇聚居，一方面体现为他们为了健康、为了后代教育、为了种群繁衍的自主选择；另一方面，这个过程主要是由地方政府政策实践推动的，是外部力量推动的结果。第三，从社会制度的现代化进程看，从部落—氏族制度到阿塔曼—基那斯制度，从基那斯—乌力楞制度到防火小组、乡镇制度的转型，主要是服从法定制度的结果，而不是他们实际的社会体制发展的自然结果。第四，从他们经济形态的现代化进程看，他们从自然经济走向市场经济，是在他们对外交往方式的商品化开始的，而商品经济不是这个族群内部社会生产分工的结果，更主要的是他们与外部族群的自然分工商品交易化的结果。第五，从他们的观念意识形态的现代化进程看，俄罗斯近代东正教会的影响，现代教育、卫生机构的影响，现代科学技术、社会科学理念的影响，现代媒体的影响，成为推动他们思想观念转变的主要动力。

(二) 设计的现代化路径

由于使鹿鄂温克族群所从事的生产对象的特殊性，尤其是它们的原始性，使他们的生产方式看起来与以规模化、工业化为标志的现代经济，甚至与农耕经济相比较，是一种落后的东西。因而，他们族群的整个生存状态，往往被判定是处于"原始社会"，这种判断在主张进化论历史观的社会中，使他们显得需要被帮助摆脱困境，走上与其他社会族群同样的社会主义发展阶段，即进入现代社会。

因而，自20世纪50年代开始，地方政府推进他们摆脱"原始社会"状态，即推动他们走上现代化的发展道路的社会努力始终没有放弃过。而且，这种努力始终是地方政府在确定的制度设计前提下积极推进的，包括经济发展制度和实际过程的推动，社会发展制度和实际过程的推动，以及思想观念更新改造的推动，因此，使鹿鄂温克族群现代化的进程是一种政策设计的实践过程，即设计的现代化路径。

设计的现代化路径，按照传统的说法叫作社会主义道路，实际上是促使使鹿鄂温克族群社会由非结构化向结构化转型的政策安排。非结构化社会，是建立在习惯法和自然伦理基础上的社会，社会的经济、政治、文化的组合是浑然天成、自然一体的社会形态，相反，结构化社会是在现代政治理性和法律理性规范的基础上构成的社会形态，社会的经济、政治、文化的组合是政策设计的实践过程和结果。非结构化社会向结构化社会的转型，正是使鹿鄂温克族群现代化的标志性进程，体现在使鹿鄂温克族群现代化进程中的每个阶段和每个方面，然而，在不同时期的侧重点有所不同。从政策设计的价值取向上，大体可以分为三个历史时期："九三解放"至1964年的社会转型过渡时期，1957—2003年的转型社会持续时期，2003年至今的加速城镇化时期。

第一个时期：社会转型过渡时期。

"九三解放"在使鹿鄂温克人的现代化历史进程中，是一个重要节点。在时间概念上1945年9月3日，是日本签署投降书的第二天，国民政府和中华人民共和国政府都把它作为国家抗日战争胜利纪念日，在民间被称为"九三解放"。这个时间节点，是使鹿鄂温克人现代化进程的重要

中国南京的日本投降仪式（油画）

拐点，如果说在此之前他们走向现代化的进程是外部族群文化嵌入的过程，那么，从这个拐点开始，进入了政策设计路径的起点。

所谓政策设计路径，就是由地方政府政策主导的实践。"九三解放"后，在新中国成立前夕，1947年在中共民族政策主导下，建立了内蒙古自治区，从而使鹿鄂温克人的现代化历史进程被纳入了民族平等、区域自治的政策主导之下。最初的政策设计是消除历史上形成的民族之间事实上的不平等，其中包括经济文化（教育）发展的落后状态。

第一，从解决经济平等的公平交易开始。1948年1月1日，建呼伦贝尔盟政府，随之，1948年11月，呼伦贝尔盟政府将额尔古纳左翼旗和额尔古纳右翼旗合并为额尔古纳旗，同年，额尔古纳旗政府在奇乾为解决鄂温克猎民猎产品销售受不公平交换剥削问题，专门建立了供销合作社。供销合作社代销鄂温克人的猎品，供应日用物资。收购鄂温克猎民的猎物是以海拉尔市价作为收购价，运费是由国家负担。供应鄂温克猎民的必需物资，如面、茶、布、糖、大米、油盐、火柴、火药、炮子等，价格比他们与私人交易低很多，初步实现了经济交往关系的平等。

第二，解决文化教育的实际不平等问题。1953年6月，奇乾乡政府在政府所在地为鄂温克猎民子女设立了寄宿制民族初级小学，号召猎民送子女入学，一切经费全部由政府承担，截至1957年，已经先后有8—25岁的90多名学生先后入校学习。1957年下半年又成立了高级小学，基本解决了鄂温克猎民子女的初级教育问题。

1953—1957 年猎民子女入学人数情况

年份	人数	年份	人数
1953	28 名	1956	14 名
1954	21 名	1957	14 名
1955	15 名	总计	92 名

第三，解决健康保障的医疗问题。1953 年 8 月间，政府在奇乾乡为鄂温克猎民成立了卫生所，对鄂温克猎民一律进行免费医疗。过去，猎民患病后，只是依靠萨满跳神驱鬼治病，有了卫生所后，政府医务工作者一方面积极治疗病患，科学预防各种传染性瘟疫；另一方面积极宣传科学卫生常识，培养使鹿鄂温克族群自己的医疗卫生工作人员，取得实效。首先是新法接生被接受，从 1953 年到 1956 年的 4 年中，接受新法接生的人数逐年上升，1953 年是 1 名，1954 年 4 名，1955 年和 1956 年各为 4 名；其次是本民族卫生员队伍建立起来，至 1957 年，各乌力楞都有了一男一女两名卫生员，担任着卫生检查和基本治疗任务。1953—1955 年，每年 2—3 次普遍种痘预防天花病。一般性疾病，根据情况随时预防注射，基本控制了发病率。

第四，解决政治平等和社会治理架构问题。1952 年在各个乌力楞的基础上，建立了护林防火小组，1957 年在奇乾成立了鄂温克民族乡，鄂温克猎民按照国家民族区域自治政策有史以来第一次有了自己的政权，享有了自我管理民族内部事务的平等法律权利和政治权力。民族乡政府的建立，重新建构了使鹿鄂温克族群社会的治理架构，改造了1945 年"九三解放"之前始终存在的乌力楞—基那斯治理模式，使乡、乡政府、乡长、副乡长、护林防火小组、小组长成为使鄂温克族群社会治理的基本架构。

第五，解决物质生活方式问题，其中，一是生产方式，二是消费资料分配方式。"九三解放"初期，由于受进化论史观的影响，认为狩猎是一种低于农耕、工业经济形态的原始自然经济形态，因此，在政策设计上，改变这种形态就成为基本价值取向。

在宏观形势上，从 1949 年 10 月到 1956 年国家继政治制度构建完成后，基本完成了生产资料的社会主义改造，社会主义经济制度初步建立。从而使构建社会主义的生产关系，成为经济制度发展的主流。

对使鹿鄂温克人的社会主义生产关系的构建，是从推进消费性狩猎产品分配方式和引入农业生产方式开始的，最初，乡政府提议在集体狩猎鹿时，应鼓励优秀猎手，打中者分配40%，其余的人分配60%，试图按照所理解的多劳多得的社会主义分配制度重新构建猎民的分配制度，但是，这种改变分配制度的努力没有取得鄂温克猎民的普遍认同，虽然也有些人认可，但是始终没有得到实行，关键是许多猎民认为这种分配制度，与他们原有分配制度是冲突的，他们认为："我们是不习惯的，但是如果这样也没啥。"这个阶段，政府的政策设计尚未触及驯鹿、枪支等生产资料的所有权改造的问题，然而，政府在这方面的努力一直持续到1967年驯鹿、枪支的作价入社的合作化所有制改革。

与生产关系的改造成效不同的是，农耕生产方式的引进取得初步成效。1955年，鄂温克猎民马嘎拉在汉民钟文云的影响和帮助下，学习耕种，当年土豆收入达到300元左右，麦子的收成也很好，马嘎拉家庭生活得到了改善。这就显示了农业生产方式广泛推广的可能性，以及改变使鹿鄂温克人社会发展形态落后局面的路径，农业生产方式开始在使鹿鄂温克族群中萌芽，随后，果里亚由于从小住在俄罗斯人家里，懂得耕种，于是由他带头，按照当时的国家农村合作化政策要求，开始组织了鄂温克猎民种地互助组，他们组织已有的牲畜，开始种燕麦和土豆等，耕地面积很快发展到五六响（一响十五亩）。随着农耕生产方式的引进，已有少数几户猎民开始定居于乌启罗夫村（奇乾村），为了更有利于生产，他们还购买了十几匹马和几头牛，于是，照顾牲畜、打羊草、准备燕麦饲料等畜牧业生产活动也进入使鹿鄂温克人的现实生活中。

第六，解决聚居方式的改革问题。在政府政策设计者的意识中，山林游居的生活方式，是一种原始社会的生活方式，因此，按照民族平等发展、共同进步的政策理念，这种状况必须予以改变，但是，政策设计的缺陷在于忽略了山林游居生活方式持续的基础，即山林驯鹿游牧业和游猎业，而这恰恰是使鹿鄂温克猎民的主要生活来源。

聚居方式改革的进程，事实上从1953年就开始了，首先是改变他们分散居住的状况，这是从整合猎产品交易市场开始的改革。1944年之后，1953年之前，使鹿鄂温克猎民，分散居住于贝尔茨河（激流河）以南"古纳部落"和贝尔茨河（激流河）以北直到乌玛尔河的"奇乾部落"两个部落的各个乌力楞中，"古纳部落"的猎产品交易市场在杜博维（今额尔古纳市的上护林村一带），"奇乾部落"的猎产品交易市场在奇乾。

从1953年开始，政府将这两个部落的市场整合为一个，都在奇乾村。随后，于1959年将贝尔茨河（激流河）以南的"古纳部落"的人全部搬迁到贝尔茨河（激流河）以北狩猎，并进一步将6个乌力楞整合为4个乌力楞。因为还有一部分猎民1952年以后就已经在奇乾（原珠尔干村）定居狩猎，因此，将四个乌力楞和一个奇乾乡所在地猎民分为五个猎区进行狩猎生活。

（1）乌力吉其猎区：是以固德林氏族为基础，加上他们的亲戚们组成的"乌力楞"，一共6个撮罗子，三个是固德林姓氏的撮罗子，三个是与他们有血缘姻缘关系的其他姓氏的撮罗子，称为"亚格鲁其千乌力楞"。

（2）扎不鹿加什克千猎区：是以卡尔他昆氏族为基础的"乌力楞"，一共7个撮罗子，5个撮罗子是"卡尔他昆"氏族的人，另外两户是"卡尔他昆"氏族的女婿和亲戚，称为"扎不鹿加什克千乌力楞"。

（3）结力古恩千猎区：是以布利拖天氏族的人为基础组成的"乌力楞"。一共5个撮罗子，四个为布利托天姓氏，一个为他们的外甥固德林姓氏，称为"结力古恩千乌力楞"。

（4）阿巴河猎区：这个"乌力楞"共有5个撮罗子，是以索罗共氏族的人为基础，3个撮罗子是"索罗共"氏族，另外三户是他们的亲戚，称为"巴千乌力楞"。

（5）马卡拉猎区：主要是定居乌启罗夫（奇乾、珠尔干）村的散户猎民户，称为"乌启罗夫千"。

经过集中迁徙，使所有的使鹿鄂温克人，大体上全部集中聚居在贝尔茨河（激流河）、阿巴河流域，共同以奇乾为狩猎产品交易市场，提高了整个族群的聚集程度，但是，乌力楞与乌力楞之间的距离，仍然约有二百华里。

20世纪50年代初使鹿鄂温克人的部落及市场

部落名称	乌力楞名称	交易市场
古纳部落	古纳千	杜博维村
	杜博维千	
	金千	
奇乾部落	巴千	奇乾村
	萨不路加什克千	
	亚格鲁其千	

如果说这个时期政府对使鹿鄂温克人政策推动的集中聚居是以狩猎生产区和狩猎产品交易市场的整合为取向，接下来的政策取向则是推动他们的居住方式由分散的乌力楞—撮罗子向村落—木刻楞房转变，即以山林游牧狩猎区为基础的游牧游猎小型集中聚居方式，向以村落为基础的整体集中聚居方式转变。1957年，奇乾鄂温克民族乡建立之后，实施猎民定居工程，成为民族乡政策取向的重要内容。

在中国东北部，有两个历史上有血缘关系的游猎族群，一个是鄂伦春人，另一个是使鹿鄂温克人，他们同样长年累月在山林中过着随季迁徙生活，鄂伦春族群是骑马在山林中狩猎，鄂温克人游牧驯鹿在山林中狩猎。20世纪50年代初，推进这两个族群从迁徙游居向集中定居，成为政府政策设计的着重点。1953年，黑龙江省呼玛、爱辉、逊克、嘉荫四县共有283户，分别被安置在9个定居村土木结构住房集中定居。除此之外，政府还投资建造了政府用房、学校、卫生所、供销社、护林队部等公共用房50栋，200余间，完成了定居。内蒙古鄂伦春自治旗的鄂伦春族，定居时间开始于1954年，1958年实现全部定居。

这种其他地区政府政策的示范效应，推动了使鹿鄂温克人定居政策的实施。在乡政府的主导下，从1953年到1958年的几年间，地方政府加快了推进使鹿鄂温克人的定居进程，积极做了许多前期工作。首先是利用每一次猎民的集会机会，宣传政府定居政策将会给猎民带来的利益；其次是每年分批组织他们到各地城市和鄂伦春自治旗、鄂温克族自治旗参观，使他们亲眼看到定居的鄂温克、鄂伦春猎民、牧民的生活情景，提高猎民对定居生活的主动性期待；最后是积极实施定居工程。1958年政府财政拨出专款48000元，在奇乾鄂温克民族乡所在地乌苏龙建造了33座俄式木刻楞房屋，为使鹿鄂温克猎民的定居作出了具体安排。经过宣传教育，猎民对定居产生了认同，经调查了解，1959年60岁的猎民娜加老太太外出参观后说："我过去总愿在山里生活，嫌村镇里脏，空气不好，不愿定居。这次参观亲眼看到'特格'（即鄂伦春人）妇女住在温暖舒适的屋子里做针线活，我今冬也要定居下来。"青年猎民瓦洛加在召开的座谈会后说："我这次参观看到了祖国十年来的伟大成就，我们只有定居才能赶上先进民族，发展经济和文化。"

由此可见，当时的定居政策设计得到了使鹿鄂温克人的基本认同，在1960年9月举行的猎民群众大会上，除原来1957年定居的8户外，又有18户要求定居，还有5户持有疑虑，决定暂不定居。自1960年冬季起，猎民就陆续搬进新居，从此开启了他们结束有史以来的流动性生活方式实现城镇化定居生活方式的历史进程。

从政策设计的目的上来说，基本的价值取向是通过推动定居，寻求促进使鹿鄂温克族群，在未来的经济社会发展中，促使他们的单一的狩猎生产向多种经济发展，也为发展各种文化卫生福利事业创造条件。实际上，政策设计的深层目的，是实现政府对使鹿鄂温克族群社会治理的简单化和标准化。

定居政策的实践从1960—1964年的项目实施情况看，成效并不是十分显著，按照孔繁志的说法："定居，这个概念并没有从完全意义上实现。"事实上不是概念问题，而是政策设计问题，在定居政策的设计上，没有顾及使鹿鄂温克人生活现实，忽视了地方的民族文化传统，将复杂的定居问题简单化，用一般性的定居概念处理使鹿鄂温克人这个特殊族群的定居问题，从而必然导致这些政策项目的失败。至1962年，原来已经实现定居的26户，还剩13户，其中，除了乡长、供销社主任等少数干部人家常年定居外，其余猎民都是定居游猎游牧，一年中，猎民们长时间在山上狩猎游牧，短时间到定居点生活，形成二元制生活方式。定居项目实施的困境，关键在于定居政策设计的疏忽，忽略了狩猎游牧的生产方式与定居的矛盾，以及与这个族群的文化（老人生活习惯）矛盾，因此，猎民还是沿着自身生活方式（文化）的惯性，回到山林中狩猎野生动物和放养驯鹿，实际上重新回到了"居无定所，定而不居"的生活状态中去。

1964年，为了解决定居与游牧驯鹿和山林狩猎野生动物的生活方式的矛盾，乡政府多次派人上山入林与鄂温克猎民一道狩猎，亲身体验游猎的生活方式。经过反复的调查研究，调整了政策设计，确定了"定居点要选在靠近猎场，适应驯鹿生活的地方"的定居政策基点，照顾到了使鹿鄂温克族群的地方传统和生活方式的特征，最终选定了激流河的上游支流敖鲁古雅河流域。国家财政出资，在激流河—敖鲁古雅河畔再次为猎民盖建了35户俄式"木刻楞"房屋，1965年9月1日，鄂温克猎民全部搬入新居，再次定居。从1980年开始到1985年，国家再一次拨款将木刻楞房全部更新翻建成中式砖瓦房，并增建12户，猎民人均居住面积达到13.4平方米；1995年，又投资12万元建成6户木刻楞猎民住宅。同时，为了解决山上猎民点与山下居民点交通和物资运输问题，同年购进2台流动野营车和1台东风牌汽车，供山上猎民生产生活之需。猎民住宅建设的同时，还配套建设了乡政府机关办公楼、教学楼、文化站、医院、商店、银行、邮局等社会设施。如果说在原民族乡所在地乌苏龙建设的定居点，更多地接近于村屯，那么在敖鲁古雅的乡政府所在地建立的定居点，更接近于小型城镇。由此可以认为，使鹿鄂温克族群在政府政策设计的推动下，开始了城镇化的历史进程。

第二个时期：转型社会持续时期。

转型社会持续时期，起止于1960—2003年，是实施对这个族群政府治理简单化和标准化的政策实践过程。在这个进程中，政府通过政策设计，力求对社会的治理实现可以按照统一标准实现计划管理，即按计划管理经济社会发展。

通过前述诸种努力，迟至1957年，在政府政策的主导下，基本完成了使鹿鄂温克族群社会治理结构和经济结构的转型，结构化的社会得以初步建立起来，整个族群进入了单纯的山林游牧狩猎经济向多种经济过渡的转型社会持续时期，这个时期一直持续到2003年。转型社会持续期，政府政策设计和实践的目标，始终是寻求社会治理方式的简单化和标准化。具体来说，政府在政策设计上实现社会治理方式简单化的目标，是通过推进发展非猎经济嵌入猎区经济的途径进行的，因为山林游牧狩猎游居的不确定性，增加了政府社会治理的复杂性，难以保证地方政府实现国家的整体政策设计目的，比如，国民经济计划安排。因此，发展农业、林产工业等非猎经济成为政策设计的目标选项，从而在非猎经济发展的基础上实现经济社会发展的标准化治理,即统一管理模式。

如前所述,政府政策最初推动的非猎产业是农业,其直接目的是克服狩猎经济的不确定性,即克服造成狩猎生产结果的复杂原因,以及克服由于他们山林游牧狩猎的流动性所造成的极其落后的文化卫生事业治理的复杂性。其内在的理性前提是对狩猎经济社会地位的否定性价值判断,即狩猎经济是落后的原始经济,是原始社会的标志。

对于狩猎经济的价值判断,20世纪60年代调查者的观点具有一定的代表性,他们认为"狩猎经济是个不稳定的自然经济","在狩猎生产的基础上稳定高速度的发展经济是很困难的"[1],"定居是发展多种经营、改变单一生产面貌的唯一正确途径"[2]。因而,逐步改变单一狩猎经济积极开展多种经营,构建新型民族农业、工业体系成为政策设计的重点方向。事实上,使鹿鄂温克人的狩猎经济,早在18—19世纪就已经进入了商品经济阶段,对于狩猎经济是"自然经济"的判断显然不符合现实。然而,正是根据这样的政策理念,1957年建乡初期,旗(相当于县)、乡两级党委、政府为使鹿鄂温克族群制定了"以猎为主,护、养、猎[3]并举,积极发展农业,发展多种经营"的经济建设方针,努力引导猎民开荒种地发展农业。1965年,民族乡从奇乾地区,迁往激流河上游敖鲁古雅河流域,经济发展政策1967年又调整为"以护林防火为中心,以猎为主,护、养、猎并举,适当发展一些副业,以及一部分转向林业"的方针。1980年再次调整为"以饲养驯鹿为主,护、养、猎并举,积极开展多种经营"的方针。可以看出这三个阶段的经济政策调整中,农业、林业(林木加工业)发展政策淡出政策主体,"护、养、猎""多种经营"贯彻始终,而政策的核心则从"以猎为主"—"以护林防火为中心"—"以饲养驯鹿为主",不断摇摆。这种政策摇摆,体现了政府政策设计克服使鹿鄂温克族群生产传统状态,构建新型业态的努力。

发展农业的政策导向,在1957—1976年取得了一定的成效,截至1976年,敖鲁古雅乡已开垦耕地面积达到120亩,主要种植蔬菜类作物,

---

[1] 内蒙古自治区编辑组:《鄂温克族社会历史调查》,内蒙古人民出版社1986年版,第557页。

[2] 孔繁志:《敖鲁古雅鄂温克人》,天津出版社1989年版,第55页。

[3] 护、养、猎,即护林防火,牧养驯鹿,山林狩猎。

作为政策支持国家调拨了一台链轨拖拉机，新建了温室和塑料大棚，黄瓜、豆角、茄子、辣椒等夏季蔬菜也能够生产。1976年，全年蔬菜总产量达到1.75万千克，平均亩产1500千克，自给有余，还可以销售给林业局5万千克。然而，农业的发展，只是推动了地区经济结构的调整，并没有直接更多地影响使鹿鄂温克族群的职业分层，从事农业生产的基本上是非鄂温克族群的敖鲁古雅乡民，主要是汉族。但是，猎民看到了发展农业生产的好处，政府也看到了在使鹿鄂温克聚居区坚持办好农业的前景。

工业发展的政策，随着林木加工业和鹿产品酒加工业1978—1990年的建立，也得到了实施。1978年敖鲁古雅乡木材综合加工厂建立，当年木材加工收入9万元。由于森林工业是国家控制的计划经济部门，1982年敖鲁古雅乡木材加工被纳入计划管理，经自治区人民政府批准每年1000立方米木材加工计划，由满归林业局落实调拨计划，其中，副业生产用原料木材500立方米，基建用材500立方米。

据调查统计，当年该厂总收入达21万元；1985年40.3万元，1987年该厂进厂木材2000余立方米，产值44.3万元，销售收入43.4万元，经营利润12万元，实现利润6万元。敖鲁古雅乡"茸鞭宝酒"加工厂1987年投资建设，1990年投产。致使全乡工业产值1994年达到96万元，实现利润36万元；1995年达到285万元。1985—1995年，全乡工业利润232.25万元。工业经济的建立，还实现了以工补猎，乡木材综合加工厂每年无偿支援猎业产生队的4万元，作为发展民族经济、提高猎民生活水平的资金。

农业、林木加工业经济发展的同时，非驯鹿牧养的新型畜牧业生产也从无到有，得到发展。1982年，猎民有役马2匹、役牛2头、奶牛5头。

在新兴产业发展之际，传统的山林狩猎和驯鹿游牧业在政策上也被纳入计划管理体制，实施狩猎产品按国家统一价格收购，按计划统一销售。1965年，政府开办了民族贸易公司，统一狩猎产品的收购和销售，1967年，政府又对驯鹿养殖和狩猎业实施集体化改造，枪支和驯鹿作价入社，成立了东方红猎业生产队，改变了山林狩猎业和驯鹿游牧业一家一户个体家庭经营模式。1979年，民贸公司计划年销售为15万元，实际完成17.1万元；1980年，计划销售14万元，实际完成16.4万元；1981年，计划销售15万元，实际完成25.3万元。随着改革开放的深入，国家对猎产品实行指导性价格和市场价格双重价格管理制度。在使鹿鄂温克的文化中，除了在勒拿河时代，野生驯鹿是他们猎取的对象外，放养的驯鹿始终不具有经济意义，而只是作为生产中的运输工具和宗教、礼俗事物，在萨满跳神祭祀或婚丧嫁娶时的礼仪品。20世纪70年代末，由于驯鹿茸被发现可以作为一种珍贵药材，驯鹿不再是单纯的运输工具，而且具有了综合性的较高的市场经济价值。敖鲁古雅东方红猎业生产队每年鹿茸（马鹿茸）收入可达3.5万元左右，20世纪70年代末，与1967年集体化以前相比较，驯鹿头数由解放初期的400多头增长到900多头（1967年是700多头）。实践也证明，驯鹿具有可持续增长性，因此可以作为养殖产业来发展。养殖驯鹿也具有了经济效益，壮大发展驯鹿养殖业，成为政府政策设计的目标。1980年在旗、乡两级政府的主导下，确定了"以饲养驯鹿为主"的经济发展政策。1981年，政府做出民族经济发展五年规划，计划从1982年开始，每年纯增驯鹿100头，到1986年发展到1300头，驯鹿饲养业的经济收入预计每年达到5万元。与此同时，在驯鹿饲养方面实行了生产责任制，在猎业队原来的3个驯鹿饲养放牧小组的基础上，分为4个小组，即拉吉米小组有驯鹿400余头；谢拉杰依小组有驯鹿100余头；马克辛姆小组有驯鹿200头；小格力士克小组有150余头。饲养放牧驯鹿实行包干办法，每饲养放牧1头驯鹿，全年记工分100分，定为100%的纯增长率；每超过一头奖励工分100分，每减少一头扣罚工分100分。

1984年根据中央"中发（1984）1号"文件，召开猎民大会，推行包干到户责任制，狩猎产品自行处置，鹿茸统一加工，统一销售；驯鹿按劳动力承包到户，每个劳动力分得30头驯鹿，每头放牧费30元，有余时可多包。根据推算，承包前山上猎民每年每人收入100元左右，承包后可收入1400元以上。具体核算如下：1个劳动力承包30头驯鹿，每头放牧费30元，茸每年每头25元（提20%管理费）；纯增一头奖励40元（计划每年6头）。经过五天猎民大会的反复协商讨论，猎民们承包了910头驯鹿，猎民谢拉杰依表示愿意承包多余的驯鹿。同时，确定了承包养殖驯鹿的补贴政策，在驯鹿放养业尚未形成民族经济之前，乡木材综合加工厂每年拨出4万元补助驯鹿承包。至1985年春季，经济承包责任制初见成效：驯鹿增多，猎民收入增加，驯鹿的仔鹿成活170只，纯增了98只，增长速度是11%，东方红猎民生产队全队猎民的人均收入从上年（1983年）的616元增加到692元。老猎民拉吉米一家成为敖鲁古雅鄂温克民族乡第一个万元户，5个劳动力承包了152只驯鹿，现在增加到204只，仅驯鹿一项收入就达到6956元，加上其他猎副业收入的5124元，全年总收入达到12080元。乡政府总结了驯鹿承包政策实施的成效，得出结论认为，经过一年多的实践，"开拓了一条保护发展国家稀有动物驯鹿的繁荣民族经济的幸福之路"。

事实上，驯鹿放养业的技术水平并没有改变或提高，仍然是在山林中半野生式饲养。虽然政府自1966年开始，进行了改变驯鹿饲养方式的科学试验，除了1967年成立了东方红猎业生产队，改驯鹿资源由个体所有制度变为集体所有制之外，1982年还在满古公路28千米处建起了250平方米砖瓦房和可容纳40头驯鹿的临时棚圈，专门作为驯鹿饲养试验场，尝试圈养舍饲，但是，试验结果的可应用推广性不足，因此难以实现驯鹿养殖业技术的现代化，驯鹿群的增长，依然是靠天自然增长，难以形成规模经济。驯鹿群的总头数，一直徘徊在800—1300头，据统计数字，2005年曾达到1043头，亦尚未达到1917年1890头的规模或1931年4200只的最高规模[①]，从而也就难以成为支撑使鹿鄂温克人经济转型的支柱性产业。但是，尽管事实如此，政府"以饲养驯鹿为主"的经济发展政策设计的方向仍然没有改变，一直持续到2003年。

第三个时期：加速城镇化时期。

驯鹿养殖业发展的滞缓，致使政府"以饲养驯鹿为主"的经济发展政策实施不畅，从而令使鹿鄂温克族群社会现代化进程受阻。是时，使鹿鄂温克人所在的敖鲁古雅乡的环境以及经济社会发展也遇到了诸多问题，催生了政府政策新设计的动机。

新政策设计产生的前提条件来自国家林区政策的改变。1998年，中国遭遇了历史上罕见的一次洪水灾害的侵袭，东北重镇哈尔滨、齐齐哈尔

[①] 参见《鄂温克族社会历史调查》第196页记载：1917年时，全部鄂温克人共有63个撮罗子（户），每户平均有5—30只驯鹿；1931年时，有42个撮罗子，每户平均有驯鹿10—100只；1945年共有34个撮罗子，每户有5—40只驯鹿；1952年33个撮罗子，共有驯鹿552只；1953年30个撮罗子，共有驯鹿426只，其中，古纳部落64只，乌启罗夫322只，杜博维40只。1957年鄂温克人有驯鹿450只左右。第520页载：1960年25户，130人，有驯鹿629只。

等城市所在的嫩江、松花江流域洪水猛涨，危及城市安全，而这些江河的源头正是使鹿鄂温克人生息的大兴安岭森林地区。国家意识到全国的森林过度采伐，是造成洪水泛滥成灾的生态原因，因此，提出了实施天然林生态保护工程的政策，被简称为"天保工程"。东北天然林保护政策的核心要点是保护大兴安岭森林涵养水源的生态功能，防止以后因江河水源地区生态恶化而形成大型洪水灾害。

因此，生态保护的概念，被引用到了对使鹿鄂温克族群的政府社会治理视阈内，成为继续推进猎民社区现代化的政策支点。

敖鲁古雅鄂温克民族乡实施"生态移民"前存在的主要问题，有四个方面，其中两个是经济方面的问题，两个是社会方面的问题，被市、乡两级政府作为设计"生态移民"的政策话语。

一是狩猎生产继续发展方面的困境。这方面的困境，来源于两个方面，一是生态困境，二是法律困境。在生态方面，从1956年开始的森林采伐，几十年来，造成森林覆盖率逐年下降，森林生态平衡遭到破坏，因而，野生动物的生存环境严重恶化；同时，随着林区的开发大量人员进入森林地区，非法参与狩猎，野生动物数量锐减，从而使使鹿鄂温克人的传统狩猎生产条件也急剧恶化，猎民收入锐减，生活十分艰苦，2003年猎民年均收入不足1000元，陷入贫困境地。

在法律方面，特别是1988年11月颁布实施的《中华人民共和国野生动物保护法》（2004年8月修订）规定："野生动物资源属于国家所有"（第三条），"禁止猎捕、杀害国家重点保护野生动物"（第十六条），"禁止出售、收购国家重点保护野生动物或者其产品"（第二十二条），"在自然保护区、禁猎区和禁猎期内，禁止猎捕和其他妨碍野生动物生息繁衍的活动"（第二十条）这些条款，基本上从法律上限制了使鹿鄂温克族群狩猎生产的产业化发展，"以猎为主"的地方政府政策设计，遭遇了上位法律禁止。保护法只规定了"因科学研究、驯养繁殖、展览或者其他特殊情况"才可以猎取国家保护动物。列入一级的需要由国务院野生动物行政主管部门或者其授权的单位批准，列入二级的需要由省、自治区、直辖市政府野生动物行政主管部门或者其授权的单位批准。而内蒙古自治区《实施〈中华人民共和国野生动物保护法〉办法》虽然做出了"自治区人民政府对少数民族专业猎民队的狩猎生产和狩猎枪支的使用给予特许"

(第五条)的规定,因为缺乏可操作性,而无法成为使鹿鄂温克人坚持狩猎生产的实际政策支撑。根河市也于20世纪90年代中后期开始实行禁猎政策,使鹿鄂温克人传统的狩猎生产难以为继。

二是财政困难所造成的基础设施和环境治理方面的困境。使鹿鄂温克人所在的原敖鲁古雅鄂温克民族乡所在地,地理位置位于激流河与敖鲁古雅河交汇处,由于森林采伐造成的生态环境恶化,河流经常改道,河床侵蚀严重,致使每年汛期水灾频繁,严重威胁着猎民的生命财产安全。而从基础设施上看,原乡所在地防洪大堤年久失修,已无力抵挡激流河和敖鲁古雅河的冲刷,急需重建;供电线路老化严重,存在重大火灾隐患,亟待更换;乡政府办公楼冻害严重,门窗变形,已成危楼;学校、博物馆、文化馆、卫生院也都急需修缮。以上几项问题的治理粗略估算需要资金2000万元,而当时的根河市、乡两级政府财政无力支付所需资金。

三是受市场化经济改革影响,公共服务机构功能虚化的困境。原敖鲁古雅鄂温克民族乡所在地,由于远离中心城市,经济不发达,加之人口又少,生活工作条件艰苦,计划经济时期按照服务猎民生产生活需要建立起来的金融、邮电、商业等公共服务机构,在市场经济条件下不同程度地受到冲击。特别是金融机构转为商业银行后,全部从乡所在地撤出,乡政府和猎民群众开支、存款等业务,不得不到二十多千米外的满归镇办理,居民日常生活用品也大都需要到满归镇去购买。邮电业务日渐萎缩,通信设施条件落后,不通手机。因为地处偏远,又在内蒙古阿鲁自然保护区[①]范围内,限于法律规定,被普遍看好的旅游业也很难发展起来。

四是使鹿鄂温克族群传统生活习俗和社会制度的影响下,造成整个鄂温克猎民族群身体素质下降和人口再生产的困境。多年来,在山林游猎和

---

① 内蒙古阿鲁自然保护区位于内蒙古自治区的北端,地处大兴安岭山地北缘。地理坐标为东经121°56′10″—122°28′25″,北纬52°13′29″—52°30′52″。该自然保护区为东北、西北与黑龙江省交界,南部和东南部与满归林业局相邻,南北宽31.5千米,东西长36千米,总面积64386平方千米。

阿鲁自然保护区系1955年第一次森林经济调查时,根据国务院的有关规定,为保护棕熊、雪兔、松鸡、紫貂等国家级珍稀动物及其栖息繁殖生境而区划的,面积12223平方千米。2002年将满归林业局河西林场(面积52116平方千米)并入自然保护区,至此阿鲁自然保护区面积扩大到64386平方千米。2002年9月国家林业局批复建立阿鲁自然保护区,至此该省部级自然保护区正式建立。自然保护区总面积64386平方千米。

游牧驯鹿传统生活习俗影响下，猎民习惯于山上散居，居住条件简陋，80%的猎民患有风湿病，猎民与驯鹿人畜共患的结核病的发病率也很高，健康状况不断恶化。同时，由于相对封闭单调的生产生活，使部分猎民酗酒成性，不但不利于身体健康，也为社会稳定带来隐患。尤其是原乡所在地相对偏远封闭，猎民与外部人口接触机会较少，因生活习惯、经济条件等方面的原因很难与外族通婚。而猎民人口仅232人，内部通婚受到传统婚姻制度的影响，可选择的概率较低，使一些年轻人很难解决婚姻问题，许多适龄青年不能完婚，整个族群人口再生产发生危机。这种情况下，如不及时采取措施，短期内使鹿鄂温克族群将面临消亡的危险。

这些问题的存在，对地方政府的社会治理提出了新的难题，基本上是无法在原有的政策路径上，通过地方政府努力就可以解决的问题，从而为地方政府新的政策设计提出了要求。2000年，根河市委、市政府借助于国家"天保工程"的生态保护概念，提出了"生态移民"的政策设计方案，提出将敖鲁古雅鄂温克民族乡整体搬迁到根河市近郊。试图通过靠近城市，利用城市的公共基础设施为猎民服务，实现促进民族经济快速发展，加速猎民生活达小康进程，保留传统的民风民俗，及发展优秀民族文化的目的。政策设计的要点有三个，一是猎民放下猎枪，发展现代化的圈养舍饲驯鹿业；二是实现居住区方式城镇化；三是发展工业、旅游等非猎产业，发展非驯鹿养殖产业以及桦树皮、兽皮手工制作等新型产业。因此说，这个政策设计的路径，是以加速推进使鹿鄂温克族群城镇化为主，进而推进他们的现代化进程。

2001年、2002年内蒙古自治区计委批准敖乡"生态移民工程"立项建设，下发了"内计赈字（2001）1080号文件"《关于对根河市2001年生态移民和易地扶贫移民试点工程实施方案的批复》和"内计赈字（2002）1246号文件"《关于根河市调整2001年生态移民和易地扶贫移民试点工程实施方案的批复》，确定项目总投资为980万元，其中国家一次性补助510万元，地方自筹470万元。并确定，这次生态移民是以鄂温克族猎民为主体，62户猎民实行免费搬迁，集中居住到政府修建的新村。敖乡其他居民也随之搬迁，政府给予一定补助，分散居住到根河市的各乡镇。搬迁选定敖鲁古雅鄂温克民族乡新址为根河市郊，距市区4千米的原根河林业局第三车间旧址处。政策设计的考虑是，新迁乡所在地位置，紧邻 S301 省道，交通便利，便于猎民子女的入学、就医、购物。有适合驯鹿舍饲场地，有利于驯鹿产业化的发展。同时，该乡与市区保持一定距离，可以保持民族乡的相对独立性和民族特色。

2003 年 8 月 28 日，根河市政府宣告敖鲁古雅生态移民搬迁圆满完成，并举行了盛大的搬迁庆典，62 户猎民集中居住到新修建的敖鲁古雅鄂温克民族乡所在地。整个"生态移民工程"，开工建设历时两年，由国家和根河市政府实际共同投资 1600 万元，建筑面积 22.16 万平方米，建成设施包括政府办公楼、民族小学、民族博物馆、公立医院、公立敬老院、62 户猎民住宅及 48 间标准化鹿舍，全部采用集中供热，统一安装电话、电视、接通自来水，并配备生活日常用品。根据内蒙古自治区民政厅文件批复，新猎民乡沿用"敖鲁古雅鄂温克民族乡"的称谓。新敖鲁古雅鄂温克民族乡的建设，完全是按照城镇化标准建设，俨然是一个新城镇。因而，可以说，使鹿鄂温克族群的第三次搬迁，从居住方式上完成了城镇化的历史任务，追赶上了居住方式现代化的潮流。

（三）内生的现代化路径

所谓内生的现代化路径，是指一个族群文化要素按照自身内部的逻辑，即文化发展的必然性，创新或转型的可能性。在使鹿鄂温克族群的现代化进程中，并非所有的路径都是嵌入的或设计的，还有一条与这两条路径并行的内生的路径。内生的路径，体现了他们族群文化的现代价值，就是传统文化在现代社会存在的合理性。

对于使鹿鄂温克人来说，他们的文化发展的内生路径，更多的不是体现在他们的物质文化上，而是体现在制度习俗文化和精神文化一些要素的内在品质上。作为使鹿鄂温克人物质文化的具体表现的物质生产方式和物质生活方式，主要是山林狩猎和游牧驯鹿，并由此决定着他们具体的物质生产方式和物质生活方式的样式。就狩猎生产技术来说，从石器到铁器，从弓箭到步枪的技术发展，仍然可以保证狩猎生产的持续和进步，表明这种生产方式的发展具有一定的内生性，因此，狩猎业从技术上实现现代化的内生路径还是存在的。当然，在狩猎技术不断增长的情况下，仅仅靠野生动物的自然增长，难以实现市场需求不断增长条件下猎产品的不断增长，满足市场经济需求的狩猎生产还需要有生产方式的变革，这就是护猎并举或繁猎并举，使用现代法律措施和科技手段维

第五章 使鹿鄂温克现代化进程

护与提高野生动物的增长速度,这种生产才能够得以延续。但是,在这个方面,单靠使鹿鄂温克族群本身是难以完成的,因此,归根结底,狩猎生产方式的内生路径还是非常有限的。就驯鹿饲养技术来说,实践证明,改变驯鹿的半野生习性并不是一件容易的事情,从而使改变山林游牧驯鹿的生产方式自然而然地成为一项艰难的工程,而使鹿鄂温克族群在他们所有的历史进程中,都没有体现出对驯鹿养殖技术创新的发展能力,但是,驯鹿的牧场化养殖未必是不可能的问题,因此,这个产业的内生发展动力相对不足。

然而,就物质生活方式而言,使鹿鄂温克族群的现代化发展内生性动力,在外来文化嵌入以及政府政策实践的刺激下,已经生成。具体来说,他们已经习惯于在乡所在地的半城镇化定居生活,已经与外部族群一样习惯于消费更多的粮食、蔬菜、肉食、服装等非猎产品,大件家具、洗衣机、缝纫机、电视机等高档物质消费品已经普遍进入猎民家庭。不仅如此,他们还充分认识了现代货币的流通职能和储蓄职能,学会了现代理财方式。据调查了解,1985年,敖鲁古雅乡全乡个人存款余额达到14.3万多元,其中猎民存款3.8万多元,而且积极踊跃认购国库券。这些对于他们而言非传统的现代化文化要素,以嵌入的方式或政策设计的方式进入他们的生活,不再是外在的东西,而是已经内化为他们现实生活方式的重要组成部分,因而,追求进一步的现代化生活方式,已经成为这个族群走向现代化更高层次的内在需求。

与传统物质文化进入现代化的可能性有所不同,使鹿鄂温克人的制度习俗文化和思想方式(精神文化)具有更多的品质契合于现代化的理念和趋势,从而在现代社会中具有更多的存在合理性,可以在现代化的进程中形成内生的转型路径。从经济伦理制度习俗角度看,使鹿鄂温克族群自然资源的公共占有制度、狩猎消费产品的按劳—按需分配制度、社会成员的内部社会权利平等制度、社会成员相互协助的自由劳动制度,以及在这些制度基础上形成的社会习俗,即使在现代社会也具有相当的合理性,特别是与社会主义社会的伦理主张有更多的契合性,因而具有较高的内生路径形成的可能性。从社会治理制度习俗角度来说,也是如此,使鹿鄂温克族群的社会治理架构,从部落—氏族制向氏族—姓氏制的转变,血缘族群关系的部落酋长、氏族族长向地缘族群关系的阿塔曼、基那斯再到防火小组长、乡长的转变的历程，说明了这个族群的社会治理制度体系并不是一个完全封闭固化的结构，而是随着时代的进步历程而不断转变的结构体系，同样具有形成内生现代化路径的可能性。与此同时，经过新中国成立后几十年来的现代化建构，社会分层形成的国家工作人员与普通猎民的层级结构，已经具备了现代性，并且适应了这个族群社会治理现代化的需要。20世纪50年代，在鄂温克族群中就已经培养出了两名大学生、五名中专生；当时的71名成年猎民中，其中有40人已经脱离狩猎业而参加了各种社会职业，成为使鹿鄂温克族群中的第一代人民教师、医生、护士、兽医、拖拉机驾驶员、汽车司机、会计、出纳、森林警察、店员、服务员等，形成了非猎民职业阶层，占族群总人口的23.3%。国家教育、卫生、文化、金融、邮电、科研、商业等公共服务机构与猎民经济社会组织和家庭已经建立起现代性交往关系，已经开始现代化的历史进程。

使鹿鄂温克族群思想方式现代化的内生路径，主要来源于其与外部族群的社会交往的内在需求。如果说，他们同俄罗斯族群的交往，学会使用俄语、俄文作为交往工具，开辟了思想方式现代化的路径，那么，新中国成立以来他们的外部族群交往，更主要的是以中国主体文化族群，即汉族为对象，因此，学习汉语、汉文替代俄语、俄文外部交往工具，成为他们进一步走向思想方式现代化进程的内在需求。中华人民共和国成立后的事实也证明，他们把学习汉语、汉文作为掌握新型交往工具的自主选择。汉语、汉文成为他们的第二语言，97%以上的猎民都已经能够熟练地使用汉语，甚至有取代母语而成为思维工具的趋势。而在政府政策设计的实践下建立起来的乡民族学校、文化中心站的阅览室、广播室、游艺室、电视转播台、民族史陈列室等文化设施，成为承接和助推他们思想方式（精神文化）转型的高速公路。

二　现代化进程中的文化冲突与困惑

现代化，作为一种文化形态，在扩张的进程中是对传统文化形态的革新或排斥，因而这个进程必然充满了现代化与传统文化的冲突，并造成传统文化再生产的困惑。这种文化的冲突和困惑，在现实中往往在族群中的个体身上表现得更强烈，特别是那些具有强烈的传统文化意识而又接触但没有融入现代性文化体系中的个体，他们的感受，比起普通猎民成员的感受反应更大。

(一) 结构化和非结构化的冲突

现代化在扩张的进程，是用一种新的文化形态再塑社会，也就是在对传统文化解构的基础上，再造与之相适应的社会结构，因此，这是一个结构化的进程。简单化、标准化、程序化是结构化基本追求。这个结构化进程开始的起点是对传统文化的否定，因而，现代化一开始就处于结构化的社会进程与非结构化的社会现实的矛盾冲突之中。

冲突之一：简单化与复杂性和多样性的冲突。结构化的设计，往往来自国家与地方政策的政策设计，非结构化的社会现实，往往就是现实社会成员实际的生活方式，这种冲突就表现为政策实践与人们现实利益的冲突。

在推进使鹿鄂温克族群现代化的政策实践中，各级政府在发展政策设计中忽视了发展对象利益关切和关联的多样性和复杂性，为了快速实现政策目标，倾向于将复杂的发展项目简单化，结果导致了政策实践与猎民现实利益的冲突。例如，在关于居住方式改革的政策设计和实践中，不是忽视了猎民居住方式与游猎游牧生产方式的关联性，就是忽视了改造驯鹿牧养方式的复杂性，因此，花费财政、人力、物力成本接二连三实施的定居工程，并没有取得政策设计的预期效果，与游猎游牧相关联的族群成员始终没有实现定居。特别是对驯鹿饲养方式改革的政策预期，忽视了由半野生放养转型为舍饲圈养的复杂性，以及舍饲圈养所涉及的问题的多样性，倒置了在定居问题上的人鹿关系，以为人定居即可以实现鹿圈养，事实上应该是鹿圈养，人才能定居。然而，驯鹿圈养舍饲的技术条件尚未具备。

2003年第三次搬迁后，圈养驯鹿的计划只坚持了一周就中止了。关键是驯鹿只吃苔藓、喝山泉水，不喝自来水，刚开始圈养时，为了支撑圈养政策，根河市政府拨出专项资金，用于购买驯鹿饲料，并雇用人员上山采摘了青草、树枝、苔藓。然而由于驯鹿不能消化过多的粮食类饲料，出现了吃豆饼噎死的情况，圈养政策的实施，造成驯鹿损失严重。同时，根河市乡两级财政也无法维持雇工给驯鹿采集苔藓的圈养方式的持续性，因此，政府不得不放弃圈养舍饲政策，重新让驯鹿在新乡所在地周边的森林中自由觅食，饲养驯鹿的猎民们不得不重新回到山林，继续过起了传统游牧驯鹿的生活。这种情况下，必然造成政策实践与使鹿鄂温克猎民，尤其是那些仍然必须在山林中游牧驯鹿的猎民现实利益的冲突,从而使城镇化的进程陷入困境。

冲突之二:标准化与不确定性和不可测性的冲突。标准化,就是政府在发展政策设计中,试图用一个统一的标准界定现实中不确定和不可测的事物的策略。在敖鲁古雅乡第三次搬迁时,关于"谁是搬迁的主体?""谁是猎民?"的问题上,采取的就是这样一种策略。

首先是敖鲁古雅鄂温克民族乡"生态移民"主体的标准化选择:鄂温克族猎民。在"生态移民"之前,乡所在地由鄂温克族、蒙古族、达斡尔族、俄罗斯族、满族和汉族六个民族构成,总共有179户、498人,其中鄂温克族232人,包括使鹿鄂温克族和非使鹿鄂温克族。而政府的"生态移民"政策是针对使鹿鄂温克族群设计的,并没有注意到已经形成的多民族社会生态,因此,按照政策设计标准被纳入搬迁范围的仅限于鄂温克猎民,总共有62户、162人。其他民族的原敖乡居民,因为不符合政策设计标准,没有被纳入搬迁到敖鲁古雅乡所在地新址的范围,因此,他们没有资格得到"猎民房"①,只能领取搬迁费(45000元),同时必须搬出旧敖鲁古雅乡所在地,因为旧乡址的土地已经被出卖给大庆某房地产开发公司。

其次是政府在政策实施过程中,事实上先后确定了两个"猎民"标准:一是具有使鹿鄂温克族群血统的猎民,二是敖鲁古雅鄂温克民族乡的猎民②。在使鹿鄂温克血统猎民中,一部分是有公职身份的猎民,另一部分是没有公职身份的猎民;在敖鲁古雅鄂温克民族乡的猎民中,一部分是使鹿族群血统鄂温克猎民,另一部分是非使鹿族群血统鄂温克猎民。事实上,第二个标准是对猎民身份认同的重构,因而,不可避免地会产生一些社会矛盾,既有政府政策与猎民诉求之间的矛盾,也有猎民内部利益分配的矛盾,不一而足。这两个标准,是在政策实施的不同阶段形成的,在征求"生态移民"搬迁意见时,是以有使鹿鄂温克族群血统的有公职身份猎民为代表,而在分配新乡所在地猎民搬迁房时,政策覆盖的则是敖鲁古雅鄂温克民族乡的猎民,包括有使鹿族群血统的鄂温克族猎民和非使鹿族群血统的鄂温克族猎民,而有使鹿鄂温克血统,但是有公职的人,不在政

---

① "猎民房"是敖鲁古雅鄂温克民族乡猎民对新乡所在地建设的"生态移民"猎民住宅的一种俗称。

② 谢元媛:《敖鲁古雅鄂温克猎民生态移民后的状况调查》,《民族研究》2005年第2期。

策覆盖范围内。"猎民身份"成为一种从国家获取资源的符号资本。同时，在住宅分配时，其他民族中，没有公职的使鹿鄂温克人和非使鹿鄂温克人的亲属，即笼统的没有公职的敖鲁古雅民族乡乡民，也可以住进"猎民房"。对这一部分非鄂温克族群的政策，招致了猎民的不满，他们觉得敖鲁古雅鄂温克民族乡"生态移民"项目，是国家为改善鄂温克猎民生活而实施的，实际执行的过程中却让不是鄂温克猎民的人得到了实惠。因而，整个"生态移民"搬迁政策，按照"猎民身份"认定标准实施的结果，进一步形成三种社会心理冲突。

一是原敖乡非鄂温克族裔人群因为被排除在"生态移民"工程之外，不仅没有获得"生态移民"政策红利，反而因为政府实施这项工程而失去了生活多年的家园和邻里社会，被迫迁出旧乡所在地，从而形成了与政策的心理冲突，产生不满；二是原敖乡有公职的鄂温克猎民，虽然被纳入"生态移民"政策范围之内，但是，因为他们没有在政策确定的"猎民身份"标准之内，不在分配"猎民房"政策覆盖范围内，由于搬迁到新乡所在地，客观上形成的在旧乡所在地的利益损失，无法得到补偿，反而增加了再购置住宅、日常交通等成本，同样形成了与搬迁政策的心理冲突，产生了不满；三是使鹿鄂温克猎民虽然获得了住进城镇化新乡所在地的利益，享受到了城市文明的功能，加速了他们城镇化的进程，但是，原有旧乡所在地社会生态与新乡所在地社会生态延续性的断裂，使他们失去了多年一起共同生活的乡邻和成熟的社会伦理生态环境，产生社交障碍，必然归因于政府搬迁政策的实践，从而形成与政府的社会心理冲突，产生不满。

事实上，标准化是建立在确定性和可测量性基础之上的，而鄂温克猎民的社会身份，以及他们所从事的游猎游牧生产方式往往具有更多的不确定性和不可测量性，因此，按照政策设计者主观臆想而确定的标准，在政策实践的过程中，必然带来许多意想不到的后果。对于政策的设计者来说，没有个人是以破坏性的意识进行的政策设计，或许其中包含着一些诸如寻求政绩之类的庸俗化的考量，但是，所有的涉及使鹿鄂温克族群的政策设计者，出发点都是要促进这个狩猎族群的社会进步。遗憾的是，前赴后继的政策设计者依据社会形态进化论所完成的标准化政策设计，实践的结果几乎全都不令人满意，因此，这些政策实施的社会效果，即这些社会冲突，不仅对使鹿鄂温克族群是残酷的，对于政策设计者和实践者而言也是痛苦的。

冲突之三：程序化与零散性和随机性的冲突。程序化控制，是政府社会治理的一种追求，即按照社会治理所要解决的问题，先确定一个总目标，再进一步分解为具体的小目标，然后，制定措施，设计步骤。使鹿鄂温克族群所在的市、乡两级政府，在推进这个族群发展的政策设计中所体现的正是这样一种追求。自 20 世纪 50 年代以来，政府政策的总目标，始终是推动使鹿鄂温克族群聚集定居，在这个总目标确定之后，相继设计确立的发展农业、发展林木加工业、发展桦树皮手工艺品制造业，甚至发展驯鹿产品酒加工业等政策目标，全都体现了这种程序化的制度安排。但是，所有的这些政策设计，全都忽视了使鹿鄂温克族群地方的传统，即他们的文化传统，或文化生态。与农业、林业、制造业相比较，他们的地方传统是山林狩猎野生动物和游牧驯鹿，无论是狩猎还是游牧，其生产过程都不是可程序化的，而是零散性的和随机性的，至少从现代技术来说，人们还不可能整群规划野生动物种群的繁衍和扩张，只能由其自由自在地自然发展。同样，生产结果的获得也是零散性的和随机性的。驯鹿的饲养，从理论上似乎可以像草原上的牛、马、骆、驼、羊等完全驯化的家畜那样，实现可计划的增长，但是，从使鹿鄂温克人的地方经验来说，这种情况的现实性是非常可疑的。因为，即使在国外，驯鹿的养殖还没有一例是可以像牛羊猪一样舍饲圈养。半野生游牧，是只要饲养驯鹿就必须遵从的生产方式，北欧的萨米人如此，蒙古国的察腾[①]人也是如此。

---

① 在蒙古国北部库苏古尔省的库苏古尔湖正西约 50 千米处，距首都乌兰巴托以北约 900 千米，有一个叫查干诺尔的地方，这里生活着一个独特的"驯鹿人"群体"特萨藤（Tsaaten）部落"，目前仅有 200 多人在放牧大约 600 头驯鹿。"察腾"驯鹿人现在仍然保持着原始的生活方式，他们主要依靠放牧驯鹿、打猎以及制作手工艺品为生，包括喝的奶、穿的衣、住的帐篷和交通工具都依赖于此。整年迁徙于库苏古尔湖畔的原始森林中，驯鹿牧民住在用鹿皮搭建的帐篷里，通常每隔两三个星期就迁移一次，到水草更为丰美的地方去喂养他们的鹿群。驯鹿牧民在蒙古北部的草地、湖泊和北方针叶林间流徙了一代又一代。这种简单的生活方式本来自由自在，但驯鹿牧民目前面临贫穷、缺少食物、缺医少药等问题，鹿群也遇到疾病的威胁，多年来的近亲配种还导致鹿群逐渐退化。此外，当地牧民认为旅游业的开发不当也对当地的针叶林等生态造成了破坏。经济现实正使他们面临严峻挑战，保留传统生活方式困难重重，一些牧民还担忧当地的传统文化会因此流逝。当地有一名 30 多岁的妇女奥因巴丹目前在努力传授驯鹿牧民的传统语言。她说，因为生活艰难，先后已经有 300 多人离开了这里的针叶林，但是还有人愿意永远待在这里，愿意保留悠久的生活方式、传统和文化。除此以外，驯鹿牧民也已经积极行动，努力寻求获得包括财政和医疗等各方面的支持和帮助。

简单化、标准化、程序化的政策设计实践的结果是造成现代化与传统文化的冲突，进而造成传统文化再生产的困惑。民族理论学者郝时远指出："我们说这种生产活动落后，是针对其生产方式原始、生产力水平低下而言的，而并不是指这种行业本身是落后的。传统的并不一定是落后的，鄂温克猎民的发展也不一定要弃猎务农，用先进的生产方式来发展传统行业才应该是最正确、最合理的选择。"实际上，这里的"行业"应该是从生产"门类"的角度说的，因为狩猎业至少是与捕捞业属于同一行业，甚至从生产对象的性质来说，它与林木采伐业属于同一行业，都是一种"采集"业，只不过一个采集的是植物——木材，另一个"采集"的是动物——野兽飞禽，而另一个区别则是一个是固定的资源，另一个是游动的资源。然而，现实中推进使鹿鄂温克族群现代化的政策设计者，对于生产方式与生产门类之间的本质区别的认识是模糊的，以至于把生产对象的原始性，看作是生产方式的原始性，从而武断地认为狩猎是原始的生产方式，而坚持这种生产方式的族群自然就是"原始民族"。然而，如前所述，进入20世纪50年代，使鹿鄂温克人的狩猎生产，从技术上，已经达到了那个时期最为现代化的水平，他们使用的狩猎工具是最先进的。当然，从他们的生产对象上来说，他们的生产是传统生产门类。政策设计者们对使鹿鄂温克族群生产方式属于落后的原始社会的生产方式的判断，彻底否定了使鹿鄂温克族群文化存在的自然基础，特别是在"生态移民"政策设计的实践中收缴猎民枪支、禁止猎民狩猎、圈养驯鹿等措施，不仅没有推动猎民转型为新型城镇化居民，反而造成了使鹿鄂温克族群传统文化再生产的困惑，所有建立在游猎游牧基础上的使鹿文化大厦，顷刻之间轰然倒塌。

（二）山林文化与城市文化的冲突

一方面是使鹿鄂温克族群传统文化再生产的困惑；另一方面是城市生活对于使鹿鄂温克人来说，所具有的诱惑力，愈来愈强烈地吸引他们走入其中。但是，从一个山林族群转换为一个城市族群并不是一个简单的过程，更不可能通过一次"生态移民"搬迁就能够完成这种转换。在这种转换进程中，使鹿鄂温克族群正在经受着山林文化与城市文化冲突的心灵煎熬和社会人格的煎熬。

事实上，就世界范围来说，驯鹿养殖者，不管是北欧、北亚，还是北美各地的驯鹿人，如今都面临着生存方式的进化和转型，也就是说，世界范围内的现代化进程中，驯鹿养殖者都面临着文化再生产的困惑。国际上的驯鹿养殖者，于1997年在挪威成立了"世界驯鹿养殖者协会"，会员包括俄罗斯、挪威、瑞典、芬兰等9个国家，中国是最后一个入会的驯鹿养殖国。2013年7月25日第五届世界驯鹿养殖者大会在内蒙古呼伦贝尔市根河市敖鲁古雅鄂温克民族乡召开，来自俄罗斯、挪威、瑞典、芬兰等9个国家的世界驯鹿养殖者代表，以及丹麦、蒙古、哈萨克斯坦等国家的代表与会。大会的主题是"人·驯鹿·自然——可持续发展"，共同探讨了世界驯鹿养殖者共同面临的困难和机遇，以及如何进一步促进驯鹿产业发展的问题，由此可见，驯鹿养殖业的发展以及附着在其上的山林文化的发展困境是一个更广阔范围内的问题。

对于使鹿鄂温克族群来说，这种文化发展的困境具体体现在他们现实生活中的各个方面，而体现在他们的个体身上，则表现为山林文化与城市文化的心理冲突。英年早逝的使鹿鄂温克族画家柳芭的经历，正是这种文化心理冲突，在一个使鹿鄂温克族群个体身上的典型展示。

柳芭是为数不多走出山林的鄂温克人，她一直是使鹿鄂温克人的荣耀。分析她的经历，对于了解使鹿鄂温克人经历的文化心理冲突具有典型性。

柳芭的母亲

柳芭1960年出生在激流河流域乌苏龙奇乾鄂温克民族乡，整个童年时代和少年时代，都是在山林里看着父兄们狩猎，伴着驯鹿生活，山林文化基因早已深深植入了她的社会人格，她对山林文化的迷恋是一种近乎宗教信仰式的情感。同时，少年时代接受了汉语为基础的良好的现代文化教育，可以熟练地使用汉语汉文。她从小就爱画画，画的都是原生态的驯鹿、日、月、风、雪，没有矫情，没有装饰，她只是用大山女儿的心灵在描绘自己心中的美丽。或许她的绘画天分更多地来源于她的母亲，柳芭1981年考入中央民族学院美术系学习油画。1986年，世界青年画家在英国伦敦开的画展，我国只选了六幅作品参展，其中就有柳芭的一幅。

柳芭的作品

柳芭的母亲芭拉杰依（巴拉杰依）·柯拉他姆①，具有天才的绘画才能。曾经在乡里担任过护林员、卫生员，1986年上山饲养驯鹿，直至2012年患病下山，开始搜集整理创作鄂温克族传统手工艺品，并以回忆录的形式还原整理使鹿鄂温克族的民族记忆，出版了自传体小说《驯鹿角上的彩带》（作家出版社，2016年）。作者以自己的亲身经历为背景，以鄂温克少女达沙和年轻猎人帕什卡的爱情为主线，向读者讲述了20世纪初至20世纪50年代森林中使鹿鄂温克族群的狩猎生活及历史脉络。小说中，少女达沙在父母和哥哥离开营地后，独自一人带着弟弟和妹妹在寒冬的营地中放养驯鹿时，年轻的猎人帕什卡穿越风雪为她送来象征着爱情的彩带。两人的爱情几经波折，终于走到一起，孕育了自己的孩子。帕什卡因病去世后，达沙独自抚养孩子长大，成长为森林新一代的猎人。小说不仅是巴拉杰依个人经历的写照，也向读者展示了使鹿鄂温克族群的宗教意识和日常生活上鲜为人知的细节。

芭拉杰依（巴拉杰依）·卡尔他姆1942年在驯鹿崽出生的季节出生于大兴安岭原始森林深处的驯鹿营地，父亲依那肯奇·卡尔他昆是一个猎

---

① 柯拉塔姆，即"卡尔他昆"姓氏从属女性时的称谓法。使鹿鄂温克族群姓氏称呼习惯，在男性，姓氏尾音为"昆"，在女性，姓氏名称尾音为"姆"。

民，母亲妞拉是使鹿鄂温克族群的最后一位萨满。1960年女儿出生后巴拉杰依给她取了个好听的俄语名字——Люба（意思为"爱"，汉译为柳芭）。1964年丈夫去世后，独自抚养子女四人，后来，女儿柳芭和儿子维加（Уиджи，野鸭）成为在国际和国内具有一定影响力的鄂温克题材画家和诗人。

柳芭的母亲从年轻的时候守寡开始，家里所有的担子都是自己辛辛苦苦一个人承担，然而却没有半点怨言，就是希望自己的孩子不要再过自己这样的生活。因此，在柳芭很小的时候，母亲就希望柳芭好好读书，好好学习，终于功夫不负有心人，柳芭考上了大学。

对柳芭社会人格的形成，还有一个具有重大影响的人物，就是柳芭的姥姥纽拉萨满。在柳芭的童年和少年生活中，除了驯鹿的铃声，还有姥姥的萨满神鼓声给她的心灵带来震动。在柳芭的眼中，姥姥是敖鲁古雅鄂温克人最后的萨满，是萨满神。姥姥认识大兴安岭所有的山林，相信山林鸟兽都有神灵。萨满有萨满的语言，据说在姥姥的眼中有着与别人不一样的世界。

柳芭的姥姥是一个善良而又有传奇色彩的人物。柳芭说，萨满连接着民族的信仰和历史。姥姥在她的心目中，就是使鹿鄂温克人的信仰和历史的具体形象，她对姥姥的情感实际上是她对使鹿鄂温克族群文化的情感。柳芭讲述了姥姥给别人家跳神的故事，说只要她给别人家的孩子治病，治好了病，自己的男孩子就会死掉一个。姥姥一共生下12个儿女，7个男孩、5个女孩，在她给别人家的孩子治好病以后，自己的男孩先后都死掉了，就是女婿也都死掉了。柳芭的妈妈二十几岁的时候，爸爸就死了。姥姥因此特别痛苦。即使这样，还是给别人家的孩子跳神治病。姥姥92岁的时候还救活了一个女孩，给她起了个神的名字，叫德克沙（декеша），这个女孩后来家庭人口兴旺。

姥姥和妈妈的不幸，导致她认为是有什么主宰着她们一家三代女人的命运。

柳芭第一次感受到城市文化与山林文化的冲突，应该是在她去北京上大学的时候。那时候，她已经有了心上人，因为她进城上学，留在大山里青梅竹马的初恋情人，因为忍受不了分离的痛苦而选择了自杀。这个变故成为她心灵中挥之不去的幽灵，使她的心灵经常在城市与山林之间徘徊。

1985年大学毕业之后，柳芭有了一份不错的工作，分配到内蒙古出版社当美术编辑。然而，当柳芭工作一段时间后，觉得自己是一个少数民族，又一个人在都市里生活，感到很孤单、孤独，非常想家，想妈妈、想姥姥，想驯鹿和山林那种以猎为生的生活，难以习惯城市生活，从而产生了回家的念头。或许都市里生活的挫折加速了她回家的行程，在大一的时候，柳芭对北京、对大学充满了好奇。在大二的时候结交了一位男朋友，两人性格相投，就经常在一起。时间一久，男孩对柳芭多少有些疏远，柳芭开始借酒消愁，出入一些小酒馆。柳芭分配到呼和浩特，从事编辑工作一段时间之后，非常想家，没有经过母亲的同意，就直接回家了，全家人谁也没有想到她会回来，母亲却什么也没有说，一直勤勤恳恳地忙碌着。

1992年柳芭离开了工作单位，回到家乡，回到了山林，正是春天驯鹿生小崽的时候。生下小崽的母鹿猎民要给它拴上铃铛，为了让小鹿熟悉母亲的铃声，要把小鹿牵到母亲身旁听铃声。柳芭家里有一头16岁的母鹿，被整个家族视为"神鹿"，神鹿是家庭的神灵，她回到山林，就回到了神鹿的身旁，就像小鹿追寻母鹿的铃声，是一种近乎本能的反应。

柳芭和她的女儿

柳芭回到了山林，和家庭的神灵——神鹿在一起，柳芭感到了一些安静。但在森林里，她已经显得与众不同，她已经不是典型的山林猎民，而是经受过高等教育的画家，正因为是这样，柳芭成了一个边缘化的人，在城里她感受到自己山林少数民族的孤独，回到山林她又感受到远离城市文化的困苦，她在自己内心是非常痛苦的。她感到无所适从，1993年6月，柳芭离开猎民点，迷茫而无目的地走了四天四夜，路上还遇到过熊，后来被弟弟发现了，拉了回去。8月在呼伦贝尔市首府海拉尔区，有朋友给她介绍了熊超华，43岁，恩河农场的农业工人，两人很快登记结婚。柳芭喜欢小熊老实、诚实，真正是不是爱，她说不清楚。熊超华很爱柳芭，觉得她是一个大学生，有艺术才华，但是爱喝酒，有点儿可惜了。他想改变柳芭。在恩河，柳芭想起从小喜欢俄罗斯人，曾经在恩河喜欢上一个俄罗斯族小伙，但是，那个小伙子结婚了。她说，虽然没能与那个俄罗斯小伙子结婚，但是，她仍然能感觉到空气中有他的气息，觉得挺好的。

与小熊结婚后，她又开始画油画，画的都是童年的生活，画起童年的生活心情平静了许多。她在自己家的墙壁上画上印象中的家乡。她思念姥姥和妈妈，经常给她们写信，写信成了她生活的一个重要内容。冬季，她想象着家乡已经是一个大雪迷漫的世界。

1994年的春天，她听说姥姥已经老得上不了猎民点了，年轻人都下山了，她想帮妈妈，又回到猎民点。她们家那头被称为"神鹿"的母鹿，又怀孕了，但是，因为它年龄太大了，16岁了，难产，全家人看着它挣扎了一天又一天。神鹿死亡的时间是6月，阳光明媚的天气，突然降下了雪，姥姥说，这是上天为神鹿洒下的花瓣。1997年，以柳芭为主人公拍摄的纪录片《神鹿啊神鹿》获德国柏林电视节大奖和上海国际电视节大奖，柳芭自此被誉为"神鹿的女儿"。

柳芭自己非常喜爱自己家乡的驯鹿，非常热爱自己民族的文化，用自己独有的方式来表达自己的喜爱之情。她创作的皮毛画，为驯鹿文化创新发展作出了重大贡献。有一次上山时匆忙，柳芭没有带画具，无事可做，就跟着妈妈、姥姥为男猎民缝制入冬要穿的皮套裤。柳芭对色彩非常敏感，她突然发现驯鹿的腿皮上毛色有深浅不一、自然过渡的变化，于是，突然有了创作灵感。她用猎刀把驯鹿腿部的皮子按照自己的构思裁好，又用妈妈和姥姥捻好的鹿筋线把皮子拼缝起来，最后还用黑色熊皮做了个边儿，很像一个画框。就这样，她做出了第一张具有浓郁民族风格的兽皮画。从此，柳芭就开始用一块块毛色深浅不一的皮子拼缝出山林、驯鹿、撮罗子等反映使鹿鄂温克使鹿文化的图案，然后再用鹿筋所捻成的线拼缝成一幅兽皮画，原始而天然、独一无二、无法复制，堪称一绝。她还创作出版了自己的画册。在美国、法国的专业画刊上，都介绍过这位不平凡的鄂温克女画家，她把中国鄂温克人的驯鹿文化推向世界，她在现代文化的殿堂上占据了一席之位，受到了广泛赞誉。

然而，柳芭依然割舍不下山里的驯鹿和生活，于是她就在家庭定居地和猎民点之间迁徙，随着驯鹿出生、死亡，柳芭也有了自己的女儿。1994年的秋天，10月9日的一个夜晚，她临产了。临产前她画了一幅画，是一个母鹿和小鹿，取名"母与子"，她希望能生下一个女孩，给她取个汉族名，再取个本民族名。她看着出生的女儿，突然意识到她们离山林越来越远了，情绪低落，于是她选择了酗酒与逃避，终日以酒代水。

2003年，一天清晨，她独自去河边洗衣服的时候，醉倒在她家旁的那条浅浅的溪流中，溺水身亡，当时吞噬这朵鄂温克鲜花的流水深还不足20厘米，死亡时42岁，此时的鄂温克人正处于从游牧走向定居的变迁之中。柳芭的死，看起来是因为酗酒成性而造成的后果，其深层次的文化因素，应该还是来自城市文化与山林文化的冲突，柳芭作为一个少数民族女画家的命运，恰恰展现了这支少数民族族群所面临的文化消失的痛苦和灵魂的漂泊，同时，这也是当代人时时面临的困惑。使鹿鄂温克人饲养的驯鹿美丽而奇特，如同他们饲养的驯鹿，鄂温克人的生活、文化、命运也呈现出一种奇异的色彩，但是，这种美丽而奇异的色彩在现代城镇化的空间中，还能持续多久，他们不得而知。

（三）边缘文化与主流文化的冲突

边缘文化，是一种以主流文化为主相对的概念。山林狩猎和游牧驯鹿的使鹿鄂温克文化，在现代经济体系中，与农耕文化、工商业文化相比较，居于边缘地位，甚至在主流文化中根本就没有自己独立存在的地位。然而，从文化的主位观点看，主流文化相对于使鹿鄂温克人的文化，是另一种意义上的边缘文化。

在当代的社会发展中，现代化具有主流文化的话语权，甚至有时候这种话语权相当粗暴，它强制那些传统的地方族群文化退居于边缘地带，造成了它与地方族群文化的冲突。

在现代化的语境中，使鹿鄂温克人的狩猎文化，既不是农耕乡村文化，也不是工商业城市文化，甚至在游牧文化中都没有一席之地。因此，在现代化突飞猛进的发展进程中，使鹿文化事实上是处于失语境地。这种状况在第三次"生态移民"政策，从设计到确定，再到执行的整个过程中表现得非常突出。

首先，是狩猎文化，因为狩猎生产对象的原始性，基本上被认定为是一种原始、落后的文化形态，处于被边缘化的社会地位，在现代化进程中这只是一种将要被取代的文化，因此，自20世纪50年代以来，尽管历任政府都致力于推进使鹿鄂温克族群社会发展的现代化，但是，如何推进狩猎生产的现代化始终没有成为话语内容，而是始终被看作是需要用农耕、工业、手工业等任何一种文化形态取代的生产门类。但是，由于文化是一个族群自己创造或选择的生存方式，而狩猎文化是使鄂温克族群有史以来始终坚守的文化形态，因而，就造成了主流化的现代文化与边缘化的狩猎文化之间的冲突。20世纪90年代，尽管国家的法律，特别是自治区制定的地方性法规，虽然没有取缔狩猎生产的合法性，但是，地方政府却实施了对使鹿鄂温克人禁止狩猎的政策，由此引发的问题，就是这样一种情况。

其次，是游牧驯鹿的使鹿文化，因为发展起点的原始性，也被认定为原始、落后的文化形态。特别是在驯鹿的牧养方式不像牛马羊猪那样完全由人控制的情况下，用养殖其他动物（牛马羊猪）替代驯鹿养殖的政策冲动始终存在，因而使鹿文化也在现代化的进程中被边缘化，甚至由于存在阻碍现代城镇化的客观特质，成为政策设计中淘汰的目标选择。

最后，是使鹿鄂温克族群的制度文化与精神文化，由于起源的原始性，也被现代社会政治文化和科技文化边缘化。一方面是出于国家整个政治体系构建的需要，使鹿鄂温克族群的社会制度丧失了主体文化地位，被各种新制度所代表的主流文化取代；另一方面是由于萨满等精神文化知识的非科学性而被现代科技理性排斥，同样丧失了在本族群中的主体地位而被现代形而上学和科学技术所代表的主流文化所取代。因而，在现代化主流文化的伦理政治理性与科学技术理性的合谋下，使鹿鄂温克人的精神文化日渐衰微，失去在族群精神生活中的主导地位。

从使鹿鄂温克族群制度文化与精神文化现代化的进程来看，制度文化的转换似乎平稳于精神文化的转换。当地方政府设计政策用新的社会制度体系置换旧的社会制度体系的时候，虽然按劳取酬的社会主义分配制度受到了他们共同分配制度的抵抗，但是，这种抵抗很快随着驯鹿、枪支的公有制改革就得到了化解，而社会管理制度则很迅速地从乌力楞—基那斯制度转换为乡镇体制，没有引起新旧社会制度文化的冲突。精神生活文化制度的改变，则给使鹿鄂温克族群造成严重的危机，教育制度取代了族群以家庭为基础的教育，而且教育内容与他们的现实物质生活并不衔接，所接受的文化内容虽然在现代性上符合整个社会发展的趋势，但是，对于促进他们的物质生产方式的现代化进程并没有实用性价值，因而，这种精神生活文化制度的变革，不仅边缘化了他们传统的文化传承方式，而且割裂了精神生活与物质生活的内在联系，自然形成了现代主流文化与被边缘化的传统文化的冲突。特别是现代医疗技术在使鹿鄂温克族群中的广泛应用，几乎完全取代了萨满在保证族群健康发展方面的功能，萨满被边缘化，并最后消失。于是，他们的精神生活基本上已经破碎。

边缘文化与主流文化冲突的现实表现，就是部分使鹿鄂温克族群成员的被边缘化。使鹿鄂温克族群，作为"猎民"存在的基础有两个：一是在山林中追逐野兽狩猎，二是在山林中游牧驯鹿。而驯鹿并不具有物质生活资料价值，只是一种生产工具，因此，只具有生产资料价值，而且不具备增值意义，所以，使鹿鄂温克族群文化的基础就是狩猎生产方式。在现实生活中，除国家公职人员外真正的猎民所具有的生存技能，只限于山林狩猎和游牧驯鹿，因此，在现代化的进程冲击下，狩猎和游牧驯鹿生产方式成为边缘化的文化之后，使鹿鄂温克猎民也就成为边缘化的人群。这种边缘化的情况，特别是在"生态移民"政策实施后显示得更加强烈。

在原生活状态中（生态移民前），使鹿鄂温克族群虽然物质资料供给水平低下，生存环境艰苦而危险，与世隔绝，但是，他们在传统的男人负责打猎、女人负责采集野果和饲养驯鹿，穿兽皮、吃兽肉、啃列巴、喝山泉水、在森林中搭建撮罗子居住的生活方式下，过着自给自足的游猎采集生活。具体来说，搬迁之前，猎民仍维持着山林游牧狩猎，自给自足的自然生态经济生活，日常生活取暖、做饭烧火用的是从山里劈来的木头；由于家庭庭院土地面积大，猎民可以自己开辟菜园种菜；打猎的猎物充足，家家户户有足够多的肉食。生活未必富裕，但也安康。

在新生活状态下（生态移民后），鄂温克猎民原有的自给自足的自然生态经济生活，被城市市场经济生活所取代，他们被迫依靠市场生存，参与到市场竞争中。由于狩猎生产的合法性的丧失，而驯鹿养殖尚未成为市场经济产业，因此，猎民搬迁之后的生活保障问题陷入困境，没有驯鹿的猎民根本就没有了收入来源，即使有驯鹿的猎民，也因为驯鹿养殖只靠出售驯鹿茸为支撑，而驯鹿茸尚未纳入药典，难以获得较高的市场利润，生活境况处于生活保障线以下。为了解决低于生活保障线以下鄂温克猎民的现实生活问题，政府按照"城市低保人口"最低保障线标准，每月每人发放了"低保补助"100元。截至2013年，猎民的最低生活标准已涨到340元。同时，为解决生态移民后猎民的就业困难，政府为猎民提供了38个"4050"工程就业岗位，每个岗位每月有200多元工资。

但猎民们明显感到生活必需品的开销增大，搬迁后的猎民不能打猎，吃住行所需物品都要花钱买，毫无城镇生活技能的鄂温克猎民们难以融入现代生活去赚取薪酬，从而引起了政府政策与猎民生活现实的冲突，他们也不喜欢政府提供的工作岗位，猎民们希望过"有工资、不坐班、还能打猎的生活"，部分猎民感觉到搬迁前后的生活的落差，他们把所有的不满都指向了"生态移民"搬迁。他们通过无节制的酗酒、打架、上访等非正式方式宣泄这种被边缘化的不满。

三 现代化进程中的文化调适

文化调适，是一个族群在文化的变迁中，基于传统文化而在现实生活中为适应变迁而进行的调整和适应。事实上，就是现实的生存方式的转型和进化。使鹿鄂温克族群对这种转型，已经有了深刻的认识。就像原敖鲁古雅乡长卜伶生说的那样，"不管是北欧、北亚，还是北美，世界驯鹿人如今都面临着生存方式的进化和转型。我们使鹿鄂温克部落就是其中的一支"。调适就是使鹿鄂温克人对生存方式的进化和转型危机的自主应对。

（一）物质生活方式的调适

物质生活方式的调适，即物质生产方式和物质消费方式在新的社会历史条件下的进化和转型。从历史来说，使鹿鄂温克人生存方式的进化和转型，在他们的记忆中，早在列拿河时代就已经开始了，他们借用雅库惕人的铁器替代了自己的石器，随后，他们借助于其他族群的技术进步，相继用燧石枪替代了弓箭、扎枪，用别拉弹克枪替代了燧石枪，最后用步枪替代了其他狩猎生产工具。因此，作为生存方式的基础——生产力——始终处于不断进化和转型的进程中。

然而，更重要的是现实生产方式的进化和转型。狩猎业和游牧驯鹿业是使鹿鄂温克族群的主要产业，因而，也是他们现实的生产方式。而农耕业、木材加工业、鹿茸及鹿产品酒加工业等产业，是嵌入的生产方式，这些产业在使鹿鄂温克族群中的发展状况,展现了使鹿鄂温克人文化调适的能力。驯鹿茸加工业,相对而言是驯鹿游牧业的延伸,更加突出地表现出传统产业针对现实社会条件变化所做出的调适,它既包含传统产业以山林游牧驯鹿为基础的因素,又有以工业化、市场化生产为基础的新产业因素。假如驯鹿养殖业能够得到更大的规模化发展,经过调适,或许能够脱离传统的狩猎生产方式而成为支撑猎民生存需要的支柱性产业。但是,仅仅有鹿茸生产技术的调适还不足以支撑整个驯鹿养殖业的现代化转型,因为在事实上,驯鹿茸加工之所以具有市场适应性,关键在于外部的鹿茸收购商是将驯鹿茸当作马鹿茸进行市场销售的,由于国家药典禁止驯鹿茸入药,因此,驯鹿茸的市场价值及其需求是虚假的。

实际上,就经济效益而言,通过对以往敖乡经济发展状况的分析发现,驯鹿茸产业一直以来都没有成为使鹿鄂温克族群的支柱性经济产业。猎民之所以长期以来能从驯鹿茸的加工生产获得收入,主要是靠猎业生产和木材综合加工厂的补贴。在20世纪60—80年代初,猎业生产的收入占猎民总收入的绝大部分,而且政府专门建立的服务于猎业生产的"猎业队"负担了猎民驯鹿茸加工、运输等的成本费用,所以,猎民得到的驯鹿茸收入是不需要付出交易成本的净收入。到20世纪80年代初,当猎物逐渐变少而狩猎生产收入有所下降的时候,国家拨给乡木材综合加工厂每年1000立方米的木材加工指标,这项收入带给乡政府每年70万—80万元的收益,其中每年用于补贴"猎业队"支持驯鹿茸生产的费用有4万元。正是有了猎业生产和木材加工这两个产业的帮助补贴,驯鹿茸加工生产才获得了看似丰厚的收益。事实上,没有猎业生产和木材综合厂的木材加工厂的补贴,驯鹿茸加工业进步转型为传统的狩猎游牧产业的替代产业是不可能的。

"生态移民"后的一年里,驯鹿茸遭遇的市场困境更加说明了这个问题。2004年承包驯鹿的猎民的驯鹿茸一根都没有卖出去。有的猎民认为这是驯鹿茸质量下降所致,于是,对政府没能实现"驯鹿圈养"而导致驯鹿不得不在根河周围缺少苔藓的森林中觅食深为不满,他们把驯鹿茸的市场困境归因于"生态移民"政策设计的失误。其实,更深层次的原因是市场因素,关键是驯鹿茸生产加工的市场成本,市、乡两级财政无力承担。政策法律性因素在其中起到至关重要的作用,使鹿鄂温克族群的生态移民工程，是借助于国家天然林生态保护工程的话语体系确定的，减少林木砍伐、减少野生动物狩猎是这个话语体系的题中应有之义，因此，这不仅对猎民实施了禁猎，而且将原来国家计划确定的1000立方米木材加工指标也予以取消。其结果，造成了鹿茸加工生产市场成本补贴资金来源不足，如果让猎民回到原来的山林放牧驯鹿，那么政府会因为往返送给养的费用太高而陷入支付困境。在这种情况下，政府提出驯鹿改制方案，设想把驯鹿产权卖给猎民个人，这表示政府已无力再往驯鹿加工业里投入生产加工成本补偿，而猎民因感觉自己无力负担放养驯鹿的成本而没有同意这一方案。

由此看来，代表使鹿鄂温克民族特色的驯鹿产业适应现代市场竞争发展的机制还没有建立起来，物质生产方式的调适任重道远。

搭建在新房院子里的撮罗子

与生产方式的调适困境不同，使鹿鄂温克族群的消费方式的调适应该说还是大体顺利。进入21世纪，从整个使鹿鄂温克族群来说，坚守山林狩猎和游牧驯鹿已经成为一种符号化的象征行为，而与他们现实的真实生活拉开了距离。因此，建立于山林狩猎和游牧驯鹿生产方式之上的衣食住行等方面的物质消费方式，也逐渐离开使鹿鄂温克族群的社会生活。特别是随着居住方式从生产方式中分离出来，成为一种独立于传统生产方式的生活方式，一种全新的社会形态，说明使鹿鄂温克族群的物质消费方式经过调适，实现了进化和转型。从族群内部人口分层的比例来看，坚持建立于山林狩猎和游牧驯鹿生产方式之上的衣食住行等方面的物质消费方式的人群，低于适应新的城镇化居住方式的人群比重，在62户猎民中，除了24户继续在山上过逐鹿而居的饲养驯鹿外，其余38户均在山下入城而居，从事其他行业。162个鄂温克猎民中，81%的猎民住进了砖瓦结构、铝合金窗户、瓷砖地面崭新的"猎民房"，他们的日常生活中，集中供热取代了自家烧煤、烧桦子，冲水马桶取代了茅厕，小灵通、手机取代了固定电话，液化气燃气灶取代了土炉、铁炉；交通便捷也较以前有了很大改善。而只有19%左右的猎民，由于山林狩猎和游牧驯鹿生产方式的限制，延续着逐鹿而居的居住方式。但是，现实的逐鹿而居与传统的乌力楞—撮罗子的居住方式相比较，也有了重大的改变，房屋式的帆布帐篷取代了桦树皮覆盖的撮罗子，有烟囱的铁炉子取代了火塘，桦树皮制品中的碗、桶、勺子早已不见了，承包经营合伙人的关系取代了乌力楞的血缘关系，汽车作为拉载家当的运输工具，正在取代驯鹿在猎民点搬迁时的作用。不仅如此，在饮食服饰方面，流行时装替代了传统的民族服装，猎民传统的皮装在现实生活中已经无人穿戴了，偶尔只有在重大节日及演出的日子才能看到猎民穿传统服装，布料替代了野生动物的毛皮，粮食、蔬菜、猪肉取代了单一的兽肉，不一而足。

  物质生活方式的调适，在使鹿鄂温克族群的不同代际之间，形成了代际差异，甚至隔膜、冲突，说明了物质生活方式的调适，也不是毫无波澜的。其中老一代猎民，一部分住在养老院，一部分仍在山上的猎民点，他们对传统的山林狩猎和游牧驯鹿生活是发自内心的喜爱，在他们的回忆中永远都是与狩猎、与驯鹿有关的记忆。对于他们来说，森林才是他们永远的家。中年一代猎民对山林生活方式的向往已经淡化，他们虽然熟悉狩猎、养鹿、采摘的技巧，但又不愿他们的子女继续游猎山林的生产生活方式；他们忧虑于传统民族文化的衰微，但又不希望自己的子女传承本民族的文化，只希望他们好好学习，考上大学，走进城市。他们对北京等大城市充满向往。青少年猎民没有在森林中生活过，不会打猎，也没有放养驯鹿的经验，对采摘野果的技巧更是一窍不通。对于他们而言，尤其是对生态移民搬迁后出生的儿童来说，传统文化、祖辈的经历仅仅是一个个神话故事，他们不愿意回到山林，他们更愿意生活在城市里，这些青少年已经与他们祖辈、父辈的生命历程产生了巨大差异。随着外面世界各种新鲜事物的不断出现，使鹿鄂温克猎民旧有的生计方式和生活形态已经在这些青少年身上看不到一点影子。使鹿鄂温克猎民中老年一辈与青少年一辈在社会历史的变迁中形成了相互隔离的代际距离，正如学者所说："不同时代的人由于所生活的历史时代、地域不同，所处的社会文化环境和生活经历的不同，在价值观念、思想认识、心理状态、生活态度、行为方式以及兴趣爱好等方面表现出很大的差异、隔膜甚至是冲突，这种差异、隔膜、冲突就是代际差异。"① 而这种文化变迁导致的代际差异甚至导致了鄂温克猎民的族群认同危机。

（二）语言及精神生活方式的调适

语言是思维的工具，也是族群之间交往的工具。从历史来看，使鹿鄂温克族群在对外族群交往中的语言调适能力非常强。20世纪30年代，永田珍馨调查使鹿鄂温克人时就发现，他们能够用俄语俄文与外族交流，他说：使鹿鄂温克人"由于从俄国境内迁来，又和俄国买卖人接触，青年阶层以上，除本民族语言外懂俄语，跟第三者用俄语交谈。文字也是用俄文表达"。"文化方面比使马鄂伦春高。"新中国成立后他们选择了汉语作为第二语言，成为与外部族群交往的工具。进入21世纪，至2003年"生态移民"搬迁前后，使鹿鄂温克猎民中的青少年一代，由于从小接受汉语九年制义务教育，学汉语、说汉语、写汉字，已经基本上熟练掌握了汉语，他们还想上大学。汉语作为中国现代文明的载体，成为他们与外部族群交往的基本语言，甚至很多青少年在语言上完全被同化，即使是在族群内部日常生活中，他们也已经不大习惯用母语交流，猎民中会说民族语言的人越来越少，普遍用汉语交流，而母语在使用范围上，仅限于偶尔地与家庭中老人和不懂汉语的猎民交流。

在语言的调适过程中，外部族群语言的掌握与族群内部语言的丢失，必然造成思维方式的改变。使鹿鄂温克族群在价值观念、思想认识、心理状态、生活态度、行为方式以及兴趣爱好等方面向现代文明或社会主流价值判断靠近。特别是使鹿鄂温克人的最后一个萨满纽拉·卡尔他昆去世后，萨满传承的阻断，现在的猎民，没有人再会跳萨满舞，也没有人再会唱萨满歌了，萨满文化在他们的精神生活中消失了。尤其是在现代教育制度的培育下，进化论历史观对山林狩猎制度"原始、落后"的价值判断，以及他们在现实中对山上、山下生活的不同体验，对于自己族群传统文化

---

① 王卫平：《社会变迁中的使鹿鄂温克族》，中央民族大学民族学与社会学学院，2012年，第112页。

的价值判断，逐渐丧失了自信。在新媒体和现代娱乐方式的强烈吸引力的剧烈冲击下，富有使鹿鄂温克民族特色的传统游艺文化也正在迅速消失，他们更愿意玩手机、玩电脑，即使是在西方被看作高雅文化的台球，也成为他们日常街头普通娱乐活动项目。族群传统文化被现代化文化的征服，以及传统文化价值判断自信的丧失，使很多人的精神世界处于一种迷茫状态，对于一些人来说，只有喝酒才能够排解这种精神迷茫。

（三）社会交往方式的调适

一个族群的社会交往，分为内部交往和外部交往，包括物质交往、婚姻交往、政治交往、文化交往等方面，归根结底是人们之间的或是群体或是个体的沟通联系。社会的政治和伦理制度，以及精神生活方式规范了族群内部交往形式和内容，同时，也是族群外部交往的基础。

由于使鹿鄂温克族群是一个狩猎族群，他们与外界的交往首先是基于物质生活需要的物资交流。因此，最初他们主要是以自己的狩猎产品和桦树皮制品作为与外部族群交往的主要媒介，需要的是外部族群提供给他们

打台球

自己所无法生产的其他物质生活资料，如粮食、盐、火柴、茶、酒、烟等物资。在现代化的进程中，他们在物质交往方面，所能提供的始终是狩猎产品和鹿产品。然而，当进入20世纪90年代中期，国家实施了禁枪和禁猎法律，从政治法律层面，使他们的狩猎生产及狩猎产品市场交换失去了合法性，特别是地方政府执行国家政策法律时，并没有把猎民的狩猎生产作为一种特例予以排除，因而，事实上他们在对外交往中，也就失去了基本的物质手段。即使是驯鹿产品鹿茸，产量有限，同时，不能作为药材出

售，市场需要也非常有限，2004年，全乡仅收获350千克干茸，而且乡政府并不负责驯鹿茸的出售，猎民只好把自己家的茸领回家，自己切成茸片，当作旅游商品零卖给前来旅游观光的游客，但是能卖出去的机遇很少，大部分的鹿茸没卖出去，猎民就只好搁在家里。使鹿鄂温克族群与其他族群的物质交往方式，从过去的互通有无式的交往，演化成需要救助式的交往，尤其是在2003年"生态移民"搬迁后，虽然政府在政策设计中，制定了针对禁猎后促进猎民后续产业发展的举措，而且也发展建设了奥荣鹿产品开发有限公司、何氏鹿肉干场、敖鲁古雅滋补酒厂、鑫源酒厂、建林水泥制材厂、鹏宇纸品厂等产业，同时，新乡所在地辖区驻在企业有石油公司油库、液化石油气贮配站、林海源饮料厂、屠宰场、角刀木林场、姑子庙林场、加拉噶农场、木瑞农场、河湾农场等八家非猎产业，但是，所有这些企业并没有多少猎民参与，对于提高整体使鹿鄂温克族群的物资交换能力，没有提供多少支持。一方面是由于猎民长期过着传统的狩猎、游牧生活，文化水平低，缺少城镇生活技能，无法适应这些企业和劳动力需求；另一方面是由于猎民所能从事的工作一般都是一些体力工种，或是简单、重复的机械劳动，每日还有工作纪律约束，而猎民们习惯了山林狩猎的无拘无束，许多猎民在企业干了几天就不愿意干了，他们认为这些工作太无聊，没有兴趣。

传统的婚姻，是使鹿鄂温克族群内部不同的血缘群体之间交往的基本形式之一，也是个体之间交往的一种形式。在使鹿鄂温克人现代化进程中，一方面因为整个族群人口的减少，作为传统婚姻的基础氏族姓氏之间适合婚配的适龄青年比例严重失衡，传统的血缘界限被打破，原来禁止通婚的姓氏之间也可以通婚了，如固德林·布利托天与布利托天本来是从一个氏族姓氏分化出来的两个姓氏，原来是禁止通婚的，现在也可以通婚了，还有卡尔他昆姓氏下面的几个小姓，也排除了同一氏族姓氏内不得通婚的禁忌，如柳芭的姥姥和姥爷在大姓上，都姓卡尔他昆。另一方面是族外婚的增多，使他们中不同民族结婚的"民族团结户"有了增加，目前为止，几乎60%的家庭都已非纯鄂温克族婚配，而是包括了与汉族、蒙古族、俄罗斯族、鄂伦春族等民族组成的婚姻，从而显示出婚姻交往方式调适的外向型转变。

在现代化进程中，使鹿鄂温克族群与外部族群的政治交往关系和文化交往关系，发生了重大调整。就历时性而言，在不同历史时期，他们与不同的族群建立了政治文化交往关系。在列拿河时期，他们曾经服从于雅库特人，直到17世纪离开列拿河地区；17世纪20年代至20世纪20年代，他们曾经服从于俄罗斯族群的管辖；20世纪30年代到40年代，日本人统治着他们。从"九三解放"开始，直到现在，他们生活在中华民族大家庭中，与各民族平等交往。

然而，事实上，从20世纪50年代末开始，使鹿鄂温克族群与其他族群的文化交往始终处于事实上的不平等状态。一是对狩猎生产方式的原始性判断，使他们的物质文化发展始终处于被否定的境地；二是对萨满文化宗教迷信的判断，使他们的精神文化的发展始终处于受到限制的境地；三是对他们社会伦理制度习俗的原始性判断，使他们的制度习俗文化的发展始终处于被革新的境地。因此，无论是国家推动的现代化进程，还是地方政府实施的政策，都是站在客位的立场上，把他们的文化发展看作是应该对传统文化的丢弃，而不是弘扬。

第三节　使鹿鄂温克森林文化的现代价值

传统文化的现代价值，主要是指传统文化要素在族群现代社会中的必要性和可能性，即效用。现代化进程中，传统文化被现代文化取代，是一个客观的历史趋势，但是，这种取代，并非使传统文化完全丧失存在的合理性，而是使那些在现代社会仍然具有积极效用的要素，在新的文化语境中得以再现。

一　传统文化的价值判断标准

由于人们在对传统文化进行判断时，所持的立场不同，标准不同，从而导致对于传统文化现代价值的判断也不尽相同。在文化价值的判断标准上，大体分为进化论的标准、循环论的标准、均衡论的标准和冲突论的标准等几种。

（一）进化论的标准

进化论认为，人类社会是一个不断发展的渐进的过程。表现为由低级到高级，由简单到复杂，由此及彼地向前发展。法国社会学家 A. 孔德认为，社会是遵循固定的路线、沿着一定的历史阶段向前发展的，与理性发展的神学阶段、形而上学阶段和实证科学阶段相应，人类社会的发展也经历了军事、过渡和工业三个阶段。英国社会学家 H. 斯宾塞认为，社会发展同生物有机体的进化相似，是一个内部"细胞"不断分化和结构复杂化的自我发展过程。

现代进化论者认为，社会变迁是多向性的。首先，社会进步不是必然的，也有可能出现倒退；其次，进化是沿着许多方向发散进行的，没有固定的阶段、路线和方式；最后，进化的模式是多样的，不同水平、不同形态的社会，具有不同的进化或发展形势。

如果从事实出发，人类社会的进化应该从趋势和过程两个角度考察。从趋势的角度考察，人类社会的总趋势是一维的，即不断向前发展，体现为生产技术的进步和理性思维的不断深化。具体地表现在从石器技术社会向现代电子技术社会发展的持续性进程上。然而，从过程角度考察，人类社会的进化在一个时段内是多维的，即同时存在不同方向的进化路径，诸如即使是石器技术阶段，不同地区人群的石器技术表现出不同的特征，以及具有根本性功能区别的具体器物。因此，考察使鹿鄂温克人的经济社会发展，必须注意到这种趋势的一维性和过程的多维性。

（二）循环论的标准

循环论认为社会变迁是周期性的重复。德国历史哲学家 O. 斯宾格勒认为，社会的变化类似于人的生命循环，每个时代都有其产生、成长和衰老死亡的发展过程，社会历史将返回到最初的起点。美国社会学家 P. A. 索罗金认为，社会变迁是遵循一种"历史循环模式"进行的，社会文化发展的灵性、感性和理性三个阶段循环出现，社会学不可能再提出任何其他的社会发展规律。

传统循环论的观点认为社会历史在发展的进程中，又回到最初的起点的推断显然是不成立的，但是，社会历史发展的进程具有反复性，有时反复的结果看起来似乎回到了原点。这样的历史发展现象似乎在使鹿鄂温克人的生产方式发展中可以得到一定的证实。从 17 世纪以来，使鹿鄂温克人的生产方式经历了单一生产方式—多种生产方式—单一生产方式的多次往复，似乎陷入了循环发展的困境。

(三) 均衡论的标准

均衡论强调社会均衡一致和稳定的属性。美国社会学家 T. 帕森斯认为，社会系统最一般的和最基本的属性，是组成系统的各个要素之间相互依赖的关系。这种相互依赖的关系由社会一般的规范和价值维持与调整，表现了社会系统各个组成部分的一致性、不矛盾性和稳定性。社会的相互作用体系一旦建立起来，本身就具有一种使原有状态保持不变的倾向。当某一部分因内部或外部力量造成整个社会失调时，社会系统的其他部分就会采取矫正措施，使社会恢复到均衡状态。20 世纪 60 年代以来，帕森斯将进化论与均衡论结合起来，形成进化的结构功能主义。他承认，社会历史是一个进化的过程，表现为社会适应力的增强，即社会系统从环境中获取资源并在系统内部分配这些资源的能力增强。社会要保持均衡的进化，最终取决于社会能否发展出一套新的、普遍化的价值体系，容纳与整合新的结构要素。

(四) 冲突论的标准

冲突论的代表、德国社会学家 R. 达伦多夫和美国社会学家 L. A. 科瑟尔等人认为，应该将社会体系看作是一个各个部分被矛盾地联结在一起的整体。最主要的社会过程不是均衡状态，而是各个社会集团为争夺权力和优越地位所进行的斗争造成的冲突。社会权力的资源是有限的，没有获得权力的人为了自身利益要求获得权力，已经掌握权力的人要防止别人夺走他们的权力并想获得更多的权力。任何社会成员都在为权力的分配与再分配进行斗争，一切复杂的社会组织都建立在权力分配的基础之上。人们对于权力再分配的欲望是无止境的，围绕权力所进行的斗争是持续不断的，由此造成的社会冲突是社会内部固有的现象。这种利益不可调和的冲突是社会生活的基础。社会变迁是必然的、急剧的，后果是破坏性的，任何宏观的社会变迁理论只有涉及与权力相联系的冲突时，才是有价值的。

社会冲突理论所关注的是族群内部或文化内部的冲突，而使鹿鄂温克人的文化冲突更多的是来源于外部文化与他们族群文化的冲突。甚至更多地来源于外部支配性文化企图对他们族群文化取缔或替代。"进化论""循环论""均衡论""冲突论"从不同的角度探索了社会变迁的动力学，这些理论研究，对于正确判断使鹿鄂温克族群的文化价值是有益的，把各种动力学的解释综合到一块，才能真正认清使鹿鄂温克人经济社会变迁的历史进程和未来走向。因此，不是单一地，而是综合性地理解和运用这些关于社会变迁的理论，对于切实把握使鹿鄂温克人的经济社会历史变迁是有益的，而任何一种试图用单一的理论观点解释使鹿鄂温克人经济社会变迁进程的尝试，都是片面的，甚至会进入谬误的深渊。

20世纪70年代以来，对社会变迁的宏观研究已逐步转向对某一特定阶段、特定社会、具体社区的社会变迁的研究，相继出现了现代化理论、发展社会学、社区发展理论等。对于使鹿鄂温克族群这样一个特定社区的研究，更适合于运用历史的态度和主位的立场进行判断，切忌用简单化的先进与落后、科学与迷信等概念作出武断的判断。

二 使鹿鄂温克族群文化的当代价值

任何文化都是人们为了适应生存环境而创造的生存方式。因此，传统文化是否具有当代价值，首先不取决于外部判断，而取决于使用这种文化的族群的生活需要。使鹿鄂温克族群文化的当代价值取决于它的理念与行为在现代社会的适用性。

（一）驯鹿文化的当代价值

使鹿鄂温克族群的文化是由山林狩猎和放牧驯鹿生产方式所决定的。由于野生动物的自然性和驯鹿生活习性的自然性，使鹿鄂温克族群的生存方式，因此显现出较强的自然依赖性和顺从性，他们的生活处于一种天然的"天人合一"的状态下。这种生存方式与其他文明，诸如农耕文明、工业文明形成鲜明的对比。事实上，如果不是商品交换的影响，即使是山林狩猎野生动物的生产方式，在使鹿鄂温克族群中也不是那种掠夺式和破坏式的活动，他们一般不会猎取幼小没成年的动物，更不会像其他族群的狩猎人员那样，不分季节、毫无节制地猎取，而是按照不同动物的生长周期，在适当的时候猎取动物。而且，他们往往只以提供满足基本物质生活需要量为限度。因此，使鹿鄂温克族群的文化中，包含着较为浓厚的生态文明理念，即顺应自然、尊重自然、保护自然的理念，特别是他们的萨满崇拜意识中的自然神灵崇拜，更是把自然看作是人或神的一部分，是决定人的生存的基本前提。这种观念，不能因为它产生的古老而判断为落后，它甚至比农耕生产方式和工业生产方式所蕴含的对待自然的态度要来得更先进、更超前。1998年国家"天保工程"的实施，体现了现代社会对自然生态的保护态度，从而也与使鹿鄂温克族群的自然崇拜观念不谋而合。特别是他们的驯鹿文化，保护生态的要求，与现代社会文明要求的建设生态文明更加契合。驯鹿是只能在野生状态下游牧的动物，事实证明人工生态，无法满足驯鹿的生存和种群的繁衍需求，不可能进行舍饲圈养，从而要求自然环境必须保持基本的生态平衡，保证苔藓在自然状态下正常生长，才能够正常持续驯鹿养殖业，否则，驯鹿养殖业的发展必然陷入困境。

山上猎民点的驯鹿

（二）伦理文化的当代价值

平等互惠、合作共享、扶危济困是使鹿鄂温克族群伦理文化的核心理念，正是在这种伦理意识支配下，使鹿鄂温克族群社会保持了一种和谐稳定的发展状态。这些理念，与党的十八大提出的积极培育和践行的富强、民主、文明、和谐；自由、平等、公正、法治；爱国、敬业、诚信、友善的社会主义核心价值观，在内涵上是基本相通的。他们的许多伦理规范和生活习俗，诸如猎物分享、尊老爱幼、恪守"敖教尔"、礼貌待客、睦邻友好等规矩，也与现代社会文明发展的要求相符合。特别是在现代市场经济条件下，以科技为基础的工具理性主导下，现代文明不仅带来人们生产力的提高和生活的便捷，也使人们沦为工具的奴隶，导致作为人的本质的劳动的异化，因而现代社会发展提出新的伦理要求力图克服文明发展的偏向，甚至认为传统伦理的要求正是克服经济价值至上市场经济社会弊病的根本方案。使鹿鄂温克族群的这些传统伦理理念和规矩，同样体现了人类价值、群体价值优先的文明理念，在中国特色社会主义市场经济社会发展的进程中，也具有与现代文明发展需求相符合的伦理合理性。

猎民新村的街道

（三）民俗文化的当代价值

山林生活不仅是艰苦的，而且也是愉快的。作为现代人类在遭受了过多的城市生活的困扰之际，返璞归真，回归自然，亲近自然成为现代人类的理想价值，从而，山林生活是成为人们向往的一种寻根式冲动。使鹿鄂温克人依山、依水融入自然的民俗文化，完美地诠释了人与自然的和谐相处对人类心灵的净化作用，是当代人们寻求回归自然的浪漫主义梦想的现实模式，因而这种民俗文化，不仅仅从主位的角度来说是他们值得留恋的生存方式，即使从客位的角度来说，也是其他社会族群值得体验的生活方式。特别是使鹿鄂温克族群作为一种特殊形态的文化存在，不仅具有保持文化多样性发展的功能，还可以作为旅游文化，具有对处于现代社会环境污染、交通拥挤、人情淡漠的现代社会中挣扎的其他族群的启示和教育意义。

白桦林

三 使鹿鄂温克森林文化发展的可能性

如果把使鹿鄂温克族群的文化用生态特征概括的话，这种文化可以称为森林文化，因为作为文化的基础，他们的物质生产方式必须依赖于山林。而山林文化是否具有发展的可能性，应该是不言而喻的，但是，如何将这种可能性在他们的现代化进程中展开，还是在实践中需要得到解决的问题。

（一）森林狩猎文化发展的可能性

粗略的观察，使鹿鄂温克人原始的森林狩猎文化，在现代社会政治、法律体制下发展的可能性很小，因为这种文化仅仅是依靠野生动物种群的自然繁衍而维持，野生动物种群的增量递减，必然使其难以为继，因此，以获取物质生活资料为目的森林狩猎文化的衰微不可避免，而且也不值得提倡。

但是，也不能因此说以山林为基础的所有形式的山林狩猎文化都失去发展的可能性。就像战争形式转化成奥林匹克运动项目一样，以山林为基础，在有效实施野生动物人工繁育提供充足的动物资源的情况下，发展体验式森林狩猎旅游文化，应该是一种具有市场价值和现实性的选择。特别值得注意的是，国家法律虽然提出了对于野生动物保护的规定，但是，除了一类、二类和地方政府重点保护的野生动物，并没有完全列入法律禁止的范围内。同样，国家也并非一律禁止持枪狩猎，而是规定："持枪猎捕的，必须取得县、市公安机关核发的持枪证。"[1] 法律还规定："猎民在猎区、牧民在牧区，可以申请配置猎枪。"[2] "自治区人民政府对少数民族专业猎民队的狩猎生产和狩猎枪支的使用给予特许。"[3] 也就是说，国家并没有绝对禁止狩猎活动，针对使鹿鄂温克猎民更是如此。因此，狩猎文化作为使鹿鄂温克族群的基本生存方式，并没有受到国家法律政策的取缔。然而，使鹿鄂温克族群的物质资料供给方式，已经从完全依赖于狩猎，到

---

[1]《中华人民共和国野生动物保护法》第七条第二款。
[2]《中华人民共和国野生动物保护法》第六条（三）第二款。
[3]《中华人民共和国枪支管理法》第三条，1996年10月1日起施行。

只需要提供补充的程度，并不需要把他们的全部物质生活建立在狩猎生产基础之上，从而有限度地转变了狩猎文化的社会功能，使它从提供物质消费资料的功能转变为提供山林文化体验的功能的可能性，不仅在客观需要上存在，在法律政策上也存在。

　　驯鹿养殖业的发展可能性也是如此，不能像发展畜牧经济动物那样，把它作为像牛马羊一样的畜牧产业发展。因为，首先是猎民对待驯鹿的伦理观念不同，他们从来没有把驯鹿作为支撑物质消费生活的内容，几乎不食用驯鹿，他们在把驯鹿作为生产运输工具之外，更多情况下，对于驯鹿有着近乎人的情感，他们给每个驯鹿取个名字，像对待自己的亲人和朋友一样对待驯鹿，甚至于神圣化他们喜爱的驯鹿，把那些雄壮的、繁育能力强的、生存时间长的驯鹿当作家庭的神灵，如柳芭家的神鹿。其次是中国驯鹿作为纬度最南的种群，所处的地理位置并不是苔藓生长的最佳地带，不像俄罗斯的驯鹿生活在辽阔的苔原地带，那里的苔藓长得像草原一样广阔、一样厚实，驯鹿吃得好，长得壮，茸粗大，而我国的驯鹿只是吃森林缝隙里的一点苔藓，不如俄罗斯驯鹿壮，产的茸质量也不如俄罗斯的驯鹿茸，按质论价就不如俄罗斯的驯鹿茸价钱高。而且，俄罗斯的驯鹿有成百万头，规模极大，我国驯鹿只有敖乡才有，不足1000头，无论质上、量上都不是俄罗斯的对手。概括起来说，驯鹿产业在我国目前的情况下根本挣不了钱：第一，没有销售市场，第二，即使有了市场也竞争不过俄罗斯。

采鹿茸

　　那么，发展驯鹿产业就目前现状来说并不是一个提高猎民收入的良好出路。但是，由于历史上鄂温克猎民一直过着"逐鹿群而生"的游猎生活，饲养着我国稀有的动物——驯鹿。虽然，把驯鹿养殖产业作为一种经济产业的可能性并不十分充分，但是由于驯鹿还是一种文化动物，自身的观赏性也比较强，因此，把驯鹿作为一种国家保护的、具有观赏性的动物，从而发展驯鹿文化旅游的可能性还是较大的。地方政府也正是看到了这一点，推动驯鹿养殖业的旅游化发展。

（二）森林手工艺文化发展的可能性

使鹿鄂温克族群狩猎的生产生活方式，使猎民用自己的聪明才智利用大森林的资源生产出自己的生活用品，创造了丰富的森林手工艺文化，如桦树制作的桶、碗、盒等，还有兽皮制品、木雕、骨雕等。猎民在勒拿河居住时期，夏秋季穿着鱼皮做的衣服，据说，鱼皮比狍皮还结实，不怕雨水。冬季穿兽皮衣服。很长一个时期，他们一年四季游猎时的衣帽靴鞋被褥等生活用品均用兽皮制作。这些兽皮制作品，不仅有御寒耐穿等实用价值，而且还是很好的手工艺品，还有着与其他制成品，尤其是工业化制成品不同的审美价值，目前一套完整的兽皮服饰价值不菲，有些只有在博物馆里才能见到。使鹿鄂温克人在长期的山林生活中的以往这些物品只不过是他们日常生活用具，但是这些制品的实用价值，正在被礼仪性、纪念性的审美价值所替代，因此，为他们发展基于山林资料特点的手工艺品制作产业，提供了可能性。因而，在发展以使鹿鄂温克族群生活方式旅游项目的同时，这些手工艺品可以成为现代社会人们怀念自然，体会山林文化的媒介，为它们在现代化进程中找到适合的位置。

野外生活

"生态移民"搬迁后，敖鲁古雅鄂温克民族乡地方政府，本着对传统手工艺"传承与开发"的原则，积极开展了桦树皮制品手工艺抢救保护工作，一些老年鄂温克妇女闲暇时已经开始做一些传统桦树皮手工艺制品；一些爱好手工艺制作的青年猎民也开始学习制作适合旅游市场需要的桦树皮制品。乡政府对桦树皮手工艺品统一收购，统一品牌，统一投放旅游纪念品市场，使这项古老而独具特色的民族手工艺得以传承、发扬并焕发出新的魅力。

(三) 森林养生文化发展的可能性

使鹿鄂温克人的山林生活，处于纯自然、无污染的环境中，他们居住在原始森林，使用天然野生动植物产品，远离了化学工业制成品的污染，从而形成一种天然自适的森林养生文化。特别是森林中可食用的山野产品，为人们提供了具有健康保健作用的食品和物品。这种自然的生活方式，对于置身于现代城镇化环境中的居民而言，具有相当大的市场需求，从而为发展森林生活方式体验为主的养生文化产业，提供一定的可能性。特别是许多森林食用性产品的可繁育性，已经形成了一定规模的森林特色种养业，如木耳、蘑菇、蓝莓、树莓等食用菌果人工种植的成功，为扩大森林养生业大众化产品的发展，提供了物质支撑。

参考文献

著作

［俄］А.П.瓦西里耶夫：《外贝加尔的哥萨克（史纲）》第一卷，徐滨等译，商务印书馆1977年版。

包路芳：《社会变迁与文化调适——游牧鄂温克社会调查研究》，中央民族大学出版社2006年版。

［俄］布塔纳耶夫：《哈卡斯人的"乌麦"女神崇拜》，载《萨满文化研究》第2辑，天津古籍出版社1990版。

曹廷杰：《西伯利东偏纪要》（1885），《辽海丛书》，1934年版。

道润梯步：《新译简注·蒙古秘史》，内蒙古人民出版社1978年版。

杜梅：《鄂温克族民间故事》，内蒙古人民出版社1989年版。

［俄］E.J.林德格尔：《论满洲西北方驯鹿通古斯》，《地理学报》1930年75卷。

富育光：《萨满教与神话》，辽宁大学出版社1990年版。

郭燕顺、孙运来：《民族译文集》第一辑，［俄］Л.Я.斯特忍堡：《黑龙江沿岸地区基本居民分类》，吉林省社会科学院苏联研究室，1983年。

何秋涛：《朔方备乘》，80卷本，咸丰九年（1859）撰写。

黄定天、白杉、杨治经：《鄂温克族文学》，北方文艺出版社2000年版。

黄健英主编：《敖鲁古雅鄂温克族猎民新村调查》，中国经济出版社2009年版。

［日］间宫林藏：《东鞑纪行》，中译本，商务印书馆1974年版。

［日］今西锦司编：《大兴安岭探险——1942年探险队报告》，每日

新闻社 1952 年版。

孔繁志《敖鲁古雅的鄂温克人》，天津古籍出版社 1994 年版。

孔繁志：《敖鲁古雅鄂温克人》天津出版社 1989 年版。

（唐）李延寿撰：《北史》，中华书局 1974 年版。

李玉琛：《奇乾县知事李玉琛具报调查县境山里鄂伦春人户口及收抚首领发给执照事呈》，载黑龙江省档案馆、黑龙江省民族研究所编《黑龙江少数民族（1903—1931）》，1985 年。

［俄］列文和波塔波夫主编：《西伯利亚各民族志》，1956 年。

吕光天：《北方民族原始社会形态研究》，宁夏人民出版社 1981 年版。

吕光天：《鄂温克族简史》，民族出版社 1983 年版。

满都尔图：《鄂温克族萨满教卷》，中国社会科学出版社 1999 年版。

孟慧英：《中国北方民族萨满教研究》社会科学文献出版社 2000 年版。

［俄］米登多尔：《西伯利亚北部与东部踏察记》，1845 年。

内蒙古少数民族社会历史调查组、中国科学院内蒙古分院历史研究所：《达斡尔·鄂温克·鄂伦春·赫哲史料摘抄（清实录）》，1961 年。

内蒙古自治区编辑组：《鄂温克族社会历史调查》，内蒙古人民出版社 1986 年版。

内蒙古自治区鄂温克族研究会：《鄂温克研究文集》第二辑（上），1991 年。

内蒙古自治区少数民族社会历史调查组和中国科学院内蒙古分院历史研究所编著：《额尔古纳旗鄂温克人的情况鄂温克族调查材料之五》，1960 年。

秋浦：《鄂温克人的原始社会形态》，中华书局 1962 年版。

全国人大民族委员会办公室编辑：《内蒙古自治区额尔古纳旗使用驯鹿的鄂温克人的社会情况》，1958 年。

［俄］S. 希罗科戈洛夫：《通古斯诸群团的名称》，郭燕顺、孙运来等编译，《民族译文集》第一辑。

［俄］史禄国：《北方通古斯的社会组织》，吴有刚等译，内蒙古人民出版社 1985 年版。

孙秋云主编：《文化人类学教程》，民族出版社2004年版。

万福麟监修、张伯英：《黑龙江志稿》，铅印本，1933年。

汪立珍：《鄂温克族神话研究》，中央民族大学出版社2006年版。

王士媛：《鄂温克民间故事选》中，上海文艺出版社1989年版。

[美]威廉·A.哈维兰：《文化人类学》第十版，瞿铁鹏、张钰翻译，上海社会科学院出版社2006年版。

乌热尔图：《呼伦贝尔笔记》，内蒙古文化出版社2004年版。

乌热尔图：《鄂温克族历史词语》，内蒙古文化出版社2005年版。

乌热尔图：《鄂温克史稿》，内蒙古文化出版社2007年版。

乌热尔图：《蒙古祖地》，青岛出版社2006年版。

乌热尔图：《述说鄂温克》，远山出版社1995年版。

乌云达赉：《鄂温克民族的起源》，内蒙古大学出版社1998年版。

吴任臣：《字汇补》。《字汇》为明梅膺祚所著，清朝著名学者、藏书家吴任臣对其进行增补，多收俗字，即《字汇补》。

吴守贵：《鄂温克族社会历史》，民族出版社2008年版。

谢元媛：《生态移民政策与地方政府实践——以敖鲁古雅鄂温克生态移民为例》，北京大学出版社2010年版。

徐世昌等编纂：《东三省政略》，长白丛书，吉林文史出版社1989年版。

杨荆楚：《东北渔猎民族现代化道路探索》，民族出版社1994年版。

英和：《卜魁纪略》，《齐齐哈尔市志资料》第1辑，1982年。

[日]永田珍馨撰：《使鹿鄂伦春族》中译本，内蒙古文化出版社1999年版。

赵春芳：《漠河设治员赵春芳为声复查明漠河及珠属山里鄂伦春部落人数常住地点生活情状暨配以官职各情呈》，载黑龙江省档案馆、黑龙江省民族研究所《黑龙江少数民族（1903—1931）》，1985年版。

郑樵撰：《通志》，浙江古籍出版社出版社2007年版。

郑东日：《东北通古斯诸民族起源及社会状况》，延边大学出版社1991年版。

《中华人民共和国继承法》1985年4月10日第六届全国人民代表大会第三次会议通过1985年4月10日中华人民共和国主席令第二十四号公

布,自 1985 年 10 月 1 日起施行。

期刊/学位论文

朝格查:《论鄂温克民间故事中的颜色词"红"与"黄"》,《民族文学研究》2006 年第 2 期。

杜坚栋:《鄂温克语言的保护与传承》,《大连民族学院学报》2012 年第 2 期。

高荷红:《鄂温克、鄂伦春、达斡尔族萨满神歌程序之比较研究》,《内蒙古大学艺术学院学报》2005 年第 4 期。

郝时远、张世和、那日碧力格:《瑞典撒米人及其驯鹿业考察报告》,《世界民族》1996 年第 4 期。

郝时远:《取代与改造:民族发展的方式选择——以鄂温克族猎民的发展为例》,《民族研究》1996 年第 4 期。

金鑫:《论清代前期达斡尔、鄂温克族的商品经济》,《满语研究》2012 年第 1 期。

卡丽娜:《论使鹿鄂温克族鹿业经济的历史变迁》,《满语研究》2001 年第 1 期。

孔繁志:《使鹿鄂温克人二元现象浅析》,《黑龙江民族丛刊》1995 年第 3 期。

刘荣臻、包羽、伊乐泰:《鄂温克族养生保健禁忌的文化内涵》,《中国民族医药杂志》2012 年第 12 期。

麻秀荣、那晓波:《清代鄂温克族农业经济初探》,《民族研究》1996 年第 6 期。

麻秀荣、那晓波:《清代鄂温克族农业的兴起与发展》,《内蒙古社会科学》1998 年第 1 期。

满都尔图:《鄂温克人的"乌力楞"氏族社会》,《社会科学战线》1981 年第 1 期。

娜敏:《鄂温克语变迁探析——以查巴奇鄂温克民族村为个案》,《大连民族学院学报》2009 年第 6 期。

赛音塔娜:《鄂温克传萨满教始祖女神 malu 神探微》,《民族文学研

究》2000年第2期

斯仁巴图：《中国鄂温克语言研究概述》，《呼伦贝尔学院学报》2011年第4期。

田学夫：《鄂温克人的衣食住行》，《实践》1981年第1期。

涂格敦·林娜、金海、涂格敦·建军：《关于鄂温克族人口城市化问题——呼和浩特市鄂温克族基本状况调查及分析》，《满语研究》2002年第1期。

汪立珍：《人口较少民族人类起源神话的类型与内涵探析——以鄂温克族神话为例》，《中央民族大学学报》2008年第2期。

汪立珍：《鄂温克族英雄神话中的人物形象分析》，《民族文学研究》2009年第3期。

汪立珍：《论鄂温克族民间故事中的人名》，《满语研究》2002年第2期。

汪立珍：《论鄂温克族熊图腾神话》，《民族文学研究》2001年第1期。

汪立珍：《鄂温克族创世神话类型探析》，《呼伦贝尔学院学报》2007年第2期。

汪立珍：《人口较少民族人类起源神话的类型与内涵探析——以鄂温克族神话为例》，《中央民族大学学报》2008年第2期。

王丙珍：《鄂温克族当代文学的生态审美意蕴——维佳诗歌〈我记得〉和〈无题〉的文化解读》，《名作欣赏》2013年第3期。

王俊敏：《狩猎经济文化类型的当代变迁——鄂伦春族、鄂温克族猎民生计调查》，《中央民族大学学报》2005年第6期。

土楠：《少数民族小区域原生态旅游研究——敖鲁古雅乡旅游资源评价与规划初探》，《干旱区资源与环境》2005年第1期。

王晓明、王永曦：《鄂温克人的婚丧习俗》，《黑龙江民族丛刊》1988年第3期。

魏巧燕、冯璐、周丽娜、李建民：《清代鄂温克族户口档案述略》，《满语研究》2006年第2期。

吴琼：《鄂温克族桦树皮器具之驯鹿纹来源》，《呼伦贝尔学院学报》2010年第1期。

谢元媛:《使鹿鄂温克猎民生态移民后的状况调查——边缘少数族群的发展道路探索》,《民俗研究》2005 年第 2 期。

魏巧燕、冯璐、周丽娜、李建民:《清代鄂温克族户口档案述略》,《满语研究》2006 年第 2 期。

谢元媛:《敖鲁古雅鄂温克猎民生态移民后的状况调查》,《民族研究》2005 年第 2 期。

闫沙庆:《鄂温克族的桦树皮文化》,《满语研究》2005 年第 1 期。

于学斌:《草原鄂温克族毡帐文化》,《满语研究》2010 年第 1 期。

赵复兴:《使鹿鄂温克族经济发展初探》,《内蒙古社会科学》1991 年第 4 期。

张敏杰:《赫哲、鄂伦春、鄂温克族桦皮制品异同初探》,《黑龙江民族丛刊》1999 年第 1 期。

敖玉玲:《中国鄂温克族传统体育教育研究》,中央民族大学,硕士论文,2004 年。

包路芳:《变迁与调适——鄂温克社会调查研究》,中央民族大学,博士论文,2005 年。

陈珏:《鄂温克文学的话语转型和建构》,浙江大学,博士论文,2013 年。

陈曲:《中国满通古斯语族诸民族动物报恩故事研究》,中央民族大学,博士论文,2013 年。

侯儒:《俄罗斯埃文基人萨满教研究》,中央民族大学,硕士论文,2012 年。

卡丽娜:《驯鹿鄂温克人文化研究》,中央民族大学,博士论文,2004 年。

刘丹阳:《新时期内蒙古少数民族宗教信仰问题探析》,北师范大学,硕士论文,2013 年。

李涵雯:《鄂温克族鲁克该勒舞蹈传承初探》,中央民族大学,硕士论文,2011 年。

李铁:《赫哲、鄂伦春、鄂温克、达斡尔族濒危建筑文化的数字化保护研究》,齐齐哈尔大学,硕士论文,2013 年。

李娜:《鄂温克民族生活的再现》,中央民族大学,硕士论文,

2013 年。

李立立：《鄂温克族服装在现代服饰设计中的传承与应用研究》，齐齐哈尔大学，硕士论文，2012 年。

南达汗：《论鄂温克族的族际婚姻》，内蒙古大学，硕士论文，2013 年。

娜日苏：《鄂温克族传统文化传承的教育策略研究》，内蒙古师范大学，硕士论文，2006 年。

邱冬梅：《〈尼山萨满〉满文本与鄂温克族口承本比较研究》，长春师范学院，硕士论文，2012 年。

沈炯哲：《中国阿尔泰语系诸民族禁忌文化研究》，中央民族大学，博士论文，2004 年。

斯仁巴图：《鄂温克语和蒙古语语音及名词语法范畴比较研究》，内蒙古大学，博士论文，2007 年。

王伟：《索伦鄂温克宗教信仰：仪式、象征与解释》，首都师范大学，博士论文，2011 年。

王卫平：《社会变迁中的使鹿鄂温克族》，中央民族大学，博士论文，2012 年。

王莉：《鄂温克民族文学的神话原型探究》，内蒙古大学，硕士论文，2012 年。

王学勤：《晚清民初布特哈八旗研究》，中央民族大学，博士论文，2013 年。

万俐：《〈中国少数民族简史丛书〉史学价值研究》，兰州大学，硕士论文，2013 年。

应文达：《鄂温克族民间禁忌研究》，吉林大学，硕士论文，2011 年。

杨晓光：《使鹿鄂温克民族经济研究》，中央民族大学，硕士论文，2009 年。

杨兴猛：《维古奇猎民村鄂温克族发展研究》，中央民族大学，硕士论文，2008 年。

张新杰：《使鹿鄂温克生计方式变迁研究》，中央民族大学，硕士论文，2012 年。

张璞：《鄂温克民族习惯法研究》，内蒙古大学，硕士论文，2009 年。

叶晓申:《鄂温克族传统图形在文化创意产业设计中的应用研究》,哈尔滨工业大学,硕士论文,2011年。

闫雪:《鄂温克族文化风情园景观设计研究》,哈尔滨工业大学,硕士论文,2011年。

张艾嘉:《鄂温克族民间舞蹈传承现状研究》,中央民族大学,硕士论文,2013年。

张凤喜:《论人口较少民族的文化现代化选择》,中央民族大学,硕士论文,2013年。

周喜峰:《清朝前期黑龙江民族研究》,南开大学,博士论文,2003年。